DIEDERICHS
NEW
SCIENCE

Herausgegeben von

FRANZ-THEO GOTTWALD
ERVIN LASZLO
STEPHAN SCHUHMACHER

Mae-Wan Ho

Das Geschäft mit den Genen

Genetic Engineering – Traum oder Alptraum?

Aus dem Englischen von Michael Wallossek

DIEDERICHS

Die Originalausgabe erschien 1998 unter dem Titel
Genetic Engineering – Dream or Nightmare?
bei Gateway Books, Bath, England 1998.

Die vorliegende Übersetzung ins Deutsche wurde mit Hilfe eines Vorabexemplars der zweiten Auflage der englischen Ausgabe angefertigt. Es bestehen geringfügige Abweichungen im Vergleich sowohl zur ersten als auch zur zweiten Auflage der englischen Ausgabe.

Die Deutsche Bibliothek – CIP-Einheitsaufnahme
Ho, Mae-Wan:
Das Geschäft mit den Genen : genetic engineering – Traum oder Alptraum? / Mae-Wan Ho. Aus dem Engl. von Michael Wallossek. –
Kreuzlingen/München : Hugendubel (Diederichs), 1999
Einheitssacht.: Genetic engineering – dream or nightmare? <dt.>
ISBN 3-424-01496-6

Umschlaggestaltung: Zembsch' Werkstatt, München
Produktion: Tillmann Roeder, München
Satz: SatzTeam Berger, Ellenberg
Druck und Bindung: Huber, Dießen
Printed in Germany

ISBN 3-424-01496-6

Inhalt

Anhang

ZUR AUTORIN

Mae-Wan Ho, geboren 1941, Biochemikerin, lebt in London und unterrichtet an der Open University of England. Seit 1994 arbeitet sie als wissenschaftliche Beraterin für Genetic Engineering und Biotechnologie u. a. bei der UNO, dem Europäischen Parlament und dem Third World Network. Neben zahlreichen Aufsätzen, Artikeln und Beiträgen für Radio und Fernsehen hat Mae-Wan Ho bereits mehrere Bücher veröffentlicht, darunter »The Rainbow and the Worm – The Physics of Organisms« (1993) und »Genetic Engineering and Infectious Diseases« (1998).

Einleitung

Im Juli 1994 nahm ich an einer Tagung teil, die mein Leben verändert hat. Sie fand unter dem geheimnisvoll klingenden Titel »Zur Neudefinition der Wissenschaften vom Leben« im malaysischen Penang statt. Vandana Shiva, Martin Khor, Tewolde Egziabher und Brian Goodwin, einer meiner Kollegen von der Open University, waren die Organisatoren dieser Veranstaltung.

Insgesamt hatte man fünfzig Teilnehmer eingeladen: Naturwissenschaftler, Sozialwissenschaftler, politische Entscheidungsträger und weitere politisch aktive Personen aus 15 Ländern. Mir wurde klar, wie sehr das vorherrschende reduktionistische* Wissenschaftsverständnis westlicher Prägung direkt dazu beiträgt, den Planeten zu zerstören und furchtbar viele Menschen in Not und Leid zu stürzen. Zugleich wurde mir damals klar, daß eben diese Menschen mit Hilfe des über Jahrhunderte angesammelten und weitergereichten Wissens ihrer Vorfahren die Ackerböden regenerieren lassen und für ihren Lebensunterhalt sorgen können.

Nach nur einem Tag herrschte unter uns Tagungsteilnehmern ein Gefühl, als seien wir Freunde, die hundert Jahre lang voneinander getrennt waren. Wir verfaßten eine gemeinsame Erklärung – »Wissenschaftler äußern sich zur Notwendigkeit einer stärkeren Regulierung und Überwachung der Gentechnik« –, die dann vom »Netzwerk Dritte Welt« veröffentlicht und an zahlreiche Interessenten verteilt wurde.

Durch die vielfältigen Anregungen, die ich bei dieser Tagung erhielt, wurde mir bewußt, welch entscheidende Rolle die Naturwissenschaft im realen Lebensalltag spielt: nicht nur durch ihre praktischen Resultate wie zum Beispiel die Gentechnik, sondern auch durch die Macht, die diese naturwissenschaftliche Weltanschauung über Menschen gewinnen kann, ohne daß die Betreffenden sich dessen bewußt sind, und sie dann unwillkürlich zum Schaden der ganzen Menschheit handeln läßt. Mir wurde klar, wie diese Naturwissenschaft – häufig ohne bewußte Absicht – dazu benutzt wird, Menschen einzuschüchtern und Kontrolle über sie auszuüben; wie sie zur Verschleierung, zur Ausbeutung und

* Eine kurze Erläuterung zu »Reduktionismus« – und zu zahlreichen anderen Stichworten – findet sich im Glossar auf S. 381–388.

Unterdrückung dient. Ich begann zu verstehen, wie diese heute vorherrschende Weltanschauung bei Naturwissenschaftlern eine selektive Blindheit hervorruft und sie zur Mißachtung oder Fehlinterpretation wissenschaftlicher Erkenntnisse veranlaßt. Seither fühle ich mich verpflichtet, auf die andere Seite der Medaille aufmerksam zu machen, um so der Allgemeinheit zu einem angemesseneren Verständnis der Naturwissenschaften überhaupt, insbesondere aber zu einem angemesseneren Verständnis der Gentechnik zu verhelfen.

Anfang des Jahres entwarf Martin Khor mit viel Geschick eine Gliederungsskizze zu diesem Buch. So konnte er mich schließlich davon überzeugen, daß ich es tatsächlich schreiben sollte.

Das Buch führt den Nachweis, daß die Gentechnik sich als schlechte Wissenschaft mit dem Großkapital verbündet, um schnellen Profit zu erzielen – gegen das Gemeinwohl, gegen den Willen und die Wünsche der Bevölkerung, gegen die ethischen Werte der Gesellschaft und der Weltgemeinschaft. Ich zeige, wie diese schlechte Wissenschaft in Gestalt des genetischen Determinismus mit den faktischen wissenschaftlichen Resultaten unvereinbar ist und infolgedessen die Gentechnik zu abwegigen, ethisch nicht vertretbaren, ausbeuterischen Verfahren und Projekten verleitet. Ich zeige, daß gerade die Fehlschläge in der Gentechnik auf die Unfähigkeit (des reduktionistischen Denkens) zurückzuführen sind, der Komplexität, wechselseitigen Bedingtheit und Ganzheitlichkeit der Realität gebührend Rechnung zu tragen. Vor allem zeige ich auf, daß genau diese deterministische Weltanschauung Naturwissenschaftler veranlaßt, wissenschaftlich längst erwiesene Sachverhalte zu ignorieren oder falsch zu interpretieren. Dies allein schon ist ein deutlicher Hinweis auf die Gefahr für die Gesundheit von Mensch, Tier und Umwelt, die der Gentechnik innewohnt.

Ein außerordentlich dringliches Anliegen besteht darin, durch die Verhängung eines Moratoriums der weiteren Freisetzung und Vermarktung von gentechnisch hergestellten Produkten Einhalt zu gebieten – und zwar so lange, bis eine unabhängige öffentliche Untersuchung über die Risiken und Gefahren der Gentechnik durchgeführt wurde, die alle verfügbaren wissenschaftlichen Erkenntnisse ebenso berücksichtigt wie die sozialen und ethischen Zusammenhänge.

Dezember 1997 *M.-W. Ho*

Vorwort

Die Resonanz auf die erste Auflage war so positiv, daß die Nachfrage bereits größer ist als die gedruckte Auflage. Da aber die Ereignisse sich derart überschlagen und es hier um so bedeutsame Dinge geht, haben wir uns entschlossen, die Gelegenheit zur Aktualisierung des Buchs zu nutzen, um auf der Höhe des Geschehens bleiben und zur Untermauerung der hier vorgebrachten Argumente die neuesten wissenschaftlichen Resultate mit einbeziehen zu können. Mancher in der ersten Auflage bloß angedeutete Zusammenhang kommt nun ausführlicher zur Sprache. Wir haben auch für eine klarere Darstellung gesorgt, den Sprachstil verbessert, Tippfehler und sonstige Irrtümer berichtigt. Um unterschiedlichen Lesern den Zugang zu erleichtern, wurde ein kurzer »Wegweiser durch das Buch« hinzugefügt.

30. August 1998 *M.-W. Ho*

Ein Wegweiser durch das Buch

Dieses Buch möchte die wissenschaftlichen Grundlagen der Gentechnik für Leser unterschiedlichster Herkunft, die über keine besondere Ausbildung in Biologie oder Genetik verfügen, allgemeinverständlich darlegen. Ich denke dabei an Verbraucher, Bauern und Lebensmittelhändler, die entscheiden wollen, ob sie gentechnisch hergestellte Nahrung akzeptieren; an praktische Ärzte, Versicherungsgesellschaften und behinderte Menschen, die über genetische Diagnostik und Gentherapie auf dem laufenden sein wollen; an den Durchschnittsbürger, der sich über die ethische Tragweite von genetischer Diskriminierung, Eugenik, dem Klonen beim Menschen ebenso Gedanken macht wie über die Patentierung von Organismen und Genen und die Auswirkungen all dieser Dinge auf die Dritte Welt; und schließlich an politisch aktive Menschen und politische Entscheidungsträger, die eine umfassende Vorstellung davon gewinnen wollen, wie die Gentechnik die Weltpolitik und die globale Ökonomie prägen wird, und im Hinblick auf ihre politischen Entscheidungen die damit verknüpfte Wissenschaft gründlicher verstehen müssen. Zwischen den verschiedenen Gruppen, die hier aufgeführt wurden, ergeben sich selbstverständlich Überschneidungen.

Mit seinem Aufbau versucht das Buch diesen unterschiedlichen Lesergruppen gerecht zu werden. Jedes Kapitel beginnt daher mit einer kurzen, durch Kursivschrift hervorgehobenen Zusammenfassung. Das erste Kapitel skizziert die Grundgedanken und zentralen Themen, die in der Folge ausführlicher dargestellt werden, und es kann eigentlich als ein in sich abgeschlossener Text gelesen werden. Vielleicht möchten Sie danach mit der Lektüre aufhören oder sie erst einmal unterbrechen. Doch lohnt es sich, wenigstens noch die nächsten beiden, ebenfalls in sich abgeschlossenen Kapitel zu lesen. Das 2. Kapitel entwirft ein genaueres Bild davon, wie die Wissenschaft des genetischen Determinismus die Anwendungen der Gentechnik und ihre sozialen Auswirkungen steuert und sie zugleich propagiert; wie sie die Patentierung von Organismen – einschließlich des Menschen und seiner Gene – legitimiert; wie sie das Fehlen von Vorschriften rechtfertigt und die Weltpolitik prägt. Das 3. Kapitel beschreibt, wie die Wissenschaft des genetischen Determinismus auf dem Prüfstand der Wirklichkeit – selbst nach den eigenen Wissenschaftskriterien – nicht bestehen kann. Das hat nicht nur die bei vielen Anwendungen auftretenden Probleme zur Folge, sondern es erklärt auch, warum die Gentechnologie unkalkulierbar ist und Risiken in sich birgt. Als nächstes können Sie dann das 9. Kapitel über Gentechnik in der Landwirtschaft lesen. Neben allem Wissenswerten über gentechnisch bearbeitete Nahrungsmittel, erfahren Sie dort auch, warum diese zur Lösung der Welternährungsprobleme ungeeignet sind. Das 11. Kapitel erläutert, was wissenschaftlich gesehen hinter dem Phänomen Dolly steckt, und es befaßt sich auch mit dem Klonen und mit transgenen Tieren überhaupt. Zur Abrundung können Sie das 14. Kapitel lesen. Dort gewinnen Sie einen Einblick in die ganzheitliche Sicht, zu der die neue Genetik und andere Entwicklungen in der westlichen Naturwissenschaft unserer Tage hinführen.

Falls daraufhin Ihr Wissensdurst geweckt ist, was ich hoffe, lesen Sie doch bitte auch den Rest. Die Kapitel 4, 5, 6 und 7 verdeutlichen, aus welchem speziellen sozialen und politischen Kontext der genetische Determinismus hervorgegangen ist und wie er die Vorurteile und falschen Vorstellungen, die ihn haben aufkommen lassen, bekräftigt. Wer über die faszinierenden Erkenntnisse der neuen Genetik und darüber, wie sie jede einzelne Annahme des genetischen Determinismus über den Haufen geworfen hat, mehr wissen will, sollte das 8. Kapitel lesen. Das 10. Kapitel untersucht mögliche Zusammenhänge zwischen der Gentechnik und dem Wiederaufkommen von Infektionserkrankungen, die gegen die Behandlung mit Antibiotika und sonstigen Medikamenten resistent sind und dadurch eine weltweite Gesundheitskrise auslösen. Die Kapitel 12 und 13 befassen sich mit den Irrtümern, Risiken und Gefahren bei der Anwendung der Gentechnik auf die Humangenetik und -medizin. In diesen Kapiteln habe ich mich bemüht, *in dem Umfang wissenschaftliche Erläuterungen zu geben, wie sie der Leser benötigt, um die Stichhaltigkeit der vorgebrachten Argumente selbst beurteilen zu können*. Persönlich habe ich mich nie blind auf »Expertenmeinungen« verlassen, ohne sie zu verstehen und zu hinterfragen. Daher hoffe ich, daß meine Leser ebenso verfahren.

Wir brauchen unbedingt eine weitreichende, offene und sachkundige Diskussion über die Gentechnik – einen Beitrag dazu liefert dieses Buch.

1
Die unheilige Allianz

In der Gentechnik gehen schlechte Naturwissenschaft und das Großkapital eine beispiellos innige Verbindung ein, die das Ende der Menschheit und der gesamten Welt, so wie wir sie heute kennen, bedeuten wird. Die Gentechnik birgt Gefahren in sich. Allerdings erweckt das Denkmuster des genetischen Determinismus bei den Anwendern wie auch in der Öffentlichkeit falsche Vorstellungen. Indem dieses Denkmuster Macht über die Menschen gewinnt, ohne daß sie sich dessen bewußt sind, läßt es sie unwillkürlich und ohne Zögern so handeln, daß sie der gesamten Menschheit und allen anderen Lebewesen Schaden zufügen.

Das Morgengrauen der schönen neuen Welt

An der Schwelle zum nächsten Jahrtausend wird Männern und Frauen plötzlich bewußt, daß die Gentechnik von sämtlichen Aspekten ihres Lebensalltags Besitz ergreift. Sie waren nicht auf all diese Produkte gefaßt, die wie eine Lawine über die heimischen Supermärkte hereinbrachen oder in Kürze über sie hereinbrechen werden – Rapsöl, Sojabohnen, Mais, Zuckerrüben, Kürbisse, Gurken ... Vor nicht einmal drei Jahren ging es allmählich damit los: Als erstes kam die BST-Milch von Kühen, die man zur Steigerung des Milchertrags mit gentechnisch hergestellten Rinderwachstumshormonen gefüttert hatte; dann die Tomate, die gentechnisch bearbeitet worden war, damit man sie im Gemüseregal länger zum Verkauf anbieten konnte. Beides sorgte für viel Diskussionsstoff und stieß auf beträchtlichen Widerstand. Ebenso war es mit den Gentests für eine wachsende Zahl von Erkrankungen. Zweifellos, so dachten wir, würden wir und sollten wir uns nicht drängen lassen, diese schöne neue Welt Hals über Kopf zu betreten.

Um unsere Befürchtungen zu beschwichtigen, gab es damals eine Vielzahl von Konsensgesprächen und öffentlichen Anhörungen. Viele europäische Regierungen beriefen Ausschüsse ein, die die Risiken abwägen und die ethischen Konsequenzen erörtern sollten, und die Diskussionen gingen weiter. In der Bevölkerung war man sich vage bewußt, daß manche Kritiker beklagten, man sei im Begriff, der Natur ins Handwerk zu pfuschen und durch das Einfügen menschlicher Gene in das Erbgut von Tieren und tierischer Gene in pflanzliches Erbgut die jeweils arteigenen Erbinformationen miteinander zu vermischen. Diese Kritiker warnten vor unvorhersehbaren Auswirkungen auf die Landwirtschaft und die biologische Artenvielfalt, vor den Gefahren einer unwiderruflichen genetischen Verschmutzung. In Anbetracht von allenthalben verfügbaren Gentests und vorgeburtlichen Diagnosemöglichkeiten warnten sie vor genetischer Diskriminierung und vor einem Wiederaufleben der Eugenik. Sie verdammten den unmoralischen Charakter von »Patenten auf das Leben« – von Patenten auf transgene Tiere und Pflanzen, auf Pflanzen und auf Samen, die die Genetiker der Industrienationen aus der Dritten Welt holen, wie auch auf menschliche Gene und auf Zellinien von Eingeborenen.

Doch alles in allem verstand man es, die Bevölkerung in einem trügerischen Sicherheitsgefühl zu wiegen; in dem Glauben, nun seien die besten Naturwissenschaftler im ganzen Land gemeinsam mit der neu entstandenen Berufssparte der »Bioethiker« emsig damit beschäftigt, die mit der neuen Biotechnologie einhergehenden Risiken einzuschätzen und die aufgeworfenen ethischen Fragen zu beantworten. Zugleich verbreiteten die Biotechnik-Industrie und ihre Helfershelfer mit Unterstützung von Wissenschaftlern im Dienst der Regierung Hochglanzbroschüren, um öffentlich dafür zu werben, daß man genetische »Veränderungen« mit anderen Augen sehen sollte. Der Ausdruck »Gentechnik« wurde von ihren Fürsprechern längst abgelehnt, denn er klang ihnen zu negativ und angsteinflößend. Bei der genetischen Veränderung, so ließ man uns wissen, handele es sich doch lediglich um den jüngst erreichten Punkt innerhalb eines bruchlosen Kontinuums von biotechnischen Eingriffen, die sich die Menschheit schon seit Anbeginn der Zivilisation zunutze gemacht habe – von der Brot- und Weinzubereitung bis hin zur selektiven Züchtung. Der entscheidende Vorteil der genetischen Veränderung sei ihre ungleich größere Präzision: Gen für Gen könne man isolieren, um es dann ganz nach Wunsch zu übertragen.

Dadurch wurde uns suggeriert, die Gentechnik könne der Menschheit unermeßlichen Nutzen bringen. Für jedermanns Geschmack war etwas dabei. Wen die Ungleichheit und das Leid der Menschen bekümmerten, dem versprach man, den Hungernden Getreidesorten zu essen zu geben, die dank ihrer durch genetische Veränderungen herbeigeführten Resistenz gegen Schädlinge und Krankheiten gesteigerte Erträge liefern würden. Wer an der weltweit dramatisch zunehmenden Umweltverschmutzung verzweifelte, dem versprach man, Bakterienstämme und höhere Pflanzen so zu modifizieren, daß sie toxische Abfälle abbauen oder Schwermetalle schlucken und so die Umwelt reinigen könnten.

Wer sich eine nachhaltige Landwirtschaft wünschte, dem versprach man, durch die Entwicklung von ökologischeren, umweltverträglicheren transgenen Getreidesorten den Einsatz von Pestiziden, Herbiziden und Düngemitteln verringern zu können.

Doch die wahre Revolution werde im Bereich der Humangenetik vonstatten gehen. Hier werde man alles daransetzen, den genetischen Bauplan des Menschen zu enthüllen. So würden letztlich die Genetiker in die Lage versetzt, von vornherein sämtliche Krankheiten zu diagnostizieren, die ein Mensch im Laufe seines Lebens erleiden müsse – schon vor seiner oder ihrer Geburt oder gar schon bei der Befruchtung der Eizelle *in vitro*. Eine ganze Reihe spezieller Medikamente könnten dann den individuellen genetischen Erfordernissen entsprechend so konzipiert werden, daß sie all diese Krankheiten heilten. Die Verwirklichung des Traums von der Unsterblichkeit zeichne sich am Horizont ab, sobald man erst einmal das »Langlebigkeits-Gen« isoliert habe.

Selbstverständlich stoße man auf die eine oder andere Schwierigkeit, wie es eben bei jeder neuen Technologie der Fall sei. Über ethische Fragen müsse die Bevölkerung entscheiden (stillschweigend setzte man dabei voraus, die Wissenschaft sei unabhängig und nicht hinterfragbar). Die Risiken müsse man minimieren (hierbei setzte man stillschweigend voraus, die Risiken stünden in keinerlei Zusammenhang mit der Wissenschaft). Letzten Endes, so argumentierte man, sei nichts im Leben von Risiken frei. Allein schon beim Überqueren der Straße gehe man Risiken ein. Die neue Biotechnologie (die Gentechnik also) unterliege sehr strengen Kontrollen seitens der Regierung; und die im Dienst der Regierung stehenden Wissenschaftler und andere Experten würden schon darauf achten, daß weder dem Verbraucher noch der Umwelt nennenswerter Schaden zugefügt werde.

Dann wurden die Vorschriften für genetisch veränderte Produkte gelockert. Denn ein Zuviel an Vorschriften beeinträchtige die »Wettbewerbsfähigkeit« der Industrie. Ohnehin habe sich ja in Hunderten von Feldversuchen gezeigt, wie sicher die neue Biotechnologie sei. Und überhaupt, so hieß es, gebe es keinen wesentlichen Unterschied zwischen transgenen Pflanzen, wie die neue Biotechnologie sie produziere, und denen, die durch herkömmliche Züchtungsmethoden zustande kämen. (Während einer öffentlichen Diskussion mit mir ging Henry Miller, ein bekannter Sprecher der US-amerikanischen Industrie, gar so weit, die mit herkömmlichen Methoden hervorgebrachten Züchtungen *rückblickend* als »transgen« zu bezeichnen.[1] Als nächstes wurden ein Jahr später zahlreiche Produkte zum Verkauf freigegeben, beziehungsweise sie warteten auf die entsprechende Freigabe, ohne daß sie in klarer Abgrenzung von den gentechnisch nicht bearbeiteten Produkten angeboten zu werden brauchten oder einer Deklarationspflicht unterlagen. Wenn aber diese Produkte tatsächlich so sicher und wunderbar waren, wie behauptet wurde, dann stellte sich die Frage, warum sie nicht gesondert verkauft werden konnten – wie es ja bei Nahrungsmitteln aus organischem Anbau seit Jahren der Fall war. Dadurch hätten die Verbraucher die Wahl gehabt einzukaufen, was sie haben wollten.

So prompt, als sei man auf einen heimlichen Wink hin tätig geworden, kündigte auch der Verband der britischen Versicherungen an, künftig müsse man bei Abschluß einer Lebensversicherung die Ergebnisse aller bis dahin durchgeführten genetischen Tests bekannt geben. Viele sahen darin einen eindeutigen Schritt hin zur offenen genetischen Diskriminierung. Ein paar Tage später gab Ian Wilmut, Naturwissenschaftler am Roslin-Institut in der Nähe von Edinburgh, bekannt, man habe aus einer, der Euterdrüse eines erwachsenen Tiers entnommenen, Zelle erfolgreich ein Schaf »geklont«. Dolly, das geklonte Lamm, war geboren. Die Massenmedien überschlugen sich – in überschwenglicher Begeisterung auf der einen, in Horrorvisionen, die eines Frankensteins würdig gewesen wären, auf der anderen Seite. Tatsächlich erforderte es nahezu 300 Versuche, um diesen einen Erfolg zu erzielen. Doch nicht ein einziges Mal war von den Fehlschlägen die Rede, die man bei dieser weit überwiegenden Zahl von Embryos erlitten hatte. Warum, so frage ich mich, ist man in der Öffentlichkeit erst jetzt auf diese Arbeit aufmerksam geworden, obgleich man sich doch seit mindestens zehn Jahren mit diesem Forschungsprojekt befaßt hatte?[2] War das ethisch vertretbar? Wenn man bei Schafen zu solchen Dingen imstande war, wäre man es dann auch bei anderen Säugetieren? Sind wir jetzt dem Klonen beim Menschen einen Schritt näher gekommen?

Fast ein Jahr später gab der unabhängige Chicagoer Naturwissenschaftler Richard G. Seed bekannt, er werde mit der Arbeit an der Klonierung von Menschen beginnen. Präsident Bill Clinton reagierte rasch und forderte ein gesetzliches Verbot für das Klonen von Menschen. Entsprechendes geschah in 13 europäischen Ländern: Das *UK House of Common Science and Technology Committee* (STC)* beispielsweise ließ verlauten, es wolle durch eine Ergänzung des britischen Rechts sicherstellen, daß das Klonen von Menschen illegal ist. Der französische Präsident Chirac und der damalige deutsche Forschungsminister Jürgen Rüttgers

* Ausschuß für Wissenschaft und Technik im britischen Unterhaus

forderten außerdem ein internationales Verbot für das Klonen von Menschen.

Unter Ärzten und Wissenschaftlern herrscht eigentlich einhelliges Einvernehmen darüber, daß diese Technik »unerprobt, unsicher und moralisch unannehmbar«[3] ist. Seed hingegen bedachte alle ablehnenden Äußerungen zu seiner Arbeit mit Hohn und erklärte, man werde das, wovor man jetzt Angst habe, später hinnehmen und schließlich voller Begeisterung billigen.

In der norwegischen Tageszeitung *Dagbladet* erschien am folgenden Tag gleich neben einer Meldung über Dolly ein Bericht mit der Überschrift »Dolly frißt sich zu Tode«. In dem Artikel wurde behauptet, Dolly könne nicht aufhören zu fressen, obwohl sie schon mehr als doppelt so groß sei wie die übrigen Tiere aus demselben Wurf. (Später sickerte durch, Dolly sei schwanger.) Professor Kjetill Jacobsen, ein Entwicklungsbiologe an der Universität von Oslo, wurde mit der Aussage zitiert, Dolly sei geklont worden, ohne daß eine – möglicherweise für den Aufbau eines geregelten Stoffwechsels unverzichtbare – Befruchtung der Eier durch Spermien stattgefunden habe.

Ist es nicht an der Zeit, daß wir die Notbremse ziehen, bevor wir kopfüber in den Abgrund stürzen?

Gegen seinen Willen wird der Mensch Hals über Kopf und gänzlich unvorbereitet in diese schöne neue Welt der Gentechnik gestürzt, in der gesichtslose, multinationale Unternehmen die Kontrolle über jeden Aspekt ihres Lebens übernehmen werden – von der Nahrung, die man zu sich nimmt, bis hin zur Empfängnis und zur Geburt des Nachwuchses.

Aber ist es nicht reichlich spät, werden Sie vielleicht sagen, uns das mitzuteilen? Ja und nein. Ja, weil mich, die ich es vielleicht hätte besser wissen müssen, diese Entwicklung genauso unvorbereitet traf wie alle anderen. Und nein, weil es so viele Menschen gibt, die uns vor dieser Möglichkeit gewarnt haben; Menschen, die sich in dieser Angelegenheit unermüdlich für unsere Interessen eingesetzt haben; manche von ihnen bereits zur Anfangszeit der Gentechnik in den siebziger Jahren, auch wenn wir ihnen vielleicht wenig Beachtung geschenkt haben. Nein, es ist nicht zu spät – allein schon, weil man uns genau das glauben machen will. Man sorgt für eine bestimmte Atmosphäre und erweckt den Eindruck, wir würden von den Ereignissen überrollt. Das bestärkt in uns das Gefühl, der Flutwelle des Fortschritts, die mit der neuen Biotechnologie über uns hereinbricht, unmöglich Einhalt gebieten zu können, so daß wir wie gelähmt das scheinbar Unausweichliche hinnehmen. Die

Leute, die mit der Gentechnik zu tun haben – auch die Richtlinienausschüsse und die Kritiker – sie *alle* haben die Risiken unterschätzt, die *in der Gentechnik selbst* liegen.

Und nein, es ist nicht zu spät, denn wir dürfen nicht aufgeben. Wenn wir nämlich aufgeben, wird in der Folge eine schöne neue Welt anbrechen, und wenig später wird es womöglich überhaupt keine Welt mehr geben. Der genetische Flaschenteufel gerät rasch außer Kontrolle. *Alle*, die mit der Gentechnik zu tun haben, auch die Richtlinienausschüsse und die Kritiker, haben die *unausweichlichen* Risiken unterschätzt, die insbesondere dann mit der Gentechnik verknüpft sind, wenn sie von einer antiquierten und fehlerhaften Weltanschauung geleitet wird, die auf schlechter Wissenschaft beruht. Die Träume werden womöglich schon zu Alpträumen.

Darum fordern Menschen wie ich ein sofortiges Moratorium, das jede weitere Freisetzung von gentechnisch hergestellten Produkten untersagt. Wir fordern, daß eine unabhängige öffentliche Untersuchung stattfindet, in der die Risiken und Gefahren der Gentechnik einer sorgfältigen Prüfung unterzogen, alle verfügbaren wissenschaftlichen Erkenntnisse wie auch die sozialen und ethischen Zusammenhänge berücksichtigt werden. Dies geschähe genau zur rechten Zeit, da offenkundig der öffentliche Widerstand gegen die Gentechnik innerhalb der letzten zwei Jahre in Europa und den USA viel stärker geworden ist.

In Österreich hat die Rekordzahl von 1,2 Millionen Bürgern – das entspricht 20 Prozent der Wählerschaft – eine Petition unterzeichnet, damit gentechnisch hergestellte Nahrungsmittel, die absichtliche Freisetzung gentechnisch bearbeiteter Organismen und die Patentierung von Leben verboten werden. Zuvor schon stießen gentechnisch bearbeitete Nahrungsmittel bei einer Laien-Befragung in Norwegen auf Ablehnung, und in Deutschland wurden sie von 95 Prozent der Verbraucher abgelehnt. In der Schweiz haben 100 000 Bürger eine Petition für eine Volksbefragung zum Verbot von gentechnischer Landwirtschaft, transgenen Tieren und Patenten auf das Leben unterzeichnet. Eine großangelegte Gegenkampagne des Schweizer Biotechnologie-Giganten Novartis brachte jedoch mit Hilfe einer Nichtwählerquote von 67 Prozent die Initiative zum Scheitern. In Norwegen ist der Import einer ganzen Reihe transgener Getreidesorten und transgener Impfstoffe allgemein untersagt; und gesetzlich wurde festgelegt, so lange keine transgenen Getreidesorten anbauen zu lassen, bis der Nachweis erbracht sei, daß sie sicher *und nutzbringend* sind. In Österreich und Luxemburg ist der transgene Mais von Novartis ungeachtet seiner Zulassung durch die Europäische Kommission verboten. In Frankreich unterschrieben 200 000 Bürger eine Petition über ein Moratorium für transgene Nahrungsmittel, und wütende Bauern vernichteten bei Novartis den gesamten für die Aussaat vorgesehenen Bestand an transgenen Maiskörnern. Im Juli 1998 trat in Frankreich ein zweijähriges Moratorium in Kraft. In Großbritannien ist die Opposition in den letzten zwei Jahren deutlich stärker geworden. Eine im Juni 1998 durchgeführte Umfrage förderte zutage, daß mehr als 75 Prozent der Verbraucher gentechnisch hergestellte Produkte ablehnen. Privatleute haben in den Niederlanden, in Irland, Deutschland und Großbritannien aufgrund von Feldversuchen mit gentechnisch hergestellten Getreidesorten eine Reihe von legalen (und zahlreiche illegale) Aktionen gegen die Biotechnologie-Giganten durchgeführt. Im Mai 1998 klagte eine Gruppe von Wissenschaftlern, Medizinern und Mitgliedern anderer Heilberufe, führende Vertreter religiöser Glaubensgemeinschaften und Küchenchefs vor Gericht gegen die Verfahrensweise der *US Food and Drug Administration* (FDA)* in puncto gentechnisch hergestellter Nahrungsmittel, um angemessene Sicherheitsprüfungen und die Deklarationspflicht durchzusetzen. Der europäische Ministerrat hat sich währenddessen auf eine Regelung verständigt, nach der lediglich jene Produkte deklarationspflichtig sind, die gentechnisch gewonnene Proteine oder DNS** enthalten.

> Allerdings liegt mir daran, die Verbindungen deutlich zu machen zwischen globaler Ökonomie, Biotechnologie, außer Kontrolle geratenden Krankheiten und jener Genkatastrophe, die uns womöglich bevorsteht – *es sei denn,* wir *bringen ganz bewußt den Willen auf, diese Verflechtungen zu durchtrennen.*

Wie andere Kritiker vor mir[4] glaube ich nicht, hier sei eine große Verschwörung im Gang. Doch ich glaube, daß sich viele Kräfte auf ein schreckliches Ende zubewegen. Die Umweltschützerin Susan George hat das so erklärt: »Wenn sie dieselbe Weltanschauung haben, nach ähnlichen Zielen streben und gemeinsam Schritte unternehmen, um diese zu erreichen, bedarf es keiner Verschwörung.«[5] Ich glaube nicht einmal, daß »sie« – diejenigen, die sich entweder aktiv für die Gentech-

* eine dem US-Gesundheitsministerium unterstellte Behörde, die den Schutz der Bürger vor verunreinigten und unsicheren Nahrungsmitteln, Medikamenten und Kosmetikprodukten gewährleisten soll

** englisch: DNA

nik einsetzen oder einfach von den Geschehnissen mitgerissen werden – unbedingt ein Ziel anstreben oder rational abgestimmte Schritte unternehmen, um solch ein Ziel zu erreichen. Vielmehr bewegen sie sich unter dem heimtückischen Einfluß einer bestimmten Weltanschauung einfach unwillkürlich wie Schlafwandler an den Rand des Vergessens, ohne dies bewußt zu wollen und ohne es bewußt wahrzunehmen.

Aber verstehen Sie das bitte nicht falsch. Der Wahnsinn, der die industrialisierte Welt am Ende des Jahrtausends erfaßt hat, läßt ein Muster erkennen. Ich werde deutlich machen, daß ein Zusammenhang besteht zwischen der weltweiten Gesundheitskrise, die durch neu entstandene und wiederauflebende Infektionskrankheiten wie AIDS, Ebola, Cholera und Tuberkulose und durch gleich mehrfach gegen Medikamente resistente pathogene Erregerstämme heraufbeschworen wird, und der reduktionistischen naturwissenschaftlichen Weltanschauung. Diese wiederum liefert die Grundlage für den vorherrschenden genetischen Determinismus, der in der Biologie seit Mendel und Darwin tonangebend war, wie für das vorherrschende Weltwirtschaftssystem mit seiner Leitvorstellung vom »homo oeconomicus«. Mir geht es nicht um einen *Beweis* für einen deterministischen Zusammenhang zwischen dem ökonomischen und dem genetischen Reduktionismus. Denn das hieße, jener grob mechanistischen Denkweise zum Opfer zu fallen, die man am besten hinter sich lassen sollte. Allerdings liegt mir daran, die Verbindungen deutlich zu machen zwischen globaler Ökonomie, Biotechnologie, außer Kontrolle geratenden Krankheiten und jener Genkatastrophe, die uns womöglich bevorsteht – *es sei denn,* wir *bringen ganz bewußt den Willen auf, diese Verflechtungen zu durchtrennen.*

Die Naturwissenschaft an sich ist nicht schlecht, allerdings gibt es schlechte Naturwissenschaft

Wie gesagt hätte ich es vielleicht besser wissen müssen. Ich gehöre zu jenen Wissenschaftlern, die der vorherrschenden reduktionistischen Weltanschauung schon länger außerordentlich kritisch gegenüberstehen und begonnen haben, einen Ansatz für ein radikal anderes Naturverständnis zu erarbeiten.[6] Doch lange war ich unfähig zu begreifen, welch entscheidende Rolle die Naturwissenschaft im realen Lebensalltag tatsächlich spielt. Und zwar tut sie das nicht nur durch ihre praktischen Resultate wie zum Beispiel die Gentechnik. Sondern die naturwissenschaftliche Weltanschauung kann Macht über die Menschen gewinnen, ohne daß sie sich dessen bewußt sind. Und diese Menschen handeln dann unwillkürlich und ohne Zögern so, daß sie die Dinge zu ihrem eigenen Schaden beeinflussen. Mir war damals noch nicht so recht klar, wie die Naturwissenschaft – häufig ohne bewußte Absicht – benutzt wird, um Menschen einzuschüchtern und Kontrolle über sie auszuüben; wie sie zur Verschleierung, zur Ausbeutung und Unterdrückung dient. Ich habe damals nicht erkannt, wie diese vorherrschende Weltanschauung eine selektive Blindheit hervorruft, durch die Naturwissenschaftler zur Mißachtung oder Fehlinterpretation wissenschaftlicher Erkenntnisse veranlaßt werden. Kein Wunder, daß allenthalben so viele Ressentiments gegen die Naturwissenschaften bestehen.

Trotzdem hat der von den Grünen und von Journalisten in den Massenmedien allzuoft erhobene Vorwurf, die *Naturwissenschaft* sei schlecht, keine Berechtigung. Jedoch kann es *schlechte Naturwissenschaft* geben, die der Menschheit schlechte Dienste erweist. In der Wissenschaft können häufig Irrtümer auftreten. Die Geschichte der Naturwissenschaft kann man ebensogut mit Blick auf die Fehler, die passiert sind, schreiben wie im Hinblick auf die Triumphe, für die sie normalerweise Anerkennung erntet. Naturwissenschaft ist nicht mehr und nicht weniger als ein Begriffssystem, um die Natur verstehen und ein verläßliches Wissen erlangen zu können, mit dessen Hilfe uns ein Leben mit der Natur auf einem gewissen Standard möglich wird. Demnach kann man sich einen Verzicht auf die Naturwissenschaft kaum erlauben. Nur wenn wir die Natur angemessen verstehen und kennen, können wir schließlich ein Leben zu unserer Zufriedenheit führen und letzten Endes die gute, der Menschheit dienliche Naturwissenschaft von der schlechten Naturwissenschaft, die dies nicht tut, unterscheiden lernen. So gesehen ist die Naturwissenschaft von Anfang an durch ethische Werte geprägt und von diesen nicht zu trennen. Eine angeblich »neutrale« und von ethischen Werten losgelöste Naturwissenschaft ist daher eine schlechte Naturwissenschaft – ebenso wie diejenige, die wissenschaftliche Erkenntnisse ignoriert.

Es liegt auf der Hand, daß ich da anderer Auffassung bin als wahrscheinlich die Mehrzahl meiner Kolleginnen und Kollegen, die dem heute vorherrschenden Wissenschaftsverständnis entsprechend glauben, die Naturwissenschaft könne sich niemals irren, jedoch mißbraucht werden. Oder sie unterscheiden wie Professor Lewis Wolpert, prominentes Mitglied des Ausschusses für ein besseres naturwissenschaftliches Verständnis in der britischen Bevölkerung (er gibt daher ein besonders schlechtes Beispiel ab), zwischen einer vermeintlich neutralen, wertfreien Wissenschaft und ihrer Anwendung, der Technologie, die Nutzen oder Schaden bringen kann.[7] Diese Unterscheidung zwischen Wissenschaft und Technologie ist scheinheilig – ganz besonders im Fall einer experimentellen Naturwissenschaft wie der Genetik und fast in der gesamten Biologie. Denn hier entscheidet das technisch Machbare darüber, welche Art von Fragen man stellt, und das heißt: welches Spektrum von Antworten für die betreffende Wissenschaft wichtig, bedeutsam und sachdienlich ist. Wo wäre die Molekulargenetik ohne jenes Handwerkszeug, das den Genetiker in die Lage versetzt, genetische Materialien unterschiedlichen Ursprungs zu manipulieren und zu rekombinieren? Und hat man erst einmal das genetische Material manipuliert und die bedeutsamen, triumphalen Ergebnisse registriert, dann sieht man die Welt nur allzu leicht durch die Brille des genetischen Determinismus – d. h., unsere Gene bestimmen über unser Schicksal, und indem wir unsere Gene manipulieren, können wir auch unser Schicksal manipulieren. Diese Sicht der Dinge zieht uns unwiderstehlich in ihren Bann. Nur ist sie vollkommen falsch und abwegig.

> Wenn Ethikausschüsse die Naturwissenschaft nicht in Frage stellen, läuft dies darauf hinaus, das Unannehmbare für die Bevölkerung annehmbar zu machen.

Also macht es auch keinen Sinn, Ethikausschüsse einzurichten, wenn sie nicht die wissenschaftlichen Grundannahmen in Frage stellen, auf denen die Gentechnik aufbaut. Ihre Stellungnahmen sind im Vergleich zu den viel fundamentaleren Fragen nach Eugenik, genetischer Diskriminierung und natürlich nach der grundsätzlichen Vertretbarkeit von Gentransfers reichlich beschränkt, häufig beinahe schon trivial und banal: etwa wenn sie die Frage aufwerfen, ob der Transfer eines Schweine-Gens auf Nahrungspflanzen bestimmten religiösen Glaubensvorstellungen zuwiderlaufe. Diese Ausschüsse sind zu nichts anderem imstande, als das Unannehmbare für die Bevölkerung annehmbar zu machen.

In der Diskussion über die Gentechnik stößt man immer wieder auf die künstliche Unterscheidung zwischen der »reinen« Wissenschaft und dem, was aus ihr gemacht wird. Ethische Wertmaßstäbe sieht man als gesellschaftlich bedingt an, diese Maßstäbe könne man daher zur Diskussion stellen. Die Naturwissenschaft hingegen sei über jede Kritik erhaben. Schließlich richte sie sich ja nach den »Gesetzen« der Natur. Dasselbe gilt für die Unterscheidung zwischen Naturwissenschaft und Technologie – der angewandten Naturwissenschaft. Risikobeurteilungen werden der Technologie zugeordnet, die Naturwissenschaft hingegen bleibe davon unberührt. Zwar mag die Technologie für Ihre Gesundheit schlecht sein, so lautet die Argumentation, nicht jedoch die Naturwissenschaft.

In diesem Buch werde ich Ihnen zeigen, warum man die Naturwissenschaft weder von den ethischen Wertvorstellungen getrennt sehen darf noch von der Technologie, die unsere Gesellschaft prägt. Mit anderen Worten: Eine schlechte Naturwissenschaft ist ohne Frage schlecht für unsere Gesundheit und unser Wohlbefinden, und sie sollte um jeden Preis vermieden werden. Mehr als alles andere ist die Naturwissenschaft fehlbar, und man kann sie zur Diskussion stellen. Denn wir haben die Wahl, entweder zu handeln oder nicht zu handeln. Im Interesse des Gemeinwohls sollte sie zur Diskussion stehen. Das ist die einzige ethisch vertretbare Position, die man der Naturwissenschaft gegenüber einnehmen kann. Andernfalls laufen wir Gefahr, die Naturwissenschaft zu einer Religion zu machen, die fundamentalistischer ist als jede andere Religion. Und damit hätten wir, Hand in Hand mit den Unternehmensinteressen, ganz gewiß der schönen neuen Welt den Weg freigemacht.

Die schlechte Naturwissenschaft und das Großkapital

Die Gefährlichkeit der Gentechnik beruht in erster Linie auf der engen Verbindung zwischen zwei großen Kräften, die über Gedeih oder Verderb der Welt entscheiden können: Wissenschaft und Industrie. Praktisch alle etablierten Molekulargenetiker sind direkt oder indirekt mit der Industrie verbunden. Das begrenzt unweigerlich die Forschungsprojekte, denen diese Wissenschaftler nachgehen können und wollen – gar nicht zu reden von der eventuellen Kompromittierung ihrer Integrität als unabhängige Wissenschaftler.[8]

Ein besonders schlimmer Aspekt dieser Allianz: Sie wurde zwischen einer höchst reduktionistischen Naturwissenschaft und einer multinationalen, monopolistischen Industrie geschlossen, die im höchsten Maße aggressiv und ausbeuterisch ist.

Dies wurde mir bei meiner Teilnahme an einem einwöchigen Kurs über Globalisierung und Ökonomie klar, den Martin Khor leitete, ein in Cambridge ausgebildeter Wirtschaftswissenschaftler aus Malaysia und Kopf des *Third World Network* (TWN). Das »Netzwerk Dritte Welt« wurde in den achtziger Jahren als öffentliche Interessenorganisation mit Sitz in Penang gegründet und steht seither im Kampf gegen die ungleichen Beziehungen, die den Entwicklungsländern des Südens durch den industrialisierten Norden auferlegt worden sind, in vorderster Front. Mit Martin Khor zu arbeiten ist schon ein Erlebnis. Er verfügt über ein enormes Talent, das Bestmögliche und das Äußerste aus anderen Menschen herauszuholen. Bevor man es auch nur bemerkt, hat er auf denkbar angenehmste Art und Weise alles so für einen organisiert, daß man innerhalb eines einzigen Tages so viel Arbeit erledigt wie sonst vielleicht im Lauf einer Woche. Kaum jemand vermutet daher, daß Martin höchst eindrucksvolle eigene Vorstellungen hat, die er anderen Menschen dank seiner umfassenden Kenntnis der Weltpolitik auch ausgezeichnet vermitteln kann. Martin ist einer von jenen Menschen, die bereits sehr früh begriffen haben, welche Schlüsselrolle die Gentechnik bei der Vergrößerung des Nord-Süd-Gefälles wie auch der Ungleichheit zwischen den Reichen und den Armen überall sonst auf der Welt spielen wird. Im Verlauf seiner Vorlesungen ging mir ein Licht auf, daß es sich bei der Gentechnik wirklich um schlechte Naturwissenschaft handelt, der es – Hand in Hand mit dem Großkapital – um schnellen Profit geht. Unsere Regierungen sind dabei aus einem ganz einfachen Grund behilflich: Regierungen wollen, wie Martin sagt, wiedergewählt werden, um an der Macht bleiben zu können.[9]

Wenn ich von »schlechter Naturwissenschaft« spreche, möchte ich damit keinem Molekulargenetiker persönlich zu nahe treten. Molekulargenetiker sind in vielen Fällen fähige und gewissenhafte Wissenschaftler, die innerhalb eines wissenschaftlich unzulänglichen Vorstellungshorizonts arbeiten. Als Naturwissenschaftlerin, die an die Naturwissenschaft glaubt und sie liebt, muß ich darauf aufmerksam machen, daß die *schlechte* Naturwissenschaft die Welt enttäuscht hat. Und die Tatsache, daß wir jetzt vor diesen gewaltigen Problemen stehen, ist durchaus keine Werbung oder Legitimation für diese beschränkte Weltanschauung, die reduktionistisch, manipulativ und ausbeuterisch ist: reduktionistisch, weil sie die Welt als Stückwerk betrachtet und so tut, als gäbe es kein organisches Ganzes – wie etwa Organismen, Ökosysteme, Gesellschaften und Völkergemeinschaften. Manipulativ und ausbeuterisch, weil sie die Natur und die Mitmenschen als Objekte betrachtet, die es zur eigenen Bereicherung auszubeuten gilt. So erscheint das Leben als Kampf um das Überleben des Stärkeren im Sinne Darwins.

Es ist beileibe kein Zufall, daß die gegenwärtig weltweit vorherrschende Wirtschaftstheorie in derselben kapitalistischen Ideologie eines *Laissez-faire* wurzelt, aus der auch der Darwinismus hervorgegangen ist. Sie erkennt keinen anderen Wert an als den Eigennutz, den Wettbewerb und die Anhäufung von Wohlstand und Besitz – worin die hochentwickelten Länder sehr erfolgreich gewesen sind. Schon dem *United Nations Development Programme* (UNDP) *Report** von 1992 kann man entnehmen, daß das reichste Fünftel der Weltbevölkerung 82,7 Prozent allen Reichtums angehäuft hat, während dem ärmsten Fünftel lumpige 1,4 Prozent bleiben. Anders gesagt gibt es jetzt 477 Milliardäre auf der Welt, deren gesamte Vermögenswerte in etwa den gesamten Jahreseinkünften der ärmeren Hälfte der Menschheit entsprechen – den Einkünften von 2,8 Milliarden Menschen.[10] Brauchen wir wirklich noch mehr Wettbewerb, um den Ärmsten ihre letzten paar Pfennige abzuknöpfen? Genau das tun wir nämlich.

Unter den hundert größten Wirtschaftsmächten der Welt findet man heutzutage 51 multinationale Großunternehmen, nur in 49 Fällen handelt es sich um Nationalstaaten.

Die Regierungsvertreter der Supermächte drängen auf eine Globalisierung der Wirtschaft durch Handelsabkommen, die alle ökonomischen Schranken beseitigen. »Die Prozesse der Deregulierung und der Globalisierung unterminieren mit vereinten Kräften die Macht der Staatenverbände und der Regierungen, und sie bringen die global operierende Großindustrie und Finanz in eine Machtposition, in der die Bevölkerung sie nicht mehr zur Rechenschaft ziehen kann.«[11] Die größten Unternehmen fahren darin fort, diese Machtposition durch Fusionen, Übernahmen und strategische Allianzen zu konsolidieren. Unter den hundert weltweit größten Wirtschaftsmächten sind 51 multinationale Großunternehmen, nur in 49 Fällen handelt es sich um Nationalstaaten.

Viele kleine Biotechnologie-Firmen sind seit den achtziger Jahren hinweggefegt worden, und bloß eine Handvoll ist heute noch übrig. Diese wenigen Firmen haben nicht nur die Landwirtschaft und Nah-

* Bericht über das Entwicklungsprogramm der Vereinten Nationen

rungsmittel unter Kontrolle, sondern sie beherrschen auch die Gesundheits- und Fortpflanzungstechnologien, das heißt den gesamten Lebenserhaltungssektor. Die Mitgliedsstaaten der *Organisation for Economic Cooperation and Development* (OECD)* arbeiten insgeheim an *Multilateral Agreements on Investment* (MAI)**, die von der Großindustrie für die Großindustrie ausgearbeitet wurden, um zu unterbinden, daß eine der Regierungen Durchführungs- beziehungsweise Verantwortlichkeitsstandards für ausländische Investoren festschreibt. Der EU-Kommissar Sir Leon Britten verhandelte im Namen der Europäischen Gemeinschaft mit der *World Trade Organisation* (WTO)***, um Handelsbeschränkungen aufzuheben, die die Ausbeutung des Südens durch den Norden beeinträchtigen könnten, und zugleich die zutiefst unmoralischen »Patente auf das Leben« durch *Trade Related Intellectual Property Rights* (TRIPS) *Agreements***** zu schützen.[12]

So können die riesigen Nahrungsmittelgiganten aus dem Norden durch Exklusivrechte an gentechnisch hergestelltem Saatgut nicht nur die vollständige Kontrolle über die Nahrungsmittelversorgung des Südens an sich reißen, sondern außerdem die genetischen *und* intellektuellen Ressourcen des Südens, einschließlich der Gene und Zellinien von Ureinwohnern, ungestraft ausschlachten.

Ohne Frage beruht die Gentechnik auf dem Denkmuster des *genetischen Determinismus* – der Vorstellung, Organismen seien durch ihre genetische Zusammensetzung determiniert. Und aus diesem Denkmuster leitet sie auch ihren wissenschaftlichen Geltungsanspruch ab. Der genetische Determinismus geht auf die Verbindung der Darwinschen und der Mendelschen Genetik zurück. Darüber werde ich in späteren Kapiteln mehr sagen. In der Hauptsache vertritt er die Überzeugung, maßgebliche Probleme dieser Welt könnten einfach durch Genbestimmung und Genmanipulation gelöst werden, da ja durch die Gene die Wesensmerkmale der Organismen determiniert seien. Dementsprechend ließen sich durch die Bestimmung eines Gens wünschenswerte oder nicht wünschenswerte Züge vorhersagen. Durch den Austausch eines Gens könne man das entsprechende Merkmal verändern. Und durch den Transfer eines Gens ließe sich das entsprechende Merkmal übertragen.

* Organisation für wirtschaftliche Zusammenarbeit und Entwicklung

** multilaterale Investitionsabkommen

*** Welthandelsorganisation

**** Vereinbarungen über geistige Eigentumsrechte im Bereich von Wirtschaft und Handel

Durch ihr bewußtes oder unbewußtes Festhalten an einem alten und überholten Paradigma haben Anwender, Regulierungsbehörden und zahlreiche Kritiker der Gentechnik hinsichtlich der tatsächlichen wissenschaftlichen Beweislage ziemliche Blindheit an den Tag gelegt.

Auch beim *Human Genome Project* stand genau jener genetische Determinismus Pate, der den »Bauplan« des Menschen im menschlichen Genom angesiedelt sieht. Dieses Projekt mag politisch ein brillanter Schritt gewesen sein, um Forschungsgelder flüssigzumachen und zugleich die Geschäfte mit einer Pharmaindustrie, die schon im Rückzug begriffen war, wiederzubeleben. Doch seine wissenschaftliche Bedeutung war von Anfang an fragwürdig. Ich bezweifle nicht, daß viele am *Human Genome Project* mitarbeitende Genetiker allein von der Aussicht auf wissenschaftliche Entdeckungen oder einen möglichen Nutzen für die Menschheit motiviert sind. Doch sie müssen zur Kenntnis nehmen, daß genetische Diskriminierung und Eugenik die logische Konsequenz jener Ideologie sind, die dieses Projekt in erster Linie auf den Weg gebracht hat. Die Gentechnik verspricht ein Wirken zum Wohl der Menschheit. Die Wahrheit sieht ein wenig anders aus:

- Die genverändernde Biotechnologie erzeugt Produkte, die im großen und ganzen niemand braucht und ganz bestimmt nicht jedermann haben will. Dessen ungeachtet nötigt man jedoch dem Verbraucher diese Produkte auf. Denn weder werden sie getrennt angeboten noch speziell deklariert.
- Alle weiteren Ansätze, Unterernährung und schlechte Gesundheit durch soziale Ursachen wie etwa Armut und Arbeitslosigkeit und durch Umwelteinflüsse zu erklären, werden von der neuen Biotechnologie verdrängt und zur Bedeutungslosigkeit verurteilt; ebenso die Einsicht in die Notwendigkeit, eine nachhaltige Landwirtschaft zu betreiben, die der Umwelt zur Regeneration verhelfen, eine langfristig gesicherte Versorgung mit Nahrungsmitteln sicherstellen und gleichzeitig die heimische Artenvielfalt bewahren könnte.
- Sie behauptet Probleme lösen zu können, die in erster Linie gerade von dieser reduktionistisch verfahrenden Naturwissenschaft und Industrie hervorgerufen worden sind: die allenthalben sich verschärfenden Umweltprobleme durch die mit hohem Energieverbrauch verbundene Intensivlandwirtschaft der sogenannten Grünen Revolution und durch die Anreicherung toxischer Abfälle aus der chemischen

Industrie. Jetzt bietet man uns mehr davon an – nur daß nun noch weitere, ganz neue Probleme damit verknüpft sind.
- Sie führt zu diskriminierenden und anderen ethisch nicht vertretbaren Praktiken, die den moralischen Wertvorstellungen der Gesellschaft und der Völkergemeinschaft zuwiderlaufen.
- Und, was das allerschlimmste ist, sie rührt die Werbetrommel für eine Technologie, die noch unerprobt ist und *der nach heutigem Kenntnisstand Gefahren für die Gesundheit und die biologische Artenvielfalt innewohnen.*

Man hat mich darauf aufmerksam gemacht, im Bereich des Sozialrechts sei es Tradition, über Aktivitäten, denen Gefahren innewohnen, zu debattieren – über Sachverhalte also, bei denen begründete Zweifel bestehen, ob die Sicherheit der Bürger gewährleistet ist. Ich werde Beweise dafür vorlegen, daß die Gentechnik genau zu dieser Art von Aktivitäten zählt. Hier einfach zum nächsten Punkt der Tagesordnung überzugehen würde bedeuten, die Bevölkerung nicht hinnehmbaren Risiken auszusetzen und gegen eine fundamentale, bestens bewährte juristische und ethische Norm zu verstoßen.

Lassen Sie mich das noch ein wenig ausführen. Denn ich glaube, Anwender, Richtlinienausschüsse und zahlreiche Kritiker der Gentechnik haben diesen Punkt durch ihr bewußtes oder unbewußtes Festhalten an einem alten und überholten Paradigma und eine gewisse Blindheit für den tatsächlichen wissenschaftlichen Erkenntnisstand unterschätzt, wenn nicht sogar völlig übersehen. Die unmittelbarsten Gefahren betreffen wahrscheinlich den Gesundheitsbereich, dessen weltweite Krise ohnehin vom Versagen einer reduktionistisch verfahrenden Medizin zeugt. Allerdings werden die Gefahren für die biologische Artenvielfalt nicht viel geringer sein.

Die unkalkulierbaren Risiken der Gentechnik

Dem Bericht der Weltgesundheitsorganisation (WHO) aus dem Jahr 1996 zufolge, sind in den letzten 20 Jahren mindestens 30 neue Krankheiten aufgetreten, darunter AIDS, Ebola und Hepatitis C, während alte Infektionskrankheiten wie Tuberkulose, Cholera, Malaria und Diphterie weltweit wieder auf dem Vormarsch sind. Beinahe jeden Monat hören wir nun in Großbritannien Berichte über neue Krankheitsausbrüche:

Streptococcus, Meningitis*, *Escherichia coli***. Praktisch alle Krankheitserreger sind gegen Antibiotika resistent, oft gegen vielerlei Antibiotika. Bei zwei Stämmen von *E. coli*, die 1993 auf einer Transplantationsstation außerhalb von Cambridge isoliert wurden, stellte sich heraus, daß sie gegen 21 von 22 gebräuchlichen Antibiotika resistent waren.[13] Ein 1990 in Australien isolierter *Staphylococcus*-Stamm erwies sich als resistent gegen 31 verschiedene Medikamente.[14] Bei Infektionen mit diesen und anderen Stämmen kann eine medikamentöse Behandlung immer weniger ausrichten. In Japan haben Wissenschaftler bereits einen Stamm des *Staphylococcus aureus* isoliert, der selbst gegen das als letzte Rettung geltende Antibiotikum Vancomycin resistent ist; und bei drei weiteren gefährlichen Bakterien, darunter der Tuberkulose-Erreger, gibt es Stämme, die gegen sämtliche bekannten Antibiotika resistent sind und bei denen daher keine Behandlung mehr möglich ist.[15]

Genetiker haben nun das Entstehen pathogener Bakterien und das Aufkommen der Antibiotikaresistenz mit der *horizontalen Genübertragung* in Verbindung gebracht – also mit dem Gentransfer durch Viren und andere infektiöse Agenzien, die als Genträger dienen, als *Vektoren*. Diese infektiösen Agenzien wandern von Zelle zu Zelle, von Organismus zu Organismus. Die Gene reisen bei den infektiösen Agenzien gewissermaßen per Anhalter mit und werden so in die Zelle geschmuggelt, zu der sie ansonsten keinen Zugang hätten. Einmal in der Zelle angekommen, ist eine Rekombination der Gene mit anderen in der Zelle anwesenden Genen möglich – diese können zur Zelle selbst oder zu anderweitig in der Zelle vorhandenen infektiösen Agenzien gehören –, und so können neue Kombinationen entstehen, die möglicherweise Krankheiten verursachen. Durch horizontalen Gentransfer und anschließende genetische Rekombination sind zum Beispiel 1992 die für das Ausbrechen der Cholera in Indien verantwortlichen Bakterienstämme[16] und 1993 die *Streptococcus*-Epidemie in Tayside[17] entstanden.

* Hirnhautentzündung

** Der Bazillus E. coli kommt in großer Anzahl als Symbiont im Dickdarm des Menschen und aller Säugetiere vor (pro Gramm Darminhalt in der Größenordnung von 10^{10} Organismen). Hunderte von Varianten sind bekannt. Unter bestimmten Umständen kann er pathogen wirken. In den vergangenen Jahrzehnten ist er zum bevorzugten Studienobjekt der Molekularbiologen geworden: Die Übertragung biologischer Information durch Genaustausch wurde nirgends gründlicher studiert als bei E. coli.

Von dem zuletzt an Epidemien in Schottland beteiligten *E. coli*-Stamm 0157 nimmt man an, daß er durch horizontalen Gentransfer aus dem *Shigella*-Erreger entstanden ist.[18]

> Die Gentechnik soll eigens den horizontalen Gentransfer zwischen jenen Spezies ermöglichen, die sich von Natur aus nicht kreuzen, und deren Abwehrmechanismen überwinden.

Bei vielen untereinander nicht verwandten bakteriellen Erregern, deren Krankheitsbilder von der Beulenpest beim Menschen bis zur Trockenfäule bei Bäumen reichen, hat man einen kompletten, für das Eindringen in die Zellen zuständigen Gensatz gefunden, der sich durch horizontalen Gentransfer verbreitet hat.[19] Gene, die gegen Antibiotika resistent machen, haben sich ebenfalls horizontal verbreitet, sind Rekombinationen eingegangen und haben so überall in den Bakterienpopulationen multiple Antibiotikaresistenzen entwickelt.[20] Diese Gene verbreiten sich leicht bei zwischenmenschlichen Kontakten und gehen von Bakterien, die im Darm von Nutzvieh ansässig sind, auf die entsprechenden Bakterien beim Menschen über.[21] Mehrfach antibiotikaresistente Erregerstämme sind in vielen Krankenhäusern über Jahre hinweg aufgetreten.[22]

Worin besteht nun der Zusammenhang zwischen dem horizontalen Gentransfer und der Gentechnik? Die Gentechnik soll den *horizontalen* Gentransfer zwischen jenen Spezies ermöglichen, die sich von Natur aus nicht kreuzen. (Bei der natürlichen Fortpflanzung werden die Gene *vertikal* von den Eltern auf die Nachkommen übertragen.) Sie soll die Schranken zwischen den Spezies überwinden und die Abwehrmechanismen der Spezies, durch die fremde Gene normalerweise zerstört oder deaktiviert werden, außer Kraft setzen.[23] Zur Manipulation, Vervielfältigung und zum Transfer von Genen verwenden Gentechniker künstliche »Vektoren«. Sie werden aus Viren und anderen infektiösen Agenzien hergestellt, die Krankheiten verursachen – auch Krebs – beziehungsweise Virulenz-Gene und Antibiotikaresistenz-Gene verbreiten. Natürliche Vektoren können sich über die Speziesschranken nicht hinwegsetzen, so daß Schweineviren normalerweise nicht auf Menschen übergreifen und Tomatenviren dem Blumenkohl nichts anhaben können. Die von Gentechnikern hergestellten künstlichen Vektoren sollen sämtliche Speziesschranken durchbrechen. Deshalb verstärkt diese Technologie den horizontalen Transfer genau jener Gene, die für Virulenz und Antibiotikaresistenz verantwortlich sind, und sie macht es ihnen möglich, durch Rekombination neue Verbindungen einzugehen und so neue Erreger hervorzubringen.

Um so mehr müssen die neueren Erkenntnisse der Genetiker beunruhigen: Sie haben festgestellt, daß sich die horizontale Genübertragungsrate durch das Vorhandensein von Antibiotika in aller Regel um das Hundertfache oder mehr erhöht. Womöglich wirkt das Antibiotikum auf die Bakterien wie ein Sexualhormon, das die Verbindung und den Austausch der Gene von miteinander nicht verwandten Spezies intensiviert.[24] Man kann daher der Antibiotikaresistenz und der multiplen Antibiotikaresistenz nicht einfach durch Herstellung neuer Antibiotika beikommen, denn *Antibiotika schaffen genau die Bedingungen, die eine weitere Ausbreitung der Resistenz fördern*. Der dauernde ungezügelte Einsatz von Antibiotika in der Intensivlandwirtschaft und der Medizin wie auch die kommerzielle Anwendung der Gentechnik haben wahrscheinlich schon entscheidend zur immer schneller fortschreitenden Ausbreitung der multiplen Antibiotikaresistenz unter neuen und alten Krankheitserregern beigetragen, die der Bericht der Weltgesundheitsorganisation (WHO) von 1996 für die letzten zwanzig Jahre konstatiert. Zum Beispiel gab es einen dramatischen Anstieg – in der Häufigkeit wie in der Schwere der Fälle – bei Infektionen durch *Salmonella*.[25] Einige europäische Länder verzeichnen bei den Salmonellen-Infektionen seit 1980 sogar ein zwanzigfach häufigeres Auftreten, eine verblüffende Zuwachsrate.

Doch damit nicht genug. Diejenigen Voraussetzungen, von denen die Genetiker und Richtlinienausschüsse bei ihrer Einstufung der gentechnisch hergestellten Produkte als »sicher« ausgingen, sind eine nach der anderen auf der Strecke geblieben – besonders im Licht der in den letzten drei oder vier Jahren gewonnenen Erkenntnisse. Allerdings gibt es noch kaum ein Anzeichen dafür, daß man sich diese Einsichten tatsächlich zu eigen macht. Im Gegenteil: Die Regulierungsorgane haben sich dem Druck der Industrie gebeugt und die ohnehin schon unzureichenden Bestimmungen noch weiter gelockert. Lassen Sie mich gleich noch einige wichtige Erkenntnisse aus der Genetik aufführen, auf die ich später ausführlicher zu sprechen komme.

Man hat uns versichert, der horizontale Gentransfer bleibe auf Bakterien beschränkt. Das trifft nicht zu. Man weiß inzwischen, daß er sich auf praktisch alle Spezies von Tieren, Pflanzen und Pilzen erstreckt. Jedes Gen in jeder Spezies kann auf jede andere Spezies übertragen werden, zumal wenn als Träger dieses Gens ein gentechnisch für den Gentransfer hergestellter Vektor dient. Nachweislich waren Transgene und Antibiotikaresistenz-Markierungsgene aus transgenen Pflanzen schließlich in Pilzen aus dem Erdreich und in Bakterien zu finden.[26] Die Mikrobenbestände unserer Umwelt fungieren beim Gentransfer gleichsam als Schnellstraßen und als Speicher: Mit ihrer Hilfe entstehen Genkopien, die sich dann weiter ausbreiten, durch Rekombination mit anderen Genen neue Verbindungen eingehen und so neue Erreger in die Welt setzen können.[27]

Immer wieder hat man beteuert, »entschärfte« Bakterien- und Virusstämme aus den Laboratorien – solche Stämme also, die auf besondere Nährlösungen oder Wachstumsbedingungen angewiesen sind – seien nicht existenzfähig, wenn man sie in die Umwelt entließe. Das stimmt nicht. Aus einer Fülle von Belegen geht inzwischen hervor, daß sie sehr wohl recht gut überleben und sich vermehren können. Oder aber sie können sich in einen Latenzzustand begeben – um erst wieder aufzutauchen, nachdem sie von anderen Bakterien Gene erhalten haben, mit deren Hilfe ihnen die Vermehrung gelingt.[28] Unter den Bakterien herrscht weit mehr Kooperation als Wettbewerb. Überlebenswichtige Vorzüge teilen sie miteinander.

Man hat uns versichert, das genetische Material, die Desoxyribonukleinsäure (DNS), werde in der Umwelt leicht abgebaut. Das ist falsch. DNS kann in der Umwelt weiter fortbestehen, dort von Bakterien aufgenommen und in ihr Genom integriert werden.[29] Bei der DNS handelt es sich in der Tat um eins der widerstandsfähigsten Moleküle. Die Biochemiker vollführten wahre Freudensprünge, als ihnen klar wurde, daß sie nicht länger mit Proteinen zu arbeiten brauchten, die sehr leicht ihre Reaktionsfähigkeit einbüßen. Demgegenüber hält die DNS es auch aus, wenn man sie kräftig kocht. Werden also gentechnisch hergestellte Nahrungsmittel zugelassen, weil in ihnen keine DNS zurückgeblieben sein könne, sollte man genau nachfragen, welcher Behandlung sie unterzogen und ob geeignete Tests zum Nachweis von DNS durchgeführt worden sind.

Das Überleben »entschärfter« Bakterien- und Virusstämme aus den Labors sowie der Fortbestand von DNS in der Umwelt sind im Hinblick auf sogenannte Sicherheitslabors, also auf geschlossene Laborsysteme, in denen transgene Pharmazeutika, Enzyme und Nahrungszusätze produziert werden, von besonderer Bedeutung. Durch die »zulässigen« Freisetzungen und durch transgene Abfälle aus solchen Produktionsstätten sind möglicherweise schon seit den achtziger Jahren, der Anfangszeit der kommerziell genutzten Gentechnik, große Mengen transgener Bakterien und Viren in die Umwelt befördert worden, ebenso DNS.

Man versichert uns, DNS sei für die Enzyme in unseren Därmen leicht verdaulich. *Falsch.* Es hat sich herausgestellt, daß virale DNS die Passage durch den Darm einer Maus überstanden hat. Außerdem findet die DNS leicht ihren Weg in den Blutstrom, in weiße Blutkörperchen, in die Zellen von Leber und Milz, wo die virale DNS dann in das Genom der Mäusezelle eingegliedert wird.[30] Die Eingliederung von viraler DNS in das Genom einer Zelle kann genetische Störungen aller Art hervorrufen, auch Krebs.[31]

Weitere heute vorliegende Erkenntnisse verweisen auf die möglichen Gefahren aufgrund von neuen, Krankheiten verursachenden Viren, die durch Rekombination von künstlichen Virusvektoren beziehungsweise transgenen Impfstoffen mit anderen in der Umwelt vorkommenden Viren entstehen können. So entstandene Viren werden ein vergrößertes Wirtsspektrum haben. Sie werden bei mehr als nur einer Spezies Infektionen auslösen und Krankheiten verursachen. Daher wird es schwierig sein, sie voll und ganz zu beseitigen. *Wir erleben, wie solche Viren entstehen.*

- Das Affenpocken-Virus, ein früher seltenes, bisweilen tödlich wirkendes, von Nagetieren übertragenes Virus, breitet sich in Mittel-Zaire aus.[32] Im Zeitraum von 1981 bis 1986 waren lediglich 37 Fälle bekannt. Hingegen gab es allein seit Juli 1995 in einer Ostprovinz von Zaire mindestens 163 Fälle. *Zum ersten Mal stecken Menschen einander direkt mit dieser Krankheit an.*

- Beim Ausbruch einer Infektion durch das Hanta-Virus, die im Dezember 1996 den Süden Argentiniens erreichte, *wurde das Virus zum ersten Mal von Mensch zu Mensch weitergegeben.*[33] Zuvor hatte sich das Virus verbreitet, indem Aerosole* aus Nagetierkot oder -urin in die Atemwege gelangten.

- Neue, hochvirulente Stämme des infektiösen Virus, das die Bursa-Krankheit (*Infectious Bursal Disease Virus,* IBDV) hervorruft, haben sich fast überall in den Geflügelgroßbetrieben der nördlichen Halbkugel rasend schnell ausgebreitet. Jetzt infizieren sie antarktische Pinguine, und es steht zu befürchten, daß sie dort ein Massensterben auslösen werden.[34]

* feinstverteilte Materie (Flüssigkeiten oder Feststoffe) in Luft oder anderen Gasen

- Neue Stämme von Staupe- und Tollwut-Viren suchen in Afrika, aus Städten und Dörfern kommend, einige der seltensten in Freiheit lebenden Tiere der Welt heim:[35] Löwen, Panther, Wildhunde, Riesenotter.

Keine dieser zahlreichen neuen Erkenntnisse haben sich die Regulierungsorgane tatsächlich zu eigen gemacht.[36] Ganz im Gegenteil, man hat die Sicherheitsbestimmungen gelockert. Gewöhnliche Menschen werden gegen ihren Willen zu Versuchskaninchen für gentechnisch hergestellte Produkte gemacht, während diese Technologie mit jedem Tag, der verstreicht, womöglich neue Viren und bakterielle Erreger hervorbringt.

Die derzeitige Situation erinnert an die Entwicklung der Kernenergie. Sie hat uns die Atombombe und die Kernkraftwerke beschert, von denen wir jetzt wissen, daß sie gesundheitsgefährdend und aufgrund der langfristig anfallenden radioaktiven Abfallprodukte nicht umweltverträglich sind. Joseph Rotblat, ein britischer Physiker, dem 1995 der Nobelpreis verliehen wurde, nachdem er einen jahrelangen Kampf gegen die Atomwaffen geführt hatte, hat dazu folgendes mitzuteilen: »Sorgen bereitet mir, daß sich aus weiteren Fortschritten in den Naturwissenschaften andere Möglichkeiten zur Massenvernichtung ergeben könnten, die vielleicht noch leichter verfügbar sein werden als die Atomwaffen. Der Bereich der Gentechnik kommt dafür wegen der schauerlichen Entwicklungen, die dort vor sich gehen, durchaus in Betracht.«[37]

Die in großem Maßstab stattfindende Freisetzung transgener Organismen ist weit schlimmer als Atomwaffen oder radioaktiv strahlender Atommüll. Denn Gene können sich unbegrenzt vervielfältigen, verbreiten und durch Rekombination neue Verbindungen eingehen. Noch ist vielleicht Zeit, zu verhindern, daß die Träume zu Alpträumen werden – sofern wir jetzt handeln, bevor der genetische »Super-GAU« eintritt.

2
Gentechnik heute

Die Kommerzialisierung der Naturwissenschaft in der Gentechnik hat die Integrität der Wissenschaftler kompromittiert, sie hat die Organismen – darunter auch den Menschen – zur Ware reduziert, die Ausbeutung und Unterdrückung der Dritten Welt noch weiter verstärkt, die Gesundheit von Mensch und Tier aufs Spiel gesetzt und ebenso die biologische Artenvielfalt. Sie schüttet Wasser auf die Mühlen einer wiederauflebenden Eugenik und treibt die genetische Diskriminierung von Menschen, deren Hautfarbe nicht weiß ist, von Minderheiten und allen politisch Entrechteten der Welt voran. Das so entstehende weltanschauliche Einerlei, das Brachland des genetischen Determinismus, ebnet der schönen neuen Welt den Weg.

Gentechnik damals und heute

Die Gentechnik umfaßt Methoden, mit deren Hilfe Gene aus verschiedenen Organismen isoliert, modifiziert, multipliziert und rekombiniert werden können. Sie ermöglicht den Gentransfer von einer Spezies auf die andere – ungeachtet der Tatsache, daß die betreffenden Spezies unterschiedlichen Lebensbereichen angehören und unter natürlichen Voraussetzungen eine Kreuzung zwischen ihnen unmöglich wäre. So kann man zum Beispiel ein Fisch-Gen auf eine Tomate übertragen, menschliche Gene können auf Schafe, Schweine oder das im Darm aller Säugetiere beheimatete Bakterium *E. coli* übertragen werden.

Die Gentechnik entstand in den siebziger Jahren, als man verschiedene Schlüsseltechniken entdeckte (siehe Kapitel 3). Eines wurde den Molekulargenetikern, die diese Methoden entwickelt haben beziehungsweise bei der Entwicklung und dem Einsatz der Gentechnik in vorderster Linie standen, schon bald klar: Sie liefen Gefahr, eine Büchse der Pandora zu öffnen. Deutlich erkannten sie die bedrohlich sich abzeichnende Möglichkeit, versehentlich oder absichtlich durch Rekombination von Genen im Labor pathogene Virus- oder Bakterienstämme zu erzeugen. Das führte zur Erklärung von Asilomar,[1] in der bis zum Inkrafttreten adäquater Durchführungsrichtlinien für die Gentechnik ein Moratorium gefordert wurde. Die Wissenschaftler legten damals Verantwortungsbewußtsein an den Tag.

In den achtziger Jahren habe ich den Aufbau eines gentechnischen Labors an meiner Universität miterlebt. Die Experimentatoren waren gehalten, mit großer Sorgfalt sicherzustellen, daß die von uns manipulierten Mikroorganismen und Gene nicht aus dem Labor hinausgelangten. Wir mußten an speziellen Sicherheitswerkbänken arbeiten, nichts wurde ins Spülbecken gegossen, und wer versehentlich etwas verschüttete, mußte es unverzüglich und restlos mit antiseptischen Mitteln aufwischen. Abfälle wurden entweder vor der Entsorgung sterilisiert, oder sie wurden zu Asche verbrannt. Unsere Gewährleistungspflicht, keine gentechnisch bearbeiteten Organismen in die Umwelt gelangen zu lassen, stand für uns völlig außer Frage. Und dies ungeachtet der Tatsache, daß die Stämme, mit denen wir es zu tun hatten, auf die eine oder andere Weise genetisch »entschärft« worden waren und daher bei versehentlicher Freisetzung voraussichtlich nicht überleben würden. (Eine Annahme, die sich ja inzwischen als falsch erwiesen hat. Um so besser, daß wir uns an das Vorsorgeprinzip gehalten haben.)

Mit der Gentechnik habe ich mich aufgrund meines Interesses für die Evolution befaßt. Ich wollte etwas über genetische Prozesse erfahren, die nicht wahllos, sondern in experimentell wiederholbarer Weise auf die Umwelt reagieren und infolgedessen den Lauf der Entwicklung und der Evolution beeinflussen könnten. Grundsätzlich habe ich nicht die gängige, stark vereinfachende Auffassung akzeptiert, der zufolge die Evolution sich hauptsächlich durch natürliche Auslese unter zufällig vonstatten gehenden genetischen Mutationen vollzieht.

In der Überzeugung, der genetische Determinismus sei durch die Erkenntnisse der neuen Molekulargenetik, aus denen hervorgeht, daß Gene und Genome eben nicht wahllos auf ihre Umwelt reagieren, vollständig widerlegt, zog ich mich Ende der achtziger Jahre aus diesem Bereich zurück. Das erlaubte mir, mit Forschungen über die biophysikalischen Aspekte von Selbstorganisation zu beginnen – zu erforschen, wie es kommt, daß Organismen als ein zusammenhängendes Ganzes funktionieren und nicht einfach nur als eine Ansammlung von Genen.[2] Unglücklicherweise hat sich bis in die späten neunziger Jahre das vorherrschende naturwissenschaftliche Denkmuster keineswegs geändert. Falls überhaupt, dann ganz klar zum Nachteil. Der genetische Determinismus nimmt überhand – nicht zuletzt, weil er sich bestens eignet, die Werbetrommel für die Gentechnik zu rühren.

In den neunziger Jahren sind die aus genetischen Manipulationen erwachsenden Risiken weit größer geworden. Denn man verfügt inzwischen über zehnmal schnellere und wirkungsvollere Methoden. Gentechnisch hergestellte Organismen neueren Datums – die transgenen Organismen, die in großem Rahmen absichtlich freigesetzt werden – sollen ökologisch robust sein und sind daher potentiell viel gefährlicher als die genetisch geschwächten Mikroorganismen, die in den siebziger Jahren für den kontrollierten Laboreinsatz verwendet wurden.[3]

Wo bleibt jetzt die Stimme der Wissenschaft? Die Naturwissenschaftler sagen, es sei an den Politikern und der Bevölkerung, Entscheidungen zu fällen. Selbstverständlich sollte die Bevölkerung entscheiden. Doch das entbindet die Wissenschaftler nicht von ihrer besonderen Verantwortung in ihrer Eigenschaft als Bürger *und* Wissenschaftler. Mit Blick auf die Herstellung der Atombombe schreibt C. P. Snow über die Verantwortung des Wissenschaftlers: » ... Es genügt nicht, wenn man sagt, Wissenschaftler hätten eine Verantwortung als Bürger. Sie haben eine viel größere Verantwortung, und diese ist von ganz anderer Art. Denn für den Wissenschaftler gilt der moralische Imperativ, das zu sagen, was er weiß ...«[4]

Zwar steht eine zunehmende Zahl von Wissenschaftlern der Gentechnik

> Viele führende Molekulargenetiker besitzen heute entweder eigene Biotechnik-Firmen, oder sie arbeiten sehr eng mit solchen Firmen zusammen.

kritisch gegenüber. Dennoch gab es seitens der Molekulargenetiker in den neunziger Jahren keinen der Asilomar-Erklärung vergleichbaren Aufruf zu einem Moratorium. Wie die Harvard-Biologin Ruth Hubbard[5] anmerkt, besitzen viele führende Molekulargenetiker heute entweder eigene Biotechnik-Firmen, oder sie arbeiten sehr eng mit solchen Firmen zusammen beziehungsweise arbeiten im Auftrag solcher Firmen. Die Gentechnik kommerzialisiert die Naturwissenschaft in einem nie zuvor dagewesenen Ausmaß.

»Die Naturwissenschaftler werden immer mehr genötigt, mit dem Großkapital ins Bett zu gehen. ... Während die Forschung früher im wesentlichen unparteiisch war, muß sie heutzutage eine ganze Reihe von Zahlmeistern zufriedenstellen. Wo einst Unvoreingenommenheit herrschte, werden Forschungsresultate heute diskret manipuliert und frisiert. Oder sie kommen, wenn sie nicht den richtigen Interessen dienen, unter Verschluß. ... Noch fataler ist, der neuen BBC-Fernsehreihe *The Sci Files* zufolge, daß man in Selbstzensur verfällt, weil man sich die nächsten Aufträge zu sichern versucht.«[6] Von der Welt eines C. P. Snow haben wir uns wahrhaftig weit entfernt.

Teils erfolgen diese Veränderungen notgedrungen – zum Beispiel hat die britische Regierung im vergangenen Jahrzehnt die Forschungsmittel um mehr als eine Milliarde Pfund gekürzt –, teils weil man Geld verdienen muß. Und selbst die noch verbliebenen Fördermittel der Regierung für die Forschung sind, wie ein öffentliches Diskussionspapier über Regierungsvorhaben aus dem Jahr 1993 deutlich machte, in hohem Maß solchen Projekten vorbehalten, die in enger Zusammenarbeit mit der Industrie durchgeführt werden. Das Diskussionspapier unterstrich die Notwendigkeit, sich auf diejenigen Forschungsprojekte zu konzentrieren, die der Wirtschaft Auftrieb geben könnten. Und was dies anbelangt, betrachtet man die Gentechnik als eindeutigen Spitzenkandidaten.

»Die Regierung hat die Verpflichtung, sicherzustellen, daß das Vereinigte Königreich eine der führenden Nationen in der Entwicklung und Produktion von Biotechnologie bleiben kann. ... Schätzungen zufolge wird der Markt für biotechnologische Produkte bis zum Jahr 2000 bei einem Wachstum von jährlich etwa dreißig Prozent ein weltweites Gesamtvolumen von siebzig Milliarden Pfund überschreiten. Und der Anteil des Vereinigten Königreichs an biotechnologischen Produkten als eines der aktivsten europäischen Länder auf diesem Sektor könnte bis zum Jahr 2000 von drei Milliarden Pfund auf neun Milliarden Pfund anwachsen.«[7]

Patentrechte auf das Leben?

Die Kommerzialisierung der Gentechnik hat seit den siebziger Jahren ständig zugenommen. Während 1976 noch über ein Moratorium diskutiert wurde, gründete der Molekulargenetiker Paul Berg, der ein Jahr zuvor die Asilomar-Erklärung mit unterzeichnet hatte, die erste Firma, Genentech. Der nächste Meilenstein war 1980 die Entscheidung des höchsten US-Gerichts, mit der es den Weg zur Patentierung von gentechnisch entwickelten Mikroorganismen freigab. Dann kam die mit drei Milliarden Dollar aus Bundesmitteln geförderte *Human Genome Initiative*.[8] Sie öffnete den »Patenten auf das Leben« Tür und Tor. Sehr viele Patente sind bereits erteilt worden, und in vielen anderen Fällen laufen die Verfahren.

Dabei geht es um solch umstrittene »Erfindungen« wie:

- transgene Organismen, menschliche Gene und Genfragmente;

- eine aus der Milz eines Patienten, dem man das Organ im Rahmen einer Krebstherapie entfernt hatte, gewonnene Zellinie;[9]
- Zellinien von Eingeborenenstämmen, an die man – angeblich zum Studium der arteigenen Formenvielfalt – gelangte, ohne den Betroffenen die für eine selbstverantwortete und freie Einwilligung notwendige Aufklärung erteilt zu haben;
- Saat- und Pflanzensorten, die »Bio-Scouts« aus der nördlichen Hemisphäre von Eingeborenen in der Dritten Welt erhalten haben, die ihnen neben dem biologischen Material auch ihre Kenntnisse unentgeltlich zur Verfügung stellten.

Diese Patente dienen dazu, den Hunger der ins Kraut schießenden Biotechnik-Industrie nach Produkten und schnellem Profit zu stillen.

Um die Erteilung von Patenten zur kommerziellen Nutzung zu erleichtern, wurde der Vertrag über *Trade Related Intellectual Property Rights* (TRIPS) kurzerhand in die abschließende Vorlage für das *General Agreement on Tariffs and Trade* (GATT)*-Abkommen einbezogen. Letzteres wurde dann später durch die *World Trade Organisation* (WTO) ersetzt. Der TRIPS-Vertrag »schließt effektiv alle Arten von Wissen, Ideen und Innovationen [von der Patentierung] aus, die ›geistiges Gemeingut‹ sind – bei den Bauern in den Dörfern, bei den Stammesmitgliedern im Urwald.«[10] Als Erfindung stuft er einzig und allein diejenigen Schritte ein, die man im Kontext der westlichen Wissenschaft unternimmt. Hand in Hand mit den Interessen der Großindustrie definiert die Naturwissenschaft hier, was wissenschaftlich sei und was nicht. Und damit definiert sie auch die Merkmale einer echten, mit klingender Münze zu vergütenden Erfindung. Man sollte nicht unterschätzen, über welche legitimierende und auszugrenzende Autorität die Wissenschaft verfügt – und dementsprechend auch über die Fähigkeit, auszubeuten und zu unterdrücken.

Die Patentierung von Pflanzensorten aus der Dritten Welt bringt einheimische Bauern um ihren Lebensunterhalt und kann weitreichende Auswirkungen haben. Die Neem-Pflanze in Indien zum Beispiel, deren Saatöl gegen Insekten wirksam ist und noch viele weitere heilpflanzliche Eigenschaften aufweist, war über Jahrtausende frei erhältlich. In der Gesundheitspflege ist daher ganz Indien auf diese Pflanze angewiesen. Sobald jedoch die US-Firma W. R. Grace sie »entdeckt« und paten-

* allgemeines Zolltarif- und Handelsabkommen

tiert hatte, wurde sie zur Mangelware. Ihr Marktwert erhöhte sich innerhalb von zwei Jahren um ein Hundertfaches, was die Möglichkeiten der meisten einfachen Leute überstieg. Dadurch wurde Indiens nationales Gesundheitssystem ernstlich untergraben.

Die Frage nach dem geistigen Eigentumsrecht über genetische Ressourcen entwickelt sich zu einem Hauptstreitpunkt zwischen Nord und Süd. Das begann, als in den frühen sechziger Jahren eine internationale Konvention in Kraft trat: die *Union for the Protection of New Varieties of Plant* (UPOV)*, die den Züchtern Eigentumsrechte an den durch menschliches Eingreifen verbesserten Pflanzensorten zusprach. Das biologische Ausgangsmaterial, das man unentgeltlich aus den artenreichen Ländern des Südens erhalten hatte, erachtete man als »gemeinsames Menschheitserbe« – mithin könne niemand einen privaten Besitzanspruch darauf geltend machen. So wurde der Weg für die Großindustrie frei, den Süden nach biologischem Material zu durchforsten. Und man brachte den Prozeß in Gang, die Aktivitäten der Unternehmen aus dem Norden immer willkürlicher als »Innovation« einzustufen, hingegen den wirklich innovativen Wert dessen, was die Menschen vor Ort dazu beitrugen, in Abrede zu stellen.[11] Dieses ungerechte Abkommen gestattet es den Ländern des Nordens, sich im Süden unentgeltlich des »gemeinsamen Menschheitserbes« zu bedienen – jener genetischen Ressourcen, die dann im Süden wiederum zu Festpreisen als Waren feilgeboten werden. Heftiger Protest aus den Ländern der Dritten Welt führte 1987 zur Zusammenkunft eines Ausschusses der Nahrungs- und Landwirtschaftsorganisation, bei der das Thema »Pflanzen als genetische Ressourcen« auf der Tagesordnung stand. Hier wurde der Beitrag der traditionell wirtschaftenden Bauern zur Entwicklung der Pflanzen anerkannt. Daraus erwuchs dem einzelnen Bauern allerdings keinerlei Anspruch. Statt dessen wurde den betreffenden Regierungen ein Anspruch auf Unterstützung beim Erhalt der genetischen Ressourcen eingeräumt. Dem alten Schema von Hilfe und Abhängigkeit folgend, das es dem Norden seit Jahrhunderten gestattet, den Süden auszubeuten, ist der Norden mit anderen Worten »verpflichtet«, dem Süden zu helfen. Man richtete einen internationalen Genfonds ein, der den Rechten der Bauern Rechnung tragen sollte. Doch mangelnde finanzielle Zuwendungen seitens der Firmen aus dem Norden und ihrer Regierungen verurteilten diesen Fonds zur Untätigkeit. Der TRIPS-Vertragsentwurf wird allgemein als der letzte Versuch betrachtet, die fortdauernde, durch die

* Union zum Schutz neuer Pflanzensorten

Gentechnik wissenschaftlich abgesegnete Ausplünderung der genetischen Ressourcen in der Dritten Welt durch die Biotechnik-Firmen des Nordens in eine verbindliche Form zu gießen.

Die *Convention on Biological Diversity* (CBD)* der Vereinten Nationen, die im Juni 1992 in Rio de Janeiro unterzeichnet wurde, soll die biologische Artenvielfalt auf faire und vernünftige Weise erhalten. Da die genetische Artenvielfalt größtenteils in den ärmeren, schwächer entwickelten Ländern der Welt anzutreffen ist und da die Gentechnik von diesem Material Gebrauch machen möchte, wird dieses Abkommen im Entscheidungsprozeß über die sozioökonomischen Auswirkungen der Gentechnologie eine gewichtige Rolle spielen.

Dr. Tewolde Egziabher, ein in Großbritannien an der Cambridge University ausgebildeter Agrarwissenschaftler und UN-Delegierter aus Äthiopien, ist in diesen Dingen für die Gesamtheit der afrikanischen Staaten zum Sprecher avanciert. Schon seine Reden und Vorträge als solche sind ein Ereignis. Stets mit großer Eloquenz vorgetragen, voller sanfter Ironie und Wärme, ermutigen sie zu Solidarität und Gemeinsamkeit, während sie zugleich die zur Frage stehenden Sachverhalte auf den Punkt bringen. Tewolde arbeitet eng mit dem »Netzwerk Dritte Welt« zusammen und ist für mich wie ein guter Bekannter. Er zählte zu den treibenden Kräften, die bei der Unterzeichnung der CBD im Jahr 1992 das *International Biosafety Protocol*** auf die Tagesordnung brachten, und er war seither für so manche wichtige Anregung zum *International Biosafety Protocol* verantwortlich. Stets hat er darauf bestanden, die sozioökonomischen Auswirkungen der Gentechnik bei der Beurteilung der biologischen Sicherheitsrisiken mit zu berücksichtigen. Einer der Hauptgründe dafür ist die Tatsache, daß die CBD nichts dazu beigetragen hat, die Ausbeutung der natürlichen Ressourcen des Südens durch den Norden einzudämmen. Der durch die Konvention geförderte Vormarsch der Gentechnik auf dem landwirtschaftlichen Sektor hatte im Gegenteil zur Folge, daß jetzt die eigentliche Grundlage einer nachhaltigen Landwirtschaft und damit die langfristige Sicherung der Nahrungsmittelversorgung für den Süden bedroht ist.[12]

Man begrüßte die CBD seinerzeit als »den Höhepunkt zweier Jahrzehnte harter internationaler Bemühungen, die die Bewahrung der biologischen Artenvielfalt als gemeinsames Menschheitsanliegen anerkennen und als einen integralen Bestandteil des Entwicklungsprozesses

* Abkommen über die biologische Artenvielfalt

** internationale Vereinbarung zur biologischen Sicherheit

betrachten. ... [Sie werde] einen Ausgleich herstellen zwischen den Notwendigkeiten des Naturschutzes und den Interessen an einer Entwicklung, die sich auf der Grundlage von Gerechtigkeit und Fairness vollzieht.«[13] Aber statt dessen hat im Rahmen des neu geregelten Systems der geistigen Eigentumsrechte, das die Patentierung lebender Organismen und ihrer Gene gestattet, die diebische Aneignung von Rechten an der biologischen Artenvielfalt nur noch weiter zugenommen. Jetzt schickt nämlich die landwirtschaftlich ausgerichtete Biotechnik-Industrie »Genjäger« in den Süden, die nach kommerziell gewinnträchtigen genetischen Ressourcen Ausschau halten sollen.

Zu allem Übel befindet sich ja ein Gutteil der biologischen Artenvielfalt des Südens bereits als *ex situ*-Sammlung in »Genbanken«. Und der Norden beharrt darauf, solche *ex situ*-Sammlungen von der Konvention auszunehmen. So kann die biotechnische Industrie sie dann unentgeltlich nutzen. Während die Verhandlungen noch andauern, hat ein Repräsentant der auf pharmazeutische Produkte spezialisierten US-amerikanischen Biotechnik-Firma Phytera bereits bei botanischen Gärten in Europa und anderen Sammlungen tropischer Pflanzen vorgesprochen, um zu bestimmten Stücken dieser Sammlungen Zugang zu erhalten. Bei Lieferung werde man für jede Pflanze zunächst ein kleines Honorar entrichten. Und im Fall der erfolgreichen Markteinführung eines daraus gewonnenen Produkts werde der botanische Garten oder das Herbarium einen geringen Prozentsatz des Gewinns erhalten.[14]

Leben als Ware

Der größte Einwand gegen die »Patentierung des Lebens« beruht allerdings auf der Tatsache, daß sie Organismen, so auch Teile des Menschen, zur Handelsware gemacht hat. Das ist moralisch verwerflich, zumal für viele in der Dritten Welt beheimatete Kulturen, und hat auch im Norden recht verschiedenartige Gruppen zur Zusammenarbeit veranlaßt – Umweltaktivisten, religiöse Organisationen, Menschen, die spüren, daß man im Namen des freien Unternehmertums die letzten Grenzen menschlichen Anstands durchbrochen hat. Doch die neue Biotechnik-Industrie geht einfach deshalb bis an die Grenze des Machbaren, weil sie der logische Schnittpunkt jener von der reduktionistischen Naturwissenschaft getragenen instrumentalisierenden Herangehensweise an die Natur mit der ähnlich gelagerten kapitalistischen Ideologie ist.

Infolge weltweiten Widerstands sind viele bereits erteilte Patente widerrufen beziehungsweise von den Antragstellern zurückgezogen worden.[15] Zum Beispiel haben Ende 1995 die *US Centers for Disease Control** ihren Patentanspruch auf eine Zellinie von einer Guyami-Frau aus Panama fallengelassen, nachdem der Weltrat der Eingeborenenvölker und die Generalversammlung der Guyami dagegen protestiert hatten. Zur selben Zeit versagte der internationale Bioethik-Ausschuß der UNESCO dem *Human Genome Diversity Project* (das zum *Human Genome Project* gehört und angeblich zu dem Zweck ins Leben gerufen wurde, Gene von Eingeborenenvölkern dokumentieren und erhalten zu können, bevor diese Völker aussterben) seine Unterstützung und pflichtete stattdessen der Kritik bei, die von den Eingeborenenvölkern und ihren Regierungen gegen das Projekt geltend gemacht wurde. 1994 widerrief das US Patent- und Warenzeichenamt einstweilig das Patent der Firma Agracetus auf jegliche gentechnisch bearbeitete Baumwolle, und die indische Regierung erklärte den Antrag dieser Firma auf ein Patent für gentechnisch bearbeitete Baumwolle in Indien für nichtig. Beim Europäischen Patentamt wurden viele juristische Einsprüche gegen die Patentierung der »Onkomaus« eingereicht – einer transgenen Maus, die man ganz gezielt gegen Krebs anfällig gemacht hatte. Tatsächlich sind durch diese Einsprüche mehr als 300 weitere Anträge auf Tierpatente blockiert und bleiben bis zur Entscheidung im Fall der »Onkomaus« anhängig.

Das Europa-Parlament stimmte mit Rücksicht auf den öffentlichen Widerstand bei der ersten Abstimmung im März 1995 gegen die Vorlage für die Richtlinienverordnung zum Schutz der biotechnischen Forschung. Ende 1995 veröffentlichte die EU-Kommission einen überarbeiteten Entwurf der Richtlinienverordnung. Die Veränderungen sind allerdings bloße Kosmetik und seine Formulierung ist gelinde gesagt mehrdeutig. Er gestattet die Patentierung sämtlicher Mikroorganismen, Pflanzen oder Tiere, die durch ein »mikrobiologisches Verfahren« zustande gekommen sind, und jeder isolierten menschlichen Gensequenz, welche – bekannte oder unbekannte – Funktion sie auch immer haben mag. Kurzum, dieser Entwurf würde Biotechnik-Firmen einen Patentschutz für gentechnische Produkte geben, der umfassender ist als der Patentschutz bei jeder anderen handfesten Erfindung. Für diese Produkte bedarf es nicht einmal eines erfinderischen Akts. So werden den

* eine mit Nachforschungen zu ansteckenden Krankheiten und deren Überwachung beauftragte Abteilung des US-Gesundheitsministeriums

Unternehmen, die Patentrechte erworben haben, beispiellose monopolistische Rechte eingeräumt, die nicht nur Mitbewerber daran hindern, ähnliche Produkte zu entwickeln, sondern auch die wissenschaftliche Forschung beeinträchtigen. Dies macht eine Gruppe von Naturwissenschaftlern in ihrem Leserbrief an die Zeitschrift *Nature* deutlich:

»Fortschritte in der Biotechnologie können bereits nach europäischem Patentrecht patentiert werden. Es ist fraglich, ob diese Patente sehr viel weiter gefaßt sein sollten als in anderen Bereichen, und vor allem, ob es jemandem, der natürliches Material isoliert und beschreibt, möglich sein sollte, nicht nur die Methode, mit deren Hilfe dies geschah, sondern auch das Material selbst zu patentieren. Hätte man dieses Prinzip auf die Chemie angewandt, wären die Elemente patentiert worden. Tatsächlich aber bezieht sich die Richtlinienverordnung nicht auf ›Elemente von Pflanzen und Tieren‹.«[16]

Ein umstrittenes Patent, das der Firma Biocyte in den USA wie in Europa erteilt wurde, bezieht sich auf alle menschlichen Blutzellen in der Nabelschnur von Neugeborenen.[17] Diese Zellen werden routinemäßig für therapeutische Knochenmarkstransplantationen verwendet – unentgeltlich und in der althergebrachten Tradition, das Geschenk des Lebens denen zu geben, die seiner bedürfen. Künftig dürfen ohne Entrichtung einer Lizenzgebühr an die betreffende Firma weder solche therapeutischen Transplantationen noch irgendwelche Forschungsprojekte unter Verwendung dieser Zellen stattfinden.

Die Vereinbarungen über geistige Eigentumsrechte an lebenden Organismen haben weitreichende politische Auswirkungen.[18] Im April 1997 sandte das US-Außenministerium einen Brief an die königliche Regierung Thailands. Anlaß war ein Gesetzesentwurf, der thailändischen Ärzten erlaubte, traditionelle Heilmittel registrieren zu lassen. Der Brief besagt, »nach Washingtoner Überzeugung könne ein derartiges Registrierungssystem eine Verletzung des TRIPS-Vertrages darstellen und die medizinische Erforschung dieser Präparate behindern« – ungeachtet der Tatsache, daß Thailand zumindest bis zum Jahr 2000 nicht verpflichtet ist, sich an die Vorgaben von TRIPS zu halten, und medizinische Anwendungen vom Vertrag ausgenommen sind. Die USA haben bereits der ecuadorianischen Regierung die Streichung von Handelsvergünstigungen angedroht, sofern diese nicht ein bilaterales Abkommen über geistige Eigentumsrechte ratifiziere; und Äthiopien, Panama und Paraguay sind in die Liste jener Länder aufgenommen worden, die US-Wirtschaftsinteressen beeinträchtigen. Die USA haben Argentinien einseitig die Hälfte aller Handelsvergünstigungen im Wert von 260 Millionen

Dollar aufgekündigt, weil Argentiniens Gesetzgebung in puncto geistige Eigentumsrechte nicht den »internationalen Maßstäben« entspreche. Im Juni 1997 kündigte der US-Botschafter in Indien an, daß »es in bestimmten Bereichen von Forschung und Ausbildung keine weitere Zusammenarbeit mehr geben werde«, falls Indien nicht seine Patentgesetze ändere – wodurch etwa 130 wissenschaftliche Projekte bedroht wären, die gegenwärtig aus dem amerikanischen Indien-Fonds unterstützt werden. Die USA haben ferner vor der Welthandelsorganisation in aller Form Beschwerde gegen Indien und Pakistan eingereicht. Die Beschwerde betrifft das nationale Patentrecht beider Länder, soweit es auf pharmazeutische und agrochemische Produkte Einfluß nimmt. Dieselbe Beschwerde hat man auch gegen die dänische Regierung eingereicht.

Am 16. Juli 1997 beugte sich das EU-Parlament dem kommerziellen Druck und erteilte der Richtlinienverordnung zum Patentrecht in der überarbeiteten Fassung seine Zustimmung.

Wie steht es um die »Sicherheit«?

In der Agenda 21 der UN-Konvention zur biologischen Artenvielfalt wird in einem Kapitel mit dem Titel »Umweltgerechter Umgang mit der Biotechnologie« (dem 16. Kapitel) die Verwendung mehrerer Milliarden Dollar aus dem UN-Haushalt für die Gentechnik empfohlen. So sollten dank höherer Nahrungsmittelerträge die Hungernden ernährt, die Gesundheit der Menschen weltweit verbessert, das Bevölkerungswachstum im Zaum gehalten, für reines Wasser und eine saubere Umwelt gesorgt, Brachland wieder aufgeforstet, kurzum die Probleme der Dritten Welt gelöst werden. Zugleich nutzt man die bereits angesprochenen Verbalstrategien, um die Gefahren und die Auswirkungen der neuen Technologie konsequent zu beschönigen: Zum Beispiel beschwört man die angebliche Kontinuität zwischen der herkömmlichen Biotechnologie (wie der Weinzubereitung) und der modernen Biotechnologie in Gestalt der Gentechnik; oder man behauptet, jahrelange Erfahrung habe gezeigt, wie sicher die moderne Biotechnologie sei; oder man verwendet den gefühlsneutraleren Ausdruck »genetische Veränderung« anstelle von »Gentechnik«. (Es ist schon bemerkenswert, wie in all den Schriften, die der Bevölkerung ein »besseres Verständnis« der Gentechnik vermitteln sollen, letztlich immer wieder dasselbe Propagandamaterial auftaucht und von allen einflußreichen Fürsprechern der

Industrie – auch von vielen Wissenschaftlern, die es eigentlich besser wissen müßten – nachgebetet wird.[19])

Dies geschieht zu einem Zeitpunkt, da die Kommission für nachhaltige Entwicklung kein anderes UN-Projekt finanziert. Das 16. Kapitel der Konvention wird allgemein als kaum verhohlener Versuch zur Förderung und Subventionierung der Biotechnik-Industrie verstanden. Dies kommt in Anbetracht der offenen Parteinahme für die Industrie, wie sie etwa die britische Regierung und andere Industrienationen – mit einigen bemerkenswerten Ausnahmen wie Österreich, Dänemark, Norwegen und Schweden – zum Ausdruck gebracht haben, nicht gerade überraschend.

Angesichts des wachsenden Widerstands gegen die Gentechnik in den entwickelten Ländern orientiert sich außerdem die Industrie bei ihrer Suche nach Versuchsfeldern wie nach neuen Märkten stärker in die Dritte Welt. Kritikern bereiten die unkontrollierte Freisetzung von transgenen Organismen in der Dritten Welt und der Mißbrauch von Menschen als Versuchskaninchen zur Erprobung gentechnisch hergestellter Medikamente und Impfstoffe zu Recht Kopfzerbrechen.

Bis 1994 hatte es bereits mindestens 90 Freisetzungen transgener Getreidesorten in Nichtmitgliedsstaaten der OECD und in Mexiko gegeben; ein Drittel davon durch multinationale Unternehmen wie die in den USA ansässigen Firmen Monsanto und Calgene und die Schweizer Firma Ciba Geigy, die inzwischen zu Novartis gehört.[20] Ein Tollwut-Impfstoff, der ein Lebendvirus enthält, wurde in Argentinien unautorisiert an Rindern erprobt; und bei Landarbeitern, die von dem Experiment nichts wußten, stellte sich später heraus, daß sie mit diesem Virus infiziert waren.[21]

Die meisten Drittweltländer verfügen weder über den entsprechenden Gesetzesrahmen noch die Fachkompetenz, um geeignete Verordnungen für die Gentechnik erlassen zu können. Dasselbe gilt allerdings im Prinzip auch für entwickelte Länder. Gegenwärtig gibt es keine gesetzliche Aufsicht für gentechnisch hergestellte Medikamente oder Chemikalien, die bereits über eine Marktzulassung verfügen. Und in den USA schreiben die Gesetze für solche Präparate keine Deklarationspflicht vor. Dasselbe gilt für transgene Getreidepflanzen und andere Produkte, für die behauptet wird, sie hätten eine »im wesentlichen gleiche Beschaffenheit«, eine substantielle Äquivalenz. Da es für »im wesentlichen gleiche Beschaffenheit« keine Definitionskriterien gibt, weist die Sicherheitsbeurteilung solcher Produkte eine gähnende Lücke auf.

»Unvermutet« toxisch wirkende und Allergien auslösende Stoffe hat man schon mit gentechnisch hergestellten Nahrungsmitteln in Zusammenhang gebracht.

Es gab bereits ernstzunehmende Hinweise darauf, was geschehen kann, wenn man Sicherheitsfragen außer acht läßt. »Unvermutet« toxisch wirkende und Allergien auslösende Stoffe hat man schon mit gentechnisch hergestellten Nahrungsmitteln in Zusammenhang gebracht. Den ersten Fall gab es 1989, als Spuren von Verunreinigung in der Aminosäure Tryptophan, die eine japanische Biotechnik-Firma unter Zuhilfenahme eines gerade erst gentechnisch entwickelten Mikroorganismus hergestellt hatte, mit dem Ausbruch einer rätselhaften Krankheit, dem Eosinophilie-Myalgie-Syndrom (EMS), in Verbindung gebracht wurde. In der Folge gab es 37 Tote und mehr als 1500 Menschen, die in Mitleidenschaft gezogen wurden. Einige von ihnen sind bis heute schwerkrank.[22] In jüngerer Zeit fand man heraus, daß eine Sojabohne, der man mittels Gentechnik ein Paranuß-Gen eingefügt hatte, bei Menschen, die auf Paranüsse allergisch reagieren, Allergien auslöst.[23] Ein Hefestamm hingegen, den man gentechnisch zugunsten einer beschleunigt ablaufenden Gärung verändert hatte, reicherte einen Metaboliten so stark an, daß dadurch Erbgutveränderungen ausgelöst werden konnten.[24] Als Vorgeschmack auf die Umweltgefahren, die mit der Freisetzung transgener Getreidesorten verbunden sind, hat sich bei Feldversuchen herausgestellt, daß sich die Resistenz gegen chemische Unkrautvertilgungsmittel bei transgenen Kartoffeln[25] und transgener Rapsölsaat[26] innerhalb einer einzigen Vegetationsperiode auf verwandte Unkräuter übertrug und auf diese Weise ein gegen Herbizide resistentes Superunkraut entstand. Bei einem gentechnisch bearbeiteten Bakterium aus dem Erdreich, das man für vollkommen harmlos hielt, stellte sich heraus, daß es das Wachstum von Weizenkeimlingen erheblich beeinträchtigte.[27]

Spätestens 1995 war es daher soweit, daß man zu Recht in weiten Teilen der Welt über die Gesundheitsgefahren und die ökologischen Auswirkungen der Gentechnik besorgt war; ebenso wie über ihre sozioökonomischen Begleiterscheinungen, die sich aus der Aushöhlung bäuerlicher Rechte – durch die Verdrängung der einheimischen Kleinbauern und ihre Verpflichtung zur Zahlung von Lizenzgebühren für patentiertes Saatgut – beziehungsweise aus der Verdrängung heimischer Getreidesorten durch die im Labor entstandenen transgenen Organismen ergeben würden. Dies überzeugte sämtliche Drittweltländer (die

G77 und China), Osteuropa und die meisten westeuropäischen Länder davon, daß man für den Umgang mit gentechnisch hergestellten Organismen und für den Gentransfer dringend eine gesetzlich bindende internationale Vereinbarung zur biologischen Sicherheit treffen mußte. Dem haben sich die Vereinigten Staaten (die bis jetzt auch nicht die Konvention zur biologischen Artenvielfalt korrigiert haben, weil dadurch die »Wettbewerbsfähigkeit« der USA beeinträchtigt werde) offen widersetzt. Unterstützt werden die USA von Großbritannien, Australien, Deutschland, den Niederlanden und von Repräsentanten der Biotechnik-Industrie, die eine gesetzlich bindende biologische Sicherheitsvereinbarung konsequent abgelehnt und statt dessen »freiwillige Richtlinien« gefordert haben.

Zu der Zeit, als ich mich mit Fragen der biologischen Sicherheit zu beschäftigen begann, wurde die Liste der Gefährdungen durch gentechnische Produkte immer größer. Doch das offizielle UN-Gremium für Fragen der biologischen Sicherheit rührte sich nicht. Sein Bericht im Mai 1995 beharrte weiterhin darauf, zwischen der herkömmlichen und der modernen Biotechnologie gebe es keinen Unterschied und jahrelange Erfahrung habe die Sicherheit der modernen Biotechnologie erwiesen. Das Gremium schlug sogar eine Lockerung der – von vielen Naturwissenschaftlerinnen und Naturwissenschaftlern ohnehin schon für unzureichend gehaltenen – freiwilligen Richtlinien vor, die ursprünglich von Großbritannien und den Niederlanden eingeführt worden waren.[28] Das »Netzwerk Dritte Welt«, vertreten durch Martin Khor, Chee Yoke Ling und Nijar Gurdial, begann gemeinsam mit dem (von der unglaublichen Beth Burrows im Alleingang betriebenen) Edmonds-Institut in den Vereinigten Staaten, Wissenschaftler zu UN-Tagungen zu entsenden. Diese erstklassigen Aktivisten hatten mit der Organisation von Workshops und Seminaren, die während der Mittagspausen durchgeführt wurden, und mit dem Verteilen von Informationsmaterialien und täglichen Meldungen (»Skandalblättern«) alle Hände voll zu tun, für deren Herstellung Beth Burrows und die Mitglieder anderer nichtstaatlicher Organisationen sich so manche Nacht um die Ohren schlugen. Die Delegierten, besonders diejenigen aus den Drittweltländern, warteten schon ungeduldig auf diese Informationsmaterialien und täglichen Meldungen, um dann gleich begierig zuzugreifen.

Die Seminare und Workshops spielten dabei eine maßgebliche Rolle. Ein festes Mitglied unserer Gruppe war Christine von Weizsäcker von Ecoropa. Durch ihre zweigleisige Ausbildung in Biologie wie in Philosophie hatte sie uns einiges voraus; und sie brachte immer eine zusätzliche

Dimension in unsere Seminare, die üblicherweise interdisziplinär waren und sich mit allen Gesichtspunkten der biologischen Sicherheit befaßten: dem naturwissenschaftlichen, dem juristischen und dem sozioökonomischen. Weiteren Mitgliedern unseres »unabhängigen Gremiums« werden Sie zu gegebener Zeit in diesem Buch begegnen. Vandana Shiva allerdings, durch ihre Schriften und ihre politischen Aktivitäten bereits wohlbekannt, ist zweifellos der Star unter den Sprechern dieses Gremiums. Vandana ist nicht nur in den wissenschaftlichen Details der Gentechnik, die sie sich im Handumdrehen angeeignet hat, sehr bewandert, sondern auch über alle wichtigen Themen des Tages unglaublich gut informiert. Als Rednerin überzeugend und eloquent, scharfsinnig und obendrein in Diskussionsrunden brillant, ist sie für ihren Widerpart ein Alptraum. An einer Podiumsdiskussion mit ihr teilzunehmen macht wirklich Spaß – und sei's nur, um zu beobachten, wie die andere Seite in Deckung geht.

Mit Seminaren und Workshops war es aber noch nicht getan. Eine von Martin Khor ins Leben gerufene Gruppe war mit unseren Naturwissenschaftlern und Rechtsexperten aus vielen nördlichen und südlichen Ländern besetzt. Sie sollte einen alternativen, unabhängigen Bericht zur biologischen Sicherheit konzipieren, der auf den allerneuesten wissenschaftlichen Erkenntnissen beruht, die Risiken genau darlegt und eine straffere Überwachung und Kontrolle fordert.[29] (Im nachhinein betrachtet, hätten wir besser auf der Stelle ein Moratorium verlangt.) Dieses Dokument wurde vom »Netzwerk Dritte Welt« veröffentlicht und bei jeder Gelegenheit unter den UN-Delegierten in Umlauf gebracht.[30]

Zu unseren Rechtsexperten gehören Chee Yoke Ling und Nijar Gurdial. Yoke Ling ist die Jüngste in der Gruppe. Sie hat an der Cambridge University Jura studiert. Doch um für das »Netzwerk Dritte Welt« arbeiten zu können, hat sie auf die lukrative Möglichkeit verzichtet, eine Anwaltskanzlei in Hongkong zu eröffnen. Von Yoke Ling gewinnt man leicht einen falschen Eindruck, weil sie zart, schlank und gutmütig ist und außerdem gut aussieht. Das verleitet ihre Gegenüber häufig dazu, sie zu unterschätzen, was sie dann später sehr bedauern. Nijar Gurdial *hat* seine Kanzlei aufgegeben, um für das »Netzwerk Dritte Welt« zu arbeiten, obwohl er ein schwerwiegendes Herzproblem hat. Die Tragweite der neuen Genetik für die biologische Sicherheit hat er fast augenblicklich erkannt und in unseren Bericht zu diesem Thema eingearbeitet. Die Zusammenarbeit mit Gurdial wie mit Yoke Ling macht großen Spaß (beim Abendessen in einem Restaurant hat Gurdial einmal derart viele Witze erzählt, daß wir wegen ungebührlichen Benehmens vor die Tür gesetzt wurden). Beide befassen sich seit 1992 mit den Themen »geistige Eigentumsrechte« und »biologische Sicherheit«. Vor allem Yoke Ling weiß so manches über die Geschichte der biologischen Sicherheit und über das, was sich hinter den Kulissen abspielt.

Der heftige Widerstand der Biotechnik-Industrie gegen eine Vereinbarung zur biologischen Sicherheit war ein entscheidender Faktor, der die Bush-Administration davon abhielt, die Konvention zu unterzeichnen; und selbst nachdem Clinton unterzeichnet hatte, verweigerte der Kongreß die Ratifizierung. Als schließlich die überwältigende Mehrheit der Länder im Juli 1995 einer Vereinbarung zustimmte, unternahmen die Biotechnik-Industrie und die Clinton-Administration gemeinsam große Anstrengungen, sie zu untergraben. Vor allem beharrten sie darauf, daß Haftungs- und Entschädigungsfragen ebenso von den Vereinbarungen ausgenommen sein müßten wie die sozioökonomischen Auswirkungen. Aufgrund ihrer Erfahrungen mit der Grünen Revolution sind viele Länder in der Dritten Welt richtig mißtrauisch gegenüber der neuen Biotechnologie mit ihren möglichen Auswirkungen auf die Umwelt, auf die biologische Artenvielfalt in der Landwirtschaft und in der Natur wie auch auf das Auskommen der Kleinbauern.

Vor dem für Juli 1996 anberaumten Folgetreffen zur biologischen Sicherheit im dänischen Arhus richtete die Clinton-Administration über die US-Botschaften in den Entwicklungsländern diplomatische Noten an die maßgeblichen Ministerien, um ihre Position zur Frage der biologischen Sicherheit in Erfahrung zu bringen. Die offiziellen Anfragen drohten unterschwellig damit, daß ein »unbefriedigend ausfallender Entwurf« den Entwicklungsländern den Zugang zu den Segnungen der Gentechnik verbauen und gemäß den Handelsbestimmungen der Welthandelsorganisation sogar gegen geltendes Recht verstoßen könnte.[31]

Die Naturwissenschaft ist also in ein Gewirr aus Handel, Technologie, erkannten Risiken beziehungsweise mangelndem Risikobewußtsein und internationalen Machenschaften verstrickt. Sie stellt die Ideologie, die inhaltliche Substanz und die Begriffe zur Verfügung, mit denen sich eine ausbeuterische, ungerechte Handelsbeziehung zwischen Nord und Süd definieren läßt. Konkrete Anerkennung in Form der geistigen Eigentumsrechte erhält dabei allein die Wissenschaft des Nordens. Der Süden hingegen wird nicht nur seiner Wissenschaften beraubt, sondern zugleich seines Rechts, der alles vereinnahmenden Naturwissenschaft des Nordens einen Riegel vorzuschieben und die widerrechtliche Aneigung seiner Wissenschaften durch Akte von »Bio-Piraterie«, die für den Norden schon zum ganz normalen Alltagsgeschäft gehören, zu verhindern.

Dieselbe Wissenschaft nimmt für sich in Anspruch, sich über jeden erdenklichen Einwand der Europäischen Union gegen den Import von gentechnisch bearbeiteten Nahrungsmitteln und über jede Forderung nach einer Deklarationspflicht und dem separaten Verkauf der entsprechenden Produkte hinwegsetzen zu dürfen. Im Juni 1997 sandte die Biotechnik-Industrie in Vorbereitung auf das ins Haus stehende G8-Treffen ein Schreiben an Präsident Clinton:[32] »Wegen der großen Bedeutung des Handels für die amerikanische Landwirtschaft und die US-Nahrungsmittelindustrie ist es ein Gebot der Notwendigkeit, daß die Politik und die Vorschriften, die den internationalen Handel mit genetisch bearbeiteten Nahrungsmitteln und landwirtschaftlichen Erzeugnissen regeln, auf solider Wissenschaft beruhen und nicht auf bloßer Emotion, die oft völlig über das Ziel hinausschießt. Auch gilt es zu beachten, daß es wissenschaftlich nicht gerechtfertigt und wirtschaftlich unrealistisch ist, große Warenbestände separat in den Handel zu bringen.«

»Einige EU-Beamte befürworten Anforderungen, die als außerzollrechtliche Handelsbeschränkung für die USA und andere in die EU exportierende Länder angesehen werden könnten. Entscheidend ist, der EU auf höchster Ebene begreiflich zu machen, daß die USA jede Handelsbeschränkung für genetisch veränderte Agrarprodukte, mag es um diskriminierende Deklaration oder separaten Verkauf gehen, als unannehmbar betrachten und bei der Welthandelsorganisation (WTO) Einspruch dagegen erheben würden.«

Mit der entsprechenden Entschiedenheit bezog die US-Regierung Position. Landwirtschaftsminister Dan Glickman sagte bei einer Tagung des aus 44 Nationen zusammengesetzten *International Grains Council** in London, seine Regierung werde weder den Separatverkauf noch eine Deklarationspflicht hinnehmen.

»Solide Wissenschaft sollte allein ausschlaggebend für unsere Entscheidung sein«, erklärte er. »Die größte Bedrohung für den freien Handel ist schlechte und wichtigtuerische Wissenschaft. ... Wir wissen, daß die Biotechnologie uns zu größter Hoffnung auf dramatisch steigende Erträge Anlaß gibt.«

Hier wird es nur zu deutlich: »Solide Wissenschaft« ist eine Wissenschaft, die auf Kosten sämtlicher Sicherheitsbedenken den freien Handel gutheißt und die Interessen der Biotechnik schützt. Da draußen findet ein realer »Wissenschaftskrieg« statt; und er ist weit bedeutsamer als derjenige, der in akademischen Kreisen stattfindet – zwischen den »Re-

* internationaler Getreiderat

lativisten« in der Soziologie, die sagen, Wissenschaft sei eine rein gesellschaftliche Konstruktion, und den heute in der Wissenschaft vorherrschenden fundamentalen »Absolutisten« wie zum Beispiel Lewis Wolpert, die in der Wissenschaft die unabwendbaren, ewigen Gesetze der Natur walten sehen. Beide Positionen sind falsch und belanglos. *Dieser* Wissenschaftskrieg ist real. Er bringt einstige Elfenbeinturm-Akademiker wie mich dazu, sich auf politisches Areal zu begeben.

Die offiziell betriebene Desinformation in Sicherheitsfragen

Die offizielle Position der USA in Fragen der biologischen Sicherheit geht aus einem Bericht des *US National Research Council** mit dem Titel »Feldversuche mit genetisch veränderten Organismen: eine Entscheidungsgrundlage« hervor. Dort wird *von vornherein* festgestellt, daß »zwischen der genetischen Veränderung von Pflanzen und Mikroorganismen durch klassische Methoden oder durch molekulare Techniken, die DNS modifizieren und Gene transferieren, begrifflich kein Unterschied besteht.« Ähnliche Aussagen haben ihren Weg ins bereits erwähnte 16. Kapitel der Agenda 21 und in viele andere UN-Dokumente zur biologischen Sicherheit gefunden. Es ist kein Zufall, daß es sich um die Position handelt, die sich auch die Industrie und diejenigen Wissenschaftler zu eigen gemacht haben, die für die Industrie Partei ergreifen.

Die zitierte Aussage ist, wie ich im nächsten Kapitel zeigen werde, offensichtlich unzutreffend. Aber die *a priori* postulierte Voraussetzung, es gebe zwischen den gentechnisch gewonnenen und den durch traditionelle Züchtungsverfahren erhaltenen Varietäten keinen Unterschied, hatte zur Folge, daß die Konzeption der Feldversuche ebenso unzulänglich war wie ihre Sicherheitsüberprüfung. Ohne eine Forderung nach Gesetzen zur Durchführung geeigneter Sicherheitstests hat man aufgrund derart unzulänglicher Feldversuche die Sicherheit transgener Getreidesorten beim Verzehr durch Mensch und Tier bestätigt.

1995 gaben Wissenschaftler aus der *US Government's Environmental Protection Agency* (EPA)** einen Bericht heraus. Darin warfen sie ihrer

* nationaler Forschungsrat der USA, von der National Academy of Sciences ins Leben gerufen

** eine 1970 von der US-Regierung eingerichtete Institution, die Standards für den Umweltschutz festlegt

eigenen Organisation eine Fehleinschätzung der Risiken vor, die mit der massenhaften Freisetzung neuartiger lebendiger Organismen einhergehen, die man weder unter Kontrolle halten noch beseitigen kann.[33] Der zur Rede stehende Organismus war ein *Rhizobium* – ein Bakterium, das normalerweise als ein Stickstoff bindender Symbiont in den Wurzeln von Hülsenfrüchten lebt –, gentechnisch verändert unter anderem mit einem Antibiotikaresistenz-Markierungsgen aus dem Krankheitserreger *Shigella*, der bei Menschen Ruhr und im Kindesalter Magen-Darm-Katarrhe hervorruft. Zu den nicht einschätzbaren Risiken zählte die eventuelle Übertragung der Antibiotikaresistenz auf andere Erreger, und in der Folge die Entstehung von medikamentenresistenten Erkrankungen bei Menschen, in Viehbeständen und bei Wild, von toxischen Wirkungen auf Menschen und von Gefahren für das Ökosystem. Nebenbei bemerkt gewann man keine statistischen Erkenntnisse darüber, ob das gentechnisch hergestellte *Rhizobium* den Ertrag der Getreidepflanzen tatsächlich steigern konnte.

Die *Union of Concerned Scientists* (etwa: »Vereinigung besorgter Wissenschaftler«) in den USA hat die statistischen Daten über Feldversuche kritisch gesichtet, um zu untersuchen, ob sie die Schlußfolgerung, biologische Sicherheit sei gewährleistet, stützen. Margaret Mellon und Jane Rissler haben zu diesem Thema folgendes zu sagen: »... Man sollte vorsichtig damit sein, die dokumentierten Feldversuche als stichhaltigen Beweis für die Sicherheit gentechnisch hergestellter Getreidesorten anzuführen. Denn das sind sie nicht. Solange die Feldversuche nicht so angelegt werden, daß man dabei statistische Umweltdaten gewinnt, bieten sie keinen Sicherheitsnachweis. Vielmehr läuft das Ganze dann nach dem Muster: ›Wonach man nicht sucht, das findet man nicht‹.«[34] Darauf entgegnete Henry Miller (eben jener streitbare Verfechter der Gentechnik, auf den ich schon im ersten Kapitel zu sprechen kam): Da es keinen grundlegenden Unterschied zwischen gentechnisch hergestellten Organismen und jenen Stämmen gebe, die man durch herkömmliche Methoden erhalte, führe man die Feldversuche nach dem Prinzip durch: »Nach unnötigen Dingen sucht man nicht«.[35] Das ist ein deutliches Eingeständnis, daß der wissenschaftliche Rahmen dazu dient, einerseits die sträfliche Vernachlässigung der Vorschriften durch die Wissenschaftler und andererseits das Defizit an tatsächlich von den Regulierungsorganen erteilten Vorschriften zu rechtfertigen. Die Biotechnik-Industrie in den USA fordert nun noch laschere Vorschriften als diejenigen, die derzeit für traditionelle Verfahren existieren.[36]

Monsantos Antrag für die Freisetzung transgener Zuckerrüben in

Großbritannien zwischen 1997 und 1999 habe ich genauer untersucht. Entscheidende Informationen werden als »vertrauliche Unternehmensinformationen« geheimgehalten; und der gesamte Antrag liefert eigentlich keine wissenschaftlichen Fakten, bloß eine Reihe von Behauptungen und Erklärungen, die durch nichts gestützt werden. Anschließend wußte ich kein bißchen mehr über die Beschaffenheit der transgenen Organismen, die hier freigesetzt werden sollten. Außerdem wurden meine schlimmsten Befürchtungen bestätigt, wie inadäquat die Auskünfte sind, die für eine »angemessene« Risikobeurteilung gefordert werden. Meine Besorgnis darüber habe ich dem Umweltamt schriftlich mitgeteilt[37] und daraufhin eine völlig unzureichende Antwort erhalten, die auf die meisten von mir aufgeworfenen Fragen gar nicht eingeht.

Gegenwärtig gibt es keinen Beweis für die Behauptungen der Biotechnik-Industrie und der Regulierungsorgane, die Gentechnik und ihre Produkte seien sicher. Untersuchungen von Nahrungsmitteln auf toxische und allergische Wirkungen, sofern überhaupt durchgeführt, hatten ausschließlich *bekannte* Allergene und Toxine im Visier. Sie waren nicht darauf angelegt, unerwartete, infolge des gentechnischen Verfahrens entstandene, Substanzen zutage zu fördern.[38] Aber die Feldversuche werden nicht nur unzulänglich konzipiert und kontrolliert, auch die existierenden Vorschriften sind nichtssagend. Horizontale Genübertragung ist in Feldversuchen niemals überwacht worden, und die Vorschriften verlangen dies auch nicht. Die damit befaßten Ministerien sind gar nicht entsprechend ausgestattet, um mit der Flut von Zulassungsanträgen fertig zu werden. Doch selbst diese laschen Vorschriften sind weiter gelockert worden.

Von Anfang an erfolgte die Risikobeurteilung in einem begrenzten Rahmen. Nicht alle wissenschaftlichen Erkenntnisse wurden dabei berücksichtigt – den nicht vorhandenen Beweis hält man allzuoft für einen Unbedenklichkeitsnachweis. Außerdem findet die Risikobeurteilung in einem sozialen Vakuum statt. Sozioökonomische Auswirkungen und ethische Erwägungen werden konsequent außen vor gelassen. Die Experten in den Gremien beteuern dann immer wieder, sie zögen einzig und allein den wissenschaftlichen Erkenntnisstand in Betracht, obwohl sie sich um den wissenschaftlichen Erkenntnisstand offensichtlich überhaupt nicht kümmern. Einmal mehr wird die Naturwissenschaft dazu benutzt, bestimmte Dinge zu rechtfertigen und andere Dinge außer acht zu lassen. Doch lassen Sie uns einen Blick auf einige heute schon offenkundige sozioökonomische Auswirkungen werfen.

Genomanie[39] – der Wirbel um das menschliche Genom

Der Titel dieses Abschnitts ist einem Aufsatz von Professor Ruth Hubbard entlehnt, einer politisch interessierten Wissenschaftlerin, führenden Feministin und Kritikerin des genetischen Determinismus seit den Anfängen der Gentechnik in den siebziger Jahren. Ruth weist darauf hin, daß in den USA die Diagnose genetisch bedingter Krankheiten wie der Sichelzell-Anämie, an der vorwiegend Menschen afrikanischer und karibischer Herkunft leiden, schon vor Inkrafttreten des *Human Genome Project* zu einer Diskriminierung der Betroffenen bei Krankenversicherungen und Arbeitgebern führte. Die Diagnose von Erkrankungen, für die sich in absehbarer Zeit keine Heilungschancen abzeichnen, ist von zweifelhaftem Wert. Denn selbst für sogenannte Einzelgen-Erkrankungen, kann die Prognose für den künftigen Kranheitsverlauf von Mensch zu Mensch sehr unterschiedlich ausfallen, weil Gene einfach nicht getrennt von allen anderen Genen funktionieren und sich auch durch die Art ihrer wechselseitigen Beeinflussung von Mensch zu Mensch anders auswirken.

> Sieht man in Gesundheitsstörungen eine Folge der genetischen Veranlagung, so schiebt man die Verantwortung für das, woran die Gesellschaft krankt, auf die menschlichen Gene. Tatsächlich jedoch beruht schlechte Gesundheit in der weit überwiegenden Zahl aller Fälle auf Umweltfaktoren und auf gesellschaftlichen Faktoren.

Dessen ungeachtet versuchen Genetiker jetzt, genetische »Prädispositionen« und »genetische Tendenzen« für Erkrankungen wie Krebs, Diabetes, Schizophrenie und, schlimmer noch, für Sachverhalte wie Alkoholismus, Homosexualität und Kriminalität ausfindig zu machen, die in der weit überwiegenden Zahl aller Fälle auf den Einfluß von Umweltbedingungen und gesellschaftlichen Faktoren zurückzuführen sind. Das lenkt nicht nur von den wirklichen Ursachen ab, sondern stellt auch die betroffenen Menschen an den Pranger, indem man die Verantwortung für die gesellschaftlichen Defizite auf ihre Gene schiebt[40] und willkürlich zwischen »normal« und »anormal« unterscheidet. Der Internationale Bund der Gemeinschaften geistig behinderter Menschen hat dem internationalen Bioethik-Ausschuß der UNESCO Beweismaterialien vorgelegt, die den kaum merklichen sozialen, gesetzlichen und finanziellen Druck verdeutlichen, der Frauen schon jetzt zur Abtreibung von Föten mit Behinderungen nötigt. Und er hat auf die Tatsache hingewiesen, daß die Sozialpolitik durch die Genom-Forschung »genetisiert« und die finanzielle Unterstützung für behinderte Menschen reduziert werden könnte.[41] Bei der sogenannten therapeutischen Abtreibung von Föten, die von einer Behinderung betroffen sind, und dem Nachdenken über Gentherapie und genetische Manipulation im Bereich der Keimbahn handelt es sich um negative beziehungsweise positive eugenische Praktiken, die inzwischen von der Industrie »privatisiert« worden sind.[42]

Über weite Strecken dieses Jahrhunderts haben Eugenik-Bewegungen in Politik und Geschichte eine auffallende Rolle gespielt. Sie lieferten die »Rechtfertigung« für die Vernichtung der einheimischen Bevölkerung durch europäische Kolonialisten, für die Einführung der Apartheid in Südafrika und den Völkermord an den Juden im Nazi-Deutschland. Hunderttausende für »schwachsinnig« erklärte US-Bürger wurden zwischen 1924 und 1974 gewaltsam sterilisiert; und das Programm wurde von Wissenschaftlern geplant und unterstützt.[43] Die eugenische Ideologie ist bis heute für die fortdauernde Diskriminierung von ethnischen Minderheiten und politisch entrechteten Gruppen in aller Welt verantwortlich. Beim Bevölkerungszuwachs gilt unser Hauptinteresse durchweg jenen Teilen der Weltbevölkerung, deren Hautfarbe nicht weiß ist. Doch der tatsächlich entscheidende Punkt ist die ungleiche Verteilung der Ressourcen, deren weit überwiegenden Teil die Wohlhabenden in den entwickelten Ländern mit vorwiegend weißer Bevölkerung für sich in Anspruch nehmen. Selbst heute gibt es im Hinblick auf die Gefahren staatlich sanktionierter Eugenik-Praktiken letztlich keinen Grund zur Selbstzufriedenheit. Denn 1996 wurde in China gesetzlich zwingend vorgeschrieben, Schwangerschaften abzubrechen, sobald ein Befund über genetische Erkrankungen vorliegt.

Die Beschränkung des »intellektuellen Gemeinguts«[44]

Die gegenwärtige Vorrangstellung der Gentechnik hat aber noch weitere Auswirkungen. Der TRIPS-Entwurf definiert »Innovation« – zur Erzielung materiellen Gewinns durch Patentanmeldung – als eine Angelegenheit, die sich in der vorherrschenden Wissenschaftstradition Nordeuropas vollzieht. Somit läßt er *alle* anderen Wissenssysteme völlig unberücksichtigt, besonders diejenigen der Dritten Welt und die Volksweisheit des Nordens. Ebenso erfolgreich verurteilt er *jeden alternativen Bezugsrahmen* zur Bedeutungslosigkeit. In den meisten entwickelten Ländern gab es seit den frühen neunziger Jahren eine ganz unverhältnismäßige Umverteilung der öffentlichen Fördermittel für wissenschaftliche Forschung zugunsten der produktorientierten Gentechnik.

Während viele grundlegend wichtige Wissenschaftsbereiche nicht länger finanzielle Fördermittel erhalten, haben sich nach und nach zahlreiche Fachrichtungen – von der Embryologie und Ökologie bis hin zur Psychologie und Anthropologie – dem vorherrschenden wissenschaftlichen Denkmuster des genetischen Determinismus gebeugt. Das lange gehegte Wissenschaftsideal von der offenen pluralistischen Forschung wird schnell zum Auslaufmodell. Unter vier Augen haben mir einige Molekulargenetiker erzählt, sie fühlten sich innerhalb eines Systems, das Leistung nicht nach wissenschaftlichen Fortschritten, sondern nach der Anzahl der Patente beurteilt, immer mehr desillusioniert. Gleichzeitig gab es innerhalb unserer akademischen Institutionen, meine eigene eingerechnet, nicht eine einzige ausführliche und offene Diskussion über die Gentechnik.

Die Gentechnik hat die Wissenschaften vom Leben tatsächlich auf die intellektuelle Einöde des genetischen Determinismus reduziert. Dies ist eine »De-Intellektualisierung der zivilisierten Gesellschaft, die den Geist zum [Knecht eines] industriellen Monopol[s] macht«.[45]

Das ist wirklich der Beginn der schönen neuen Welt, in der die ideologische Kontrolle zwar nicht deutlich erkennbar, aber automatisch und vollständig ausgeübt wird, weil jede wirkungsvolle Opposition zunichte gemacht ist. Dies alles geschieht unter dem Deckmäntelchen von Freiheit und Demokratie, im Namen des wissenschaftlichen Fortschritts und einer »freien« Marktwirtschaft innerhalb eines »freien Welthandels« unter dem Regime der Welthandelsorganisation (WTO) – wodurch alles nur um so schlimmer und ungreifbarer wird und man um so schwerer Widerstand leisten kann. Im Unterschied zu den offen totalitären Regimes der früheren sozialistischen und kommunistischen Staaten sitzt hier kein Diktator an verantwortlicher Stelle, *niemand trifft wirklich Entscheidungen* rationaler oder sonstiger Art. Statt dessen gibt es lediglich von einem Gefühl der Angst vorangetriebene Automaten: isolierte Individuen, angetrieben von dem Bedürfnis, mit dem heute angesammelten Reichtum den Unsicherheiten des kommenden Tages zu begegnen; und vom Bedürfnis nach Machterhalt getriebene Regierungen. Niemand trägt Verantwortung, besonders nicht die Menschen in den Führungsetagen von großen Unternehmen, die ihnen nicht gehören. Sie sind niemandem Rechenschaft schuldig außer den Aktionären, die sich ihrerseits im großen und ganzen um nichts weiter kümmern als um den Kurswert ihrer Unternehmensaktien. Verantwortliche Firmenchefs, die man dann auch zur Verantwortung ziehen könnte, gibt es nicht; bloß gesichtslose Manager, die an gesellschaftlichen Fragen kein wirkliches Interesse haben. In solch einem System ist jeder Mensch wie ein auf hoher See dahintreibendes Stück Treibgut, das vom Strom der Ereignisse so lange mitgerissen wird, bis es der Vergessenheit anheimfällt.

»Monokulturen des Geistes«

Das Scheitern der Grünen Revolution wird inzwischen allgemein eingeräumt. Großangelegte Getreidemonokulturen und der damit einhergehende Einsatz von Agrochemikalien führten zur Erosion der einheimischen Artenvielfalt, zu Umweltzerstörung, Verdrängung einheimischer Bauern und weitverbreiteter Armut. Viele Drittweltländer haben seither große Anstrengungen dareingesetzt, daß die Umwelt wieder zu Kräften kommen und die heimische Artenvielfalt sich wieder regenerieren kann. Dies geschieht mit Hilfe einer Wiederbelebung der traditionellen organischen Landbaumethoden, die sich als langfristig umweltfreundlich und viel ertragreicher erweisen als die westlichen Monokulturen.[46] Warum wird, obwohl man beim Blick zurück das Beispiel der Grünen Revolution vor Augen hat, so viel Hoffnung in die genetische Biotechnologie gesetzt? Sie ist eine noch stärker reduktionistische Ideologie, die genetisch noch gleichförmigere, den Einsatz von Agrochemikalien erfordernde Monokulturen hervorbringt. Der entscheidende Unterschied liegt in der zusätzlichen Gefahr der genetischen Verschmutzung und genetischen Störung von Ökosystemen, wobei es sich – anders als bei Chemikalien – um einen sich selbst erhaltenden, sich selbst verstärkenden und vollkommen unwiderruflichen Prozeß handelt.

Auch in den nördlichen Ländern betreibt man in zunehmendem Maß eine langfristig umweltverträgliche Landwirtschaft. Jahrzehnte der Mechanisierung und des massiven Einsatzes von Agrochemie haben zu nachlassender Bodenqualität, abnehmenden Ernteerträgen, einer verschlechterten Umweltqualität, geringeren Einkünften und zu Gefahren für die Gesundheit von Mensch und Tier geführt. 1989 wies der Bericht des *US National Research Council* auf die Möglichkeiten hin, durch Entwicklung und Anwendung alternativer Anbaumethoden höhere Produktivität bei geringeren Umweltschäden zu erzielen. Man schätzte, daß der Einsatz chemischer Unkrautvertilgungsmittel innerhalb von zehn Jahren ohne Produktivitätsverlust um etwa 75 Prozent verringert werden könnte.

Durch den kombinierten Einsatz von modernen und traditionellen Methoden, deren gemeinsames Merkmal ein ganzheitlicher, »systembezogener Ansatz zum Verständnis der komplexen Wechselbeziehungen innerhalb der landwirtschaftlichen Ökologie«[47] ist, gibt es viele Spielarten von nachhaltiger Landwirtschaft. Jüngere Untersuchungen zeigen, daß eine nachhaltige Landwirtschaft nicht nur alle Probleme des konventionellen, mechanisierten Ackerbaus überwindet, sondern auch einen um 22 Prozent höheren Gewinn erwirtschaftet. Der Ökologe Cavalieri kommt zu folgendem Schluß: »Für unser künftiges Überleben ist die nachhaltige Landwirtschaft ein unverzichtbares Ziel. Es ist an der Zeit, mit Nachdruck jene Dinge anzupacken, die uns tatsächlich zu diesem Ziel hinbringen.«[48] Dessen ungeachtet stellte das US-Landwirtschaftsministerium für die Erforschung einer nachhaltigen, langfristig umweltverträglichen Landwirtschaft weniger als fünf Millionen Dollar zur Verfügung – gegenüber jenen 90 Millionen Dollar, die es 1994 für die genetische Biotechnologie zur Verfügung gestellt hat.

Vandana Shiva, die von der theoretischen Physikerin zur politischen Aktivistin wurde, stand (mit dem »Netzwerk Dritte Welt«) beim Kampf der Drittweltländer gegen die ausbeuterische und destruktive Politik des Nordens in vorderster Linie. Im Lauf der Zeit erkannte sie, in welch entscheidendem Maß der allgegenwärtige Einfluß der reduktionistischen Ideologie – der »Monokulturen des Geistes«[49] – die Politik des Nordens prägt. Insbesondere sieht sie in einer Neudefinition der Wissenschaften vom Leben einen wichtigen Bestandteil ihres Kampfes. Mir ist klargeworden, wie sehr ich darin mit ihr übereinstimme.

3

Die Wissenschaft, die man nicht an der Wirklichkeit messen darf

Den Test auf dem Prüfstand der Wirklichkeit hat die reduktionistische Naturwissenschaft nicht bestanden. Denn in so vielen Fällen hat sich ihr Versagen gezeigt. Auch der genetische Determinismus, eine ganz besonders heimtückische Form von reduktionistischer Naturwissenschaft, hält einer Wirklichkeitsprüfung auf der Grundlage wissenschaftlicher Erkenntnisse nicht stand. Doch die vorherrschende Strömung, das naturwissenschaftliche Establishment, hat die Beweislage verschleiert und im Dienst der Industrie und des Status quo wissenschaftliche Resultate umgedeutet. Nicht unterschätzen sollte man, welche Gefahr in dem Mißverhältnis zwischen einer Reihe sehr wirkungsvoller Techniken und einer überholten, diskreditierten Ideologie liegt, die als Richtschnur für die Anwendung dieser Techniken dient.

Das Versagen der reduktionistischen Naturwissenschaft

In gewissem Sinn ist die reduktionistische Naturwissenschaft auf dem Prüfstand der Wirklichkeit allein schon deshalb durchgefallen, weil sich ihr Versagen in so vielen Fällen gezeigt hat. Die Liste ihrer Fehlschläge umfaßt die Grüne Revolution, die Eugenik und die Atomenergie. Darauf sind bereits die ersten beiden Kapitel eingegangen. Das Unvermögen der reduktionistischen Naturwissenschaft, Zusammenhänge zu erfassen, können wir ebenfalls auf dieser Liste verzeichnen: den Zusammenhang zwischen dem Rinderwahnsinn und der Creutzfeldt-Jacob-Krankheit*, einer beim Menschen auftretenden Erkrankung des Nervensystems; oder den Zusammenhang zwischen den Fluorchlorkohlenwasserstoffen (FCKW) und den Schäden an der Erdozonschicht. Und viele von uns erinnern sich noch an die schrecklichen Erfahrungen der soge-

* Eine seltene Erkrankung des Zentralnervensystems mit rasch fortschreitender Geistesschwäche, spastischen Lähmungen und Muskelstarre. Die Symptomatik ähnelt derjenigen der Rinderseuche BSE. Die Creutzfeldt-Jacob-Krankheit führt innerhalb von etwa zwei Jahren zum Tod.

nannten Contergan-Affäre: Contergan war als Beruhigungsmittel für schwangere Frauen überstürzt auf den Markt gebracht worden, ohne daß man das Präparat vorher angemessen erprobt hatte. 1961 wurde es aus dem Verkehr gezogen, nachdem 8000 Kinder mit stark fehlgebildeten und verkürzten Gliedmaßen zur Welt gekommen waren.

Ich stelle nicht in Abrede, daß die reduktionistische Naturwissenschaft bei der Lösung isolierter Probleme ihre Dienste, ja gute Dienste geleistet hat. Ihre notorische Schwäche zeigt sich allerdings, wenn es die organischen Querverbindungen, die ökologischen und sozialen Wechselbeziehungen, die den Lebenskreislauf aufrechterhalten, in Betracht zu ziehen gilt.

Ich möchte zeigen, daß der genetische Determinismus, eine ganz besonders heimtückische Form von reduktionistischer Naturwissenschaft, einer Wirklichkeitsprüfung auf der Grundlage wissenschaftlicher Erkenntnisse ebensowenig standhält. Hier trifft also zu, daß jene Naturwissenschaft, die in praktischen Belangen versagt hat, auch nach ihren eigenen Maßstäben falsch ist. Dies wäre vollkommen offensichtlich, hätte es nicht immer die vorherrschende Strömung des naturwissenschaftlichen Establishments gegeben – Leute, die vorgeben, für sämtliche Wissenschaftler zu sprechen. Tatsächlich unterschlagen sie jedoch jede abweichende Auffassung und favorisieren, sehr zum Wohlgefallen der jeweiligen Machthaber, offenbar stets den Status quo. Bei allen oben aufgeführten Fehlschlägen der Naturwissenschaft haben jeweils die *anderen* Wissenschaftler die Einsichten und auch die Gegenargumente geliefert, die letzten Endes bewiesen, daß die orthodoxe Auffassung falsch war. Daher geht die pauschale Verurteilung der Naturwissenschaft und der Naturwissenschaftler, die man immer häufiger in den Massenmedien findet, in die falsche Richtung. Die Journalisten in den Massenmedien sollten mehr Mühe darauf verwenden, Naturwissenschaftler mit abweichenden Auffassungen zu finden und zu offener Diskussion zu ermutigen, statt ohne jeden Unterschied Vorurteile gegen die Naturwissenschaft zu schüren. Ich werde zeigen, weshalb der genetische Determinismus einer Wirklichkeitsprüfung nach wissenschaftseigenen Kriterien nicht standhält. Doch zuerst wollen wir untersuchen, was die Gentechnik mit sich bringt.

Die gentechnische Revolution

Die Gentechnik beinhaltet eine Reihe von Methoden, mit deren Hilfe man Gene, die verschiedenartigen Organismen entstammen, modifizieren und rekombinieren kann. Sie wird auch als rekombinante (rDNS) Technologie bezeichnet. Die DNS, das genetische Material, ist ein sehr langes, kettenartiges Polymer, das sich aus vielen, vielen Tausenden einfacherer Einheiten zusammensetzt, deren Enden miteinander verknüpft sind. Diese Einheiten unterscheiden sich durch die organischen Basen, die sie enthalten. Davon gibt es vier Arten, die durch die Buchstaben A, T, C und G symbolisiert werden (Adenin, Thymin, Cytosin und Guanin). Die Abfolge, in der diese Basen auftreten, ist für jede DNS anders. Und dies erklärt den spezifischen Charakter der in jeder einzelnen Sequenz codierten »Botschaft«. Wie wir in einem späteren Kapitel sehen werden, gleichen die Basen den Buchstaben einer Sprache, die zu Worten zusammengefügt werden können; und die aneinandergereihten Worte wiederum ergeben einen Satz. Jedes DNS-Molekül ist in eine lineare Struktur verpackt, ein *Chromosom*. Jede Zelle kann *ein* Chromosom oder mehrere Chromosomen haben. Die Zelle eines Bakteriums zum Beispiel hat *ein* Chromosom, die menschliche Zelle dagegen 23 Chromosomenpaare. Ein *Gen* ist ein gewöhnlich etwa tausend Einheiten langer DNS-Abschnitt auf dem Chromosom und hat eine ganz bestimmte Funktion. Es könnte den Code für eines der Abertausende von Proteinen enthalten, die in unseren Zellen vorkommen. Oder es könnte als Signal zur Herstellung dieses Proteins dienen. (Im 8. Kapitel werden Sie sehen, warum dies eine vereinfachende Sicht des Gens ist. Doch einstweilen erlauben Sie mir bitte diese Vereinfachung, damit ich mit meinen Erläuterungen fortfahren kann.)

Die Gentechnik entstand in den siebziger Jahren als Resultat verschiedener neu entwickelter Techniken. Die erste, die DNS-Sequenzierung, gestattet es, in jedem Abschnitt der DNS die Basensequenz zu bestimmen. Die zweite Technik ist die Herstellung rekombinanter DNS im Reagenzglas unter Verwendung von Enzymen, die aus Mikroorganismen isoliert wurden und dazu dienen, die DNS in Stücke zu schneiden beziehungsweise diese Stücke wieder zusammenzufügen. Das versetzt die Genetiker in die Lage, fremde Gene in *Viren, Plasmide* oder *mobile genetische Elemente* einzuschleusen. Diese mobilen genetischen Elemente sind Bestandteile einer parasitären DNS, die Zellen infizieren und sich in ihnen vervielfältigen oder sich in deren Chromosom einfügen und zusammen mit der Wirtszelle vermehren können. Indem man also Viren,

Plasmide und mobile genetische Elemente in Stücke schneidet und wieder aneinanderfügt, schafft man geeignete *Vektoren* für den Gentransfer von einer Spenderspezies auf eine Empfängerspezies, die sich unter natürlichen Voraussetzungen nicht miteinander kreuzen.

> Die Gentechnik geht in eine ganz andere Richtung als konventionelle Züchtungstechnologien. Mit der Nutzung künstlich hergestellter Vektoren für die Vervielfältigung von Gen-Kopien und für den Gentransfer umgeht sie die konventionellen Zuchtmethoden.

Die dritte Technik eröffnet die Möglichkeit, die DNS jeder gewünschten Basensequenz chemisch zu synthetisieren. Eine vierte Technik, die 1988 entdeckte Polymerase-Kettenreaktion (PCR)*, erlaubt die schnelle zehn- oder hunderttausendfache Vervielfältigung spezieller Gensequenzen in einem Gemisch, und sie wird zur Erstellung des sogenannten genetischen Fingerabdrucks im gerichtsmedizinischen Bereich ausgiebig genutzt.

Ich sollte gleich von vornherein den Mythos ausräumen, die Gentechnik sei im Grunde genau das gleiche wie die konventionellen Zuchttechniken. Sie ist es nicht. Die Gentechnik geht in eine ganz andere Richtung als die konventionellen Züchtungstechnologien. Indem sie künstlich hergestellte Vektoren zur Vervielfältigung von Genkopien und zur Beförderung von Genen nutzt, um sie in Zellen hineinzubringen, von denen sie ansonsten abgestoßen würden, umgeht sie die konventionellen Zuchtmethoden. Einmal in den Zellen, gliedern sich diese Vektoren in das Wirts-Genom ein. Die so entstehenden *transgenen* Organismen tragen die gewünschten *Transgene* in sich. Die Eingliederung fremder Gene in das Wirts-Genom geschieht allerdings *wahllos* – und von ihren zahlreichen gefährlichen und verhängnisvollen Auswirkungen einschließlich Krebs weiß man schon lange[1] –, was durch die geringe Erfolgsquote bestätigt wird, die man bei der Herstellung der gewünschten transgenen Organismen erreicht. Üblicherweise muß man einer großen Zahl von Eiern oder Embryonen den Vektor injizieren beziehungsweise sie mit ihm infizieren, um einige wenige Organismen mit erfolgreicher Expression des Transgens zu erhalten (siehe Kapitel 11).

Die gebräuchlichsten künstlichen Vektoren sind eine chimärische Rekombination natürlicher genetischer Parasiten verschiedenartiger Her-

* PCR = Polymerase Chain Reaction

kunft – darunter Viren, die bei Tieren und Pflanzen Krebs und andere Erkrankungen hervorrufen –, deren pathogene Funktion man »entschärft« hat. Diese werden durch ein oder mehrere Antibiotikaresistenz-Markierungs-Gene gekennzeichnet, damit man die Zellen, die durch den Vektor verändert wurden, später wieder ausfindig machen kann. Zum Beispiel wird der zur gentechnischen Modifikation von Pflanzen gebräuchlichste Vektor aus einem Plasmid gewonnen, das in dem Erdbakterium *Agrobacterium tumefaciens* vorkommt und bei Pflanzen Tumore hervorruft. Bei Tieren entwickelt manVektoren aus *Retroviren*, die Krebs und andere Krankheiten hervorrufen. Einem derzeit bei Fischen eingesetzten Vektor dient das Moloney-Mäuseleukämie-Virus als Gerüst, das bei Mäusen Leukämie hervorruft, allerdings auch die Zellen aller anderen Säugetiere befallen kann. Es hat Bestandteile aus dem Rous-Sarkom-Virus, das bei Hühnern Sarkome hervorruft, und aus dem Vesicularstomatitis-Virus*, das bei Rindern, Pferden, Schweinen und Menschen Mundverletzungen bewirkt.[2] Solche mosaikartig zusammengesetzten Vektoren sind üblich, und sie sind besonders gefährlich. Anders als von Natur aus parasitäre Genelemente, die in unterschiedlichem Maß auf Wirtsorganismen spezialisiert sind, besitzen die in der Gentechnik verwendeten Vektoren – teils aufgrund ihres Bestimmungszwecks, teils aufgrund ihres mosaikartigen Charakters – die Fähigkeit, sich über Speziesgrenzen hinwegzusetzen und ein breites Spektrum von Arten zu infizieren. Ein weiteres Hindernis für die Gentechnik bilden die natürlichen Abwehrmechanismen sämtlicher Organismen und Zellen, die diese in die Lage versetzen, Fremdgene zu zerstören oder zu inaktivieren. Für die Industrie jedoch ist die transgene Instabilität ein großes Problem, wie ich in den Kapiteln 8, 9 und 10 noch genauer erläutern werde. Vektoren sind nun mehr und mehr so aufgebaut, daß sie diese Mechanismen, die die Unverfälschtheit der Spezies wahren, überwinden. Das hat zur Folge, daß die künstlich hergestellten Vektoren sich besonders für den horizontalen Gentransfer eignen (siehe Kapitel 10).

Die Gentechnik ermöglicht nicht nur den Genetikern die Genmanipulation, sondern sie ist auch ein wirkungsvolles Forschungsinstrument, das die Genetiker in die Lage versetzt, das Genom von Organismen so zu studieren, wie es zuvor unmöglich gewesen wäre. Die Welt der Wissenschaft war überhaupt nicht auf diese Berge von Erkenntnissen vorbereitet, die zutage gefördert wurden. Diese Erkenntnisse riefen

* Vesicularestomatitis: eine mit Bläschenbildung einhergehende Entzündung der Mundschleimhaut

Die Gentechnik unterscheidet sich grundlegend von den herkömmlichen Züchtungsmethoden.

Die Gentechnik rekombiniert im Labor genetisches Material von Spezies, die sich in der Natur nicht miteinander kreuzen.

Herkömmliche Züchtungsmethoden sorgen dafür, daß verschiedene Formen (Allele) der gleichen Gene neu gemischt werden. Die Gentechnik dagegen ermöglicht den Einsatz völlig neuer (exotischer) Gene mit unvorhersehbaren Auswirkungen auf die Physiologie und die Biochemie des daraus hervorgehenden transgenen Organismus.

Die Vervielfältigung von Genen und ein Großteil der Genübertragungen vollziehen sich unter Vermittlung von Vektoren. Diese weisen folgende unerwünschte Merkmale auf:

a Viele Vektoren werden aus krankmachenden Viren, Plasmiden und mobilen genetischen Elementen gewonnen – parasitärer DNS, die in Zellen eindringen und sich in das Genom der Zelle eingliedern kann, wodurch sie genetische Schäden verursacht.

b Sie sollen die Barrieren zwischen den Spezies durchbrechen. Weil deshalb ein weites Spektrum möglicher Wirte für sie in Frage kommt, können sie viele Tiere und Pflanzen infizieren. Dabei können sie Gene aus Viren von all diesen Spezies aufnehmen, so daß neue Erreger entstehen.

c Sie haben normalerweise Antibiotikaresistenz-Markierungsgene in sich, die bereits ein großes gesundheitliches Problem darstellen.

d Sie werden mehr und mehr so konstruiert, daß sie die Abwehrmechanismen der Empfänger-Spezies überwinden, die ansonsten fremde DNS zerstören oder inaktivieren.

geradezu serienweise Schockwellen hervor, die die klassische Genetik bis in ihre Grundfesten erschütterten. Ganz so, wie die Quantenphysik Anfang des Jahrhunderts den klassischen Newtonschen Bezugsrahmen ersetzt hat, stellte die *neue Genetik*, die sich unmittelbar aus der Gentechnik ergab, alle vorher gültigen Vorstellungen des alten genetischen Paradigmas auf den Kopf. Der genetische Determinismus hatte beim besten Willen keine Chance, vor der Wirklichkeit zu bestehen.

So paradox dies scheinen mag: Die Gentechnik ist eben deshalb mög-

> Die Industrie verkauft immer noch Luftschlösser: Heilung von Krebs, Babys nach Wunsch, Klonen und andere Wege zur Unsterblichkeit. Gerade aus jenen Dingen schlägt sie Kapital, die eine von der reduktionistischen Naturwissenschaft beherrschte Gesellschaft krank machen und ängstigen.

lich, weil das Paradigma des genetischen Determinismus unhaltbar ist. Folglich können viele Versprechungen der Gentechnik niemals in Erfüllung gehen, da das Paradigma eine irrige, reduktionistische Vorstellung von organischer Ganzheit und Komplexität zum Ausdruck bringt. Durch die zahlreichen Probleme, die im Zuge der Gentechnik auftreten, wird offenkundig, daß denjenigen, die in der Gentechnik die Lösung sämtlicher die Menschheit heutzutage bedrängender Probleme sehen, eine fundamentale Fehleinschätzung unterläuft. Als die Aktien der Biotechnik-Industrie 1994 auf ihren Tiefststand fielen, berichtete die *Business Week* folgendes:

»Die Industrie verkauft immer noch Luftschlösser.« Nach Ansicht der Wall Street »hat die Industrie eine Pleite erlitten, und die Wahrscheinlichkeit eines Erfolgs hat sich verringert. ... Man könnte eine lange Liste mit jenen Produkten anfertigen, die sich in der klinischen Erprobung nicht bewährt haben, und selbst die verbleibende Handvoll von Produkten, die den Test bestanden haben, sind nicht unproblematisch.«[3]

Das gilt bis heute: » . . . Insgesamt hat sich die Industrie als eine derart totale Enttäuschung erwiesen, daß der Nichtfachmann hier besser die Finger davon lassen sollte, damit er nicht um sein Geld gebracht wird. Und solange die genmanipulierenden Götter nicht willens oder fähig sind, eine Trennlinie zwischen Reklameschwindel und Glanzleistungen zu ziehen, bekommen sie von meinen Ersparnissen keinen Pfennig.«[4]

Bei einem Unternehmen von der Insel, British Biotech, kam es im April 1998 zum Zusammenbruch. Die Aktien waren innerhalb eines Jahres von 270 Pence auf 59 Pence gestürzt, kurz bevor man den leitenden Wissenschaftler rausschmiß, weil er den mit Krebsmedikamenten und mit Medikamenten gegen Entzündungen der Bauchspeicheldrüse betriebenen Reklameschwindel an die Öffentlichkeit gebracht hatte. Aber immerhin hatten zwei Vorstandsmitglieder und ein Wissenschaftler, die nicht mehr für die Firma arbeiteten, mit Aktiengeschäften Millionen gemacht.[5]

Die Industrie verkauft immer noch Luftschlösser: Heilung von Krebs, Babys nach Wunsch, Klonen und andere Wege zur Unsterblichkeit. Gerade aus jenen Dingen schlägt sie Kapital, die eine von der reduktionistischen Naturwissenschaft beherrschte Gesellschaft krank machen und ängstigen.

Ich habe an einer Diskussion über die Gentechnik teilgenommen, die vom Verband der chemischen Industrie an der Universität von Cambridge organisiert wurde. Beim anschließenden Abendessen stellte ich fest, daß ich Stuhl an Stuhl neben dem Geschäftsführer eines Biotechnik-Unternehmens saß. In einem unbedachten Moment gestand er mir, die Biotechnologie gefalle ihm persönlich gar nicht. Doch was könne er tun? So sei nun mal das System, und die Hypotheken müßten ja abgezahlt werden. Er versuche mit Hilfe von transzendentaler Meditation damit klarzukommen; im Unterschied zu seinen Kollegen, die zum Großteil von Prozac* abhängig seien.

Der eigene finanzielle Ruin wäre wohl ein geringer Preis, wenn andererseits die Zukunft des Planeten und all seiner Bewohner auf dem Spiel steht. Man sollte nicht unterschätzen, welche Gefahr in dem Mißverhältnis zwischen einer Reihe sehr wirkungsvoller Techniken und einer überholten, diskreditierten Ideologie liegt, die als Richtschnur für die Anwendung dieser Techniken dient. Darin besteht auch der größte Stolperstein für eine rationale Diskussion über die Gentechnik und ihre legitimen Anwendungsbereiche. Dies im Hinterkopf, wollen wir uns zunächst einmal das Paradigma des genetischen Determinismus und danach die neue Genetik anschauen.

Das Paradigma des genetischen Determinismus

Ein Paradigma ist ein Denkmuster: ein umfassendes Denk- und Handlungssystem, das sich, ausgehend von einer zentralen Vorstellung oder Theorie, entwickelt hat. Bei einem wissenschaftlichen Paradigma bildet selbstverständlich eine wissenschaftliche Theorie diesen Ausgangspunkt. Allerdings kann diese Theorie einen so universellen Charakter haben, daß sie sich schließlich auf alle anderen Disziplinen erstreckt und die gesamte Populärkultur durchdringt. Von dieser Art ist der genetische Determinismus. Er stellt die Gene als die elementaren Grundbestand-

* ein Medikament gegen Depressionen

teile eines Organismus dar und geht von der Voraussetzung aus, daß man zwar auf die Umwelt Einfluß nehmen und sie verändern könne, die biologische Natur in Gestalt der Gene hingegen festgelegt und unwandelbar sei und von den Umwelteinflüssen getrennt betrachtet werden könne. Ferner nimmt er an, die Funktion jedes einzelnen Gens könne unabhängig von allen anderen bestimmt werden. Eben aufgrund dieser Voraussetzungen verspricht das *Human Genome Project*, den genetischen Bauplan des Menschen zu enthüllen. Die folgende Aussage von James Watson, dem ersten Leiter der *Human Genome Organisation* (HUGO), ist bezeichnend dafür: »Einst lebten wir in dem Glauben, unser Schicksal läge in den Sternen. Jetzt wissen wir, daß unsere Gene für unser Schicksal maßgebend sind.«[6]

Die beiden Grundpfeiler des genetischen Determinismus sind Darwins Theorie von der Evolution durch natürliche Auslese und die von Mendel, Weismann, Johannsen und anderen entwickelte genetische Vererbungstheorie. Laut Darwin erfolgt die Evolution durch natürliche Auslese, wobei die Natur tatsächlich den Stärkeren oder Tüchtigeren genau so »selektiert«, wie ein Pflanzen- oder Tierzüchter durch die künstliche Selektion sicherstellt, daß die besten oder wünschenswertesten Merkmale gezüchtet werden beziehungsweise erhalten bleiben.[7] Die Ideologie der natürlichen Auslese ist klar: Wer es schafft, zu überleben und sich fortzupflanzen, der ist von Natur aus durch überlegene Eigenschaften begünstigt, die wie eine Erbschaft an die folgende Generation weitergegeben werden können. Entsprechend scheidet, wer mit schlechteren Eigenschaften ausgestattet ist, aus dem Rennen aus.

Darwins Theorie fehlte allerdings ein Mechanismus für Vererbung und Variation. Den steuerte Mendel bei: Nach seiner Vorstellung beruhen die (Darwinschen) Eigenschaften auf konstanten Erbfaktoren (später als Gene bezeichnet). Sie sind für jene Merkmale des Organismus ausschlaggebend, die bei der Fortpflanzung an die nächste Generation weitergereicht werden. Und Variationen werden durch selten und zufällig auftretende *Mutationen* in diesen Genen bewirkt. (Eine genetische Mutation ist eine Veränderung in der Basensequenz desjenigen DNS-Abschnitts, der das Gen konstituiert.) Die Verbindung der Mendelschen Genetik und der Darwinschen Theorie führte zur »Neodarwinschen Synthese«. Doch von Anfang an beruhten diese Theorien auf Abstraktion und Ideologie, außerdem auf einer gewissen Blindheit dem wissenschaftlichen Erkenntnisstand gegenüber beziehungsweise auf der Fehlinterpretation der wissenschaftlichen Erkenntnisse. Letzteres ist ein ums andere Mal geschehen, und innerhalb der Entwicklung zum genetischen Determinismus unserer Tage hat es sogar, wie Sie in späteren Kapiteln nachlesen können, regelrechten Betrug gegeben.

Das Paradigma des genetischen Determinismus von heute ist Neodarwinismus im Großformat: Vom IQ bis zur Kriminalität wird alles erklärbar, indem man einem einzelnen Gen oder mehreren Genen, die aus der natürlichen Auslese hervorgegangen oder ihr zum Opfer gefallen sind, die Verantwortung zuschreibt. Und so kann man diese Gene im Genom aufzuspüren versuchen, damit sie, sobald sie erst ausfindig gemacht sind, bei der Selektion durch Menschenhand berücksichtigt werden oder unberücksichtigt bleiben können. Dadurch, so erklärt man uns, vergrößere sich unser menschlicher Entscheidungsspielraum.

Das Paradigma des genetischen Determinismus fußt auf drei Grundvoraussetzungen:

- Die Merkmale werden von den Genen auf eine eindeutige, additive (d. h. nicht interaktive) Art und Weise festgelegt.
- Gene und Genome sind stabil und werden, abgesehen von seltenen Zufallsmutationen, unverändert an die nächste Generation weitergegeben.
- Gene und Genome können nicht unmittelbar durch Umwelteinflüsse verändert werden.

Man muß sich dabei eines vor Augen halten: Diese Grundvoraussetzungen haben den Alltagsbetrieb der bei uns vorherrschenden Biologie mindestens hundert Jahre lang bestimmt, ähnlich wie in der Zeit vor der Quantenphysik die Newtonsche Mechanik Grundlage der Physik war. *All diese Voraussetzungen sind durch wissenschaftliche Erkenntnisse widerlegt worden.* Einige meiner Kollegen haben argumentiert, sie seien schon vor der Ära der rekombinanten DNS (rDNS) unhaltbar gewesen. Niemand von uns war jedoch auf die Überraschungen vorbereitet, die uns die rDNS-Forschung in den letzten zwanzig Jahren beschert hat.

Die erste Voraussetzung widerspricht eindeutig allem, was wir seit mindestens vierzig Jahren über Stoffwechselprozesse wissen, und kein Biologe würde *zugeben,* daß er daran glaubt. Dennoch ist sie *logisch* ein wesentlicher Bestandteil der genetisch-deterministischen Wissenschaft, *auf der die kommerziell ausgeübte Gentechnik basiert.*

Das Genom von Organismen, auch das des Menschen, enthält Zehntausende von Genen. Von jedem Gen gibt es vielerlei Varianten (in Kapitel 12 werden Sie sehen, um wie viele Varianten es sich genau handelt). Zu den Hauptaufgaben der Gene zählt die Codierung von Informationen

> Sogenannte Einzelgen-Defekte sind für weniger als zwei Prozent aller menschlichen Krankheiten verantwortlich. Und selbst diese erweisen sich mittlerweile als ausgesprochen heterogen. Viele unterschiedliche Mutationen desselben Gens oder verschiedener Gene können dieselbe Erkrankung ergeben oder – je nach Umständen – auch nicht. So etwas wie eine Einzelgen-Erkrankung existiert in Wirklichkeit gar nicht.

für Tausende von Enzymen, die im Körper Tausende von Stoffwechselreaktionen in Gang setzen. Diese wiederum liefern die Energie für alles, was bewirkt, daß wir lebendig sind. Diese Stoffwechselreaktionen bilden ein unerhört kompliziertes Netzwerk, in dem das Produkt des einen Enzyms von einem oder mehreren anderen Enzymen weiterverarbeitet wird. Niemals entfaltet also ein Enzym (oder Gen) alleine seine Wirkung. Infolgedessen hat dasselbe Gen von Mensch zu Mensch andere Auswirkungen, weil die übrigen Gene im »genetischen Umfeld« jeweils anders beschaffen sind. Sogenannte Einzelgen-Defekte sind für weniger als zwei Prozent aller menschlichen Krankheiten verantwortlich.[8] Und selbst sie erweisen sich mittlerweile als ausgesprochen heterogen. Viele unterschiedliche Mutationen desselben Gens oder verschiedener Gene können dieselbe Erkrankung ergeben oder – je nach Umständen – auch nicht. Dies gilt für die unter Afrikanern und Afroamerikanern verbreitete Sichelzell-Anämie, für die unter Nordeuropäern verbreitete zystische Fibrose und für eine Reihe von Schädel-Gesichts-Syndromen, zu denen u. a. die achondroplastisch* bedingte Zwergwüchsigkeit gehört. Einen Genetiker hat das zu der Feststellung veranlaßt, daß es »so etwas wie eine Einzelgen-Erkrankung überhaupt nicht« gibt.[9]

Einige in den letzten zwanzig Jahren kontinuierlich hinzugewonnene Erkenntnisse enthüllen darüber hinaus eine Komplexität und Dynamik der im zellulären Bereich und auf der Ebene der Gene sich abspielenden Prozesse, die man sich vormals nicht hätte träumen lassen. Viele dieser Prozesse destabilisieren und verändern die Genome innerhalb einer einzigen Lebensspanne des Organismus.[10] Dies steht völlig im Widerspruch zu der früher – als das zentrale Dogma – die Molekularbiologie beherrschenden statischen und linearen Vorstellung. Das zentrale Dogma der Molekularbiologie besagt, daß das genetische Material, die DNS, in einem genauen Reproduktionsprozeß, den man als *Transkription* be-

* Achondroplasie: eine Störung des Knorpelwachstums

zeichnet, RNS* (Ribonukleinsäure) produziert. Die RNS ist ebenso eine Nukleinsäure wie die DNS, nur enthält sie als Zucker nicht Desoxyribose, sondern Ribose, und an die Stelle der Base Thymin (T) tritt die Base Uracil (U). Sodann produziert die RNS in einem *Translation* genannten Decodierungsprozeß ein Protein. Der »Informationsfluß« erfolgt ausschließlich in eine Richtung: Die genetische Botschaft, die in der DNS codiert ist, geht auf die RNS über und danach auf das Protein; und ein Informationsfluß in Gegenrichtung kann nicht stattfinden (siehe Abbildung 3.1a). Mit anderen Worten können die Proteine weder die transkribierte Botschaft in der RNS »lesen« noch sie verändern; und die RNS kann die transkribierte Botschaft in der DNS ebensowenig lesen oder verändern. Wir werden sehen, daß solch ein umgekehrter Informationsfluß nicht nur stattfindet – und zwar in vielerlei Form –, sondern einen unentbehrlichen Bestandteil der Genfunktion innerhalb eines metabolisch-epigenetischen** Supernetzwerks ausmacht (siehe Abbildung 3.1b).

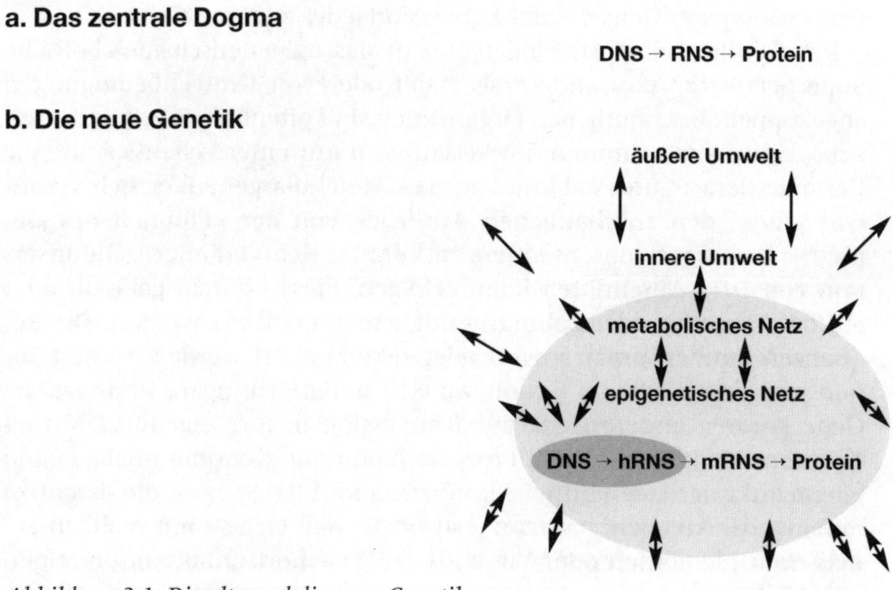

Abbildung 3.1: Die alte und die neue Genetik.

* englisch: RNA

** *metabolisch:* die Stoffwechselprozesse betreffend; *epigenetisch:* den abgestuften Prozeß betreffend, in dem die durch Umwelteinflüsse modifizierten genetischen Informationen in die Substanz und das Verhalten eines Organismus umgesetzt werden

Die Fluidität des Genoms in der neuen Genetik

Ein kompliziertes Netzwerk aus Aktion und Reaktion, aus Wirkung und Rückwirkung muß durchlaufen werden, um auch nur ein Gen »auszudrücken«, d. h. ein einziges Protein zu produzieren. Man hat festgestellt, daß Gene in Stücken existieren, und die Stücke müssen richtig miteinander verbunden werden, damit sie die *Messenger**-RNS (mRNS) ergeben. An der Entstehung jedes einzelnen Proteins sind zahlreiche andere Proteine beteiligt: In einem komplizierten *epigenetischen* Netzwerk, das zwischen die Gene und das metabolische Netz tritt und sich mit diesem zu einem epigenetisch-metabolischen Supernetzwerk verschränkt, zerhacken und verändern sie das Protein, korrigieren es und codieren es um. Daher wird es zunehmend schwieriger, ein Gen zu definieren und es einzugrenzen. Denn das Supernetzwerk verbindet letzten Endes die Expression jedes Gens mit der Expression jedes anderen Gens.

Das Genom selbst ist, eingebettet in das epigenetisch-metabolische Supernetzwerk, alles andere als stabil oder von Umweltbedingungen abgekoppelt. Bei sämtlichen Organismen sind offenbar viele Prozesse eigens darauf zugeschnitten, im Verlauf von nur einer Lebensspanne die Genome derart zu destabilisieren, daß Molekulargenetiker sich veranlaßt sahen, den anschaulichen Ausdruck von der »Fluidität des Genoms« zu prägen. Basensequenzen können sich verändern, die Insertion von DNS-Abschnitten kann erfolgen, diese können gelöscht oder auf das Tausend- oder Zehntausendfache amplifiziert werden. Die Sequenzen können umarrangiert oder rekombiniert werden, Gene können von einer Stelle im Genom an eine andere springen, und manche Gene können andere Gene zur Konversion in ihre eigenen DNS-Sequenzen veranlassen. Diese Prozesse halten die Genome unablässig in einem fluktuierenden Entwicklungszustand.[11] Bei Spezies, die sich nicht miteinander kreuzen, hat man festgestellt, daß Gene – mit mobilen genetischen Elementen oder Viren als Träger – horizontal von der einen auf die andere Spezies übergegangen sind. Ein spezielles genetisches Element – das *P*-Element – hat sich, möglicherweise von einer parasitären Milbe übertragen, innerhalb einer Frist von weniger als fünfzig Jahren unter allen frei lebenden Fruchtfliegenarten verbreitet.[12]

Diese Prozesse bei dem fluiden Genom laufen keineswegs rein zufäl-

* *Messenger* = Bote

lig, ohne Sinn und Zweck ab. Vielmehr unterliegen sie der physiologischen und zellulären Kontrolle. Diese kann allerdings durch Gentransfers, zum Beispiel durch die Eingliederung eines Retrovirus, das möglicherweise Krebs auslöst, unterbrochen werden. Andererseits hat man festgestellt, daß Gensprünge, Rekombinationen und sonstige Veränderungen des Genoms bei nicht teilbaren Zellen auch Bestandteil der normalen physiologischen Reaktion auf Umweltbelastungen oder Nährstoffmangel sein können, die sie befähigt, mit neuen Herausforderungen fertig zu werden.[13]

Besonders große Irritation haben die inzwischen überreichlich vorliegenden Belege ausgelöst, daß in den Genomen aller höherer Organismen der Informationsfluß in Gegenrichtung, den man zuvor strikt ausgeschlossen hatte, doch stattfindet.[14] In sämtlichen Zellen der Triebspitzen von Pflanzen, bei denen verschiedene Dünger zum Einsatz kamen, setzen gleichzeitig und übereinstimmend gewisse vorhersagbare und wiederholbare genetische Veränderungen ein.[15] Wenn Pflanzen mit Herbiziden, Insekten mit Insektiziden, Zellkulturen mit Medikamenten, Bakterien mit Antibiotika in Berührung kommen, können sie ebenfalls ihre Genome in wiederholbarer Weise durch Mutationen oder Genamplifikationen so verändern, daß sie gegen den jeweiligen Schadstoff resistent werden.[16]

Den Gnadenstoß erhielt das genetische Paradigma durch die inzwischen allgemein anerkannte Tatsache, daß ausgehungerte Bakterien und Hefezellen auf das Vorhandensein von (ursprünglich) nicht stoffwechselverwertbaren Substraten unmittelbar durch mutative Veränderungen reagieren. Diese sind offenkundig derart spezifisch, daß sie als »gesteuerte Mutationen« oder – noch provozierender – als »adaptive Mutationen« bezeichnet werden.[17] Im 8. Kapitel können Sie weitere Einzelheiten über die Fluidität des Genoms nachlesen.

Das Mißverhältnis zwischen Vorstellung und Wirklichkeit

Zwischen den Denkmustern der Gentechnik (mit den Segnungen, die sie bringen soll, und dem dadurch zu gewinnenden Reichtum) und der Wirklichkeit der neuen Genetik tut sich ein ganz bedenkliches Mißverhältnis auf. Gentechniker sind im Prinzip davon überzeugt, man könne durch Genmanipulation alle nennenswerten Probleme dieser Welt lösen: Da die Eigenschaften der Organismen durch die Gene bestimmt seien – so ihr Gedankengang –, könne man durch Veränderung der entsprechenden

Gene die Organismen so verändern, daß sie all unseren Bedürfnissen gerecht werden. Das kann jedoch nur dann gelten, wenn die Gene diese Merkmale auf so unkomplizierte Weise bestimmen, daß man in dem Moment, da man ein Gen ausfindig gemacht hat, eine erwünschte oder unerwünschte Eigenschaft vorhersagen kann. Durch die Veränderung des Gens verändert man diese Eigenschaft, durch die Übertragung des Gens überträgt man die Eigenschaft – ein für allemal. Dieses Denkmuster ist genetischer Determinismus durch und durch. Gentechniker, die man damit konfrontiert, werden das selbstverständlich bestreiten. *Doch in der Praxis orientiert man sich daran, und dies ist die Grundlage für all die in den Raum gestellten Behauptungen.* Mit anderen Worten macht die Gentechnik nur dann Sinn, wenn man vom genetischen Determinismus überzeugt ist. Kein Mensch, der vom genetischen Determinismus nicht überzeugt ist, würde die Gentechnik für eine gute Investition halten. Genauer gesagt: Niemand würde sie für eine gute Investition halten, wenn er nicht davon überzeugt wäre, alle anderen seien auch der Auffassung, daß die Gentechnik tatsächlich so funktioniert, wie man behauptet.

Die Gentechnik kann ihre Versprechungen nicht einlösen. Und darüber hinaus stellt sie noch eine außerordentlich große Gefahr dar. Dies hat seinen Grund letzten Endes in dem gerade skizzierten Mißverhältnis zwischen Vorstellung und Wirklichkeit. Allerdings werde ich an dieser Stelle zunächst lediglich ein paar Symptome schildern. Eine ausführliche Diagnose bleibt den nachfolgenden Kapiteln überlassen.

Aus dem ersten Mißverhältnis ergeben sich unrealistische Annahmen bezüglich der Wirksamkeit von Gentransfers. Transfers von Einzelgenen haben stets zu »unerwarteten« Veränderungen im Empfängerorganismus geführt. »Unerwartet« kamen sie allerdings nur deshalb, weil es den Reduktionisten nicht gelingt, Komplexität und wechselseitige Bedingtheit in Rechnung zu stellen. Toxisch wirkende und Allergien auslösende Stoffe haben sich in transgenen Pflanzen und Mikroorganismen als sogenannte Nebenwirkungen eingestellt, und durch die Hinzufügung eines einzelnen Gens hat man kranke, »monströse« transgene Tiere erhalten (siehe Kapitel 2). Für die Verbraucher bedeutet das Unsicherheit, zumal die Regulierungsorgane bei der Risikoeinschätzung demselben reduktionistischen Denkmuster folgen und daher oft die bloße Information über die transferierten Gene und über die dadurch erhaltenen Produkte als notwendig und ausreichend ansehen. Auch kann man es aus ethischer Sicht nicht hinnehmen, daß Tieren großes Leid zugefügt wird, für das es weder eine Notwendigkeit noch eine triftige wissenschaftliche Rechtfertigung gibt.

Denkmuster kontra Wirklichkeit

Das gentechnische Denkmuster:	Die Wirklichkeit der wissenschaftlichen Erkenntnisse:
1. Gene bestimmen die Merkmale durch lineare Kausalketten; *einem* Gen entspricht jeweils *eine* Funktion.	Die Genfunktionen entfalten sich innerhalb eines komplexen Netzwerks; die Verursachung ist multidimensional, nichtlinear und zirkulär.
2. Gene und Genome unterliegen keiner Umweltbeeinflussung.	Gene und Genome unterliegen einer Regulation durch Rückwirkungen.
3. Gene und Genome sind stabil und unveränderlich.	Gene und Genome bleiben dynamisch in Fluß, sie können sich in unmittelbarer Reaktion auf die Umwelt verändern und durchlaufen »adaptive« Mutationen nach Maß.
4. Gene bleiben dort, wo man sie hinsetzt.	Gene können zwischen Spezies, die nicht miteinander verwandt sind, horizontal überspringen und Rekombinationen eingehen.

Das zweite Mißverhältnis führt zu einer wirklichkeitsfremden Mißachtung der physiologischen und umweltspezifischen Regelkreise. Die »Flavr Savr«-Tomate der Firma Calgene – gentechnisch verändert, um sie im Gemüseregal länger zum Verkauf anbieten zu können, und das erste wirklich transgene Nahrungsmittel, das in unsere Supermärkte kam – hat man inzwischen wieder aus dem Verkehr gezogen. Da sie in Kalifornien entwickelt worden ist, gedeiht sie offenbar in Florida nicht gut.[18] Entsprechendes gilt auch für die *Bt*-Baumwolle von Monsanto, auf die die Gentechniker ein Gen aus einem Erdbakterium* transferiert hatten, das ein Toxin gegen den Befall mit Insektenschädlingen produ-

* *Bacillus thuringiensis*

ziert. Als man sie 1996 in Texas erstmals kommerziell anbaute, brachte sie keinen richtigen Ertrag, weil es »zu heiß« war. Genausowenig hat sie sich in Australien bewährt; wahrscheinlich weil es »zu kalt« war.[19] Die Instabilität transgener Linien ist für die Biotechnik-Industrie ein großes Problem, auch wenn man dort sein Möglichstes tut, damit von solchen Fehlschlägen nichts an die Öffentlichkeit dringt. Im April 1997 zog Monsanto zwei Sorten gentechnisch veränderter Canola-Rapsölsaat vom kanadischen Markt zurück, nachdem Überprüfungen ans Licht gebracht hatten, daß zumindest eine der beiden herbizidverträglichen Transgen-Sorten, die man patentiert hatte, ein »unerwartetes« Gen enthielt. Dies geschah, nachdem in ganz Westkanada bereits 60 000 Säcke mit Saatgut verkauft worden waren.[20] Einmal mehr hat die reduktionistische Nichtbeachtung von Komplexität und Ganzheit zu solchen Fehlschlägen geführt.

Diese Biotechnik ist unsicher und als Langzeitinvestition untragbar. Die Industrie hat in der Tat kaum etwas anderes produziert als einige Träume. An den Aktienbörsen lebt sie immer noch von Leichtgläubigkeit.

Das dritte Mißverhältnis ist speziell für eine große Gruppe gängiger transgener Pflanzen mit eingebautem Biopestizid, dem *Bt*-Toxin, von Belang. Bei Insekten, die diesem Toxin ausgesetzt waren, hat man eine sehr rasche Resistenzbildung beobachtet. Darin bestand auch das andere Problem bei der bereits angesprochenen *Bt*-Baumwollernte in Texas. Die klassische Neodarwinsche Theorie führt diesen Vorgang auf natürliche Selektion unter den bereits vorhandenen Zufallsmutationen zurück. In Wirklichkeit verhält es sich jedoch so, daß alle Zellen und Organismen über ein breites Spektrum genetischer Mechanismen verfügen, die ihnen die physiologische Fähigkeit zur Resistenzbildung verleihen – von der tausendfachen Vervielfältigung bestimmter Gene bis zur Schaffung neuer Gene durch Rekombination oder Mutation. Die erforderlichen Gene können sie auch von ihren Freunden erhalten, unter anderem von Organismen aus anderen Spezies (siehe das im übernächsten Absatz beschriebene vierte Mißverhältnis).

Bei Genen und Genomen handelt es sich grundsätzlich um dynamische, in Fluß befindliche Größen. Die reduktionistische Wissenschaft ist unfähig zu erkennen, daß genetische Stabilität nicht eine Eigenschaft des transferierten Gens ist, sondern des ökologischen Ganzen, in das der Organismus eingebunden ist (siehe Kapitel 14).

Das vierte Mißverhältnis ist vielleicht das bedenklichste. Es besteht in dem Unvermögen, zu erkennen, daß die Gene nicht ein für allemal eine statische Position im Genom einnehmen. Sie können auch dann – zumal unter günstigen Voraussetzungen – von einer Spezies auf eine andere übergehen, wenn normalerweise zwischen beiden keine Kreuzung möglich ist. Die Instabilität des Genoms ist zum Großteil auf genetische Parasiten zurückzuführen. Dazu zählen mobile genetische Elemente, Plasmide und Viren, die einen kurzen Abstecher in das Genom unternehmen, sich vervielfältigen, andere Zellen infizieren und dann wieder verschwinden können. Wie schon im ersten Kapitel hervorgehoben, wohnen der Gentechnik Gefahren inne, weil man zur Erleichterung des horizontalen Gentransfers Vektoren einsetzt, die aus diesen genetischen Parasiten hergestellt wurden. Und dieser horizontale Gentransfer ist bekanntermaßen für das Aufkommen neuer, für das Wiederaufleben alter Krankheitserreger und auch für die Vielfachresistenz gegen Antibiotika verantwortlich.

Die Fehlschläge der reduktionistischen Medizin

Wenn es weiterer Beweise dafür bedarf, daß die reduktionistische Wissenschaft die Realitätsprüfung nicht bestanden hat, so findet man diese im Gesundheitswesen. Wie der Bericht der Weltgesundheitsorganisation (WHO) aus dem Jahr 1996 belegt, sind Krankheiten wie Tuberkulose, Malaria, Cholera und Gelbfieber weiterhin in vielen Teilen der Welt eine häufige Todesursache; und diese Krankheiten kehren in Regionen zurück, in denen sie bereits auf dem Rückmarsch waren. Zudem verzeichnet man auch neue Krankheiten mit beispiellosen Zuwachsraten – aufgrund von sozialen Verhältnissen und desolaten Umweltbedingungen, die den Krankheitserregern den Zugang zu neuen Wirtsbeständen eröffnen beziehungsweise bei Menschen, die immungeschwächt sind, weil sie unter Armut und Unterernährung leiden, zu einem schlimmeren Krankheitsverlauf führen. Zahlreiche Erreger von Infektionskrankheiten entwickeln gegen die eingesetzten Medikamente und Chemikalien rasch eine Resistenz. Weiterhin entstehen – nach allem, was wir über die Fluidität des Genoms wissen, nicht unerwartet – zugleich neue Varianten dieser Erreger, die sämtliche Impfschutzmaßnahmen unterlaufen.

Die Arbeitsgruppe »Neue und wiederauflebende Krankheiten« an der Harvard University kommt zu dem Schluß, daß »Krankheiten sich nicht losgelöst von dem sozialen, ökologischen, epidemiologischen und evolutionären Kontext, in dem sie entstehen und sich ausbreiten, begreifen lassen. Wenn freilich aus den spektakulär gescheiterten Bemühungen der westlichen Medizin, bestimmte Krankheiten ›auszurotten‹, eine Lehre zu ziehen war, dann diese: Krankheiten lassen sich nicht auf eine einzelne Ursache zurückführen oder im Rahmen des heute in der Wissenschaft vorherrschenden linearen Denkens erklären – ihr Kennzeichen ist Komplexität.«[21]

Indem sie den horizontalen Gentransfer erleichtert, verschärft die Gentechnik das Problem der wiederaufkeimenden Krankheiten sehr. Außerdem lenkt sie die Aufmerksamkeit von den wahren Gründen schlechter Gesundheit ab, die zum ganz überwiegenden Teil den Umweltbedingungen und den sozialen Verhältnissen anzulasten sind, und sie bindet die für diese Bereiche dringend benötigten finanziellen Mittel. Agrochemikalien, industrielle und radioaktive Abfälle stehen in Zusammenhang mit vielen verheerenden Krankheiten, insbesondere mit Krebs.[22] Armut und die daraus resultierende Unterernährung schwächen die menschliche Immunabwehr gegen Infektionskrankheiten. Diese Faktoren, ferner die sanitären Mißstände, die unzulänglichen Wohnverhältnisse und die fehlende Versorgung mit sauberem Wasser schaffen jene Voraussetzungen, die die Ausbreitung von Infektionskrankheiten begünstigen.

Genau dieselben chemischen und pharmazeutischen Industrieunternehmen, die unsere Umwelt mit krankmachendem Giftmüll überschwemmt haben, profitieren von unserer angeschlagenen Gesundheit, indem sie immer exotischere Medikamente, Impf- und Arzneistoffe herstellen. Meistens rufen diese Medikamente »Nebenwirkungen« hervor, die viel schlimmer sind, als die gesundheitlichen Probleme, denen sie abhelfen sollen.

Die Geschichte der Pharmaindustrie ist übersät mit »Wundermitteln«, die nichts weiter waren als ein einziger Mißerfolg. Schätzungen zufolge gibt es aufgrund von iatrogenen, also durch ärztlich verordnete Arzneien hervorgerufenen Erkrankungen in den USA jährlich zwei Millionen Krankenhausaufenthalte und 180 000 Todesfälle.[23] Brauchen wir noch mehr davon? Ist es nicht an der Zeit, das profitable Geschäft mit der schlechten Gesundheit, das zum Großteil auf dem übermäßigen Gebrauch und dem Mißbrauch von Medikamenten beruht, zu stoppen?

Konsequenzen der neuen Genetik für die Vererbung

Das Paradigma des genetischen Determinismus konnte der erdrückenden Last der Erkenntnisse, die man in der neuen Genetik gewonnen hat, nicht standhalten. Die Gene sind ganz und gar nicht die unwandelbaren Grundbestandteile des Organismus, deren Auswirkungen sich fein säuberlich voneinander – beziehungsweise von den Umwelteinflüssen – trennen lassen. Ebensowenig gibt es ein unabänderliches genetisches Programm, einen unabänderlichen Bauplan für den Organismus. Denn im Lauf der Entwicklung kann sich auch das Genom verändern. Das Lebendigsein eines Organismus hängt von einem dynamischen Gleichgewicht im Regelkreis seiner Wechselbeziehungen mit der Umwelt ab, der sich auf sein gesamtes physiologisches System bis zu den Genen hin erstreckt. Vererbung – die unveränderliche Reproduktion gleichartiger Lebenszyklen – ist weniger eine Eigenschaft der Gene, vielmehr eine Eigenschaft des Organismus als Gesamtsystem in seiner ökologischen Umwelt. All seine Bestandteile stehen im Idealfall in größtmöglicher Kommunikation und wirksamer Wechselbeziehung zu jedem anderen Teil,[24] und sie müssen sich daher in einer für den Erhalt des Gesamtsystems zweckdienlichen Weise verändern. Vererbung beruht daher in keinem höherem Maß auf unseren Genen als auf unserer Umwelt und den Kulturtraditionen, die wir hervorgebracht haben und die ebenfalls an künftige Generationen weitergegeben werden. Erbmasse ist der gesamte für die jeweilige Spezies charakteristische Lebensstil. Das Biologische und das Sozioökologische sind unauflöslich miteinander verknüpft. Infolgedessen steht unser Schicksal weder in den Sternen geschrieben noch in unseren Genen, denn wir sind am Evolutionsdrama *aktiv beteiligt.*[25]

Die neue Genetik, die die Grundlage für die Gentechnik bildet, gehört zu einem Paradigma der organischen Ganzheit und Komplexität, das heute in vielen Forschungsbereichen der westlichen Welt Kontur gewinnt und die universale Weisheit der gewachsenen Kulturtraditionen in aller Welt bestätigt.[26] Und so liegt es an uns, die sozioökologischen Bedingungen für unsere biologische Gesundheit und unser Wohlergehen zu schaffen, statt uns weiterhin auf den fruchtlosen und gefährlichen Versuch einzulassen, unsere Gene und die Gene von anderen Spezies zu manipulieren.

Das Ringen um ganzheitliche Lebensstile

Das Paradigma des genetischen Determinismus ist in seinem Scheitern gleichermaßen Symptom und Symbol für das Scheitern der reduktionistischen Weltanschauung. Bezeichnenderweise hat der französische Genetiker Daniel Cohen, ein prominenter Vertreter des *Human Genome Project*, in Opposition zur Patentierung von Leben den ersten Schritt unternommen und in großem Umfang Daten von DNS-Sequenzen, die man in seinem Labor gewonnen hatte, den Vereinten Nationen als Gemeingut der Menschheit angeboten, damit sie für jeden geeigneten Zweck zum freien Gebrauch zur Verfügung stehen.[27]

Bei der Diskussion über die Gentechnik geht es nicht um abstraktes, objektives Wissen aus dem wissenschaftlichen Elfenbeinturm. Wissen ist etwas, wonach die Menschen überall sonst auf der ganzen Welt ihr Leben führen. Das westliche Objektivitätsideal ist verfehlt, denn es besagt, man müsse ein völlig unbeteiligter, gefühlloser Beobachter außerhalb der Natur sein. Für alle übrigen Wissenssysteme ist die Teilhabe des Menschen an der Natur der entscheidende Bezugsrahmen: Hier besteht das Ideal objektiven Wissens in möglichst umfassender Kommunikation und Verbundenheit mit jener Natur, die der Gegenstand unseres Wissens ist und an der wir mit unserem Wissen wie mit unserem Handeln gestaltend teilhaben.[28] Der jetzt vorhandene Widerstand gegen die Gentechnik beinhaltet also auch ein gemeinschaftliches Ringen um die Wiederherstellung ganzheitlicher Weltanschauungen und ganzheitlicher Lebensstile, die spontan, pluralistisch, von Freude erfüllt, verbindend, konstruktiv und lebenserhaltend sind.

4
Die Ursprünge des genetischen Determinismus

Der genetische Determinismus übt auf die Vorstellungswelt der meisten Menschen einen sehr starken Einfluß aus. Denn seine ideologischen Wurzeln, tief im kollektiven Unbewußten unserer Kultur, gehen auf Darwins Theorie der Evolution durch natürliche Auslese zurück, ihrerseits ein Produkt des sozioökonomischen und politischen Klimas im viktorianischen England. Die herrschenden Klassen glaubten an den Fortschritt durch Wettbewerb auf jenem »freien Markt«, den die imperialistische Armee mit militärischer Gewalt etabliert hatte. Zugleich verkündete die positivistische Philosophie den Triumph des mechanistischen Materialismus über die Religion und über sonstige romantische Vorstellungen von einem »Sinn« des Lebens. Als die Wissenschaft den Platz der Religion übernahm, bot der Glaube an die Unveränderlichkeit der Gene einen Ersatz für den Glauben an die Unsterblichkeit der Seele.

Die Demontage des Althergebrachten

Als ich vor zehn Jahren der Molekulargenetik den Rücken kehrte, hatte ich das Gefühl, an der Schwelle zu einem wunderbar konstruktiven wissenschaftlichen Zeitalter zu stehen, in dem wir eine *auf der zeitgenössischen westlichen Wissenschaft beruhende* ganzheitliche Weltanschauung formulieren würden. Inzwischen ist mir klar, daß unsere Bemühungen um die Demontage des alten Paradigmas nicht den gewünschten Erfolg gebracht haben. Vor allem verstehe ich jetzt, welche maßgebliche Rolle dieses Paradigma einerseits bei den Problemen spielt, die die Gentechnik aufwirft, und andererseits für die Frage, wie sehr diese Probleme unser Leben prägen werden. Und ich weiß, daß wir tatsächlich den Geist des alten Paradigmas austreiben und uns von ihm freimachen müssen, bevor wir das neue von ganzem Herzen akzeptieren können.

Der genetische Determinismus übt auf die Vorstellungswelt der meisten Menschen einen ganz starken Einfluß aus. Und zwar deshalb, weil seine ideologischen Wurzeln tief im kollektiven Unbewußten unserer Kultur auf Darwins Theorie der Evolution durch natürliche Auslese – und noch weiter – zurückgehen. Denn Darwins Theorie ist ihrerseits ein

Produkt des sozioökonomischen und politischen Klimas im England des viktorianischen Zeitalters. Das viktorianische England erlebte den Aufstieg des Kapitalismus, die Ausweitung des Handels durch die Eroberungen der britischen Krone. Vor allem seine herrschenden Klassen glaubten an den Fortschritt durch Wettbewerb auf dem freien Markt – genauer gesagt auf jenem »freien Markt«, den die imperialistische Armee erst mit militärischer Gewalt etabliert hatte. Dies war auch das Zeitalter der positivistischen Philosophie, die vom Triumph des mechanischen Materialismus über die Religion und über sonstige romantische Vorstellungen von einem »Sinn« des Lebens überzeugt war.

Der Gelehrte und Historiker Jacques Barzun vertritt die Auffassung, einen der großen Wendepunkte in der neueren Geschichte markiere das Jahr 1859: Damals erschien Charles Darwins »Die Entstehung der Arten durch natürliche Zuchtwahl«, Karl Marx veröffentlichte »Zur Kritik der politischen Ökonomie«, und Richard Wagners »Tristan und Isolde« wurde uraufgeführt. Gemeinsam beherrschten sie ihr Zeitalter, und ihre Theorien sind der Inbegriff für das Denken eines Jahrhunderts, dessen Einfluß bis auf den heutigen Tag fortdauert.

»Ihr ›mechanistischer Materialismus‹, der aus dem Zeitalter der Romantik erwuchs und im Zeitalter des ›wissenschaftlichen Denkens‹ zur Blüte gelangte, bringt die damals vorherrschende Vorstellung zum Ausdruck, die Materie sei der Ursprung und die Grundlage des Universums. Gefühl, Schönheit und moralische Werte sind bloße Illusionen in einer Welt der Tatsachen, und der menschliche Wille ist ohnmächtig gegen die unabwendbaren Gesetze der Natur und der Gesellschaft.«[1]

Es trifft durchaus zu, daß mit dem mechanistischen Materialismus Entfremdung und ein Gefühl der Ohnmacht aufkommen, besonders bei denjenigen, denen es an Kenntnissen und Bildung fehlt. Seine erklärte Absicht zielt allerdings in eine ganz andere Richtung: Durch Abstraktion und Reduktion will man der Unordnung und Unklarheit der realen Vorgänge einen Sinn abgewinnen, um so die Natur besser kontrollieren und beherrschen zu können. Beginnen wir mit der Evolutionstheorie.

Lamarck, Darwin und die Evolutionstheorie

Der Begriff »Evolution« bezeichnet den natürlichen (im Unterschied zum übernatürlichen) Ursprung des Lebens auf diesem Planeten und die von seinen Bewohnern während der gesamten Erdgeschichte bis zum heutigen Tag durchlaufenen Transformationen. Seit der Zeit der Griechen gab es in der westlichen Welt vielerlei Spekulationen über die Evolution. Doch die uns vor allem bekannten Vorstellungen entstammen der europäischen Aufklärung. Dieses Zeitalter erlebte die Anfänge der Newtonschen Gesetze zur Mechanik, mathematische und andere Überlegungen zur modernen Naturwissenschaft, darunter John Rays Begriff der Spezies, der Tier- und Pflanzenarten, und das von Carl Linnaeus entwickelte System zur Klassifizierung und Benennung von Organismen, das man bis heute beibehalten hat.

Vor allem stellte das rationale Denken (in der Wissenschaft) mit seiner Fähigkeit, das materielle Universum zu erklären, eine ernste Herausforderung des hergebrachten Verständnisses dar, insbesondere des biblischen Schöpfungsberichts nach den Lehren des Christentums. Über eine Evolution durch natürliche Abläufe machten sich bereits die meisten Gebildeten ihre Gedanken. Linnaeus akzeptierte schließlich in fortgeschrittenem Alter eine begrenzte Entwicklung der Spezies. Weitere Protagonisten dieses Zeitalters, die über die Möglichkeit der Evolution schrieben, waren zum Beispiel die Naturforscher G. L. Buffon und Erasmus Darwin, der Großvater von Charles Darwin.

Die erste umfassende Evolutionstheorie geht auf Jean Baptiste de Lamarck zurück. In seiner Absicht, eine naturalistische Erklärung der Evolution zu geben, war er in hohem Maß ein Kind der Aufklärung; ebenso in seinem systematischen Vorgehen. So setzte er sich ausführlich mit der Physik, der Chemie und der Geologie auseinander, bevor er mit der Einsicht aufwartete, eine biologische Evolution habe stattgefunden. Er unterstellt auch das Vorhandensein eines Evolutionsmechanismus. Diesem Mechanismus zufolge können neue Spezies entstehen, wenn ein Organismus, der seinen Grundbedürfnissen nachkommt, dadurch Veränderungen im Verhältnis zu seiner Umwelt herbeiführt. Die so entstehenden Abwandlungen der Merkmale werden nach vielen Generationen erblich.[2]

Lamarcks Theorie wurde weithin falsch dargestellt, als ginge es lediglich um die Vererbung erworbener Merkmale; oder sie wurde dahingehend karikiert, als beschreibe sie Veränderungen, die sich dadurch ergeben, daß sich die Wünsche der Organismen erfüllen. Ein halbes Jahrhundert später sollte Charles Darwin eine Reihe von Lamarcks Ideen in seine eigene Theorie der Evolution durch natürliche Auslese einbeziehen, ohne ihm jedoch den gebührenden Tribut dafür zu zollen. Die Theorien der Evolution und der Vererbung sind in ihrer historischen Entwicklung eng miteinander verknüpft. Ebenso wie die Evolutionisten eine Theorie der Vererbung benötigten, so waren die Pflanzenzüchter im 18. Jahrhundert, die zu Mendels Entdeckung der Genetik Anstoß gaben, von der Frage motiviert, ob sich neue Spezies aus den bereits existierenden entwickeln könnten (siehe Kapitel 5).

Wenn man Veränderung oder Transformation erklärt, muß man auch der Beständigkeit oder Dauerhaftigkeit ihren Platz einräumen. Charles Darwins Theorie der Evolution durch natürliche Auslese sagt dazu folgendes: Gesetzt den Fall, daß Organismen sich in größerer Zahl fortpflanzen können, als die Nahrungsbestände der Umwelt dies zulassen, und die vererbten Merkmale voneinander abweichen, so werden die Organismen mit den vorteilhafteren Abweichungen innerhalb einer Population überleben, um ihresgleichen auf Kosten der Organismen mit den weniger vorteilhaften Abweichungen fortzupflanzen. Der daraus erwachsende Wettbewerb und »Überlebenskampf« führt zum »Überleben des Tüchtigeren«, so daß die Spezies den Erfordernissen ihrer Umwelt besser angepaßt ist. Und wenn sich die Umwelt ihrerseits mit der Zeit verändert, geht bei der Spezies ebenfalls eine langsam fortschreitende, aber eindeutige Veränderung vonstatten.[3] Die Natur »selektiert« demnach den Tüchtigeren oder Stärkeren tatsächlich in der gleichen Weise wie ein Pflanzen- oder Tierzüchter durch Anwendung der künstlichen Selektion sicherstellt, daß die besten oder wünschenswertesten Merkmale gezüchtet werden beziehungsweise erhalten bleiben, während die unerwünschten oder »untauglichen« Merkmale ausgesondert werden. In beiden Fällen entstehen nach einigen Generationen neue Varietäten mit leicht abgewandelten Merkmalen.

Darwins Einsicht, daß die natürliche Auslese nicht alles zu erklären vermag, ehrt ihn. *Zusätzlich* zur natürlichen Auslese führte er die Auswirkungen von Beanspruchung und Nichtbeanspruchung an; ferner die Erblichkeit der durch Transmutation der Spezies erworbenen Merkmale – beides Ansätze, die ursprünglich Lamarck vorgeschlagen hatte. Mit den Auswirkungen von Beanspruchung und Nichtbeanspruchung ist lediglich gemeint, daß durch den gewohnheitsmäßigen Gebrauch, den ein Organismus von einem seiner Körperteile macht, dieser Körperteil sich besser entwickeln und seine Dienste besser verrichten wird; im umgekehrten Fall wird jeder zuwenig eingesetzte Körperteil verkümmern oder sich zurückbilden. Indem man zum Beispiel dafür trainiert, die Marathon-Distanz zu laufen, bekommt man eine starke Beinmuskulatur, die nicht leicht ermüdet.[4] Umgekehrt können Astronauten sich nicht sehr lange unter den Bedingungen verminderter Schwerkraft aufhalten, ohne daß ihre Muskeln infolge der Nichtbeanspruchung degenerieren.

Die Genetik als solche wäre nichts sonderlich Aufregendes. Doch der mutmaßliche Wert der durch die Gene festgelegten Merkmale gibt den Ausschlag und die Rechtfertigung für die real existierende soziale Rangordnung. Gewinner wie Verlierer in diesem von Rivalität bestimmten »Überlebenskampf« sind das, was sie sind, aufgrund der unabwendbaren Notwendigkeit des Naturgesetzes.

Die Auswirkungen von Beanspruchung und Nichtbeanspruchung sind inzwischen gut dokumentiert. Ob sie auch erblich sind, ist allerdings noch unbekannt. Klar ist jedoch, daß diese Lamarckschen Vorstellungen nicht mit der Theorie der natürlichen Auslese zu vereinbaren sind. Und sie werden von Darwins Anhängern, die das Fehlen einer Theorie über die Vererbung und die abweichenden Merkmale als das schwächste Glied in der Argumentationskette für die natürliche Auslese ansehen, abgelehnt.

Mendel stellte das Glied zur Verfügung, das in Darwins Argumentation fehlte. Mendel veröffentlichte seine Arbeit im selben Jahr, in dem Darwins »Vom Ursprung der Arten« erschien. Doch ganz im Gegensatz zu dem sofortigen Ruhm, den Darwin mit seiner Publikation erntete, fristete Mendels Theorie, obwohl sie dem Modell des mechanistischen Materialismus sogar noch besser entspricht (was das nächste Kapitel eingehend darlegen wird), mehr als vier Jahrzehnte lang ein Schattendasein in den Archiven, ehe sie an der Schwelle zum 20. Jahrhundert wiederentdeckt wurde. Eine Ausgabe von Mendels Publikation wurde Darwin zugesandt, und sie blieb mit unaufgeschnittenen Seiten und ungelesen in seiner Bibliothek. Das führt uns vor Augen, daß die Genetik als solche für keine sonderliche Aufregung sorgen würde. Doch gibt der mutmaßliche (als »Tüchtigkeit« oder »Tauglichkeit« bezeichnete) Wert der durch die Gene festgelegten Merkmale den Ausschlag und die Rechtfertigung für die real existierende soziale Rangordnung. Gewinner wie Verlierer in diesem von Rivalität bestimmten »Überlebenskampf« sind das, was sie sind, aufgrund der unabwendbaren Notwendigkeit des Naturgesetzes.

Als vermeintlich unwandelbare Essenzen des Organismus übernehmen die Gene auch den Symbolgehalt der unsterblichen Seele, der verlorengegangen war, als die Wissenschaft an die Stelle der fundamentalistischen Religion trat. Zu dem Zeitpunkt, als Mendels Werk wiederentdeckt wurde, hatte der deutsche Biologe August Weismann bereits das »Keimplasma« – die Keimzellen, die in einem frühen Entwicklungsstadium vom übrigen Körper des Tieres getrennt waren – zur stofflichen Grundlage der Vererbung erklärt. Auch Weismann wurde von großer Begeisterung für den mechanistischen Materialismus beflügelt. Sein erklärtes Vorhaben bestand darin, die Vererbung auf ihre stofflichen, mechanischen Ursachen zu reduzieren. Sein Studiengebiet war die Entwicklung der Insekten, deren Embryonen in einem sehr frühen Entwicklungsstadium am Hinterpol separate Keimzellen hervorbringen. Das brachte Weismann auf den Gedanken, der – später mit den Mendelschen Genen gleichgesetzte – erbliche Faktor könne über die Keimzellen von einer Generation unverändert an die nächste weitergegeben werden. Weismanns Lehre und die von ihr in Anspruch genommene »Unsterblichkeit des Keimplasmas« versinnbildlicht den – als beruhigend empfundenen – Fortbestand der unsterblichen Seele, das Fortbestehen von Ordnung und Stabilität im Angesicht des Wandels; und sie hatte einen ausgeprägten und nachhaltigen Einfluß auf das westliche Denken.

> Nach Lamarcks Theorie muß der Organismus als aktives, autonomes, für seine Umwelt offenes Lebewesen begriffen werde, Diese Offenheit erschüttert naturgemäß den *Status quo*. Kein Wunder also, daß diese Auffassung unterdrückt wurde.

Nachdem Mendels Theorie zeitgleich von mehreren Wissenschaftlern wiederentdeckt worden war, unter ihnen auch ihr größter Verfechter, der britische Biologe William Bateson, entbrannte eine heftige Debatte. Diese drehte sich um die Frage, ob es sich bei der Evolution um einen kontinuierlichen, allmählich vonstatten gehenden Prozeß handele, bei dem die natürliche Auslese in kleinen, unmerklich abgestuften Abwandlungen erfolgt, wie Darwin behauptete, oder ob sie durch umfassende, von Mutationen hervorgerufene Veränderungen zustande kommt, die anschließend einer natürlichen Auslese unterliegen. Alles in allem glaubten die Mendelianer an die Wirksamkeit umfassender, diskontinuierlicher, auf Mutationen beruhender Veränderungen, an *mutative Varianten*. Ihre Widersacher hingegen, die *Biometriker*, waren der Überzeugung, kontinuierlich auftretende Abwandlungen seien das Handwerkszeug der Evolution. Im sechsten Kapitel werden wir sehen, wie die Debatte in der Neodarwinschen Synthese eine Lösung fand.

Das epigenetische gegen das genetische Paradigma

Die Geschichte erweist sich immer wieder als Bühne für Helden und Antihelden. So geschah es, daß Darwin den Triumph für sich verbuchen konnte, während Lamarck vor allem verlacht wurde und in Vergessenheit geriet. Der Grund liegt in dem logisch vollkommen gegensätzlichen theoretischen Ansatz dieser beiden Männer. Darwins Theorie der natürlichen Auslese bedingt durch das Element der Auslese eine Trennung zwischen dem Organismus und seiner Umwelt. So wird der Organismus begrifflich von seiner Erfahrung abgeschottet, und das führt logischerweise zu Weismanns Barriere (siehe Kapitel 7) und dem zentralen Dogma der Molekularbiologie (Kapitel 7), das ganz und gar reduktionistisch ist. Die Lebenserfahrungen des Organismus wie auch der Organismus selbst bleiben völlig außer Betracht, da für Entwicklung und Evolution nur die Gene von Belang sind. Dieser Fatalismus charakterisiert das Paradigma des genetischen Determinismus. Lamarcks Theorie hingegen handelt von der Transformation, die der Organismus im Lauf der Entwicklung, der *Epigenesis*, durch eigene Aktivitäten und durch seine Umwelterfahrungen herbeiführt.

Gemäß Lamarcks Theorie muß man den Organismus als aktives, autonomes Lebewesen begreifen, das für seine Umwelt offen ist. Diese Offenheit erschüttert naturgemäß den *Status quo*. Kein Wunder also, daß diese Auffassung unterdrückt wurde. Sie lädt uns auch dazu ein, die Dynamik der Transformation zu untersuchen, ferner die Mechanismen, mit deren Hilfe die Transformation im Lauf der Entwicklung und Evolution »verinnerlicht« werden könnte.

Das entspricht dem epigenetischen Ansatz[5], der sich seit den späten siebziger Jahren unter meiner Beteiligung als Alternative zum Neodarwinismus entwickelt hat und aus der neuen Genetik seine Berechtigung herleitet. Für den epigenetischen Ansatz besitzen die Erfahrungen, die der Organismus im Lauf seiner Entwicklung macht, ausschlaggebende Bedeutung für seine Evolution. Der epigenetische Ansatz hat immer das Potential, den *Status quo* zu erschüttern, weshalb er von den Vertretern der gegenwärtig vorherrschenden Orthodoxie stets nachdrücklich abgelehnt wird.

Woher stammte Darwins Theorie?

Den gängigen Darstellungen zufolge hat Charles Darwin aus seinen Beobachtungen als Naturforscher bei seiner Weltreise an Bord der »Beagle« das Beweismaterial für die Evolutionstheorie gewonnen. Doch für die Vorstellung, die Evolution lasse sich durch den Mechanismus der natürlichen Auslese erklären, gibt es drei andere Quellen:[6]

- Den theologischen »Beweis aus der Zweckmäßigkeit«*, den William Paley** populär gemacht hat. Dieser Beweis besagt im Prinzip, die Lebewesen seien für ihren Lebensweg derart vollendet ausgestattet, daß ihr Entwurf auf eine höchste Intelligenz, auf Gott, zurückgehen müsse.
- Die von Pflanzen- und Tierzüchtern angewandte künstliche Auslese.
- Thomas Malthus' berühmtes »An Essay on the Principle of Populations«,*** das erstmals 1798 veröffentlicht wurde. Dieses Essay hat noch einen anderen Naturforscher inspiriert, Alfred Wallace, dem man nachsagt, unabhängig von Charles Darwin habe er ebenfalls die Theorie von der natürlichen Selektion entwickelt. Tatsächlich hatten zuvor schon mehrere Leute diesen Gedanken ins Gespräch gebracht, darunter der Sozialdarwinist Herbert Spencer. Er hatte als erster den Ausdruck vom »Überleben des Stärkeren« verwendet, und bei der Lektüre von Malthus' Essay war er ebenfalls auf den Gedanken der natürlichen Auslese gekommen.

Malthus und die britische Gesellschaft des 19. Jahrhundert

Worum geht es also in Malthus' Essay? Dort wird konstatiert, beim Bevölkerungszuwachs sei tendenziell immer eine »geometrische Steigerungsrate« zu verzeichnen – 2 ergibt 4, dann 8, dann 16 und so weiter –, hingegen entspreche der durch Neukultivierung von Ackerland zu erzielende Zuwachs an Lebensmitteln offenbar nur einer »arithmetischen Steigerungsrate«, also 2, 4, 6, 8 und so weiter. Daraus folgert Malthus,

* auch als »teleologischer Gottesbeweis« bekannt
** britischer Theologe und Vertreter der utilitaristischen Philosophie (1743–1805)
*** deutscher Titel: »Versuch über das Bevölkerungsgesetz«

die Menschheit werde so lange immer wieder Opfer von Hungersnot, Armut, Krankheit und Krieg sein, bis man ein Mittel zur Begrenzung des Bevölkerungszuwachses gefunden habe. Er widersprach damit den optimistischen Idealen der Aufklärung. Der französische Philosoph Condorcet beispielsweise hatte geglaubt, die Menschheit könne sich durch entsprechende Bildung und Schulung ihrer Verstandeskräfte zu einer Art Utopia hin entwickeln. Condorcet hoffte, dies sei mit Hilfe der Französischen Revolution zu erreichen. Malthus hielt dagegen, solche Ideale ließen sich unmöglich verwirklichen, weil sie die Gesetzmäßigkeiten des Bevölkerungswachstums nicht beachteten.

> Malthus hat im Interesse der herrschenden Klassen gesprochen und die Wissenschaft zur Untermauerung seiner Argumente benutzt, die dann Darwins Theorie einverleibt wurden. Manch einer wird Malthus' Argumente in dem aktuellen Interesse an einer vorwiegend gegen die nicht weiße Bevölkerung der Dritten Welt gerichteten Bevölkerungskontrolle wiedererkennen.

Malthus' Essay löste zahlreiche Kontroversen aus. Phil Regal, ein Wissenschaftshistoriker und Historiker für politische Theorie, weist darauf hin, Malthus' Essay habe die Massen in Großbritannien beschwichtigen sollen – für den Fall, daß sie wie die Franzosen eine Revolte gegen die Monarchie im Sinn gehabt hätten.[7] Jedenfalls nahm Malthus mit seinem Essay zu einer bestimmten politischen Kontroverse im England des späten 18. Jahrhunderts Stellung, in der es um eine Neufassung der Armengesetze ging. Zu jener Zeit gab es für die Alten und Arbeitslosen nur eine begrenzte Zahl von Arbeitshäusern. Daher erhielten die Notleidenden größtenteils eine Unterstützung außerhalb der Arbeitshäuser. Sie wurde ihnen von den Gemeinden in Form von Almosen, Kinder- und Familienzulagen und Lohnzuzahlungen gewährt. Diese Form der Unterstützung hatte der Friedensrichter von Speenhamland in der Grafschaft Berkshire eingeführt, weshalb man sie das »Speenhamland-System« nannte. Das System wurde in verschiedenen anderen Grafschaften übernommen, und William Pitt brachte im Parlament eine Gesetzesvorlage ein, die eine generelle Einführung dieses Systems ermöglichen sollte. Dadurch sollte die Geburtenrate in Großbritannien erhöht werden, um im Kampf gegen Napoleon besser bestehen zu können![8]

In seinem Essay legte Malthus nicht zuletzt auch seine Einwände gegen Pitts Vorschlag dar. Er argumentierte, durch zusätzliche finanzielle Unterstützung würden die Armen nur ermuntert, noch mehr Nachkommen zu zeugen, was zu einem weiter ansteigenden Unterstützungsbedarf führen werde. Dies überzeugte Pitt davon, daß es besser sei, seinen Vorschlag zurückzuziehen. Ungeachtet einiger liberaler Versuche, Malthus zu rechtfertigen, liegt es auf der Hand, daß er im Interesse der herrschenden Klassen sprach und die Wissenschaft zur Untermauerung seiner Argumente benutzte, die dann Darwins Theorie einverleibt wurden. Manch einer wird ohne Frage Malthus' Argumente in dem heutzutage von Ländern des Nordens zum Ausdruck gebrachten Interesse an einer vorwiegend gegen die nicht weiße Bevölkerung der Dritten Welt gerichteten Bevölkerungskontrolle wiedererkennen. Tatsächlich ausschlaggebend für die Bevölkerungsentwicklung ist jedoch die fortdauernde Ausbeutung der Armen durch die Reichen, des Südens durch den Norden mittels unfairer Handelsbedingungen und der daraus resultierenden ungerechten Verteilung des Welteinkommens, dessen Löwenanteil die Wohlhabenden im industrialisierten Norden für sich in Anspruch nehmen.

Malthus' Vorstellungen hatten großen Einfluß auf die Sozialpolitik im viktorianischen England. Diese fand im 20. Jahrhundert in weiten Teilen ihre Fortsetzung unter der konservativen Regierung, die schließlich 1997 bei der allgemeinen Wahl eine Niederlage erlitt, nachdem sie 18 Jahre lang an der Macht gewesen war. 1834, in Malthus' Todesjahr, wurde das neue Armenrecht eingeführt. Es ersetzte die bisher vorwiegend außerhalb der Arbeitshäuser erteilte Unterstützung durch eine an die Arbeitshäuser gebundene Form der Unterstützung. Um die Menschen abzuschrecken, sorgte man dort bewußt für harte Bedingungen. Und zur Unterbindung der Fortpflanzung herrschte strikte Geschlechtertrennung.

> Das ruhmreiche britische Empire basierte zur viktorianischen Zeit ebensosehr auf der Ausbeutung der breiten Massen im eigenen Land wie auf der Ausbeutung der kolonialisierten Völker in der Dritten Welt. Darwin und all die anderen Verfechter der natürlichen Selektion bezogen ihre Anregungen aus einer Sozialtheorie, die nur eine einzige Grundlage hatte: Sie war die Ideologie der herrschenden Klassen im viktorianischen England.

Malthus' Bevölkerungstheorie basierte keineswegs auf streng wissenschaftlicher Beobachtung. Sie entsprang einer Ideologie, die durch eine zweifelhafte mathematische Beweisführung untermauert wurde.

Natürliche Populationen werden selten durch Krankheit und Hunger gesteuert, es sei denn, nach schwerwiegenden Störungen des natürlichen Gefüges; soziale und sonstige Umweltfaktoren haben nämlich die Tendenz, natürliche Populationen in einer ökologisch ausgewogenen Lebensgemeinschaft zu stabilisieren. In Großbritannien führte die mit aggressivem Kapitalismus gepaarte industrielle Revolution und die Aneignung von Gemeindeland durch die Aristokratie zur massenhaften Armut (des so entstandenen Bevölkerungsüberschusses). Ebenso lebte auch die einheimische Bevölkerung vieler Länder der Dritten Welt in einer stabilen, langfristig ausgewogenen Beziehung zu ihrer ökologischen Umwelt, bis sie von den immer weiter vordringenden Europäern verdrängt wurde. Das ruhmreiche britische Empire basierte zur viktorianischen Zeit ebensosehr auf der Ausbeutung der breiten Massen im eigenen Land wie auf der Ausbeutung der kolonialisierten Völker in der Dritten Welt. Darwin und all die anderen Verfechter der natürlichen Selektion bezogen ihre Anregungen aus einer Sozialtheorie, die nur eine einzige Grundlage hatte: Sie war die Ideologie der herrschenden Klassen im viktorianischen England.

Der Darwinismus und die Politik unseres Jahrhunderts

Zwar hat Darwin bei Wildtier- und Wildpflanzenarten ebenso wie bei Haustier- und Kulturpflanzenarten das Vorhandensein abweichender Formen ausführlich dokumentiert. Doch über die Entstehung dieser Variationen wußte er kaum etwas zu sagen – außer sie seien »zufällig« entstanden. Barzun weist darauf hin, daß in der Tat gerade die natürliche Selektion von *zufälligen* Abweichungen die ganze Evolution zu einem mechanischen und automatischen Prozeß machte. Göttliche Vorsehung und göttliche Absicht wurden ebenso in Abrede gestellt wie das Bewußtsein und der Wille des einzelnen Menschen. Und doch verrät die Sprache, in die diese Gedanken gefaßt sind, eine Schizophrenie: Sie verherrlicht den Wettbewerb und den Kampf ums Überleben, denn am Ende macht ja der »Tüchtigste« das Rennen. Der volle Titel von Darwins Buch wird da noch deutlicher: »Die Entstehung der Arten durch natürliche Zuchtwahl, oder die Erhaltung der begünstigten Rassen im Kampfe ums Dasein«. So hat also ein unpersönlicher *Tauglichkeitstest* Gottes Platz eingenommen. Ihre genetische Ausstattung teilt Ihnen einfach die Lotterie des Lebens zu. Das ist eine Theorie, die die herrschenden Klassen mit grandioser Siegestrunkenheit erfüllt und zugleich den unteren Schichten einschärft, die existierende Sozialordnung fatalistisch hinzunehmen. Sind Sie ein reicher Kapitalist, der in Geld nur so schwimmt, dann deshalb, weil Sie zu den vom Überlebenskampf Begünstigten oder Auserwählten gehören. Sollten Sie jedoch ein armer, unterdrückter und ausgebeuteter Arbeiter sein – sei's drum, das ist halt Ihr Los, weil sie genetisch ziemlich unterbemittelt sind.

Der Darwinismus ist der Inbegriff jenes Zeitgeistes, der im britischen Empire des 19. Jahrhunderts herrschte; und er verleiht seinerseits einigen der übelsten politischen Ideologien unseres Jahrhunderts den Anschein von Glaubwürdigkeit. Barzun stellt fest, daß die Begriffe »›Materie‹ und ›Kraft‹, besonders wenn sie auf den Menschen bezogen werden, einige gefährlich vereinfachende Bedeutungen angenommen haben. ... Und wenn der Begriff der Kraft sich mit Vorstellungen vom Überlebenskampf und dem Überleben des Stärkeren verbindet, ist wohl zu erwarten, daß die Menschen diese Entdeckungen der Wissenschaft zur Rechtfertigung ihres Handelns nutzen werden.«[9]

So schließt sich der Kreis von einander verstärkenden Rückwirkungen zwischen der im britischen Empire des 19. Jahrhunderts vorherrschenden soziokulturellen Ideologie und der aus ihr hervorgegangenen naturwissenschaftlichen Theorie. Über die Sozialdarwinisten und die Lehren von der rassischen Ungleichwertigkeit führte sie in der Dritten Welt zur Vernichtung der einheimischen Bevölkerung durch die eindringenden Europäer, zum Sklavenhandel, zur Rassentrennung in den Südstaaten der USA, zur Apartheid in Südafrika, zur Verfolgung und Vernichtung der Juden in Nazi-Deutschland. Und sie verbirgt sich hinter der anhaltenden Diskriminierung rassischer Minderheiten und aller politisch entrechteten Gruppen in der Welt von heute.

5
Die Geburt der Gene

Mendel hat von der ungeordneten Komplexität des Lebens abstrahiert und ist so zu dem Schluß gekommen, Organismen seien vollkommene, dauerhafte Gebilde, die sich auf einfache, logische Weise verhalten. Hierin zeigt sich eine unglückselige Tendenz zur Verwechslung von Abstraktion und Wirklichkeit – zu dem Trugschluß, der sich aus unangebrachter Konkretisierung ergibt –, und genau an diesem Punkt setzt der Reduktionismus ein. Man verliert völlig den Blick für den Organismus, indem man sich ihn bloß als eine Ansammlung von Genen vorstellt. So läßt man nicht nur außer acht, wie die Gene einen Organismus hervorbringen können (falls sie dies tatsächlich können), sondern auch, wie die Gene in Wechselwirkung zueinander stehen und gänzlich von ihrem zellulären und ökologischen Kontext abhängig sind.

Die Gentheorie der Vererbung

Die Gentheorie der Vererbung versucht zu erklären, wie die Merkmale eines Organismus auf die nachfolgenden Generationen vererbt werden. So legt sie nicht nur dar, warum völlig gleichartige Organismen sich reinrassig vermehren sollten, wenn sie sich untereinander fortpflanzen. Sie erklärt auch, warum die Nachkommen bei der Fortpflanzung von Organismen mit teilweise unterschiedlichen Merkmalen entweder Merkmale aufweisen können, die ein Mittelding zwischen denen ihrer Eltern sind oder einem der beiden Eltern ähneln können. Außerdem sind vielleicht in nachfolgenden Generationen alle Möglichkeiten vertreten. Beispielsweise können in einer Familie die Kinder entweder dem einen oder dem anderen Elternteil ähnlich sehen. Womöglich ähneln sie aber auch keinem von beiden, sondern statt dessen einem Großvater, einer Großmutter, einer Tante oder einem weitläufig verwandten Vetter.

Daraus wird ersichtlich, daß man eine Theorie der *partikularisierten* Vererbung* braucht, um allen bei der geschlechtlichen Fortpflanzung von Organismen gegebenen Möglichkeiten Rechnung tragen zu können. (Ungeschlechtlich sich fortpflanzende Organismen hingegen brin-

* Vererbung durch voneinander unabhängige Einheiten

gen lediglich identische Kopien hervor, *Klone*.) Mit anderen Worten muß es Faktoren geben, die ganz für sich alleine bestehen bleiben können; im Unterschied zu anderen, die sich miteinander vermischen und verbinden und ihre Identität verlieren. Es wird hilfreich sein, einen kurzen Überblick über die Elemente dieser Theorie in ihrer voll entwickelten Form zu erhalten – das heißt, in der Form, in der sie für den überwiegenden Teil dieses Jahrhunderts akzeptiert wurde, zumindest bis in die frühen siebziger Jahre. Später werde ich dann ausführen, warum diese Theorie die Vererbung allenfalls in einem ganz trivialen und beschränkten Sinn erklärt.

Elemente der Gentheorie:

1. Die Merkmale eines Organismus werden von stabilen Grundfaktoren bestimmt, die man Gene nennt; jedes Gen liegt in zwei Kopien (Allelen) vor, die übereinstimmen oder verschieden sein können.
2. Jeder Organismus trägt eine Vielzahl von Genen in sich.
3. Über die Keimzellen werden die Gene von den Eltern unverändert an die Nachkommen weitergegeben.
4. Jede Keimzelle enthält bloß eine einzige Kopie von jedem Gen; daher variieren die genauen Genkombinationen ganz zufällig von einer Keimzelle zur anderen.
5. Wenn sich die Keimzellen bei der Befruchtung vereinen, hat die daraus hervorgehende Zygote (das befruchtete Ei) wieder zwei Allele von jedem Gen.
6. Die Auftrennung der Allele und die Rekombination von Allelen aus verschiedenen Genen bei der Fortpflanzung erklärt die Ähnlichkeiten und Unterschiede zwischen aufeinander folgenden Generationen.
7. Die genetische Beschaffenheit eines Organismus macht seinen Genotyp aus; dieser ist von den zum Ausdruck kommenden Merkmalen zu unterscheiden, dem Phänotyp.
8. Die Aktivität eines Allels kann dominant oder rezessiv sein, je nachdem, ob es in Verbindung mit dem anderen Allel zum Ausdruck kommt oder nicht.

Aus den Elementen 1-6 der Gentheorie wird ersichtlich, daß es gänzlich dem Zufall überlassen bleibt, welche Genkombinationen von jedem Elternteil weitergegeben werden, wodurch wiederum die Merkmale jedes Nachkommens festgelegt werden. Wenn wir uns auf den Vater in einer Familie konzentrieren, haben wir einen gleich großen Beitrag von beiden Eltern: ein Allel jedes Gens von seiner Mutter[1] und das andere Allel von seinem Vater.

Allerdings können die Spermien, die er produziert, jede nur mögliche Kombination von Allelen enthalten: alle von seinem Vater (väterlicher Beitrag), alle von seiner Mutter (mütterlicher Beitrag) und jedwede Möglichkeit zwischen den beiden Extremen. So kann die genetische Ausstattung bei einem von ihm gezeugten Kind durchaus zur Hälfte auf einen Großvater oder eine Großmutter zurückgehen, und das mag erklären, warum es der betreffenden Person in so hohem Maß ähnlich sieht.

Aber beide Eltern steuern doch einen gleich großen Beitrag zu ihren Kindern bei. Warum sind also die Merkmale der Kinder nicht in allen Belangen ein Mittelding zwischen denen ihrer Eltern? Zum Beispiel kann es bei Familien mit einem blonden und einem dunkelhaarigen Elternteil vorkommen, daß bei keinem einzigen Kind das Haar einen farblichen Zwischenton aufweist. Vielmehr haben womöglich alle Kinder dunkles Haar, oder die Hälfte von ihnen hat dunkles, die andere Hälfte blondes Haar. Um dies verständlich zu machen, bedarf es solcher zusätzlicher Erklärungsansätze wie in Punkt 7 und 8 der Gentheorie.

Historisch gesehen gingen die Begriffe *Dominanz* und *Rezessivität* den Begriffen *Genotyp* und *Phänotyp* voraus. Angenommen, *D* vertritt das Allel für dunkles Haar und *d* das Allel für helles Haar, so können wir die Vererbung der Haarfarbe erklären, indem wir annehmen, *D* für dunkles Haar sei gegenüber *d* für blondes Haar dominant. Welchen Phänotyp haben dann Menschen mit den folgenden Genotypen: *dd*, *DD* und *Dd*? Die Antwort lautet: blond (*dd*), dunkel (*DD*) und dunkel (*Dd*). Die Menschen mit zwei identischen Allelen (*dd* und *DD*) sind *Homozygoten* beziehungsweise im Hinblick auf das betreffende Gen *homozygot*, jene mit verschiedenen Allelen hingegen *Heterozygoten* beziehungsweise in bezug auf dieses Gen *heterozygot*.

Wir wollen sehen, was in einer Familie geschieht, in der beide Elternteile blondes Haar haben. Der Genotyp ist also bei beiden Eltern *dd*. Wir können den Fortpflanzungsprozeß folgendermaßen in einem Diagramm darstellen:

Genotyp der Eltern:	dd	dd
Phänotyp:	blond	blond
Genotyp der Gameten*:	d	d
Genotyp der Kinder:	dd	
Phänotyp:	blond	

Daraus wird ersichtlich, warum hier die Nachkommen genau wie ihre Eltern stets blonde Haare haben werden. Dasselbe gilt für die dunkelhaarigen Homozygoten, *DD*. Homozygoten vermehren sich daher immer »reinrassig«. Sie bilden sogenannte reine Linien. (Solche Konzepte wie »reinrassige Vermehrung« und »reine Linien« lassen sich leicht für den Ruf nach Bewahrung der »Rassenreinheit« und für andere rassistische und rassenhygienische Parolen ummünzen – die allerdings auf der unzutreffenden Annahme beruhen, solche »reinen Linien« seien tatsächlich existent. Genetisch sind jedoch alle menschlichen Populationen ein buntes Gemisch mit ein paar übereinstimmenden Allelen in den meisten Genen. Bei den meisten geschlechtlich sich fortpflanzenden Organismen kann man unmöglich reine Linien erhalten, die ja definitionsgemäß in all ihren Genen homozygot sein müßten. Wenn man in dem Bemühen, Linien zu schaffen, die in möglichst vielen Genen homozygot sind, im Labor Inzucht-Experimente durchführt, also genetisch verwandte Einzelorganismen wie Zwillinge oder Eltern und Nachkommen miteinander paart, zeigt sich bei ihnen aufgrund der Negativeffekte, die man als »Inzuchtschwäche« zusammenfaßt, die Neigung, schnell auszusterben.)

Was geschieht in Familien, in denen beide Eltern heterozygot sind? Wir wollen auch hier den Fortpflanzungsprozeß in einem Diagramm darstellen.

Genotyp der Eltern:	Dd			Dd
Phänotyp:	dunkel			dunkel
Genotyp der Gameten*:	D	d	D	d
Genotyp der Kinder:	DD	Dd	dD	dd
Phänotyp:	dunkel	dunkel	dunkel	blond

* geschlechtlich differenzierte Fortpflanzungszellen

Jeder heterozygote Elternteil produziert zwei Arten von Gameten, die mit gleich großer Wahrscheinlichkeit die beiden Allele *D* beziehungsweise *d* aufweisen. Zufallskombinationen der Gameten beider Eltern ergeben für jeden der möglichen Genotypen eine gleich große Wahrscheinlichkeit: 1 *DD*: 2 *Dd*: 1 *dd*. Das Resultat ist die berühmte Mendelsche Relation von drei dunkelhaarigen gegenüber einem blonden Phänotyp unter den Nachkommen. Dies erklärt sich daraus, daß das Allel *D* für dunkles Haar gegenüber dem Allel *d* für blondes Haar dominant ist. Oder anders gesagt, das »blonde« Allel ist dem »dunkelhaarigen« Allel gegenüber rezessiv. Dieses Verhältnis von 3:1 ist aber lediglich ein Durchschnittswert, dem man sich um so mehr annähert, je mehr Kinder gezeugt werden, beziehungsweise wenn man die Kinder vieler vergleichbarer Familien zählt. Es ist durchaus wahrscheinlich, daß aus mancher heterozygoten Verbindung per Zufall vor allem blonde oder dunkelhaarige Kinder hervorgehen. Als kleine Übung überlasse ich es den Lesern, die bei Familien mit einem blonden und einem dunkelhaarigen Elternteil gegebenen Möglichkeiten auszutüfteln. (Hinweis: Es gibt zwei Arten solcher Familien.)

Was geschieht, wenn keines der für die Haarfarbe zuständigen Allele dominant oder rezessiv ist? In diesem Fall spricht man von Kodominanz; der Phänotyp des Heterozygoten entspricht einem Mittelwert, und die Relation der Phänotypen ist dann genau die gleiche wie die Relation der Genotypen: ein dunkelhaariger (*DD*) gegenüber zwei braunen (*Dd*) und einem blonden (*dd*).

Sie sehen schon, daß selbst in der Mendelschen Genetik die Beziehung zwischen Genen und Merkmalen nicht ganz unkompliziert ist, da die Expression mancher Gene gegenüber der von anderen Genen dominant sein kann.

Um zu veranschaulichen, wie die Allele bei der Fortpflanzung umgruppiert werden, wollen wir ein anderes Gen ins Spiel bringen, dessen eines Allel für die zystische Fibrose, die unter Nordeuropäern meistverbreitete genetische Erkrankung, verantwortlich ist. Schätzungen zufolge ist hier in etwa jeder zehnte in der Bevölkerung heterozygot – die Betreffenden tragen diese Krankheit in sich, ohne daß sich negative Symptome zeigen. Das für den Ausbruch dieser Erkrankung zuständige Allel ist mit anderen Worten den mehrheitlich »normalen«, unter natürlichen Voraussetzungen vorkommenden Allelen, dem sogenannten Wildtyp gegenüber rezessiv. Unter Genetikern ist es üblich, das rezessive Allel durch einen kleinen Buchstaben und das dominante Allel durch den entsprechenden Großbuchstaben darzustellen. Bezeichnen wir also das Allel für die zystische Fibrose mit *c* und den unter natürlichen Voraussetzungen vorkommenden Typ mit *C*. Nehmen wir an, beide Eltern seien bei den Allelen für die Haarfarben heterozygot, desgleichen bei den Allelen für die zystische Fibrose, und versuchen wir das genetische Resultat bei ihrer Fortpflanzung vorauszusagen.

Genotyp der Eltern: Phänotyp:	CcDd dunkel, normal		CcDd dunkel, normal	
Genotyp der Gameten:	CD	Cd	cD	cd

Um die Genotypen und Phänotypen der Kinder vorauszusagen, werden wir nun ein Punnett-Quadrat verwenden (benannt nach dem Genetiker, der als erster Gebrauch davon gemacht hat). Die möglichen Gameten des einen Elternteils kommen in die oberste Reihe, die des anderen in die linke Spalte. Alle möglichen Kombinationen werden dann jeweils in das entsprechende Kästchen eingetragen:

	CD	Cd	cD	cd
CD	CCDD	CCDd	CcDD	CcDd
Cd	CCDd	CCdd	CcDd	Ccdd
cD	CcDD	CcDd	ccDD	ccDd
cd	CcDd	Ccdd	ccDd	ccdd

Die Verteilungsquoten der möglichen Genotypen sind:

1 CCDD	2 CCDd	2 CcDD	4 CcDd	2 Ccdd	1 CCdd	2 ccDd	1 ccDD	1 ccdd

Die Phänotypen sind, wie Sie selbst nachprüfen können:

9 normal, dunkel	3 normal, blond	3 zystisch, dunkel	1 zystisch, blond

Sie haben nun den Grundlagenkurs zur Mendelschen Genetik, benannt nach ihrem Begründer Gregor Mendel, abgeschlossen und nebenbei ein Gutteil der dazugehörigen Sprache gelernt. Gewöhnlich wird sie als die zwei »Regeln« vorgestellt: die Spaltungsregel, die sich auf die Aufspaltung zwischen den Allelen bei Entstehung der Gameten bezieht; und die Unabhängigkeitsregel – oder Regel von der freien Kombinierbarkeit der Erbfaktoren –, die sich auf die zufällige Art und Weise bezieht, in der die Allele unterschiedlicher Gene sich auf die Keimzellen verteilen.

Mendel hat von der ungeordneten Komplexität des Lebens abstrahiert und ist so zu dem Schluß gekommen, Organismen seien vollkommene, dauerhafte Gebilde, die sich auf einfache, logische Weise verhalten.

Eigentlich trifft das zweite Gesetz nicht zu, da die Gene linear in Gruppen, sogenannten Kopplungsgruppen, aufgereiht sind, die – so fand man später heraus – den *Chromosomen* entsprechen. Menschen haben zwei Chromosomensätze, die aus 23 Paaren bestehen, während Keimzellen lediglich einen Satz haben. Die Allele von Genen in derselben Kopplungsgruppe, also solche, die auf demselben Chromosom miteinander verbunden sind, tendieren häufiger dazu zusammenzubleiben als Allele von Genen in unterschiedlichen Chromosomen. Doch auch verbundene Gene können umgruppiert oder *rekombiniert* werden, wenn die Chromosomen sich zur Bildung von Keimzellen paarweise anordnen und Teile austauschen. Wenn also eins der Chromosomen in dem Paar die Gensequenz *ABCDEFG* aufweist und sein Partner (der homologe) die Sequenz *abcdefg,* können sie Teile austauschen, so daß sich dann *Abcdefg* und *abCDEFG* ergeben oder auch andere Möglichkeiten, die normalerweise – allerdings nicht immer – die Anordnung beibehalten, in der die Gene auf dem Chromosom vorkommen. Je enger zwei Gene verknüpft sind, um so weniger wahrscheinlich ist eine Auftrennung der Verbindung. Zum Beispiel sind *A* und *B* unmittelbar miteinander verknüpft. Daher ist bei ihnen die Trennung weniger wahrscheinlich als zum Beispiel bei *A* und *C* oder bei *A* und *D* und so weiter. Entsprechend wird bei seinem Partner die Verbindung zwischen *a* und *b* mit geringerer Wahrscheinlichkeit gesprengt werden als die zwischen *a* und *c* oder zwischen *a* und *d*. Indem man sich anschaut, wie häufig die miteinander verbundenen Allele getrennt oder rekombiniert werden, kann man tatsächlich einschätzen, wie nahe sie auf dem Chromosom beieinander liegen. Dies ist großenteils die Grundlage für die derzeit vonstatten gehende Gensuche. Das werden wir in Kapitel 12 sehen.

Mendels Gesetze sind typisch für die wissenschaftlichen Theorien westlicher Prägung, deren Archetyp die Newtonsche Mechanik ist. Man heftet sein Augenmerk auf die grundlegenden Variablen – die Relationen der Phänotyp-Klassen im Fall der Genetik und unterschiedliche Arten von Bewegung im Fall der Mechanik – und nimmt sich vor, ihr Zustandekommen im Hinblick auf (unsichtbare) Dinge, die sie steuern, zu erklären. Im Fall der Newtonschen Mechanik handelt es sich dabei um die Schwerkraft; im Fall von Mendels Gesetzen um die Gene. Durch dieses Vorgehen hat Newton die pulsierende Lebendigkeit einer Welt aus Farbe und Form, Licht und Musik verscheucht und sie durch ein schweigendes Universum lebloser, unbewegter Objekte ersetzt, auf die von außen kommende Stoß- und Zugkräfte einwirken. Ebenso hat Mendel von der ungeordneten Komplexität des Lebens abstrahiert und ist so zu dem Schluß gekommen, Organismen seien vollkommene, dauerhafte Gebilde, die sich auf einfache, logische Weise verhalten.

Zu abstrahieren und zu idealisieren ist ja an sich nicht falsch; vorausgesetzt, man verliert dabei nicht die Realität aus den Augen. Doch es gibt diese unglückselige Tendenz zur Verwechslung von Abstraktion und Wirklichkeit – zu dem Trugschluß, der sich aus unangemessener Konkretisierung ergibt –, und genau an diesem Punkt setzt der Reduktionismus ein. Man verliert völlig den Blick für den Organismus, indem man sich ihn bloß als Ansammlung von Genen vorstellt. So läßt man nicht nur außer acht, wie die Gene einen Organismus hervorbringen können (falls sie dies tatsächlich können[2]), sondern auch, wie die Gene in Wechselwirkung zueinander stehen und gänzlich von ihrem zellulären und ökologischen Kontext abhängig sind. Was die Physiologie wie auch die physikalische Chemie und die Mathematik dazu beitragen, daß wir die Lebensprozesse und die Organisationsformen des Lebens verstehen lernen,[3] ist durch die Fixierung auf die Gene ganz aus dem Blickfeld geraten.

Woher stammte Mendels Theorie?

Wie ist Gregor Mendel zu seiner Theorie gekommen? Hat er sie sich aus nichts zusammengereimt? War sie schlicht und einfach das Resultat seiner jahrelang sorgsam durchgeführten Experimente, bei denen er Tausende Erbsenpflanzen angebaut und bei Zehntausenden Erbsen die Merkmale notiert hat? Es ist von Interesse, der Frage nachzugehen, wie Mendel an seine Theorie gelangt ist, die neben Darwins Evolutionstheorie der zweite Grundpfeiler für das Paradigma des genetischen Determinismus wurde.

Überall auf der Welt haben Menschen jeden Alters angesichts ihrer eigenen Fortpflanzung und mit Blick auf ihre Verwandtschaft über Vererbung nachgedacht. Eins der frühesten schriftlichen Zeugnisse im Westen kommt von Lucretius. Er bezeichnet die Vererbung durch voneinander unabhängige Einheiten als Erklärung dafür, daß Merkmale Generationen überspringen können.[4] Ebenso haben auch mindestens seit Zehntausenden von Jahren überall auf der Welt Bauern Kulturpflanzen und Haustiere selektiv gezüchtet. Was hatte Mendel ihnen also voraus, und war Mendels Theorie letztlich etwas so Besonderes?

Mendel stammte aus einer Bauernfamilie in einem kleinen Dorf in Mähren, wo man sich besonders in der Pferdezucht betätigte. Mendel war ein ausgezeichneter Schüler und wurde Augustinermönch in Brünn. An der örtlichen Oberschule arbeitete er als Aushilfslehrer und wurde Student an der Wiener Universität. Dort eignete er sich gute Grundkenntnisse in Physik, Chemie und Biologie an. Mendel brachte also die entsprechenden Voraussetzungen mit, um die Konzeptionen und quantitativen Methoden der Physik – Mechanik, Atomtheorie und vor allem statistische Mechanik, das mechanische Verhalten von Materie unter Berücksichtigung einer großen Zahl von Atomen oder Molekülen – auf die Biologie anzuwenden.[5]

Ein weiterer wichtiger Einfluß war der Evolutionsgedanke, der unter Europas Gelehrten zunehmend diskutiert wurde. Franz Ungar, bei dem Mendel an der Wiener Universität Biologie studierte, war ein Befürworter der Evolution. Er erforschte den Vorgang der Befruchtung bei Blütengewächsen, und mit den ersten Kreuzungsexperimenten, die seit der zweiten Hälfte des 18. Jahrhunderts durchgeführt worden waren, kannte er sich sehr gut aus. Ungar verwahrte sich mit Nachdruck gegen den von der Kirche gelehrten Glaubenssatz, die Tier- und Pflanzenarten seien durch den göttlichen Schöpfungsakt ein für allemal festgelegt worden. Vielmehr war er der Überzeugung, in der freien Natur entstünden von alleine weitere Varianten – mitunter so anders geartet, daß man von neuen Spezies sprechen könne.

> Die Mendelsche Vererbungslehre gilt nur für ein eingeschränktes Spektrum morphologischer Merkmale, die über eine begrenzte Zahl von Generationen unter mehr oder weniger unveränderten Umweltbedingungen beobachtet werden – und nur wenn die Organismen innerhalb derselben Spezies gekreuzt werden und dieselbe Chromosomenzahl aufweisen.

Die Frage, ob die Tier- und Pflanzenarten schon seit Anbeginn der Schöpfung unveränderlich festgelegt seien, entflammte in der Tat die Phantasie und die Emotionen der im Aufstieg begriffenen europäischen Mittelschicht, die einerseits von der Kirche, andererseits von der Aristokratie immer unabhängiger wurde. Dieses Zeitalter wurde auch Zeuge der großen Fortschritte in der mechanischen Physik, die dann den wissenschaftlichen Theorien aller anderen Disziplinen als Vorbild dienen sollte.

Wegbereiter für die von Mendels Lehrer Ungar beschriebenen frühen Kreuzungsexperimente war Joseph Koelreuter, 1760 in Karlsruhe Professor für Naturgeschichte. Er hatte 500 verschiedene Kreuzungen unter Einbeziehung von 138 Spezies durchgeführt und dabei zugleich die Mechanismen der Bestäubung und Befruchtung untersucht. Seiner Arbeit wurde weiter keine Beachtung geschenkt, bis Carl von Gaertner die Hybridisierungsversuche wiederholte und sie bestätigte. Koelreuter und von Gaertner zogen aus ihren Experimenten den Schluß, daß künstliche Hybriden sich, auch wenn ihre Saat angeht und sich zu Pflanzen entwickelt, nicht reinrassig vermehren. Das bedeutete für sie, daß nur eines von Anfang an in der Natur festgelegt sei – die Spezies. Darüber hinaus folgerten sie aus den Experimenten, die Hybridisierung sei für die Entstehung neuer Spezies ohne jede Bedeutung. Mendels Lehrer Ungar hingegen zog aus den gleichen Versuchsergebnissen die entgegengesetzten Schlußfolgerungen.

Zwischen Beobachtung und Theorie gibt es im Geist des Wissenschaftlers keinen zwangsläufigen Zusammenhang (was am derzeit vorherrschenden gentechnischen Denkmuster, das die gewonnenen Beobachtungen gänzlich ignoriert oder fehlinterpretiert, so über alle Maßen deutlich wird). Wissenschaftler werden wie alle Menschen durch ihre vorgefertigten Vorstellungen von dem, was ihnen richtig zu sein scheint, stark beeinflußt. Und so waren Koelreuter und Gaertner noch nachdrücklich von der Idee eines Schöpfergottes beeinflußt, der die Welt ein für allemal erschaffen habe. Ungar hingegen hatte diese statische Weltanschauung bereits aufgegeben und sich eine evolutionäre Sicht zu eigen gemacht, in der Veränderung und Transformation die Hauptrolle übernommen hatten.

Mendel beschloß, mittels weiterer Experimente die Frage zu lösen, ob die Spezies festgelegt seien oder ob neue Spezies durch Kreuzung entstehen könnten. Daraus können wir ersehen, daß das Konzept der Evolution und das der Vererbung von vorneherein sehr eng miteinander verbunden waren.

Die fragwürdigen Mendelschen Relationen

Koelreuter und Gaertner waren ausgezeichnete, sorgfältig arbeitende Experimentatoren. Und sie hatten festgestellt, daß bei einer Kreuzung zwischen zwei Varietäten die Abkömmlinge der ersten Folgegeneration, F1, einander vollkommen glichen und daß sie in vielen Merkmalen ein Mittelding zwischen den elterlichen Varietäten waren. Wenn allerdings die F1-Hybriden miteinander gekreuzt oder durch Selbstbestäubung vermehrt wurden, so ließ die daraus hervorgehende F2-Generation eine große Variationsbreite erkennen, und nur bei einigen Merkmalen ergaben sich annähernd jene Verhältnisse von 3:1 oder 1:2:1, die Mendel später beobachtete. (Anhand dessen, was Sie auf den ersten Seiten dieses Kapitels erfahren haben, können Sie feststellen, daß diese Merkmale in den Varietäten der Elterngeneration homozygot und in der F1-Generation heterozygot waren.) Keiner von beiden konnte jedoch die Ergebnisse in der Weise auf eine Formel bringen, wie es Mendel später tat. Ein wichtiger Grund lag darin, daß nicht alle Merkmale sich so verhielten. Das war bei Mendels Versuchsresultaten nicht anders. Wir wissen heute, daß die Mendelsche Vererbungslehre nur für ein eingeschränktes Spektrum morphologischer Merkmale gilt, die über eine begrenzte Zahl von Generationen unter mehr oder weniger unveränderten Umweltbedingungen beobachtet werden – und nur wenn die Organismen innerhalb derselben Spezies gekreuzt werden und dieselbe Chromosomenzahl aufweisen. Eins der Merkmale, mit dem Mendel sich befaßt hat, das der runzeligen Erbse, kam durch ein mobiles genetisches Element, ein springendes Gen, zustande, das sich in den unter natürlichen Voraussetzungen vorkommenden Normaltyp des Allels für Runderbsen eingegliedert hatte – definitiv kein Mendelscher Vorgang.[6]

Mendels Gesetze sind in hohem Maß vereinfachend und idealisierend. Darüber hinaus entstammen sie weder seinen Beobachtungen noch den Beobachtungen seiner Vorgänger. Doch woher stammen sie?

Der Schlüssel ist in einem Brief Mendels an den Botaniker Carl Naegeli zu finden, in dem er sein Problem schildert, bei den verschiedenen Formen unter den Abkömmlingen der Hybriden die »statistischen Relationen« aufzuzeigen. Mendel besaß aufgrund seines Physikstudiums gute mathematische Kenntnisse. Christian Doppler und Andreas von Ettinghausen, seine Universitätslehrer in Physik, maßen dem mathematischen Ansatz besonderes Gewicht bei. Es gab auch einen Briefwechsel zwischen dem Abt des Klosters in Brünn und Carl Friedrich Gauss, der zu den Gründungsvätern der Wahrscheinlichkeitstheorie und vieler anderer Dinge zählte und dessen Interesse den Meßfehlern galt. Der Abt seinerseits nahm großen Anteil an Mendels Arbeit, und aller Wahrscheinlichkeit nach wußte Mendel sehr wohl, worauf er bei seinen Experimenten hinauswollte. Mit anderen Worten ging er von allgemeinen Grundsätzen aus deduktiv an den Einzelfall heran – mit einer mathematischen Theorie im Hinterkopf, die er experimentell zu bestätigen versuchte.

Der Statistiker Ronald Fisher, der bei der Entwicklung der Bevölkerungsgenetik und der Neodarwinschen Evolutionstheorie eine herausragende Rolle gespielt hat, hat Mendels Ergebnisse einer statistischen Analyse unterzogen und kam zu dem Schluß, die Übereinstimmung mit der Relation von 3:1 sei derart perfekt, daß man solch ein Resultat in 95 von 100 Fällen gar nicht erzielen könne. Mit anderen Worten war die Übereinstimmung mit den gentheoretisch begründeten Erwartungen zu gut, um wahr zu sein. Hat Mendel sich seine Resultate also ausgedacht? Keineswegs. Robert Olby, ein Wissenschaftshistoriker, legt dar,[7] daß Mendel einfach zu zählen aufhörte, sobald er die richtigen Zahlen erzielt hatte, weil er wußte, nach welcher Relation er Ausschau hielt. Wer kann ihm daraus einen Vorwurf machen? Erbsenzählen ist eine ermüdende Angelegenheit, vor allem wenn man das Ergebnis bereits im voraus kennt.

> Man sollte naturwissenschaftliche Theorien nicht zu ernst nehmen und für »Gesetze« der Natur halten, so als habe Gott sie mit Brief und Siegel versehen.

Wie zuvor schon erwähnt, gab es zahlreiche Merkmale, die nicht fein säuberlich in das Modell der Mendelschen Vererbungslehre hineinpaßten. Doch Mendel konzentrierte sich nur auf diejenigen, die paßten. Die daraus hervorgehende Theorie kann deshalb die Vererbung bestenfalls sehr partiell und idealisiert beschreiben. Die Entsprechungen zwischen Mendels Vererbungsgesetzen und Newtons Gesetzen der Mechanik sind kein Zufall, da Newtons Gesetze für Mendel das Modell abgaben. Die Newtonsche Mechanik wurde Anfang des 20. Jahrhunderts von Einsteins Relativitätstheorie und – im Bereich des mikroskopisch nicht mehr Sichtbaren – durch die Quantenmechanik weitgehend abgelöst. Der Mendelschen Genetik ist seit den siebziger Jahren ein ähnliches

Schicksal widerfahren. Doch erst nachdem sie zu einer Vielzahl von Entdeckungen Anlaß gegeben hatte, die in der DNS-Doppelhelix* und der Entschlüsselung des genetischen Codes gipfelten.

Aus dieser Geschichte kann man eines lernen: daß wissenschaftliche Theorien bloß provisorischen Charakter haben. Noch wichtiger ist, daß man naturwissenschaftliche Theorien nicht zu ernst nimmt und für »Gesetze« der Natur hält, so als habe Gott sie mit Brief und Siegel versehen. Naturwissenschaftliche Theorien und Mathematik sind bloße Hilfsmittel. Bei unserem Bemühen um ein Verständnis der Natur sollen sie uns zu klareren Vorstellungen verhelfen. Und hilfreich können sie auch bei unserem Versuch sein, die Poesie der Natur zu erfassen, die stets alles übersteigen wird, was sich mit Worten und Theorien ausdrücken läßt.[8]

* Mehr über die DNS-Doppelhelix in Kapitel 7.

6

Der Neodarwinismus – Triumph oder Travestie?

Der Neodarwinismus ist die Verbindung von Mendelscher Genetik und Darwinismus. Die Gentheorie basierte auf einer wissenschaftlichen Beweislage, aus der man eigentlich ganz andere Schlüsse hätte ziehen müssen. Doch in der Biologie herrschte damals ein geistiges Klima vor, in dem diese Theorie schlicht und einfach auf fruchtbaren Boden fiel. Der Neodarwinismus etablierte sich als eine Theorie, die den Anschein erweckt, alles erklären zu können – und dadurch Gefahr läuft, überhaupt nichts zu erklären. Eine Theorie, der es an Gehalt mangelt, läßt sich leicht für üble Ideologien einspannen.

Die Theorie, die alles erklärt

Bei der Verbindung, die der Darwinismus mit der Mendelschen Genetik einging, handelte es sich nicht gerade um Liebe auf den ersten Blick. In diesem Kapitel werde ich in einem kurzen geschichtlichen Überblick zeigen, wie es dazu kam, daß der Neodarwinismus seinen Platz als vorherrschende Theorie erhielt, die den Anschein erweckt, sie könne jeden Aspekt des Organismus erklären, doch am Ende den Organismus total aus den Augen verloren hat. Es ist wichtig, einmal im einzelnen zu untersuchen, wie eine neodarwinsche Erklärung aufgebaut ist, um zu begreifen, warum sich diese Theorie so leicht in den Dienst übler Ideologien stellen läßt.

Graduelle Evolution kontra evolutionäre Sprünge

Sobald Darwins Theorie der natürlichen Auslese Geltung beanspruchte, setzte die Diskussion darüber ein, ob für die Evolution kleine oder große Abweichungen von Bedeutung seien. Wer an die graduelle Evolution glaubte, konzentrierte sich auf solche Merkmale, die innerhalb einer Population ständig variieren wie Größe, Körpergewicht, Milchertrag und so weiter. Wer hingegen die Auffassung vertrat, zur Evolution bedürfe es großer Veränderungen, konzentrierte sich auf Merkmale, die sich sprunghaft verändern, d. h. in unterschiedliche, sich nicht überschneidende Klassen fallen, wie die Farbe oder Form von Blüten oder das Vorhandensein oder Nichtvorhandensein einer Struktur.

Die Frage, ob kontinuierliche oder diskontinuierliche Variationen der Stoff sind, aus dem die Evolution gemacht ist, begann mit Darwins Beharren auf der Feststellung, »*natura non facit saltum*« (die Natur macht keine Sprünge); natürliche Auslese wirkt sich demnach auf die »unmerklich feinen Abstufungen« kontinuierlich sich wandelnder Eigenschaften aus. Von der Gültigkeit des Gradualismus blieb Darwin selbst dann noch fest überzeugt, als seine treuesten Anhänger, Thomas Huxley und Francis Galton, beide darauf hinwiesen, daß diskontinuierliche Abweichungen ebenfalls der natürlichen Auslese unterliegen könnten und daß sie – falls sich überhaupt so etwas sagen ließe – das Zustandekommen evolutionärer Veränderungen erleichterten.

Ohne eine Theorie, die darlegt, wie die Mendelschen Gene die Variation biologischer Formen hervorrufen können, bleibt jede Erklärung der Evolution unvollständig.

In Übereinstimmung mit seiner Konzeption der graduellen Evolution glaubte Darwin an eine Mischvererbung. Mit seiner Theorie der *Pangenesis* vertrat er die Auffassung, die Organe und das Gewebe eines Organismus sonderten im Lauf eines Lebens winzigste Keimchen, »Pangene«, in den Blutstrom ab; diese würden dann zu den Keimzellen transportiert und legten so die Eigenschaften der nächsten Generation fest. Diejenigen Organe, die ausgiebiger beansprucht würden, steuerten einen entsprechend größeren Einfluß hinzu. Umgekehrt seien die nicht so sehr beanspruchten Organe unterrepräsentiert. Die Theorie sagt voraus, die Einflüsse der aufeinander folgenden Generationen würden ständig miteinander vermischt. Für diskontinuierliche Veränderungen beziehungsweise für Merkmale, die eine Generation lang nicht auftauchen, bleibt sie daher eine Erklärung schuldig. Beides erfordert eine Theorie der partikularisierten Vererbung, wie wir in Kapitel 5 gesehen haben.

Francis Galton argumentierte, nach Darwins Pangenesis-Theorie müßten sich die Spezies unter den Bedingungen der natürlichen Auslese verändern, da es bei den Nachkommen lediglich zu einer Regression auf den Mittelwert zwischen den elterlichen Eigenschaften kommen könnte und ohnehin auch dieser Einfluß in den folgenden Generationen noch immer weiter abgeschwächt würde. Ferner zeigte er, daß unter den Nachkommen von Kaninchen, denen das Blut anderer Varietäten übertragen wurde, keine Mischung zwischen den Eigenschaften des Blutspenders und denen des Empfängers feststellbar war. Daraus schloß er, kontinuierliche Abweichungen könnten nicht die Grundlage evolutionärer Veränderungen sein. Da diskontinuierliche Variationen aber tatsächlich auftreten, müsse im Gegenteil die Evolution in Sprüngen vonstatten gehen.

Diskontinuität kontra Kontinuität[1]

William Bateson hatte sich mit solchen natürlichen und künstlich herbeigeführten Abweichungen bei Pflanzen und Tieren beschäftigt, die häufig in unterschiedliche, sich nicht überschneidende Klassen fielen. Darüber hinaus zeigten sich in den Abweichungen vieler Spezies Entsprechungen. Während Bateson der Frage nachging, wie diese Merkmale vererbt wurden, entdeckte er Mendels Abhandlung. Zu dieser Zeit führte er bereits eine Diskussion mit den Biometrikern Karl Pearson und W. F. R. Weldon. Sie akzeptierten Darwins Hypothese von der Mischvererbung und glaubten, kontinuierliche Abweichungen seien der Rohstoff für die natürliche Auslese. (In der Biometrie untersucht man kontinuierliche Abweichungen innerhalb von Populationen mit Hilfe mathematischer Methoden.) Ihre Meinungsverschiedenheiten eskalierten bald zu einer ausgewachsenen Kontroverse, in die sich auch andere Wissenschaftler einschalteten – die Mendelianer auf der einen und die Biometriker auf der anderen Seite. Diese Diskussion endete schließlich mit der Geburt der Populationsgenetik. So stellt man die Geschichte zumindest dar.

> Da die vorherrschende Evolutionstheorie einzig und allein die Gene in den Vordergrund rückt, ist die Frage nach den wirklichen Gründen der Morphogenese und der Evolution nie gelöst oder beantwortet worden.

Pearson und Weldon machten, wie es vor ihnen schon Darwins Vetter Francis Galton tat, von statistischen Methoden Gebrauch, um kontinuierliche Variationen zu untersuchen. Sie verfeinerten und korrigierten

Galtons mathematische Ableitungen. Dabei zeigten sie, daß – anders als Galton behauptet hatte – natürliche Auslese sehr wohl auf der Grundlage kontinuierlicher Abweichungen vonstatten gehen könne, sofern die Selektion sich zur Fortpflanzung auf die Extreme bezöge. Denn in diesem Fall käme es ja nicht zu einer Regression auf den Mittelwert zwischen den elterlichen Eigenschaften.

Ganz im Gegensatz zu Pearson und Weldon beharrte William Bateson darauf, die Evolution beruhe auf diskontinuierlichen Abweichungen. Und als er Mendels Werk entdeckte, glaubte er, dieser habe eine Theorie der Vererbung von diskontinuierlichen Abweichungen geliefert. Eine Erklärung der Evolution im Sinn der natürlichen Selektion von Mendels Genen stellte ihn jedoch keineswegs zufrieden. Seiner Überzeugung zufolge erforderte eine vollständige Erklärung der Evolution unbedingt eine Theorie, die darlegt, wie die Mendelschen Gene die Variation biologischer Formen hervorrufen können. Für ihn war es klar, daß die Variationen bei den Organismen nicht wahllos auftreten, sondern vielmehr in Entsprechung zu bestimmten »Gesetzen« oder Regelmäßigkeiten, die das Wachstum und die Variation steuern. Diese Auffassung bildet übrigens einen wesentlichen Bestandteil jener Ansätze, die heutzutage Alternativen zum Neodarwinismus formulieren.[2]

Batesons Debatte mit Pearson und Weldon war ebensosehr ein Persönlichkeitskonflikt wie ein Machtkampf um die Kontrolle über den »Evolutionsausschuß« der Königlich Britischen Akademie der Naturwissenschaften – einer von König Charles II. im 17. Jahrhundert ins Leben gerufenen Akademie mit Vertretern der vorherrschenden naturwissenschaftlichen »Schulen«, die entscheidenden Einfluß auf die Richtung der wissenschaftlichen Entwicklung genommen hat und die britische Naturwissenschaft bis auf den heutigen Tag beherrscht.

Meiner Meinung nach ging es bei den beträchtlichen Meinungsverschiedenheiten zwischen Bateson und den Biometrikern nicht so sehr um die Frage, ob die Evolution bei kontinuierlichen oder diskontinuierlichen Abweichungen ansetzt, sondern vielmehr um die Erklärung der Evolution. Pearson und Weldon gaben sich damit zufrieden, die Evolution im Sinn von Erbeinflüssen zu erklären, die von einer Generation an die nächste weitergereicht werden und für die Übereinstimmungen zwischen den Generationen verantwortlich sind. Dabei konzentrierten sie sich auf kontinuierliche Abweichungen, weil diese unter Verwendung von linearen, additiven Modellen zur Lösung von Gleichungen mathematisch leicht zu bearbeiten waren. An der tatsächlichen Biologie der Organismen waren sie nicht so sehr interessiert. Bateson hingegen gab sich mit Erklärungen, die auf abstrakten Erbeinflüssen und schließlich auf Mendels Genen beruhten, nicht zufrieden. In dieser Hinsicht war er *kein* Mendelianer, denn seine Bestrebungen richteten sich auf eine grundlegendere Erklärung der biologischen Formen und Variationen. Er wollte wissen, wodurch sie im Lauf ihrer Entwicklung *zustande kommen*. Zum Beispiel äußerte er die Auffassung, diskontinuierliche Variationen entsprächen Punkten eines stabilen Gleichgewichts innerhalb eines Kontinuums möglicher Formen; und sich wiederholende Körperteile oder -segmente, wie sie bei vielen Gruppen von Organismen verbreitet sind, kämen durch physische Mechanismen zustande, die stehenden Wellen oder Vibrationen ähneln. Solche Gedanken werden durch die große Mehrheit jener zeitgenössischen Arbeiten bestätigt, die sich um ein Verständnis der Morphogenese im Sinn von nichtlinearen, physikalisch-chemischen, mathematischen Modellen bemühen.[3]

Letzten Endes wurde die Mendelsche Genetik mit der Biometrie vereint, woraus die biometrische Genetik und die Populationsgenetik hervorgingen. Diese interpretieren kontinuierliche Variationen im Sinn einer Aufspaltung zahlreicher Gene (Polygene oder Multigene), die jedes für sich nur eine sehr kleine Wirkung hervorrufen. Damit betrachtet man im allgemeinen die Debatte als erledigt – tatsächlich wird hier allerdings der springende Punkt weit verfehlt. Die Frage nach den wirklichen Gründen der Morphogenese und der Evolution wurde, da die vorherrschende Evolutionstheorie einzig und allein den Genen ausschlaggebende Bedeutung beimißt, seither nie gelöst oder beantwortet.

Der Mythos der »reinen Linien« und die Gentheorie

Einen entscheidenden Schritt in der Entwicklung der Gentheorie vollzog der schwedische Botaniker Johannsen, der auch die Begriffe »Gen«, »Genotyp« und »Phänotyp« geprägt hat. Er führte Experimente mit »reinen Linien« durch, die zeigen sollten, daß genetisch gleichförmige Linien die in ihnen enthaltenen Gene (ihren Genotyp) reinrassig fortpflanzen und für eine Selektion ihrer Merkmale (ihres Phänotyps) nicht empfänglich sind. So verwendete er innerhalb einer genetisch gleichförmigen Linie von selbstbefruchtenden Gartenbohnen die kleinsten und die größten Exemplare zur Fortpflanzung und stellte fest, daß die Größe der nächsten Bohnengeneration dieselbe Variationsbreite aufwies. Mit anderen Worten gab es zwischen den Bohnensamen der Elterngeneration und den daraus gezogenen Samen in puncto Größe keine Korrelation oder Ähnlichkeit. In Wirklichkeit jedoch fand Johannsen sehr wohl eine statistisch *signifikante* Korrelation zwischen Eltern und Nachkommen.[4] Doch er beschloß, diese zu ignorieren, und interpretierte statt dessen seine Ergebnisse im Sinn von Weismanns Keimplasma-Theorie. Verschiedene andere Wissenschaftler taten es ihm anschließend gleich, um zu demonstrieren, daß Selektion bei »reinen Linien« keine Auswirkungen zeige. Ausgangspunkt war bei all diesen Versuchen *a priori* die Anerkennung der Weismann-Theorie und nicht die tatsächlichen experimentellen Beobachtungen. Damit zogen sie sich schließlich die vernichtende Kritik des amerikanischen Biometrikers J. Arthur Harris zu. Nach Überprüfung sämtlicher Arbeiten brachte er auf den Punkt, weshalb die Theorie der »reinen Linie« ungeachtet einer völlig konträren wissenschaftlichen Beweislage auf so bereitwillige Zustimmung stieß: In der Biologie herrschte damals ein geistiges Klima, in dem die Theorie der »reinen Linie« ganz einfach auf fruchtbaren Boden fiel.

Die Argumentation der Experimentatoren drehte sich also im Kreis. Die Kontinuität des Keimplasmas wurde vorausgesetzt. Folglich beobachteten sie, daß Selektion die reine Linie nicht verändern konnte. Tat sie es doch, so war die Linie nicht rein. Und daraus zog man dann die Schlußfolgerung, auf reine Linien habe die Selektion keine Auswirkungen. Da der Genotyp zur damaligen Zeit einer direkten Beobachtung noch nicht zugänglich war, hatte man keinen zuverlässigen Maßstab an der Hand, um entscheiden zu können, ob nun genetische Gleichförmigkeit oder Heterogenität vorlag. Ähnliche Zirkelschlüsse waren im Paradigma des genetischen Determinismus bald an der Tagesordnung; besonders als die Gentheorie in der Populationsgenetik und in der biometrischen Genetik mathematisiert wurde und den Rang einer strengen Wissenschaft einnahm.

Die mathematische Gentheorie

Mendels Theorie besaß bereits einen verallgemeinerungsfähigen mathematischen Aufbau. Es war also lediglich eine Frage der Zeit, bis man die Theorie so erweiterte, daß man das Verhalten von Genen in Populationen beschreiben konnte. Als erster unternahm im Jahr 1902 Yule diesen Schritt. Er zeigte, daß die Mendelschen Relationen 1AA:2Aa:1aa, die in der zweiten Generation nach der Hybridisierung auftreten, in den Folgegenerationen unverändert bleiben, *solange die Einzelorganismen in der Population sich beliebig paaren* – das heißt, allein nach dem Zufallsprinzip, so daß Verbindungen zwischen denselben beziehungsweise zwischen verschiedenen Genotypen nicht mehr und nicht weniger häufig zustande kommen, als es aufgrund ihres anteiligen Vorkommens in der Population zu erwarten wäre. Außerdem treten beide Allele auch in allen Folgegenerationen in gleichbleibender Häufigkeit auf. Dies haben der britische Mathematiker Hardy und der deutsche Physiker Weinberg später unabhängig voneinander mathematisch abgeleitet. Sie haben gezeigt, daß in großen, beliebig sich paarenden Populationen die relative Häufigkeit der beiden aufeinander bezogenen Allele eines Gens – nennen wir sie A und a – in allen folgenden Generationen konstant bleiben wird, sofern keine Selektion stattfindet. Das nennt man die Hardy-Weinberg-»Regel«: Wenn das Allel *A* mit der Häufigkeit *p* und das Allel *a* mit der Häufigkeit *q* vorkommt, dann wird gemäß dieser Regel das Verhältnis der Genotypen AA, Aa und aa durch den 1. binomischen Lehrsatz $(p+q)^2 = p^2 + 2pq + q^2$ angegeben und wird für alle Folgegenerationen so bleiben. Mit anderen Worten bedarf es nur einer einzigen Generation, um ein Gleichgewicht zu erreichen, das Hardy-Weinberg-Gleichgewicht. (Wenn sich jedoch mehr als zwei Allele aufspalten, so ist mehr als nur eine Generation notwendig, um dieses Gleichgewicht zu erreichen. Das hat Weinberg später gezeigt.) Die Hardy-Weinberg-Regel bildet die Grundlage der Populationsgenetik, die später von Fisher, Haldane und Sewell Wright entwickelt wurde, wobei allerdings jeder von ihnen andere Aspekte in den Vordergrund rückte.

Die Debatte zwischen den Mendelianern und den Biometrikern ging, wie schon gesagt, an der Hauptsache vorbei. Sobald die partikularisierte Vererbung akzeptiert war, konnte man kontinuierliche Abweichungen als Aufspaltung zahlreicher Gene interpretieren, die jedes für sich nur eine geringe additive Wirkung haben. Als erster stellte im Jahr 1906 Yule diese These auf, mitten in der zwischen Bateson und Pearson sich fortsetzenden Debatte.

Bis 1918 hatte man auch schon die Auswirkungen der Selektion in Mendelschen Populationen mathematisch darstellen können. Der Boden war bereitet für eine der Gentheorie gemäße Neuinterpretation des Darwinismus in der »Neodarwinschen Synthese« (etwa von den dreißiger Jahren an bis in die sechziger Jahre).

Am Ausgangspunkt der Neodarwinschen Synthese steht die mathematische Darstellung von Genen in Populationen durch Ronald Fisher, J. B. S. Haldane und Sewell Wright. Alle drei waren daran interessiert zu zeigen, daß zwischen der Mendelschen Genetik und Darwins Theorie

> Die mathematische Darstellung von Darwins Theorie zur natürlichen Selektion der Gene war der entscheidende Wendepunkt auf dem Weg zur allgemeinen Akzeptanz der Theorie. Denn dadurch erhielt sie einen der Newtonschen Mechanik ebenbürtigen Rang. Zwar sagt die Theorie viel darüber, wie sich Gene in Populationen verhalten. Doch wie Organismen sich entwickeln und evolutionäre Prozesse durchlaufen können, dafür liefert sie *keine* wirkliche Erklärung.

der natürlichen Auslese kein Widerspruch bestand, sondern daß sie sich durchaus zu einer einzigen, streng mathematischen Theorie zusammenfassen ließen. Fisher konzentrierte sich mit seinem Ansatz auf die Selektion von *Polygenen* – viele Gene, von denen jedes eine kleine Wirkung hat – in großen Populationen über lange Zeitspannen. Das kam Darwins ursprünglicher Konzeption von gradueller Evolution recht nahe. Fisher hat das ganze in die Form eines »fundamentalen Grundsatzes der natürlichen Auslese« gegossen, der folgendes besagt: »Die Zuwachsrate an Eignung kommt in jeder Population der genetischen Eignungsvarianz (Eignungsvariation) gleich.« Dieser Grundsatz geht davon aus, daß die Gene kleine, *additive* (nicht interaktive) Auswirkungen auf die von der Selektion betroffenen Merkmale haben. Mit anderen Worten geht er davon aus, daß die Gene ihre Wirkung unabhängig voneinander ausüben. Aufgrund dieses Modells erarbeitete Fisher Einschätzungen zur *Erblichkeit* von Merkmalen. Sie beziehen sich auf das Ausmaß der in der Population beobachteten Variabilität, die der zugrundeliegenden genetischen Variation zugeschrieben beziehungsweise auf sie zurückgeführt werden kann. Bei den umstrittenen Untersuchungen zu solchen Standards wie den IQ-Werten ist dies heutzutage die von biometrischen Genetikern meistverwendete Berechnung.

Im Unterschied dazu hat Sewell Wright aufgrund von Selektionsversuchen bei Meerschweinchen im Laboratorium des Biologen William Castle gleich zu Beginn seiner Laufbahn die Bedeutung der *Epistasis*, der Interaktion zwischen den Genen, erkannt. Er fand heraus, daß die Vererbung der Fellfarben durch ein System von Genen gesteuert wurde, die ihren Funktionen nicht in additiver, voneinander unabhängiger Weise nachkamen, sondern in einer nichtlinearen Wechselwirkung zueinander standen. So gelangte er zu der Überzeugung, die Selektion betreffe komplette Gen*kombinationen* und nicht nur Einzelgene. Gemäß seiner Vorstellung von Evolution betrifft die Selektion nicht Einzelgene mit geringen Auswirkungen in großen Populationen, sondern Zufallskombinationen von Genen, die große, allerdings nur für kleine Populationen spezifische Auswirkungen haben. Er erkannte, daß dieselben Gene in verschiedenen genetischen Zusammenhängen unterschiedliche Wirkungen haben, und entwickelte ein höchst exaktes mathematisches Modell der Leit-Koeffizienten. Es versetzte die Experimentatoren in die Lage, Schlußfolgerungen über das Verhältnis von Umwelteinflüssen zu genetischen Faktoren zu ziehen, ferner über additive und nicht additive, interaktive Wirkungen. Um allerdings anhand von Leit-Koeffizienten Analysen durchführen zu können, benötigt man einen großen Datenbestand und außerdem Kenntnisse über die Fortpflanzungsgewohnheiten der Population. Das heißt, man muß wissen, ob die Paarung per Zufall erfolgt, ob es Inzucht oder andere nicht dem Zufall unterliegende Paarungspraktiken gibt. Diese Anforderungen lassen sich in der Praxis kaum jemals erfüllen, es sei denn in kontrollierten Pflanzen- und Tierzuchtversuchen.

> Sich einen passenden Charakterzug und obendrein noch ein dafür maßgebliches Gen auszudenken bedeutet, der Verdinglichung in die Falle zu gehen – ohne sachliche Rechtfertigung *Dinge* ins Feld zu führen, wo es eigentlich um prozessuale Abläufe geht.

J. B. S. Haldanes Theorie nimmt eine mittlere Position zwischen der Theorie von Sewell Wright und Fishers Theorie ein. Zwar konzentrierte Haldane sich auf die Selektion von Einzelgenen mit großen Auswirkungen, doch mitunter erkannte er die Bedeutung von Dominanz und anderen Interaktionen zwischen den Genen. Alles in allem paßt auf seine Theorie wie auf die von Fisher der spöttische Ausdruck »Bohnensackgenetik« des Biologen Ernst Mayr. Der stand einer mathematischen Betrachtung der Evolution, die den nichtlinearen Wechselwirkungen zwischen den Genkombinationen keinerlei Beachtung schenkte, generell äußerst kritisch gegenüber. Mayr, der darauf beharrte, daß Gene als »aneinander angepaßte Genkomplexe« zusammenwirken, scheint mit dieser Position allerdings derjenigen von Sewell Wright ziemlich nahe zu kommen. Der Hauptunterschied besteht offenbar darin, daß Mayrs aneinander angepaßte Genkomplexe durch Selektion entstehen und daher häufiger miteinander verbunden bleiben, als es durch bloßen Zufall erklärbar wäre. Doch hat er nie erläutert, welche Mechanismen dies bewirken könnten, wenn man seiner Theorie gemäß voraussetzt, daß auch miteinander verbundene Gene während der Fortpflanzung zufällige Rekombinationen eingehen.

Die mathematische Darstellung von Darwins Theorie zur natürlichen Selektion der (für die Eigenschaften maßgeblichen) Gene war der entscheidende Wendepunkt auf dem Weg zur allgemeinen Akzeptanz der Theorie. Denn dadurch erhielt sie einen Rang, der der Newtonschen Mechanik, der statistischen Mechanik oder dem zweiten Hauptsatz der Thermodynamik gleichkam. Das Mathematische täuscht allerdings darüber hinweg, daß die Theorie zwar vieles über das Verhalten von Genen in Populationen sagt, jedoch *keine* wirkliche Erklärung dafür liefert, wie Organismen sich entwickeln und evolutionäre Prozesse durchlaufen können.

Normalerweise bestimmt eine neodarwinsche Erklärung zunächst einmal ein Merkmal, von dem man annimmt, es sei von einem Gen gesteuert, und von dem man weiterhin annimmt, in bezug auf die Selektion bringe es entweder Vorteile oder Nachteile, weshalb entweder für oder gegen dieses Merkmal selektiert werde; und das erkläre, warum der Organismus das zur Rede stehende Merkmal entweder hat oder nicht hat. Auf diese Weise läßt sich jedes beliebige Merkmal erklären, das diesem Organismus angeblich zukommt.

> Indem die neodarwinschen Erklärungen so tun, als erklärten sie alles, erklären sie letzten Endes gar nichts. Denn die »Anpassungsgeschichte«, die man sich zusammenreimen muß, um zu »erklären«, warum die Selektion für oder gegen das betreffende Merkmal stattgefunden hat, ist ihrerseits durch nichts belegt.

Doch die Verbindung zwischen Genen und Eigenschaften oder »Charaktermerkmalen« ist in den meisten Fällen alles andere als eindeutig. Und durch die Bestimmung von Genen, die diese Merkmale beeinflussen, ist das Problem nicht gelöst. Wie Sie im 7. Kapitel sehen werden, weiß man über Gene nichts Konkreteres, als daß sie für Proteine codieren beziehungsweise für Signale, die die Synthese der verschiedenen Proteine regulieren. Um von da aus zu den Merkmalen eines Organismus zu gelangen, bedarf es eines großen Gedankensprungs.

Gleich bei der Bestimmung des Merkmals selbst tritt eine Schwierigkeit auf. Eine Eigenschaft wie die Haarfarbe oder die Augenfarbe zu benennen ist eine Sache. Eine ganz andere Sache ist es, wenn man zum Beispiel sagt, es gebe eine Eigenschaft namens Aggression. Ebenso mögen manche Menschen eine Vorliebe für das gleiche Geschlecht an den Tag legen, was jedoch nicht bedeutet, daß es eine Eigenschaft namens

Homosexualität gibt. Beides sind in einem bestimmten Kontext ausgeführte soziale Aktivitäten. Sich einen entsprechenden Charakterzug und obendrein noch ein dafür maßgebliches Gen auszudenken bedeutet, der Verdinglichung in die Falle zu gehen – ohne sachliche Rechtfertigung *Dinge* ins Feld zu führen, wo es eigentlich um prozessuale Abläufe geht. Es mag zahlreiche Mutationen in zahlreichen Genen geben, die sich auf die Fähigkeit eines Menschen, zu lesen, zu sprechen oder sich an Dinge zu erinnern, auswirken. Das bedeutet allerdings nicht, daß es sich um Gene *für* das Lesen, Sprechen oder Erinnerungsvermögen handelt. Auch im Fall der Morphologie gibt es keine theoretische oder konzeptionelle Basis für die Trennung eines »charakteristischen Merkmals« von dem einen inneren Zusammenhang bildenden Ganzen – dem Organismus. Genau das aber tun Genetiker, die sich mit der Entwicklung von Organismen befassen. Sie entdecken in irgendeinem Gen Mutationen, die sich auf irgendeinen Aspekt der Entwicklung auswirken – das Zellteilungsmuster des Körpers etwa –, und dieses wird dann das »Gen für die Zellteilung« oder »Zellteilungs-Gen«.

Die zweite Schwierigkeit, die sich aus der ersten ergibt, ist die ebenso unrealistische Annahme, es gebe Polygene, die die vermeintliche Eigenschaft bestimmen oder beeinflussen, indem sie auf additive Weise, also jeweils unabhängig von allen anderen, ihre Wirkung ausüben. Denn das widerspricht allem, was wir über die Genaktivität und die Stoffwechselprozesse wissen. Gene sind in sämtliche Entwicklungsaspekte des Organismus einbezogen. Aber die Einzelgene dürfen nicht aus dem Gesamtkontext des Organismus in seinem ökosozialen Umfeld herausgelöst werden.

Indem neodarwinsche Erklärungen so tun, als erklärten sie alles, erklären sie letzten Endes gar nichts. Denn die »Anpassungsgeschichte«, die man sich zusammenreimen muß, um zu »erklären«, warum die Selektion für oder gegen das betreffende Merkmal stattgefunden hat, ist ihrerseits durch nichts belegt. Dessen ungeachtet schließt sie den Zirkel, der als Begründung und Rechtfertigung für die Jagd nach den Genen beziehungsweise nach den genetischen Grundlagen der betreffenden Merkmale herhält. Derartigen Überlegungen wohnt unweigerlich die Gefahr inne, daß sie nur allzu leicht die Vorurteile, mit denen man an die Dinge herantritt, noch verstärken; und in unserem Jahrhundert gaben und geben sie den übelsten Auswüchsen eugenischer, rassistischer Ideologien freien Lauf.

Schauen wir uns einen zentralen Begriff der biometrischen Genetik an, die *Erblichkeit*. Mit ihr treiben die genetischen Deterministen unserer

Tage bei ihren Versuchen, die Existenz von strittigen Eigenschaften wie Intelligenz oder Kriminalität glaubhaft zu machen und dann den vermeintlichen Maßstab für solche Eigenschaften zur Stigmatisierung von einzelnen Menschen, von Rassen oder Gesellschaftsschichten einzusetzen, weiterhin Mißbrauch.

Die Erblichkeit des IQ und anderer polygenetischer Merkmale

In der Öffentlichkeit heißt es oft, die Intelligenz, die in einem IQ-Test gemessen werde, und die Kriminalität, die mittels einiger psychometrischer Testverfahren gemessen werde, beinhalte eine starke genetische Komponente. Häufig wird behauptet, solche Charaktermerkmale seien zu 50 Prozent genetisch verursacht. Diese Aussagen beruhen auf der Fehlinterpretation von Erblichkeitseinschätzungen aus der biometrischen Genetik.

Als erstes muß man sich bei der Erblichkeit über eines im klaren sein: Im Gegensatz zu dem, was vielfach behauptet wird, sagt die Erblichkeit nichts darüber aus, in welchem Maß eine Eigenschaft durch die Gene determiniert ist. Methodisch gesehen ist sie das Maß der auf die genetische Variation zurückzuführenden, proportionalen Gesamtvariation (phänotypischen Variation) in einer *Population*.

$$\text{Erblichkeit} = (\text{genetische Variation}) / (\text{Gesamtvariation})$$

Man geht davon aus, daß die Gesamtvariation der Summe aus den genetisch bedingten Variationen und den umweltbedingten Variationen entspricht. Also lautet die Gleichung:

$$\text{Erblichkeit} = \frac{\text{genetische Variation}}{\text{genetische Variation} + \text{umweltbedingte Variation}}$$

Erblichkeit ist ein Maßstab für Populationen und sagt nichts über den einzelnen Menschen aus.[5] Darüber hinaus ist sie nur für die Population einer einzigen *Generation* kennzeichnend, da die Umweltbedingungen für verschiedene Generationen unterschiedlich sein können. An derselben Pflanzenvarietät vorgenommene Berechnungen der Erblichkeit haben in aufeinanderfolgenden Jahren große Schwankungen ergeben. Das allein schon sollte uns davon überzeugen, daß Erblichkeit nicht eine unveränderliche Eigenart eines wie auch immer beschaffenen Charaktermerkmals ist. Daher macht es keinen Sinn, die Erblichkeit zu messen

– es sei denn, die Population wird kontinuierlich unter völlig konstanten, kontrollierten Umweltbedingungen gezüchtet.

Um Erblichkeit exakt zu messen, muß man ein sehr mühseliges Züchtungsprogramm in die Wege leiten. Das sieht dann so aus: Über viele aufeinanderfolgende Generationen hinweg muß man aus der Population durch Inzucht ein Dutzend oder mehr als ein Dutzend »reine Linien« (genetisch gleichförmige Linien) gewinnen, bis theoretisch keinerlei genetische Variation mehr übrigbleibt. Überstehen die Linien die Inzucht – bei vielen wird dies infolge von Inzuchtschwäche nicht der Fall sein –, so werden sie in den meisten, wenn nicht in allen Genen homozygot sein. Als nächstes müssen die Linien paarweise gekreuzt werden, um die F1-Generationen hervorzubringen. All diese F1-Generationen werden weiterhin genetisch gleichförmig sein, obgleich jeder einzelne Organismus in vielen Genen heterozygot sein wird und nicht homozygot wie in den »reinen Linien«. Die Variation des zur Rede stehenden Merkmals kann anschließend bei den reinen Linien, bei den F1-Hybriden und bei der ursprünglichen, durch »Zufallspaarungen« entstandenen Linie in einer gebührend randomisierten* Versuchsanordnung verglichen werden, so daß jede Linie das gleiche Spektrum von Umweltbedingungen erfährt. Nun ist der Theorie der biometrischen Genetik zufolge die Varianz (ein mathematisches Maß für die Variation) bei jeder der reinen Linien wie auch bei den F1-Hybriden allein auf die Umwelt zurückzuführen, da es unter den Einzelorganismen keinerlei genetische Variation gibt. Anhand ihrer durchschnittlichen Varianz läßt sich daher der Umweltfaktor bei der Variation berechnen. Die Variation in der durch Zufallspaarungen entstandenen Linie ergibt sich hingegen aus der genetischen wie auch aus der umweltbedingten Variation. Der entscheidende Punkt bei dieser Berechnung ist die randomisierte, zufallsgemäße Verteilung der fraglichen Gene in bezug auf alle hier vertretenen äußeren Lebensbedingungen und jede nur mögliche genetische Herkunft. Das bedeutet, daß die Population sehr groß sein muß und daß die Paarung absolut zufällig erfolgen muß – und zwar nicht häufiger und nicht weniger häufig, als es aufgrund der Häufigkeit der Genotypen zu erwarten wäre.

Pflanzt sich also die Population tatsächlich nach Zufallsprinzipien fort und ist sie sehr groß, dann sind einige Abkürzungen möglich. Man kann die Erblichkeit danach einschätzen, wie viele Nachkommen ihren Eltern

* randomisieren: eine zufallsgemäße Verteilung oder Anordnung gewährleisten, beziehungsweise eine vom Zufall bestimmte, stichprobenartige Auswahl treffen

ähneln oder wie viele Zwillinge (Brüder und Schwestern) einander gleichen oder wie viele monozygote Zwillinge (also Zwillinge, die aus einem einzigen Ei stammen und daher in ihrer genetischen Ausstattung übereinstimmen) einander völlig gleich sind. Die Schwierigkeit liegt darin, daß menschliche Populationen sich ganz und gar nicht nach Zufallsprinzipien paaren und die beteiligten Gene daher in bezug auf die genetische Herkunft keineswegs randomisiert sind. Die Schichtung der Umwelt durch Standesfaktoren und sonstige soziale Faktoren bedeutet außerdem, daß die Gene, was alle möglichen äußeren Lebensbedingungen anbelangt, ganz und gar nicht randomisiert sind. Das macht Erblichkeitseinschätzungen polygener Merkmale beim Menschen sehr unzuverlässig – auch in den Fällen, in denen es jemand für sinnvoll hält, solche Standards wie den IQ-Wert als »Eigenschaften« zu behandeln. Viel Aufhebens wird von der starken Ähnlichkeit gemacht, die gewöhnlich bei eineiigen Zwillingen selbst dann anzutreffen ist, wenn sie von Geburt an getrennt waren. Dies soll als Beweis für die Auffassung dienen, der »genetische Anteil« an manchen Eigenschaften sei sehr hoch. Solche Zwillingsstudien leiden allerdings ganz besonders an den Beschränkungen durch einen kleinen Bevölkerungsquerschnitt, ferner durch die ganz und gar nicht randomisierte Berücksichtigung der Umwelt und des genetischen Hintergrunds. Das ganze Thema der IQ-Standards werden wir im 12. Kapitel eingehender unter die Lupe nehmen.

> Die vernünftigste Feststellung, die man im Hinblick auf die gesamten Eigenschaften des Organismus treffen kann, besteht in der Aussage, daß die genetischen Faktoren und die Umweltfaktoren *unauflöslich miteinander verflochten* sind.

Dies wird durch alles bestätigt, was wir über die molekularen Grundlagen der Genfunktion wissen. Wer in Erwägung ziehen wollte, diese klassischen Fortpflanzungsexperimente durchzuführen, um die Erblichkeit zu messen, dem kann ich nur raten, die Finger davon zu lassen. Denn diese Experimente sind sinnlos, da es in der Praxis unmöglich ist, wirklich reine Linien zu gewinnen. »Reine Linien« gehören zu den reinsten genetischen Fiktionen, die sich jemals ein Mensch ausgedacht hat. Wer Erfahrung im Umgang mit genetischen Beständen im Labor hat, weiß sehr wohl, daß diese in regelmäßigen Abständen »bereinigt« werden müssen. Ansonsten treten viele Abweichungen auf. Wir wissen jetzt, daß aufgrund der Fluidität des Genoms in den verschiedenen

Linien unaufhörlich neue Variationen entstehen; selbst wenn ihre Vermehrung auf Homozygotie und Gleichförmigkeit hin angelegt ist. Außerdem ist es aus klassischen genetischen Analysen wohlbekannt, daß genetisch weitgehend gleichförmige Populationen zu *größerer* phänotypischer Variabilität tendieren. Das führt man auf die mangelnde »Homöostasie der Entwicklung« zurück – die Gesamtheit der Regulierungsmechanismen innerhalb des Systems, die gegen Störungen wie ein Puffer wirken und für seine Ausgewogenheit und seine Beständigkeit sorgen.

7
Das zentrale Dogma des genetischen Determinismus

In den Jahren, die auf die Entdeckung der Doppelhelix folgten, verlor man völlig den Blick für den Organismus. Man sieht in ihm lediglich eine Ansammlung von Genen, die nach einem »genetischen Programm« die Entwicklung steuern. Es heißt, die Evolution erfolge durch die natürliche Selektion von zufälligen Mutationen und stelle das Überleben der am besten geeigneten Mutanten sicher, so daß diese sich fortpflanzen können. Man stellt sich also den Organismus als ein passives Objekt vor, das zum Spielball von unbeeinflußbaren Selektionskräften wird. Die Lebenserfahrung des Organismus wird negiert, da ja alleine die Gene, die er in sich trägt, für die Evolution eine Bedeutung haben.

Es ist beileibe kein Zufall, daß in der Vorstellungswelt einer Zivilisation, die vor allem Kapitalismus und freies Unternehmertum propagiert, Dinge die beherrschende Rolle spielen und nicht Entwicklungsprozesse. Begriffe wie »Genbanken« und »genetische Ressourcen« machen unmißverständlich klar: Das Leben, der Prozeß des Lebendigseins, wird ebenso wie die realen Lebewesen und die verschiedenen ökologischen Gemeinschaften zugunsten von Genen negiert, derer man sich bemächtigen kann, die man besitzen, die man aufbewahren und als Ware verwerten kann.

Von der Theorie zu den Molekülen

Die Neodarwinsche Synthese war vorwiegend eine theoretische Übung unter Beteiligung von Mathematikern, die sich mit abstrakten Vererbungsfaktoren beschäftigten, und von Experimentatoren, die nicht in erster Linie daran interessiert waren zu erfahren, was Gene sind oder was sie bewirken, sondern wie Versuchsanordnungen so aufgebaut werden können, daß sich in Fortpflanzungsexperimenten Erbeinflüsse oder Vererbungsfaktoren erfassen lassen. Im Unterschied dazu entwickelte sich die Molekularbiologie aus einer von dem deutschen Biologen August Weismann in Gang gesetzten, bewußten Suche nach der stofflichen Grundlage der Vererbung. Weismann war für die Theorie vom ununterbrochenen Fortbestand des Keimplasmas verantwortlich, die, wie Sie bereits sahen, großen Einfluß auf die Neodarwinsche Synthese ausgeübt hat.

Das unsterbliche Keimplasma und die Seele

Die Keimplasma-Theorie beruhte auf zwei entscheidenden Beobachtungen. Erstens fand Weismann heraus, daß die künftigen Keimzellen sich bei Insektenembryos in einer sehr frühen Entwicklungsphase vom übrigen Körper trennen. Daraus schloß er, die Keimzellen seien vor Umwelteinflüssen geschützt, so daß das in ihnen enthaltene *Keimplasma* unwandelbar und unsterblich bleibe. Zweitens entdeckte er im befruchteten Ei des Spulwurms, *Ascaris*, ein großes Chromosomen*paar*. Das unbefruchtete Ei hingegen verfügte nur über ein Einzelchromosom. Daraus schloß er, das Keimplasma befinde sich in den Chromosomen, deren Zahl in den Keimzellen halbiert sei, so daß dann durch die Vereinigung der männlichen und der weiblichen Keimzelle bei der Befruchtung die ursprüngliche Zahl wiederhergestellt werde.

Weismanns Theorie von der Kontinuität und Unsterblichkeit des Keimplasmas war Idealismus durch und durch. Wie viele spätere Kommentatoren dargelegt haben, ist die frühzeitige Absonderung der Keimzellen eine Eigenheit der Insekten; bei Tieren tritt sie nicht generell und bei Pflanzen überhaupt nicht auf. Außerdem *gibt es keinerlei Belege dafür, daß das genetische Material in den Keimzellen gegen Umwelteinflüsse immun ist.* Wie schon im 4. Kapitel angesprochen, übernahm das Keimplasma die Rolle der unsterblichen Seele, als die Wissenschaft an die Stelle der christlichen Religion trat. Dennoch erkannte Weismann in den Chromosomen zu Recht die Träger des genetischen Materials, wodurch sogleich die Suche nach der materiellen Grundlage von Gebilden, die sich wie Mendelsche Gene verhalten, eingegrenzt war.

Das paarweise Auftreten der Chromosomen und ihre Aufspaltung (Absonderung) in den Keimzellen entspricht genau der Aufspaltung der Mendelschen Gene; genau wie die Gene wurden außerdem auch die Chromosomen bei der Bildung der Keimzellen frei miteinander kombiniert, so daß schließlich in jeder Keimzelle eine andere Kombination der von der mütterlichen oder von der väterlichen Seite erhaltenen Chromosomen zustande kam (siehe Kapitel 4).

Die Chromosomentheorie der Vererbung

Weitere Fortschritte machte man etwa um 1910, als Thomas Hunt Morgan eigens ein Laboratorium einrichtete, um die chromosomale Genetik der Fruchtfliege, *Drosophila melanogaster*, zu untersuchen. Gemeinsam mit seinen Mitarbeitern ermittelte er schließlich, daß die Gene in linear angeordneten Reihen miteinander verknüpft sind, wobei jede Reihe einem Chromosom entspricht und jedes Chromosom Tausende Gene enthält.

Um zu beweisen, daß die Gene auf den Chromosomen in linear angeordneten Reihen miteinander verknüpft sind, wurden durch Einsatz von Röntgenstrahlen sehr viele Mutationen bewirkt. Man stellte Vererbungslinien her, bei denen verschiedene Allele in verschiedenen Genen homozygot waren, und kreuzte sie miteinander, so daß sich durch eine Analyse der Nachkommen feststellen ließ, bei welchen Genen infolge der freien Kombination Abweichungen auftraten. Man fand heraus, daß auf verschiedenen Chromosomen befindliche Gene freie Kombinationen miteinander eingingen, Gene auf demselben Chromosom hingegen nicht. Und je näher zwei Gene auf demselben Chromosom lagen, um so unwahrscheinlicher war eine Auflösung der Verknüpfung. Auf diese Weise wurden die Gene den Chromosomen zugeordnet und ausführliche genetische Chromosomenverzeichnisse angefertigt. Als die Mikroskopietechnik weiterentwickelt wurde, ließen sich in Entsprechung zu verschiedenen Veränderungen in den kartographisch erfaßten Genverbindungen auch eindrucksvolle Veränderungen in den Chromosomen feststellen. Die daraus hervorgegangene »chromosomale Theorie der Vererbung« läßt sich wie im Kasten auf S. 128 zusammenfassen.

Morgan war als Entwicklungsbiologe anfangs der chromosomalen Vererbungstheorie gegenüber äußerst skeptisch eingestellt, denn mit Recht war er der Auffassung, der Vererbungsprozeß sei vom Prozeß der Entwicklung nicht zu trennen. Doch der Erfolg der chromosomalen Theorie, der sich schon bald einstellen sollte, sorgte zusammen mit Weismanns Keimplasma-Theorie dafür, daß man beides getrennt zu sehen begann. Bei der Erforschung der Evolution, die ja ausschließlich in der natürlichen Selektion von Zufallsmutationen bestand, wurde also dem Entwicklungsprozeß weiter keine Bedeutung mehr beigemessen. So stellte Morgan 1916 fest:

»Tritt durch eine Mutation eine Eigenschaft auf, die weder Vor- noch

Gene sind auf den Chromosomen in Reihen linear angeordnet.

Verschiedene Chromosomen enthalten unterschiedliche Allel-Kombinationen der Gene.

Bei geschlechtlich sich fortpflanzenden Organismen (wie dem Menschen) treten die Chromosomen in (homologen) Paaren auf.

In den Keimzellen ist von diesen sonst paarweise vorkommenden Chromosomen nur je eines vorhanden.

Bei der Bildung von Keimzellen tauschen homologe Chromosomen untereinander Teile aus, so daß die miteinander verbundenen Gene rekombiniert werden: Je enger die Gene auf dem Chromosom beieinander liegen, um so geringer ist die Wahrscheinlichkeit einer Rekombination.

Nachteile bringt, sondern für die Evolution ohne Belang ist, so ist die Wahrscheinlichkeit, daß sie sich in der Rasse durchsetzen könnte, ... äußerst gering. ... Wenn durch eine Mutation eine Eigenschaft zum Vorschein kommt, die nachteilige Auswirkungen hat, ... besteht praktisch keine Möglichkeit, daß sie sich durchsetzt.«

»Tritt durch eine Mutation eine Eigenschaft auf, die einen vorteilhaften Einfluß für den Einzelorganismus mit sich bringt, so steigen für den betreffenden Organismus die Überlebenschancen – nicht nur für diesen einzelnen Organismus, sondern auch für all seine Nachkommen ... diese Steigerung nimmt womöglich Einfluß auf den Lauf der Evolution.«[1]

Das ist im Grunde die platte »Bohnensack«-Theorie der Evolution, die sich die meisten Genetiker zu eigen gemacht haben.

Die DNS-Doppelhelix und das »zentrale Dogma«[2]

Die chromosomale Theorie lieferte die wesentliche Grundlage für die Gene. Aber worin bestand eigentlich die Wirkung der Gene? Bereits im Jahr 1902 erkannte der Arzt Archibald Garrod, daß es sich bei angeborenen Stoffwechselstörungen des Menschen um Blockaden des Stoffwechsels handelt, die durch Schäden in einzelnen Genen hervorgerufen werden. Eine der Hauptaufgaben der Gene bestehe deshalb darin, bestimmte chemische Stoffwechselreaktionen zu erleichtern. Eine eingehende Analyse führten George Beadle und Edward Tatum am Brotschimmelpilz, *Neurospora crassa*, durch. Sie zeigten, daß jedes Gen für die Synthese eines Enzyms zuständig ist; und durch eine Mutation kommt es bei jedem Enzym zu einer spezifischen Blockierung des Stoffwechsels. Enzyme sind Proteine – lange Polymere, die aus Hunderten von einfacheren, Aminosäuren genannten Einheiten bestehen. Es gibt zwanzig verschiedene Aminosäuren. Ihnen allen ist eine chemische Formel gemeinsam, NH_2-CH(R)-COOH, und sie unterscheiden sich lediglich in der R-Gruppe voneinander (siehe Abbildung 7.1).

Es gibt eine große Vielfalt an Proteinen, und jedes von ihnen hat eine charakteristische Sequenz von Aminosäuren. Zum Beispiel sind bei einem Protein mit 100 Aminosäuren 20^{100} unterschiedliche Sequenzen möglich. Lange wurde darüber diskutiert, ob es sich denn eigentlich bei den Genen auf Chromosomen um die Enzymproteine selbst handele oder um die Nukleinsäure DNS, die ebenfalls als ein chemischer Bestandteil der Chromosomen bekannt war.

Für die Klärung dieser Frage sorgten Avery, MacLeod und McCarty bei ihren Untersuchungen an dem Bakterium *Streptococcus pneumoniae*, das sich häufig bei Lungenentzündungspatienten isolieren läßt. Das Bakterium existiert in zwei Formen: in einer pathogenen, bekapselten Form und in einer avirulenten, unbekapselten Form. Die Experimentatoren zeigten, daß durch DNS, die man dem bekapselten Bakterium entnahm und den Zellen des unbekapselten Typs hinzufügte, letzterer großenteils in den bekapselten Typ verwandelt wurde. Transformation durch direkte Aufnahme von DNS ist einer der gängigen Wege, auf dem verschiedene Bakterien untereinander Gene austauschen. Im 10. Kapitel werden wir den Genaustausch zwischen Mikroorganismen genauer betrachten.

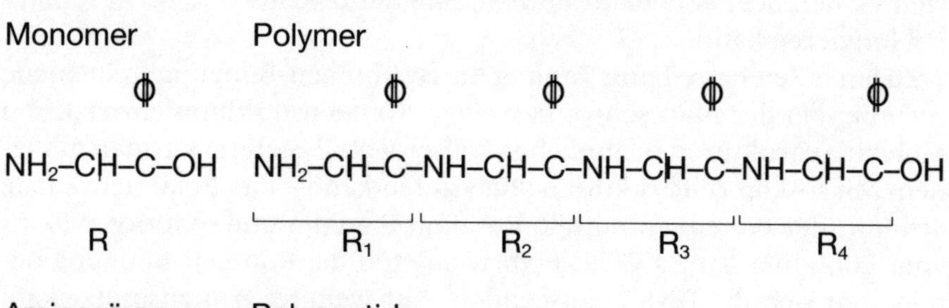

Abbildung 7.1: Der chemische Aufbau der Proteine.

Bakterielle Zellen sind wie alle Zellen anfällig für Virusinfektionen. Nahezu alle infektiösen Viren enthalten DNS oder eine ihr verwandte Nukleinsäure, RNS; beide Nukleinsäuren sind auch in sämtlichen Zellen zu finden. Einmal in die Zelle gelangt, kann die DNS oder RNS sich die zellulären Mechanismen zunutze machen, um weitere Viren zu produzieren. Viren haben um einen Kern aus Nukleinsäuren Proteinhüllen. Wenn verschiedene Virusstämme dieselbe Zelle infizieren, können sie Gene austauschen, um neue Viren hervorzubringen. 1952, acht Jahre nach dem Experiment von Avery, MacLeod und McCarty, zeigten Alfred Hershey und Martha Chase, daß allein schon die DNS des Virus ohne die Proteinhülle ausreicht, um die Infektion der bakteriellen Zelle zu bewirken.

Man wußte auch, daß es sich bei der DNS, der Desoxyribonukleinsäure, um sehr lange Polymere handelt, die aus einfacheren, Nukleotide genannten Einheiten besteht (siehe Abbildung 7.2). Jedes Nukleotid besteht aus einem Zucker, der Desoxyribose, an der eine anorganische Phosphatgruppe hängt sowie eine organische Base. Die Nukleotide unterscheiden sich durch die organische Base, die sie enthalten. Es gibt vier solche Basen: Adenin, Guanin, Cytosin und Thymin (mit den Abkürzungen A, G, C, T). Eine weitere, in den Zellen reichlich vorhandene Nukleinsäure ist RNS, die Ribonukleinsäure. Diese gleicht der DNS, allerdings hat sie den Zucker Ribose und nicht Desoxyribose, und die Base Uracil (U) tritt an die Stelle von Thymin (T). Jedes Nukleinsäurepolymer besteht aus vielen Nukleotiden, die durch Phosphodiesterbindungen zwischen dem Zucker des einen und dem Phosphat des nächsten Nukleotids miteinander verkettet sind, so daß ein Gerüst aus alternierenden Zucker- und Phosphatgruppen zustande kommt, während die Basen seitlich abstehen. Davon abgesehen, wußte man wenig über die dreidimensionale Struktur der DNS, die von entscheidender Bedeutung ist, weil sie den Schlüssel dafür enthält, daß die DNS als genetisches Material fungieren kann.

Zu jener Zeit hatte Linus Pauling durch Röntgen-Beugung – eine neue Technik, bei der man sehr kurzwellige Röntgenstrahlung einsetzt, um Molekularstrukturen in ähnlicher Weise zu analysieren, wie man mit einem Mikroskop Zellstrukturen analysieren kann – die dreidimensionale Struktur der Proteine ermittelt. Rosalind Franklin und Maurice Wilkins vom Londoner King's College verwendeten die Röntgen-Beugung bereits, um sich die DNS anzuschauen. Ein weiterer Anhaltspunkt kam von Chargaff. Aus verschiedenen Ausgangsmaterialien hatte er die vier Nukleinsäurebasen der DNS separiert und ihre Mengenverhältnisse be-

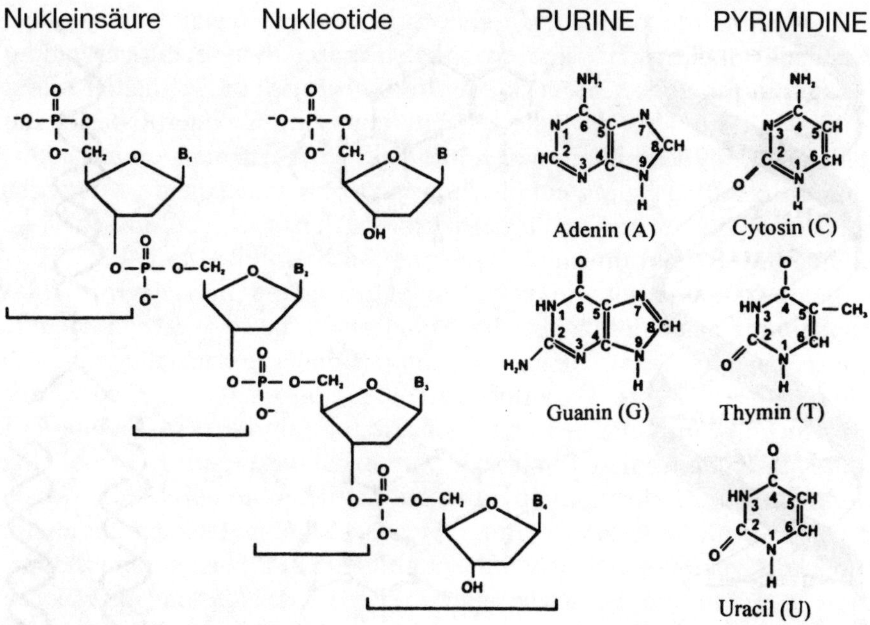

Abbildung 7.2: Der chemische Aufbau von DNS und RNS.

rechnet. Er fand heraus, daß die Guaninmenge stets der des Cytosin und die Adeninmenge stets der des Thymin entsprach; mit anderen Worten, G = C und A = T. Watson und Crick bauten das erste Modell der DNS-Doppelhelix, indem sie diese Information mit den Röntgenbildern zusammenpuzzelten. Im wesentlichen besteht jedes Molekül aus zwei polymerischen Ketten, die sich aufgrund ihrer Basenpaarungen (G und C; A und T) umeinanderschlingen. Daher ist die Basensequenz in dem einen Strang zur Sequenz im anderen Strang *komplementär*, ähnlich wie das Negativ und das Positiv eines Films. Man kann also von einem der beiden Stränge stets eine originalgetreue Kopie des komplementären Strangs gewinnen, und dies war die Basis für eine genaue Reproduktion der genetischen Informationen (siehe Abbildung 7.3).

Doch in welchem Bezug stand die Basensequenz in der DNS zur Abfolge der Aminosäuren in Proteinen? Etwa zur gleichen Zeit hatte Claude Shannon bezogen auf die Übermittlung von Nachrichten über Telegraphen eine »Informationstheorie« entwickelt, die weithin Beachtung fand. Fast von alleine ergab sich so der Gedanke an einen »genetischen Code«. Die Proteine können als die letztliche Botschaft aufgefaßt werden, die an die Zelle übermittelt wird. Jede Aminosäure gleicht in

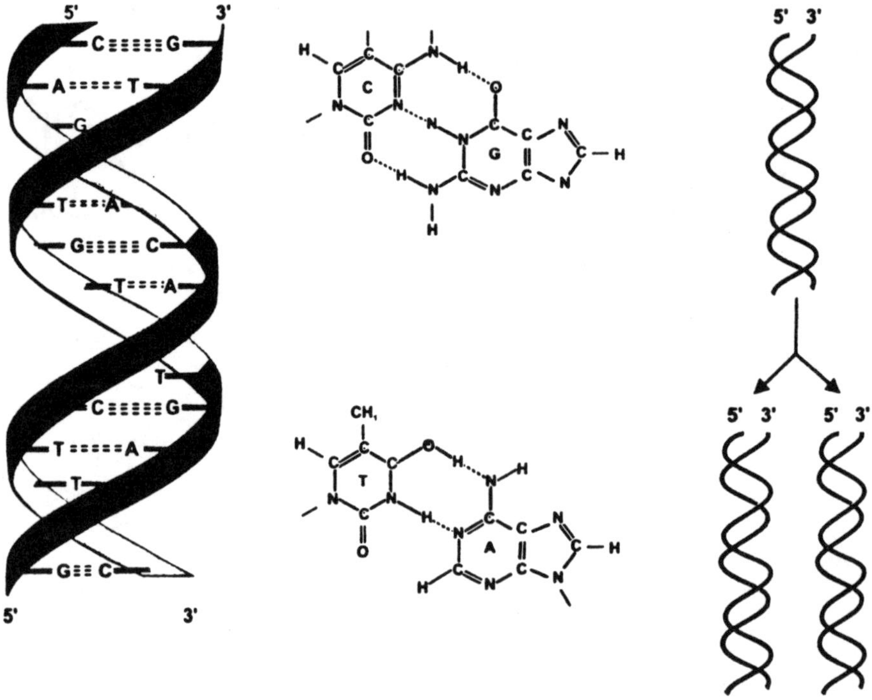

Abbildung 7.3: Das Modell der DNS-Doppelhelix und die Veranschaulichung einer originalgetreu angefertigten Kopie.

dieser Botschaft einem Wort, und Worte müssen in den Schriftzeichen eines Alphabets ausgedrückt werden. Wir wissen, daß das genetische Alphabet lediglich über vier Buchstaben verfügt, die vier Basen (zum Vergleich: die deutsche Sprache hat 26 Buchstaben in ihrem Alphabet). Die Mindestanzahl der zur Codierung von 20 verschiedenen Wörtern erforderlichen Buchstaben ist 3, wodurch sich $4^3 = 64$ verschiedene *Codone* ergeben.

Von dieser originären Schlußfolgerung ausgehend, begannen Francis Crick und Sidney Brenner damit, Mutanten von bakteriellen Viren zu analysieren, bei denen unterschiedlich viele Basenpaare entfernt worden waren, um zu beweisen, daß es sich tatsächlich um einen Dreiercode handele. Aufeinanderfolgende Basen-Trios auf einem der DNS-Stränge ließen sich jeweils in einem klar umrissenen Abschnitt, ohne daß es zu Überlappungen kam, als eine Aminosäure lesen.

Aber welche Tripletts spezifizierten welche Aminosäure? Das war das Problem der »Codonzuordnung«. Ehe die Klärung dieser Frage möglich

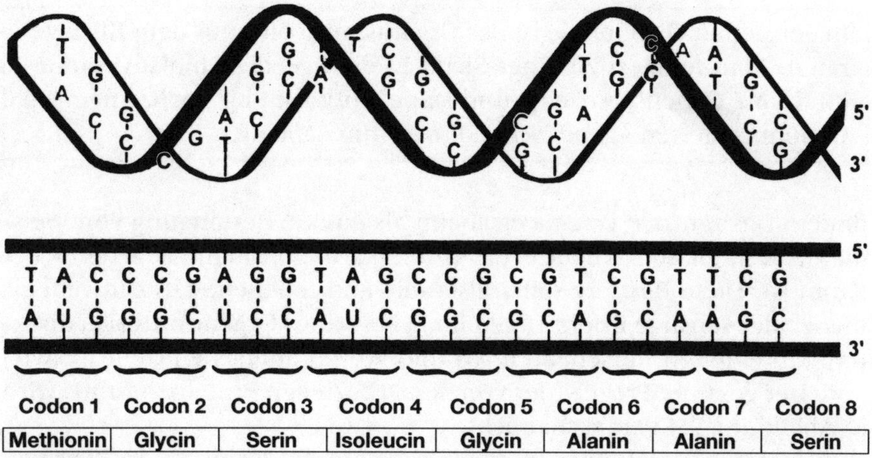

Abbildung 7.4: Der Informationsfluß von der DNS zur RNS zum Protein gemäß dem zentralen Dogma der Molekularbiologie.

wurde, zeigten Francis Jacob und Jacques Monod, daß der DNS-Code nicht direkt, sondern mit Hilfe einer vom Gen »abgeschriebenen« oder transkribierten, als Mittler oder Bote dienenden RNS, der »*Messenger-RNS*«, deren Sequenz zur DNS-Sequenz des Gens komplementär ist, »übersetzt« oder translationiert wird. Sodann wird die Messenger-RNS aus dem Zellkern herausgeschafft und zum Zytoplasma der Zelle transportiert, wo sie zu Protein translationiert wird. Marshall Nirenberg, Heinrich Matthaei und Severo Ochoa arbeiteten am genetischen Code. Um Proteine herzustellen, fügten sie einem zellfreien System im Reagenzglas synthetische Messenger-RNS aus bekannten Basensequenzen hinzu. Anschließend isolierten und analysierten sie das so entstandene Produkt, wodurch ihnen schließlich bis 1966 die vollständige Zuordnung der Codone gelang. Außer den Codonen für die Aminosäuren gibt es auch Stopp- und Start-Codone. Da 64 Tripletts möglich sind, haben einige Aminosäuren mehr als nur ein Codon.

Um herauszufinden, was Gene alles bewirken und wie sie dies tun, bedurfte es einer enormen Anstrengung seitens vieler engagierter Wissenschaftler. Francis Crick, der einen maßgeblichen Beitrag zur Klärung dieser Fragen leistete, faßte die Resultate im »zentralen Dogma« der Molekularbiologie zusammen: DNS erzeugt RNS, die wiederum Proteine erzeugt; der Informationsfluß geht dabei ausschließlich in eine Richtung, und ein Informationsfluß in Gegenrichtung kann nicht statt-

> In der neuen Orthodoxie ist der Organismus völlig aus dem Blick geraten. Man tendiert zu einer Sicht, in der er lediglich als Ansammlung von Genen erscheint und seine Entwicklung nach einem im Genom codierten »genetischen Programm« abläuft.

finden. Das zentrale Dogma erscheint als direkte Bestätigung von Weismanns Keimplasma-Theorie, die seitdem als »Weismanns Barriere« bekannt ist. Diese Barriere soll vollständig ausschließen, daß Umwelteinflüsse oder sonstige Erfahrungen im Leben eines Organismus sich direkt (d. h. in einer vorhersehbaren Art und Weise) auf dessen Gene auswirken. Der gesamte Prozeß, der von der DNS zu den Proteinen führt, wird in Abbildung 7.4 veranschaulicht.

Viele der Hauptakteure in der Geschichte des Gens waren Physiker, die sich bewußt dazu entschieden hatten, ihre Arbeit und ihre Zeit der Wissenschaft vom Leben zu widmen; manche von ihnen taten dies aus einem Gefühl der Bestürzung und Desillusionierung angesichts der Atombombe, die zum Symbol für eine Wissenschaft vom Tod geworden war; einige andere, weil sie aus dem 1944 veröffentlichten Büchlein »Was ist Leben?« des Quantenphysikers Erwin Schrödinger echte Inspiration geschöpft hatten.[3] Kein Zweifel, die raschen Fortschritte waren auf die Anwendung solcher physikalischer Methoden wie der Röntgen-Mutagenese, der Röntgen-Beugung und auf physikalische Konzeptionen zur Informationstheorie zurückzuführen. Allerdings haben die Physiker auch die reduktionistische Sicht bestärkt, der zufolge das Leben bloß eine Frage der Gene sei. Bis zum heutigen Tag beherrscht diese Haltung die Biologie.

Das »egoistische Gen« und das Verschwinden des Organismus

In der neuen Orthodoxie, die in den Jahren nach Entdeckung der Doppelhelix in der Genetik maßgebend war, hat man vollständig den Blick für den Organismus verloren. Man neigt dazu, den Organismus lediglich als eine Ansammlung von Genen und seine Entwicklung als den Ablauf eines im Genom codierten »genetischen Programms« anzusehen. Zufällig eintretende Mutationen sollen nach dieser Auffassung die Entstehung mutanter Eigenschaften bedingen; die natürliche Auslese soll den am besten geeigneten Mutanten das Überleben und die Fortpflanzung ermöglichen; und aus den Veränderungen der Umwelt sollen neue Selektionskräfte resultieren, die die Evolution gewährleisten. Man stellt sich also den Organismus als ein passives Objekt vor, das zum Spielball unbeeinflußbarer Selektionskräfte wird. Auch die Lebenserfahrung des Organismus wird negiert, da ja alleine die Gene, die er in sich trägt, für die Evolution eine Bedeutung haben.

Gemäß dieser Ideologie, auf der auch die Einrichtung von »Genbanken« beruht, dürften die wirklichen Organismen durchaus aussterben, sofern nur die Gene oder das Keimplasma erhalten blieben. Der Blutprobensammlung bei Eingeborenenstämmen, die jüngst im Rahmen des zweifelhaften, von den Regierungen des industrialisierten Nordens finanzierten *Human Genome Diversity Project* in aller Eile durchgeführt wurde, lag genau diese Mentalität zugrunde, der zufolge man diese wertvollen genetischen Ressourcen als unsterblich gemachte Zellinien im Labor bewahren müsse, bevor diese Eingeborenenstämme vom Erdboden verschwänden. Letzteres halten viele Genetiker für bedauerlich, doch für unabwendbar. Haben sie sich wohl jemals die Frage gestellt, ob ihre Prioritäten stimmen, wenn ihnen Gene mehr bedeuten als die Menschen, deren Bestandteil diese Gene sind? Sollten sie nicht zumindest die gleiche Anstrengung, die sie aufwenden, um den Eingeborenen ihre Gene abzuluchsen, dafür aufwenden, eben diese Eingeborenenstämme vor der Auslöschung zu bewahren?

Richard Dawkins[4] hat die reduktionistische Tendenz des Neodarwinismus konsequent auf die Spitze getrieben, indem er geltend macht, Organismen seien nichts weiter als Automaten, gesteuert von »egoistischen Genen«, deren einzige Maxime darin bestehe, sich auf Kosten anderer egoistischer Gene zu replizieren. E. O. Wilson hat die neodarwinsche Theorie auf die gesellschaftliche Organisation von Tier und Mensch ausgedehnt und die neue Wissenschaftsdisziplin der Soziobiologie definiert.[5] Diese nimmt für sich in Anspruch, jegliches Sozialverhalten der Lebewesen, von den Ameisen bis zum Menschen, als Resultat der im Lauf der Evolution selektierten Gene erklären zu können. Dadurch ist eine regelrechte Industrie für viele drittklassige Wissenschaftler mit begrenzter Phantasie entstanden, die sich nichts Besseres vorstellen können, als sich vermeintliche Eigenschaften einfallen zu lassen, die vermutlich von bestimmten Genen gesteuert werden und für Organismen im Selektionsprozeß vorteilhaft sein könnten. Das beschert ihnen gleich einen großen Auftritt bei ihrer Professorin oder ihrem Professor und macht sie zu Hätschelkindern der ebenso einfältigen Wissenschaftsjournalisten, die für die Massenmedien schreiben.

Eigentlich läßt sich E. O. Wilson schon auf den ersten Seiten seines Buches in die Karten schauen, wenn er die »fundamentale« und paradoxe (d. h. *innerhalb* des Neodarwinismus paradoxe) Frage der Soziobiologie stellt: Wenn doch die Gene und das durch sie gesteuerte Verhalten zutiefst egoistisch sind, wie konnte sich dann ein altruistisches Verhalten entwickeln? Das Paradox löst sich selbstverständlich auf, sobald man die These verwirft, Egoismus und Konkurrenz seien grundlegend für das Leben. Gewiß begehen die Lebewesen aus Konkurrenz oder Aggression motivierte Handlungen. Das bedeutet jedoch nicht, daß ihnen Eigenschaften wie Konkurrenzstreben oder Aggressivität angeboren sind, auf die sich diese Handlungen zurückführen ließen. Außerdem gibt es unter den Lebewesen weit mehr Beispiele für Kooperation als für Konkurrenz. Der russische Prinz und Sozialanarchist Kropotkin[6] vertrat die Ansicht, Kooperation oder gegenseitige Unterstützung habe für die Evolution der Tiere und unserer eigenen Spezies eine weit größere Bedeutung als die Konkurrenz. Er bot eine Fülle von Belegen für die – von genetischen Verwandtschaftsbeziehungen unabhängige – soziale Natur aller Lebewesen. Die Lebewesen, der Mensch inbegriffen, erfreuen sich der Gesellschaft um ihrer selbst willen. Wilsons Frage könnte man also ohne weiteres umkehren und fragen, warum Lebewesen in Konkurrenz zueinander treten, wo sie doch von Natur aus sozial sind?

> Darwins Theorie gibt genau die Interessenlage der englischen Gesellschaft im viktorianischen Zeitalter wieder. Sie zeigt, wie sehr der Wettbewerb und die freie Marktwirtschaft, die kapitalistische und imperialistische Ausbeutung von dieser Gesellschaft Besitz ergriffen hatten.

Das wirft ein Licht auf die sozialen und politischen Grundlagen aller wissenschaftlichen Theorien – ja, meine eigene macht da keine Ausnahme. Eine Ausländerin zu sein, eine ihrer Kultur beraubte obendrein, die sich so wie ich eine fremde Kultur zu eigen machen muß, hat vielleicht auch Vorteile: Ich spüre, daß ich nichts als selbstverständlich ansehen kann. Dadurch fällt es womöglich leichter, sich von den sozialen und politischen Grundstrukturen der herrschenden Kultur frei zu machen. (Zumindest ist das meine Sicht der Dinge!) Darwins Theorie spiegelt genau die Interessenlage der englischen Gesellschaft im viktorianischen Zeitalter wieder. Sie zeigt, wie sehr der Wettbewerb und die freie Marktwirtschaft, die kapitalistische und imperialistische Ausbeutung von dieser Gesellschaft Besitz ergriffen hatten. Unglücklicherweise ist diese Ideologie auch heute noch sehr lebendig, und in unseren Tagen spielt sie bei den Sitzungen der Welthandelsorganisation ihre Trümpfe aus.

Es ist kein Zufall, daß in der Vorstellungswelt einer Zivilisation, die vor allem Kapitalismus und freies Unternehmertum propagiert, Dinge die beherrschende Rolle spielen und nicht Entwicklungsprozesse. Begriffe wie »Genbanken« und »genetische Ressourcen« machen unmißverständlich klar, daß das Leben, der Prozeß des Lebendigseins, und ebenso die realen Lebewesen und verschiedene ökologische Gemeinschaften zugunsten von Genen negiert werden, derer man sich bemächtigen kann, die man besitzen, die man aufbewahren und als Ware verwerten kann.

8
Die Fluidität und Wandlungsfähigkeit des Genoms

Würde jemand, der über die Fluidität und Wandlungsfähigkeit der Gene und Genome Bescheid wüßte, Investitionen in die Gentechnik in Betracht ziehen? Die Vorstellung von einem isolierbaren, beständigen Gen, das wegen all der fabelhaften Dinge, zu denen es imstande ist, als Erfindung patentiert werden kann, ist der größte reduktionistische Mythos, der jemals in die Welt gesetzt wurde. Gene und Genome müssen in Fluß bleiben, um eine Stabilität zu behalten. Das macht das Wesen der organischen Stabilität im Unterschied zur mechanischen Stabilität aus.

Das Ende der mechanistischen Biologie

Die neue Genetik bedeutet das Ende der mechanistischen Biologie, die mindestens hundert Jahre lang die Welt beherrscht hat. Um deutlich zu machen, welch tiefgreifender konzeptioneller Wechsel hier eingetreten ist, möchte ich den Lesern, die sich daran noch erinnern, die Bilderbuchgenetik ins Gedächtnis rufen, die bis in die frühen siebziger Jahre und womöglich auch noch in den Jahren danach gelehrt wurde. Dieses Genetikverständnis leitete sich direkt aus dem zentralen Dogma der Molekularbiologie (siehe Kapitel 7) ab, das dort von den fünfziger bis zu den siebziger Jahren das Maß aller Dinge war. Eine Zusammenfassung des zentralen Dogmas finden Sie in dem Kasten auf S. 139.

Die Gene sollten in einem vollkommen mechanischen Ablauf die Proteine bedingen, wie es Ihnen das Diagramm in Darstellung 7.4 des vorigen Kapitels gut vor Augen führt. Es gibt dabei allerdings auch ein paar etwas komplexere Punkte – zum Beispiel die Tatsache, daß nicht sämtliche Gene in allen Zellen zur Expression kommen, es also andere Gene geben muß, die dafür zuständig sind, daß diese Gene gewissermaßen an- und ausgeschaltet werden. Was aber steuert jene Gene, die andere Gene an- und ausschalten? Diese mechanische Hierarchie – Gene steuern andere Gene, die wiederum andere Gene steuern usw. – gerät im Handumdrehen zu einem endlos sich fortsetzenden Prozeß, mit dem man keinesfalls den möglichen Aufbau lebendiger Organismen erklären

Das zentrale Dogma der Molekularbiologie von den fünfziger bis zu den siebziger Jahren:[1]

1. Die DNS (und in einigen Viren die RNS) ist das genetische Material.
2. Mittels eines genetischen Dreiercodes verläuft der genetische Informationsfluß von der DNS zur RNS zum Protein.
3. Die von der RNS transkribierte und anschließend in ein Polypeptid translationierte Basensequenz ist eine originalgetreue Komplementärkopie des DNS-Codes für das Polypeptid.
4. Jeweils ein Polypeptid wird durch jeweils ein Gen spezifiziert, bei dem es sich um eine ununterbrochene DNS-Sequenz handelt.
5. Die Basensequenz in dem Gen entspricht genau der Sequenz von Aminosäuren in dem von ihm codierten Polypeptid.
6. Der genetische Code ist universell.
7. Die Sequenz der Basentrios in einem Gen läßt sich nur in einer Richtung lesen, ohne Überschneidungen und nur in einer korrekten Lesart.
8. Die DNS der meisten Zellen bleibt im Lauf der Entwicklung unverändert, lediglich die zur Expression kommenden Gene unterscheiden sich je nach Zelltyp.
9. Umweltbedingte Veränderungen der Eigenschaften von somatischen Zellen haben keine Auswirkungen auf die DNS, und sie können nicht vererbt werden.

kann. Doch so sehen im Grunde die Erklärungen aus, die auch heute noch angeboten werden.

Seit den frühen siebziger Jahren ließen sich sämtliche Annahmen des zentralen Dogmas, von der ersten einmal abgesehen, nicht länger aufrechterhalten. Und die erste Annahme gilt lediglich *per definitionem*. Denn es ist wohlbekannt, daß bestimmte zelluläre Zustände, oder Zustände der Genexpression, ganz unabhängig von Veränderungen in der DNS oder RNS (siehe die späteren Erklärungen dazu) erblich sind. Der erste Riß im Fundament des zentralen Dogmas trat auf, noch ehe die Erforschung der rekombinanten DNS so richtig in Gang gekommen war.

Dies geschah, als die US-amerikanischen Genetiker Howard Temin und David Baltimore ein virales Enzym entdeckten, die *reverse Transkriptase*, die der Rückübersetzung dient, der umgekehrten Transkription – d. h., von einer RNS-Sequenz liefert sie eine Kopie der komplementären DNS (cDNS). Jene Viren, die über reverse Transkriptase verfügen, sind Retroviren – sie rufen AIDS und viele Arten von Krebs hervor –, die RNS als Genom haben.

Sich überschneidende Gene wurden erstmals in dem Bakteriophagen ΦX174 (einem Virus, das Bakterien befällt) entdeckt, als Sanger 1977 seine vollständige Basensequenz herausfand. Der Phage besitzt mindestens ein Gen, das für zwei verschiedene Polypeptide codiert. Der Code für das zweite Polypeptid beginnt, um eine Base verschoben, in der Mitte des Gens und setzt sich von dort bis zum Ende fort, so daß die zweite Information, die hier codifiziert ist, ein ganz anderes Polypeptid ergibt. Sich überschneidende Gene hat man inzwischen auch bei vielen anderen Viren gefunden.

Dann entdeckte man, daß die mitochondriale DNS (DNS in den zellulären Organellen, die als Mitochondrien bezeichnet werden und durch die Oxidation organischer Nahrungssubstrate Energie für Lebensaktivitäten aller Art liefern) einen genetischen Code verwendet, der von dem »universellen« Code in mancher Beziehung abweicht. In der Folge fand man heraus, daß die bewimperten Protozoen (einzellige Lebewesen) wie *Paramecium* und *Tetrahymena* wiederum einen anderen Code verwenden. Der genetische Code ist also keineswegs universell.

> Diese Forscher schufen die Grundlagen zu einem neuen genetischen Paradigma für das nächste Jahrtausend. Der Gedanke an ein isolierbares, unveränderliches Gen, das man als Erfindung patentieren könnte, war ihnen nie in den Sinn gekommen. Und wenn doch, so hätten sie nur die Auswirkungen ihrer Entdeckungen in ihrer Gesamtheit zu überdenken brauchen, um diese Vorstellung als das zu erkennen, was sie tatsächlich ist: der größte reduktionistische Mythos, der jemals verbreitet wurde und aller wissenschaftlichen Erkenntnis spottet.

So erstaunlich diese Resultate auch waren, könnten sie doch leicht als bloße Ausnahmen abgetan werden, die eigentlich nur die Regel bestätigen. Ganz besonders anschaulich kommt die Widerlegung des zentralen Dogmas der Molekularbiologie in der Dynamik und Flexibilität zum

Ausdruck, die für die Struktur und die Funktion des Genoms kennzeichnend sind. Das steht in erstaunlichem Gegensatz zu der relativ statischen und mechanischen Konzeption, die vorher das molekularbiologische Denken beherrscht hat.

Das verschwindende Gen

Das »Gen« der heutigen Gentechniker entspricht noch weitgehend den Vorstellungen, die sich zwischen den fünfziger und den siebziger Jahren in der Molekularbiologie etabliert haben: Das Gen ist demnach ein zusammenhängender DNS-Abschnitt mit einer spezifischen Basensequenz (die, von selten und zufällig auftretenden Mutationen einmal abgesehen, unverändert bleibt); dieser Abschnitt befindet sich an einer genau definierten Stelle in dem unveränderlichen Genom der Zelle, und er ist für die Aminosäurensequenz eines ihm entsprechenden Polypeptids maßgebend. Die Aminosäurensequenz eines Polypeptids wiederum ist für seine Funktion im Organismus maßgebend. Diese Vorstellung von einem isolierbaren Gen, das unabhängig vom zellulären Kontext und den Umweltbedingungen des Organismus eine spezifische Funktion vorgibt, liefert auch die Rechtsgrundlage zur Patentierung von Genen. Der erste reduktionistische Trugschluß bei der Patentierung von Genen liegt darin, daß die DNS für sich genommen rein gar nichts spezifizieren kann, da die DNS für ihre Replikation auf die Gesamtzelle angewiesen ist. Ferner entpuppt sich das Gen in den Erkenntnissen der neuen Genetik durchaus nicht als wohldefiniertes Kontinuum in klar abgesteckten Grenzen, da die Expression jedes einzelnen Gens letztlich von jedem anderen Gen im Genom abhängig und mit ihm verknüpft ist. Ganz gewiß geht der Informationsfluß nicht ausschließlich in einer Richtung von der DNS zur RNS zum Protein und zum übrigen Organismus, wie es das zentrale Dogma postuliert. Vielmehr richtet sich die Genexpression nach den Umweltbedingungen, dem physiologischen und zellulären Kontext, und entsprechend wird er abgewandelt und angepaßt. Darüber hinaus unterliegt die DNS-Basensequenz der Gene und Genome im normalen Entwicklungsablauf, aber auch als Folge von umweltbedingten Störungen, kleinen und großen Veränderungen.

Die gesamte Zeitspanne etwa von Mitte der siebziger bis Mitte der achtziger Jahre war für die Biologie ganz besonders aufregend und lohnend. Es war regelrecht so, als öffneten sich nach der Diktatur des zentralen Dogmas hundert Blüten. Jede Woche, so schien es, gab es eine Neuentdeckung, die dem widersprach, was zuvor Jahrzehnte lang akzeptiert worden war. Und es war ein wirklich kollektives Bemühen. Hunderte, wenn nicht Tausende von Molekulargenetikern in den Instituten überall in Europa und den USA waren daran beteiligt, gaben einander Informationen, Forscher wurden ausgetauscht, die zusammenarbeiteten und sich auf jede nur mögliche Weise gegenseitig unterstützten. Unter ihnen gab es immer noch Stars. Doch für eine typische wissenschaftliche Veröffentlichung in der Molekulargenetik zeichneten zehn oder mehr Autoren verantwortlich, daher betrachtete man Teamarbeit als eine Selbstverständlichkeit. Es gab viel zu tun und so viele neue Dinge zu entdecken, daß niemand wirklich ein Geheimnis aus seiner Arbeit machte. Obwohl sie damals wahrscheinlich keine Zeit hatten, groß darüber nachzudenken, stellten diese Forscherinnen und Forscher ein neues genetisches Paradigma für das nächste Jahrtausend auf. Der Gedanke an ein isolierbares, unveränderliches Gen, das man als Erfindung patentieren könnte, wäre ihnen erst gar nicht in den Sinn gekommen. Und wenn doch, so hätten sie nur die Auswirkungen ihrer Entdeckungen in ihrer Gesamtheit zu überdenken brauchen, um diese Vorstellung als das zu erkennen, was sie tatsächlich ist: der größte reduktionistische Mythos, der jemals verbreitet wurde und aller wissenschaftlichen Erkenntnis spottet.

Ich will versuchen, Ihnen einiges von den aufregenden Einsichten jener Zeit nahezubringen, und werde auch Dinge mit einfließen lassen, auf die man erst in den neunziger Jahren gestoßen ist.

Das unterbrochene Gen

Die Entdeckung des unterbrochenen Gens sorgte in den späten siebziger Jahren völlig unerwartet für Schlagzeilen. Ermöglicht wurde die Entdeckung durch das *Klonen* von Genen – die Technik, mit der man zahlreiche Kopien von einem Gen anfertigen, das Gen isolieren und identifizieren kann. Wenn ein bestimmtes Gen isoliert ist, läßt sich seine Basensequenz bestimmen und mit der Sequenz der vom Gen transkribierten mRNS vergleichen. Bei der Durchführung dieser Schritte fanden die Forscher heraus, daß das der Codierungssequenz im Genom entsprechende Gen in gewissen Intervallen Abschnitte ohne den genetischen Code aufweist. Die Regionen mit Codierung wurden als *Exons** und diejenigen ohne Codierung als *Introns*** bezeichnet. Diese Struktur, so hat

* oder *Exonen*
** oder *Intronen*

man dann herausgefunden, kennzeichnet die meisten eukaryontischen Gene. Bei der Anzahl und Größe der Introns zeigen sich beträchtliche Unterschiede, und häufig sind sie viel länger als die codierenden Sequenzen. Während der Transkription wird die komplementäre Sequenz des ganzen Gens auf eine Vorläufer-RNS, ein Primärtranskript, übertra-

Das Gen ist letztlich über den gesamten Organismus in seinem ökologischen Umfeld de-lokalisiert.

gen und durch weitere Prozesse auf die Messenger-RNS. Dies erweist sich als ein *sehr* komplizierter Arbeitsvorgang, der es unter anderem erforderlich macht, die Introns herauszuspleißen, damit die komplette Codierungssequenz in eine zusammenhängende Polypeptid-Kette übersetzt werden kann. Daher entspricht die Gensequenz im Genom ganz und gar nicht derjenigen, die man angesichts der Aminosäurensequenz des codierten Polypeptids erwarten würde.

Die unterbrochenen Gene waren eine Überraschung. In einer wirklich grundlegenderen Weise verändert sich der Status des Gens allerdings durch die Entdeckung der vielschichtigen Schwierigkeiten, die mit der Genexpression verbunden sind. Das für die Herstellung eines einzelnen Polypeptids zuständige Gen ist funktionell und auch strukturell nur vage definiert. Nirgendwo im gesamten Genom kann man es genau lokalisieren, und es ist mit allen anderen ebenso vage definierten Genen verflochten. Da die Genexpression – die Synthese des Polypeptids – auch auf die physiologischen Bedingungen und die Umweltbedingungen empfindlich reagiert, ist das Gen letztlich über den gesamten Organismus in seinem ökologischen Umfeld de-lokalisiert. Ich werde erklären, warum dies so ist.

Das de-lokalisierte, vielfältig verflochtene Gen

Die DNS-Sequenz als solche kann gar nichts bewirken, da sie für ihre Replikation und Transkription auf das Zusammenspiel mit Enzymen und anderen Proteinen angewiesen ist. Die Genexpression – das letztendliche Auftauchen des codierten Polypeptids – erweist sich als ein äußerst komplizierter Prozeß. Er hängt von besonderen »regulativ« wirkenden DNS-Sequenzen ab, die entweder vor (5′) oder hinter (3′) der Region des (unterbrochenen) Gens, innerhalb der Introns oder mitunter auch sehr weit entfernt auf dem Chromosom liegen können. Diese Sequenzen stehen in Wechselbeziehungen zu zahllosen regulativen Proteinen, zu *Transkriptionsfaktoren*, die durch andere, über das gesamte Genom (auf andere Chromosomen) verteilte Gene codiert werden. Jedes dieser Gene hat höchstwahrscheinlich eine Genstruktur wie das Gen, das es reguliert, und für die Regulierung bedarf es weiterer Transkriptionsfaktoren. Jeder Transkriptionsfaktor erkennt in der regulativen Region (beziehungsweise in *den* regulativ*en* Region*en*) ein spezielles *Motiv*, eine kurze Sequenz. Die Transkription kann erst beginnen, wenn der, aus verschiedenen Transkriptionsfaktoren bestehende, *Transkriptionskomplex* mit dem *Promotor* – einem der regulativen Bereiche, der den Ausgangspunkt der Transkription markiert – verbunden ist.

Zwar kommen manche Transkriptionsfaktoren bei sämtlichen Zelltypen zum Einsatz und sind für die Transkription vieler, wenn nicht gar aller Gene unentbehrlich. Andere Transkriptionsfaktoren hingegen sind zellspezifisch; oder sie werden durch besondere Reize stimuliert, etwa durch Hitzeschocks, spezifische Metabolite oder Hormone, die ihrerseits einer Umweltregulation unterliegen.

Ein weiteres anschauliches Beispiel für die de-lokalisierte wechselseitige Verflechtung der Genfunktionen bilden die Beziehungen zwischen Genen und Polypeptiden. Gemäß dem zentralen Dogma codiert jeweils ein Gen für ein Polypeptid. In Wirklichkeit hat man zwischen Genen und Polypeptiden *alle möglichen Konstellationen kartiert*: ein Gen mit einem Polypeptid, ein Gen mit vielen Polypeptiden, viele Gene mit einem Polypeptid und viele Gene mit vielen Polypeptiden.[2] Je nachdem, auf welche Art man das Primärtranskript (zur Beseitigung von Introns) spleißt, entsteht zum Beispiel aus demselben Gen mehr als ein Protein. Bei verschiedenen Arten von Gewebe geschieht dies ebenso wie bei identischen Gewebearten. In manchen Fällen wird ein großes, von einem einzigen Gen codiertes Polyprotein nach der Translation in zwei oder mehr Polypeptide aufgespalten. Was noch erstaunlicher ist: Durch eine Neuanordnung der DNS können zahlreiche Gene im Genom miteinander verbunden werden; diese neu angeordnete DNS wird dann so transkribiert und translationiert, daß daraus ein einziges Polypeptid hervorgeht. Dies geschieht etwa bei der Synthese von *Immunoglobulinen* – Antikörper-Proteinen, die bestimmte fremde Antigene an sich binden, wenn der Körper eine Immunreaktion zeigt. Durch die Rekombination von verschiedenen Varianten einiger besonderer Gene in multigenen Familien (mehr über diese im folgenden Abschnitt) lassen sich Antikörper in großer Vielfalt erzeugen. Sie können jeweils ganz spezifisch eins der tausendfach sich unterscheidenden, fremden Antigene, mit denen es der Organismus wahrscheinlich einmal zu tun bekommt, an sich binden.

Schließlich können viele Gene für dieselben oder für ähnliche Polypeptide in sogenannten *multigenen Familien* codieren. Dies sind Genfamilien, die das Genom in vielfacher Kopie (von einigen Kopien bis zu vielen Tausenden oder Hunderttausenden Kopien) enthalten. *Einfache* multigene Familien haben identische oder nahezu identische Sequenzen, die in einer oder in mehreren Tandem-Reihen angeordnet sind (fortlaufende Wiederholungen der Anfangs- und Endstücke). Diese werden gleichzeitig tätig, um Einzelproteine in großer Zahl zu produzieren – zum Beispiel die *Histone*, die in eukaryontischen Zellen die DNS zu Chromosomen bündeln; und ribosomale RNS, die an der Übersetzung von mRNS in Proteine beteiligt ist. *Komplexe* multigene Familien andererseits enthalten Sequenzen, die nicht identisch, jedoch ähnlich sind und eng miteinander zusammenhängende Funktionen ausüben. Ein Beispiel dafür sind die *Hämoglobine*, die Sauerstofftransport-Proteine der roten Blutkörperchen, von denen es verschiedene embryonale, fötale und erwachsene Formen gibt.

Das deaktivierte Gen

Gene codieren zwar für die Aminosäurensequenzen der Proteine, dennoch kann es sein, daß sie aufgrund einer von den zellulären und physiologischen Zuständen ausgehenden »Anweisung« nicht zur Expression kommen. Etwa die Hälfte aller Gene im eukaryontischen Genom weisen an ihren vorderen (5′) Enden das Dinukleotid CG in vielfacher Wiederholung auf. Die Cytosin-Bestandteile sind häufig um eine Methylgruppe, $-CH_3$, erweitert. Es zeigt sich, daß das Gen nicht länger transkribiert wird, wenn viele Cytosin-Bestandteile methyliert sind. Dieser Regelmechanismus wird nicht nur bei normalen Genen im Genom wirksam, sondern auch bei Transgenen – sehr zur Frustration der Gentechniker (siehe Kapitel 9 und 10) – und bei eingegliederten viralen Sequenzen. Dieser Mechanismus kann alleine schon durch die Einführung weiterer Kopien eines bereits im Genom vorhandenen Gens ausgelöst werden und ist Bestandteil der Abwehrmechanismen gegen fremde, unerwünschte DNS, über den sämtliche Zellen verfügen.

Ein besonders wichtiger Fall, in dem die Genexpression »zum Verstummen gebracht« beziehungsweise das Gen deaktiviert wird, ist schon lange bekannt, obwohl man das Phänomen bis heute noch nicht restlos versteht. Er betrifft das eine oder das andere der beiden X-Chromosomen, das die weiblichen Vertreter vieler Spezies, darunter auch der Mensch, dort aufweisen, wo das männliche Pendant ein einziges X-Chromosom und ein viel kleineres Y-Chomosom mit ganz wenigen Genen hat. Die Deaktivierung eines der beiden X-Chromosomen beginnt an einem Ende und setzt sich schließlich über das gesamte Chromosom fort, dessen Kern schließlich wie ein eingeschrumpfter runder Tropfen aussieht. Die Gene auf dem deaktivierten X sind alle in hohem Maß methyliert, bis auf einige wenige, die noch aktiv sind. Es scheint völlig dem Zufall überlassen zu sein, welches X-Chromosom in einer Zelle deaktiviert wird; und so werden Heterozygoten schließlich zu einem somatischen Mosaik – einem Gemisch aus verschiedenen Zellen im Körper. Ein sehr weit verbreitetes Beispiel für solch ein somatisches Mosaik ist eine Hauskatze, die Schildpattkatze: Die weibliche Schildpattkatze ist in bezug auf ein Gen auf dem X-Chromosom heterozygot, was entweder ein orangefarbenes oder ein schwarzes Fell ergibt. Eine zufällig unter den Körperzellen auftretende Inaktivierung des X-Chromosoms ergibt ein zauberhaft buntgemustertes Fell mit Orange- und Schwarztönen.

Interessanterweise wird die DNS-Methylierung weitervererbt, so daß bei der Replikation der DNS die im alten Strang durch Methylierung gekennzeichneten Basen auch im neuen Strang methyliert sind. Diese sogenannte epigenetische Vererbung ist zumindest teilweise für die Stabilität der differenzierten Zellzustände verantwortlich. Verlieren Gene infolge von Zellzustandsveränderungen ihre Methylierungsmuster, so wird dies ebenfalls an die Tochterzellen weitergegeben. Das Eintreten wie auch der Verlust der Methylierung ist eins von vielen Beispielen für die Vererbung erworbener Merkmale,[3] die die orthodoxe Auffassung in Abrede zu stellen versuchte. Veränderungen in der Genexpression erfordern *keine* Veränderungen der DNS-Sequenzen.

Das edierte Gen

Seit den siebziger Jahren sind die Genetiker bei der »Verarbeitung« des primären RNS-Transkripts zu Messenger-RNS und der anschließenden Übersetzung in Protein auf immer weitere Komplikationen gestoßen. Die erstaunlichste davon ist die *RNS-Edierung,* bei der die Basensequenz des RNS-Transkripts durch Hinzufügung von Basen zum RNS-Molekül oder durch die chemische Transformation einer Base in eine andere Sequenz umgewandelt wird. Diesen Vorgang hat man 1986 zunächst in den mitochondrialen Transkripten des *Trypanosoma* entdeckt, eines Parasiten, der die Schlafkrankheit hervorruft; doch inzwischen ist man bei so unterschiedlichen Organismen wie Säugern, Amphibien, Pflanzen, Protozoen und Viren auf diesen Vorgang gestoßen, der nicht nur mitochondriale und chloroplastische Gene,[4] sondern auch nukleäre Gene betrifft.[5] Die RNS wird nicht per Zufall ediert. Sondern wenn die RNS-Edierung stattfindet, ist sie wahrscheinlich immer für ein angemessenes Funktionieren des Organismus *unentbehrlich*. Zum Beispiel wird bei Weizenmitochondrien das Transkript eines Gens, *atp9*, durch Entfernung einer Aminogruppe,-NH_2, aus dem Cytosin, C, das so zu Uracil, U,

> Die Genexpression steht in einem zirkulären und multidimensionalen Kausalzusammenhang. Es gibt keine einfachen, linearen, ungerichteten Instruktionen, die vom Gen aus an die RNS und an das Protein gehen. Die mechanische Vorstellung von einem isolierbaren Gen stimmt nicht mit der organischen Wirklichkeit der dynamischen, delokalisierten Verflechtung der Genfunktion überein.

wird, ediert. Die edierte mRNS läßt ein funktionierendes Protein mit einer Aminosäurensequenz entstehen, die sich von der im Gen codierten Sequenz unterscheidet. Wenn man nicht edierte Proteine in transgene Pflanzen eingefügt hat, kam es zu männlicher Sterilität.[6] Die RNS-Edierung ist auf RNS-»Editasen« angewiesen, auf Enzyme, die in verschiedenen, jeweils für bestimmte Edierungsaufgaben spezifischen Formen existieren.[7] Darüber hinaus sind an der Edierung wie an der Transkription Multiproteinkomplexe beteiligt.[8]

Womöglich bestimmt also das Gen noch nicht einmal die Aminosäurensequenz des Polypeptids, für dessen Codierung es eigentlich zuständig ist. Statt dessen hängt die genaue Abfolge der Aminosäuren von Einflüssen aus dem Kontext, dem zellulären und physiologischen Zustand ab. Diese Einflüsse wirken sich rückwärtig auf die Stufen nach der Transkription aus – ganz so, wie sich ähnliche rückwärtige Beeinflussungen durch Transkriptionsfaktoren und DNS-Methylierung auf die Stufe der Transkription auswirken und dadurch festlegen, welche Gene transkribiert und welche Gene deaktiviert werden. Die Genexpression steht in einem zirkulären und multidimensionalen Kausalzusammenhang. Es gibt keine einfachen, linearen, ungesteuerten Instruktionen, die vom Gen aus an die RNS und an das Protein gehen. Wir werden in späteren Kapiteln vielfach Gelegenheit haben, den »rückwärts gerichteten Informationsfluß« zu untersuchen, der, von der Umwelt ausgehend, Gene und Genome *ändert*.

Hier wird deutlich, daß die mechanische Vorstellung von einer isolierbaren und in Entsprechung zu einem Gen stehenden DNS-Sequenz nicht mit der organischen Wirklichkeit der dynamischen, de-lokalisierten Verflechtung der Genfunktion übereinstimmt. Der Übergang zwischen dem molekulargenetischen Determinismus des zentralen Dogmas und der neuen Genetik erinnert an den Übergang zwischen den voneinander getrennten mechanischen Objekten des Newtonschen Universums und den de-lokalisierten, wechselseitig miteinander verwobenen Gebilden der Quantenrealität.[9] Die neuentdeckte Dynamik der Genfunktion paßt genau zur Fluidität der Gene und Genome.

Die Fluidität des Genoms[10]

»Durch die Anwendung neuer Molekulartechniken sehen wir, daß das Genom unterhalb der Chromosomenebene von ständig wechselnden Sequenzen bevölkert wird. Mobilität, Amplifikation, Auslöschung, Inversion, Austausch und Konversion von Sequenzen sorgen für diese unerwartete Fluidität auf der Entwicklungs- wie auf der Evolutionszeitskala.«[11] Dieses Zitat entstammt einer historischen Veröffentlichung, »Genome Evolution«. Durch die Verwendung dieses Titels haben Gabriel Dover und Richard Flavell, die beiden Autoren des Buchs, praktisch ein neues Fachgebiet definiert.

Der Aufbau des Genoms ist ungeheuer variabel

Die Genome von *Eukaryonten** sind sehr groß und komplex. Sie sind auch ungeheuer variabel, wie den Genetikern klar wurde, als sie die Gelegenheit erhielten, eukaryontische Genome mit Hilfe rekombinanter DNS-Techniken zu zerlegen.

Zuerst einmal ist weit mehr DNS vorhanden, als es zur Codierung sämtlicher Proteine und zur Versorgung mit all den für die Transkription erforderlichen Signalen bedürfte. Der weitaus größte Teil der DNS – in manchen Genomen möglicherweise bis zu 99 Prozent – erfüllt offenbar keine uns bekannte Funktion. Man hat sie als »Überschuß-DNS«

* »höhere« Organismen, deren Genome in einem Zellkern eingeschlossen sind, den eine Membran begrenzt; sie werden von *Prokaryonten* wie zum Beispiel Bakterien unterschieden, die keinen Zellkern haben und deren Genome frei im Zytoplasma der Zelle existieren.

(Junk-DNA) oder als »egoistische DNS« bezeichnet – egoistisch, weil sie nur den einen Zweck erfüllt, zusammen mit dem übrigen Genom sich selbst zu replizieren. Zweitens besteht die DNS überwiegend aus sich wiederholenden Sequenzen. Die Anzahl der Wiederholungen schwankt zwischen weniger als zehn bis hin zu Hunderttausenden oder mehreren Millionen. Die Länge der wiederholten Sequenz variiert von zwei oder drei Basenpaaren bis hin zu Tausenden oder Hunderttausenden von Basenpaaren. Diese sich wiederholenden Sequenzen können nahe an den Enden der Chromosomen, an den Zentromeren oder in anderen Teilen gehäuft auftreten, oder sie können über alle Teile der Chromosomen verstreut auftreten.

Bei einzelnen Genomen, die denselben Spezies oder denselben Populationen angehören, kann es unterschiedlich viele und manchmal auch unterschiedlich plazierte Wiederholungen geben. Durch diese Wiederholungen der Sequenzen wird die Sequenzierung der DNS im menschlichen Genom außerordentlich erschwert – ganz abgesehen von der naheliegenden Frage, wessen Genom sequenziert wird, da sich ja die einzelnen Genome in den DNS-Sequenzen und im Aufbau unterscheiden. (Im 12. Kapitel werden Sie sehen, wie variabel die einzelnen Gene mit der Codierung für die Proteine sein können und wie die enorme Variation in den wiederholten DNS-Sequenzen des menschlichen Genoms zur Genlokalisierung und zur Identifizierung von Menschen für gerichtsmedizinische Zwecke genutzt werden können.) Zwar gehören einige der wiederholten Sequenzen zu multigenen Familien, die für funktionale Proteine codieren. In der weit überwiegenden Mehrzahl jedoch haben sie keine uns bekannte Funktion.

Bei einigen Wiederholungen handelt es sich um *mobile genetische Elemente,* die auch als Transposons oder »springende Gene« bezeichnet werden – Sequenzelemente, mit dem genetischen Code für Enzyme, die die Elemente im Genom an verschiedenen Stellen herausschneiden und wiedereinsetzen können und dabei zugleich weitere Kopien von sich anfertigen. Die Genetikerin Barbara McClintock entdeckte die Transposons vor mehr als fünfzig Jahren. Mit arger Verspätung hat man sie 1983 mit dem Nobelpreis ausgezeichnet. Sie untersuchte eine Reihe sehr instabiler Gene in Mais, bei denen eine Vielzahl spontaner Mutationen

> Vor mehr als fünfzig Jahren entdeckte die Genetikerin Barbara McClintock die Transposons. Mit großer Verspätung wurde sie 1983 mit dem Nobelpreis ausgezeichnet.

auftraten. Dies hatte seine Ursache in Transposons, deren unvermitteltes Auftauchen und Verschwinden die Funktion der Gene beeinträchtigte. Auch wenn das Transposon wieder aus dem Genom verschwindet, wird unter Umständen die Funktion nicht wiederhergestellt. Denn normalerweise hinterlassen Transposons ihren »Abdruck«, ein Duplikat kurzer Sequenzen, die die Einschubstelle flankieren.[12] (Transgener Mais ist in dieser Hinsicht wahrscheinlich besonders gefährlich, weil hier bereits zahlreiche Transposons eine Aushilfsfunktion zur Mobilisierung von Transgenen und Markierungsgenen innehaben.)

Eine Kategorie von Transposons sind die *Retrotransposons*, die auf *reverse Transkription* angewesen sind, um sich bewegen und verdoppeln zu können. Sie sind den Retroviren, von denen sie möglicherweise abstammen (siehe Kapitel 13), sehr ähnlich.[13] Ferner gibt es im Genom sehr viele andere, den Retroviren ähnelnde Restsequenzen, die ihre Fähigkeit zur Eigenmobilisierung verloren haben. Das bedeutet allerdings für diese Restsequenzen nicht unbedingt das Ende jeder Aktivität und ihrer Replikation, denn andere Elemente können als Helfer für sie einspringen. *Aus diesem Grund sind die sogenannten entschärften Vektoren der Gentechnik so gefährlich* (siehe die Kapitel 10 und 13). Auf jeden Fall ist durch die reverse Transkription eine cDNS-Kopie der entsprechenden RNS entstanden, die dann in das Genom eingefügt wird.

Wie sich herausgestellt hat, sind reverse Transkripte in eukaryontischen Genomen sehr verbreitet. Manche Genome können bis zu 20 Prozent aus reversen Transkripten bestehen. Eine Kategorie solcher reverser Transkripte, die man als *Alu*-Sequenzen* bezeichnet, umfaßt die meistverbreiteten, sich mit mittlerer Häufigkeit wiederholenden DNS-Sequenzen in den Genomen des Menschen und der Nagetiere. Im menschlichen Genom handelt es sich um eine 300 bp Sequenz, die sich etwa eine halbe Million Male wiederholt, wobei die Wiederholungen weit über das Genom verstreut sind. Sie ist homolog zu Teilen eines 7SL RNS genannten RNS-Moleküls im Zytoplasma. Dieses bildet das Signalerkennungspartikel – ein Bestandteil jener molekularen Mechanismen, die nötig sind, um Proteine nach der Übersetzung durch intrazelluläre Membranen zu bewegen. Die 7SL RNS besteht interessanterweise aus einer *Alu*-Sequenz, in die eine für die 7SL RNS spezifische Sequenz eingegliedert wurde.[14]

* Sie heißen so, weil sie durch ein »Alu« genanntes *Restriktionsenzym* abgetrennt werden. Bei den Restriktionsenzymen handelt es sich um eine große Zahl von Enzymen, die DNS durchtrennen können.

Aufgrund von vielen Prozessen, die auf der Entwicklungs- wie auf der Evolutionszeitskala unentwegt ablaufen, befinden sich die Genome ständig in Veränderung. Diese Prozesse destabilisieren die Gene und Genome, verschieben die Gene, bewirken die Mutation von Sequenzen, gruppieren sie um, rekombinieren sie, replizieren sie, löschen sie oder fügen Sequenzen ein; ja sie tauschen sogar Sequenzen aus und konvertieren sie.

Schließlich enthält das Genom auch zahlreiche »Pseudogene« – Codierungssequenzen ohne eine klare Funktion, die von ihren mRNS revers transkribiert und in das Genom eingegliedert worden sind. Die reverse Transkription stellt einen möglichen Weg für den reversen Informationsfluß dar (mehr dazu später).

Genomdynamik – die DNS-Fluktuation[15]

Genome sind deshalb so groß und komplex, weil sie sich aufgrund von vielen Prozessen, die auf der Entwicklungs- wie auf der Evolutionszeitskala unentwegt ablaufen, ständig verändern. Diese Prozesse destabilisieren die Gene und Genome, verschieben die Gene, bewirken die Mutation von Sequenzen, gruppieren sie um, rekombinieren sie, replizieren sie, löschen sie oder fügen Sequenzen ein; ja sie tauschen sogar Sequenzen aus und konvertieren sie. Sequenzen im Genom können im Rahmen der normalen Entwicklung oder infolge von Umweltanforderungen tausend- oder hunderttausendfach amplifiziert (oder kontrahiert) werden. Sie können in großem Umfang reorganisiert oder umgruppiert werden, um neue Chromosomen zu bilden. Nach Entstehung von Hybriden zwischen Spezies, deren Chromosomen einander nicht genügend gleichen, um bei den speziellen Zellteilungen (*Meiose*) zur Bildung der Keimzellen richtig zusammenzupassen, können sich Genome im Ganzen verdoppeln. In diesem Fall kann sich dann aufgrund der Verdoppelung des Gesamtgenoms jedes Chromosom mit einem Partner verbinden, der genau mit ihm übereinstimmt. Dieser Prozeß – die *Polyploidierung* – ist in der Evolution natürlicher Spezies sehr häufig anzutreffen. Aus diesem Grund können die Genome von eng verwandten Spezies enorme Größenunterschiede aufweisen. Die einzelligen bewimperten Protozoen besitzen die größten Genome auf der Erde. Sie haben die Tendenz, im Rahmen der normalen Entwicklung ihr gesamtes Genom zu amplifizieren.

Angesichts der Fluidität und der dynamischen Natur des Genoms gelangte der Molekulargenetiker Richard Flavell zu der Auffassung, daß die Genome aller Spezies Zyklen der »DNS-Fluktuation« durchlaufen und daß die damit einhergehenden Mutationen, Umgruppierungen, Verlagerungen, Amplifikationen und Löschungen eine wichtige Quelle für die Evolution neuer Spezies bilden.

Springende Gene

Die Fluidität der Genome beruht zum Großteil auf den Transposons, den mobilen genetischen Elementen. Durch Transposition – ihren Platztausch – ändert sich nicht nur die Position der betreffenden Elemente. Im Fall der replikativen Transposons können sich vielmehr durch diesen Prozeß Kopien des Transposons über das Genom verteilen, oder sie können durch Infektion auch auf andere Genome übergreifen. Ein bestimmtes Transposon, das *P*-Element, hat sich innerhalb von fünfzig Jahren in sämtlichen *Drosophila*-Arten verbreitet.[16] Vor der Verbreitung des *P*-Elements im Labor hergestellte *Drosophila*-Sequenzen wiesen das Element nicht auf. Man nimmt an, daß eine winzige, bei zahlreichen *Drosophila*-Arten parasitäre Milbe für die Ausbreitung des *P*-Elements über die Artschranken hinweg verantwortlich gewesen ist.[17] Im 10. und im 13. Kapitel werden Sie weitere Beispiele für mobile genetische Elemente kennenlernen. Mobile genetische Elemente sind, wie bereits erwähnt, für viele »spontane« Mutationen beim Mais, bei *Drosophila* und auch beim Menschen verantwortlich. Transpositionen, Positionswechsel der genetischen Elemente, führen zur Verdoppelung von Sequenzen, zu ihrer Löschung und zur chromosomalen Neuanordnung und können so beträchtliche genetische Umwälzungen hervorrufen.

Nicht immer bewegen sich die mobilen Elemente im Genom von der Stelle. Transposition wird offenbar durch zelluläre Funktionen so geregelt, daß Transposons von einem aktiven in einen inaktiven Zustand übergehen können. Bei inaktiven Transposons kommt es in erhöhtem Maß zur Methylierung,[18] die in engem Zusammenhang zur »Deaktivierung des Gens«, dem Ausbleiben der Genexpression, steht (siehe den Abschnitt »Das deaktivierte Gen« weiter vorn in diesem Kapitel). Aufgrund von Umweltbelastungen nimmt allerdings beim Mais[19] wie bei *Drosophila*[20] die Häufigkeit, mit der mobile Elemente ihren Platz wechseln, deutlich zu. Zwar sehen manche Genetiker darin eine möglicherweise adaptiv wirkende Funktion zur Bildung von Varianten, mit deren Hilfe der Organismus den Umweltanforderungen gerecht werden kann.

Letztlich wird dadurch jedoch ein höherer Anteil der Gene deaktiviert, da die Transposons sich per Zufall in sie einfügen. Dies hat Auswirkungen auf die menschliche Gesundheit (siehe Kapitel 14).

Die Amplifikation und Kontraktion von Genen

Amplifikationen und Kontraktionen von Genen können im Rahmen einer normalen Entwicklung auftreten. Zum Beispiel weiß man seit den sechziger Jahren, daß die Gene mit dem Code für ribosomale RNS, die für die Übersetzung der mRNS in Proteine erforderlich sind, zur Reifungszeit der Keimzellen Phasen mit besonders vielen Amplifikationen durchlaufen. Dies geschieht so auch beim befruchteten Ei des *Xenopus* (der afrikanischen Klauenkröte, die in Wahrheit ein Frosch ist), wo dann mehr als 70 Prozent der nukleären DNS für rRNS codieren. Ribosomale Ribonukleinsäuren existieren im Genom bereits als multigene Familien. Die Amplifikation betrifft nicht sämtliche Wiederholungen, sondern oft wird nur eine dominante Gruppe amplifiziert.
Amplifikationen und Kontraktionen der Gene finden im Übergang vom Jugend- zum Erwachsenenalter bei vielen Pflanzen statt. Diese beinhal-

> Veränderungen des Genoms werden in experimentell wiederholbarer Weise durch bestimmte Medikamente in bestimmten Zellinien hervorgerufen. *Hierbei handelt es sich nicht um die Selektion von Zufallsmutationen,* sondern um physiologische Reaktionen, die alle Zellen der Population miteinander gemein haben.

ten, vermutlich im wachsenden Teilungsgewebe des Schößlings, Veränderungen in den sich wiederholenden Sequenzen aller Zellen.

Die Fähigkeit zur Amplifikation und Kontraktion der Gene ist sehr weit verbreitet. Bei Zellen von Säugern kommt es im Verlauf einer medikamentösen Behandlung – wie zum Beispiel in der Chemotherapie gegen Krebs –, bei der die Zellen eine Resistenz gegen die Medikamente entwickeln, sehr leicht dazu. Eins der am besten untersuchten Beispiele ist die Resistenz gegen Methotrexat.[21] Methotrexat* hemmt die Aktivität

* Methotrexat (Amethopterin) gehört zur Gruppe der Folsäure-Antagonisten (als Zytostatika und Antimetaboliten fungierende Substanzen). Sie bewirken eine Störung der Nukleinsäuresynthese und behindern daddurch eine Vermehrung der betreffenden Zellen, weshalb sie zur chemotherapeutischen Behandlung von malignen Tumoren eingesetzt werden.

des zur Herstellung der DNS notwendigen Enzyms Dihydrofolatreduktase, so daß die zur DNS-Produktion unfähigen Zellen sich nicht länger vermehren können.

Die Resistenz gegen Methotrexat kann auf der erhöhten Aktivität von Membranproteinen beruhen, die das Medikament aus der Zelle pumpen, oder es können mutative Veränderungen des Enzyms Dihydrofolatreduktase zum Tragen kommen, so daß das neue Enzym nicht mehr durch das Medikament gehemmt wird. Ein dritter Mechanismus ist die Überproduktion des normalen Enzyms, so daß durch einen Enzymüberschuß in der Zelle die medikamentöse Hemmung überwunden wird. Die Überproduktion des Enzyms wird durch Genamplifikation erreicht. Ganze Segmente des Chromosoms, auf dem sich das Gen befindet, werden amplifiziert, wobei der amplifizierte Teil mindestens zehnmal so lang ist wie das eigentliche Gen. Mit den Amplifikation einhergehend, kommt es zu massiven Veränderungen der Chromosomenmorphologie, zu chromosomalen Neuanordnungen und zur Hinzufügung zusätzlicher Chromosomen mit einem weiten Spektrum ungewöhnlicher Formen.

Diese Veränderungen des Genoms werden in experimentell wiederholbarer Weise durch bestimmte Medikamente in bestimmten Zellinien hervorgerufen. *Hierbei handelt es sich nicht um die Selektion von Zufallsmutationen*, sondern um physiologische Reaktionen, die alle Zellen der Population miteinander gemein haben.

Ähnliche genetische und genomische Veränderungen werden bei Insekten hervorgerufen, die man Insektiziden, und bei Pflanzen, die man Herbiziden aussetzt (siehe nächstes Kapitel). Sie machen einen wesentlichen Teil jener physiologischen Reaktionen aus, die jedem einzelnen Organismus einer Population zur Verfügung stehen. Im 11. Kapitel werden Sie bei der Resistenzbildung von Bakterien gegen Antibiotika weitere Beispiele dafür finden. Angesichts des Ausmaßes, in dem somatische Zellen und Keimzellen sich in Reaktion auf die Umwelt verändern können, sollten Genetiker beim »Klonen« von Zellen erwachsener Tiere oder bei ihren Schlußfolgerungen über die primären Ursachen solcher Krankheiten wie Krebs (siehe Kapitel 14) außerordentlich behutsam sein.

> Umweltbedingte DNS-Veränderungen sind für die jeweilige Umwelt spezifisch, und sie können in experimentell wiederholbarer Weise hervorgerufen werden.

Bekannt ist, daß Genamplifikationen bei Krebs eine Rolle spielen (siehe Kapitel 13). Alle Genamplifikationen weisen einige gemeinsame Kennzeichen auf. Die amplifizierte Sequenz ist spezifisch für jeden einzelnen Entwicklungs- oder Umweltstimulus; und in der amplifizierten DNS findet sich ein hoher Anteil von Fremdsequenzen, die wahrscheinlich die regulativen Signale für die Genexpression enthalten.

Umweltbedingte Genveränderungen[22]

Bei einer interessanten Kategorie von umweltbedingten DNS-Veränderungen geht es um ein Spektrum von erblichen Modifikationen bei Flachs und anderen Pflanzen, die mit verschiedenen Düngermixturen behandelt wurden. Bekanntermaßen gibt es bei Pflanzen keine Trennung zwischen somatischen Zellen und Keimzellen. Denn aus jeder somatischen Zelle können sich Keimzellen entwickeln. Die somatischen Veränderungen werden daher auf die Folgegenerationen vererbt.

Dieses Phänomen, auf das man bereits in den fünfziger Jahren gestoßen war, wurde erst in den achtziger Jahren von Chris Cullis am John-Innes-Institute in Großbritannien mit molekulargenetischen Methoden analysiert. Chris fand heraus, daß eine dem Kompost zur Zeit der Aussaat hinzugefügte 1,5prozentige Lösung des Düngemittels Ammoniumsulfat einen großen Typ, L, ergab. Hingegen ergab eine 1,5prozentige Lösung eines Dreier-Superphosphats in Kompost mit niedrigem pH-Wert einen kleinen Typ, S. Die L- und S-»Genotrophen«, wie man sie nennt, unterscheiden sich in vielen Merkmalen voneinander und von dem Elterntyp, aus dem sie gewonnen wurden. Zu den festgestellten Unterschieden gehören die Größe, die Behaarung und die verschiedenartigen Enzyme, die zur Expression kamen; ferner die Größe des Genoms und die Kopienzahl der wiederholten ribosomalen RNS-Gene. Die Veränderungen werden auch in Abwesenheit der Umweltbedingungen, durch die sie hervorgerufen wurden, und unter normalen Wachstumsbedingungen stabil an die Nachfolgegenerationen vererbt. Doch die Stabilität ist nicht absolut, und durch veränderte Umstände können weitere Veränderungen hervorgerufen werden.

Die sorgfältige Analyse von Setzlingen, die in verschiedenen Wachstumsphasen mit Dünger behandelt wurden, hat gezeigt, daß die DNS-Veränderungen in *sämtlichen* Zellen des Teilungsgewebes (dem Wachstumsbereich einer Pflanze) *gleichzeitig* auftraten. Anschließend zeigt der Schößling tendenziell bessere Wachstumseigenschaften, was darauf hindeutet, daß zumindest einige der Veränderungen adaptiv sind. Diese umweltbedingten DNS-Veränderungen sind für die jeweilige Umwelt spezifisch, und sie können in experimentell wiederholbarer Weise herbeigeführt werden. Es handelt sich hier also *nicht* um zufällige Veränderungen. Ähnliche umweltbedingte DNS-Veränderungen wurden seither auch bei anderen Pflanzen wie Mais, Erbsen und Saubohnen dokumentiert.

Genkonversion und konzertierte Evolution[23]

Ein verwirrendes Phänomen zeigte sich bei der Analyse multigener Familien von verschiedenen Spezies. Innerhalb einer Spezies sind die Mitglieder von multigenen Familien viel homogener, als man dies erwarten würde, wenn bei jedem ihrer Gene unabhängig von allen anderen Genen gehäuft Mutationen aufträten. Außerdem erweist sich jede Spezies in ihren charakteristischen Eigenarten als homogen. Mit anderen Worten gibt es also bei unterschiedlichen Spezies gehäuft Variationen, während innerhalb einer Spezies sämtliche Mitglieder jeder multigenen Familie zu Einheitlichkeit tendieren.

Allerdings gibt es unterschiedliche Grade von Einheitlichkeit, da jede multigene Familie aus Unterfamilien bestehen kann, deren Mitglieder miteinander mehr Ähnlichkeit haben als mit den Mitgliedern einer anderen Unterfamilie. Doch das Rätsel bleibt das gleiche. Was ist für diese »konzertierte Evolution« von Sequenzen verantwortlich, die großenteils über das gesamte Genom verstreut sind? Gabriel Dover erlangte beim orthodoxeren Teil seiner Kollegen aus der Naturwissenschaft eine gewisse Berühmtheit. Denn er machte schon sehr früh auf dieses Phänomen aufmerksam; und weil es die Evolution wesentlich einschneidender und rascher voranbringt als die natürliche Selektion, gab er ihm die anschauliche Bezeichnung »molekularer Drive«.

Verschiedene Mechanismen können zur Vereinheitlichung der Sequenzen führen. Der erste ist die Genamplifikation (siehe die vorangegangenen Seiten), bei der auf einen Schlag eine enorme Anzahl von Zweierwiederholungen zustande kommt. Ein anderer ist der unregelmäßige Austausch zwischen homologen Chromosomen, der während der Chromosomenpaarung bei der Bildung der Keimzellen in der Weise vonstatten geht, daß das eine Chromosom mehr und das andere weniger Kopien erhält. Allerdings können diese Mechanismen nicht die Homogenität von verstreuten Kopien erklären; ferner tendieren auch per Zufall wiederholte Kopien dazu, unabhängig voneinander gehäuft Mutationen zu bilden. Ein dritter Mechanismus ist die replikative Transposition (siehe unter »Springende Gene« weiter vorn in diesem Kapitel). Aber auch hier werden die replizierten Kopien anschließend zur Divergenz tendieren. So deutet alles auf einen Prozeß (oder mehrere Prozesse) der Genkonversion – Umformung einer DNS-Sequenz in eine andere. Im Fall der multigenen Familien haben offenbar alle Familienmitglieder die Tendenz zur Umwandlung in eine einheitliche Sequenz in der Weise, daß abweichende Sequenzen einfach eliminiert werden.

Bei der Analyse der Sequenzen, die zu den etwa hundert ribosomalen RNS-Genen der *Neurospora* (dem Brotschimmelpilz) gehören, fand man heraus, daß sie vier Unterfamilien zuzuordnen sind. Innerhalb jeder Unterfamilie differierten die Codierungsregionen in der Sequenz um weniger als 0,2 Prozent, während die flankierenden »Abstandsstück«-Regionen um 3,5 bis sieben Prozent differierten. Die Unterschiede zwischen der Sequenz jeder Unterfamilie sahen so aus, daß die gleiche, für ihre Funktion unerläßliche Sekundärstruktur der ribosomalen RNS aufrechterhalten blieb – was darauf hindeutet, daß die Genkonversion auf der Genfunktion beruhen könnte. Diese könnte mittels reverser Transkription vonstatten gehen, die offenbar bei eukaryontischen Genomen eine sehr aktive Rolle spielt und ansonsten keine erkennbare Funktion

> Die Fluidität des Genoms spielt für die Aufrechterhaltung der Stabilität von Genen und Genomen eine aktive Rolle. Diese Fluidität ist das Kennzeiuchen organischer Stabilität im Unterschied zur mechanischen Stabilität.

erfüllt. Ribosomale Ribonukleinsäuren aus den Genen, die richtig transkribiert und stabil sind, entgehen der Zerstörung durch Ribonukleasen, die ansonsten in allen Zellen die Ribonukleinsäuren zerlegen. Das bedeutet, daß die reverse Transkription in komplementäre DNS (cDNS), die – vermutlich anstelle jener Sequenzen, die nicht recht funktionieren – in das Genom eingegliedert wird, wohl nur bei gut funktionierenden Genen erfolgt. Ein ähnlicher Mechanismus wurde für die Transfer-RNS(tRNS)-Gene bei Hefe postuliert. Die Transfer-Ribonukleinsäuren sind weitere, für den komplizierten Prozeß der Übersetzung von mRNS in Protein erforderliche Gene.

Genkonversion ist ein Beispiel für einen Mechanismus, der nicht nur auf der Ebene des Organismus, sondern auf der Ebene der gesamten Spezies wirksam ist. Sie zeigt uns auch in aller Deutlichkeit, daß die Fluidität des Genoms für die Aufrechterhaltung der Stabilität von Genen und Genomen eine aktive Rolle spielt. Diese Fluidität ist das Kennzeichen organischer Stabilität im Unterschied zur mechanischen Stabilität. Gene und Genome müssen im Fluß begriffen sein, um ihre Stabilität aufrechtzuerhalten (siehe Kapitel 14).

Wandernde Gene

Wie zuvor schon angesprochen, können Transposons zwischen Arten, die sich nicht miteinander kreuzen, hin und her wandern. Der Beitrag des horizontalen Gentransfers zur genomischen Evolution ist unter den Genetikern umstritten. Im Lauf der letzten fünf Jahre ist allerdings das ganze Ausmaß des tatsächlichen und des potentiellen Gentransfers ans Licht gekommen. Seit 1993 sind mindestens hundert wissenschaftliche Arbeiten in den etablierten Zeitschriften veröffentlicht worden, die bis auf zwei Ausnahmen direkte oder indirekte Belege für den horizontalen Gentransfer liefern. Es gab Transfers zwischen ganz unterschiedlichen Bakterien, zwischen Pilzen, zwischen Bakterien und Protozoen, zwischen Bakterien, höheren Pflanzen und Tieren, zwischen Pilzen und Pflanzen, zwischen Insekten. Wie man unlängst herausfand, ist ein als *Mariner* bezeichnetes Transposon, auf das man zunächst bei *Drosophila* gestoßen war, unvermittelt in den Genomen von Primaten – auch des Menschen – aufgetaucht, wo es eine Krankheit mit verheerenden Auswirkungen auf das Nervensystem verursacht (siehe Kapitel 13).

Unser gegenwärtiger Kenntnisstand wird in Darstellung 8.1 skizziert; dabei stehen die Pfeile für Gentransfers, für die es bereits unmittelbare oder mittelbare Beweise gibt. Die Gentechnik birgt beispiellose Gefahren in sich. Durch Vektoren, die die Schranken zwischen den Spezies überwinden und die zellulären Mechanismen, durch die fremde DNS zerstört oder inaktiviert wird, außer Kraft setzen sollen, erleichtert sie den horizontalen Gentransfer ganz außerordentlich. In den Kapiteln 9 und 10 werden wir uns eingehender mit dem horizontalen Gentransfer beschäftigen.

Die Vererbung erworbener Merkmale

Die Vererbung erworbener Merkmale ist ein Punkt, über den es fast hundert Jahre lang hitzige Debatten gab. Die Wahrheit, die hinlänglich zu beschreiben ganze Bücher erfordern würde, ist: Es besteht keinerlei Zweifel mehr daran, daß erworbene Merkmale vererbt werden, und

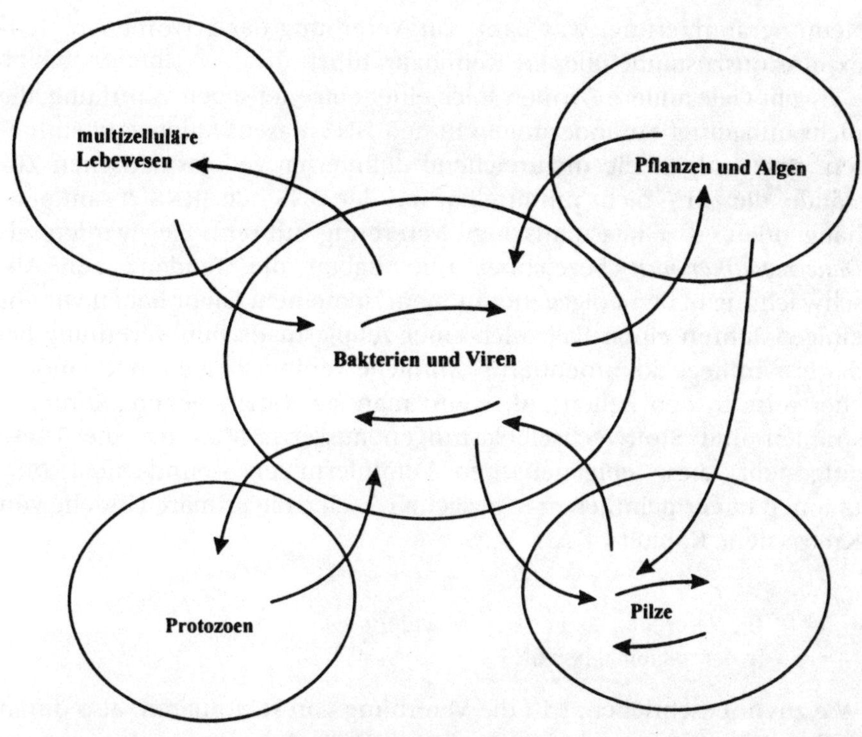

Darstellung 8.1: Der horizontale Gentransfer verbindet die gesamte Biosphäre.

zwar in vielen verschiedenen Formen. Eine ganze Reihe davon sind mittlerweile schon ausfindig gemacht worden. Im letzten Teil dieses Kapitels werde ich einen kurzen Überblick darüber geben.

Epigenetische Vererbung[24]

Die Art und Weise, in der die Genexpression erfolgt, etwa das Muster der DNS-Methylierung, ist den somatischen Zellen »angeboren«. Spezies ohne dauerhafte Differenzierung in Keimzellen und somatische Zellen – dazu zählen Pflanzen, Pilze, Bakterien, einzellige Lebewesen und die Mehrzahl der mehrzelligen Lebewesen – vererben die Muster der DNS-Methylierung auf nachfolgende Generationen. Bei den Wirbeltieren kommt es im Rahmen der »Neuprogrammierung« des Genoms in den Keimzellen zu einer Demethylierung von Genen mit gewebespezifischer Expression. Doch manchmal entziehen sich Gene dieser

Neuprogrammierung, was dann zur Vererbung der erworbenen Genexpressionszustände über die Keimbahn führt.

Es gibt viele andere Formen solch einer epigenetischen Vererbung, die nicht unbedingt Veränderungen in den DNS-Basensequenzen beinhalten. Dazu zählen die unzureichend definierten zellplasmatischen Zustände, die zur – nicht unmittelbar mit der DNS oder RNS zusammenhängenden – zellplasmatischen Vererbung führen. Sie werden als *Dauermodifikationen* bezeichnet und haben die Tendenz zur Abschwächung in den Folgegenerationen. In meinem Labor haben wir vor einigen Jahren einen Fall solch einer zellplasmatischen Vererbung bei der Fruchtfliege dokumentiert.[25] Ähnliche Veränderungen treten möglicherweise in den Zellen auf, wenn man sie Karzinogenen, Röntgenstrahlen und Stoffwechselbelastungen aussetzt. Man hat die These aufgestellt, diese epigenetischen Veränderungen – und nicht Mutationen in vermeintlichen Krebsgenen – seien die primäre Ursache von Krebs (siehe Kapitel 14).

Die Vererbung sekundärer Veränderungen in der genomischen DNS

Wie zuvor beschrieben, tritt die Vererbung von sekundären, also durch äußere Einwirkungen hervorgerufenen Veränderungen in der genomischen DNS bei Zellen und Organismen auf, die verschiedenen Substanzen wie zum Beispiel zytotoxischen Medikamenten (zellschädigend wirkenden Medikamenten), Insektiziden und Herbiziden (siehe auch Kapitel 9) ausgesetzt waren.

Solche Veränderungen können auch bei Pflanzen auftreten, die verschiedenen Düngungsprozeduren unterzogen wurden. Da bei den Pflanzen wie bei den meisten Tiergattungen kein Unterschied zwischen Keimzellen und somatischen Zellen besteht, werden diese Veränderungen dann auf die nachfolgenden Generationen vererbt. Selbst bei Tieren mit anscheinend getrennten Keimzellen können die Keimzellen auf dieselben Reize ebenfalls direkt reagieren, oder sie können über Kommunikationsmöglichkeiten mit den somatischen Zellen verfügen. Eine dieser Möglichkeiten ist die reverse Transkription.

Die Rückkoppelung zwischen somatischen Zellen und Keimzellen

Auch für diesen Vorgang hatten wir schon Anschauungsmaterial: das verblüffende Phänomen der Genkonversion. Es scheint einen wirkungsvollen zellulären Mechanismus für Rückmeldungen an die Keimbahn zu geben, damit die Gene in Entsprechung zu den Erfahrungen der somatischen Zellen entweder verändert oder stabilisiert werden können. Die reverse Transkription ist, wie Sie sahen, im Genom durchaus an der Tagesordnung. Das hat zu zahlreichen Spekulationen geführt, sie sei ein normaler physiologischer Regulationsmechanismus[26], der die Stabilität der Organismen gewährleistet und die Gene zugleich dafür bereit macht, auf Umweltveränderungen einzugehen.

Im Genom gibt es reverse Transkripte in großer Zahl. Vielfach handelt es sich um cDNS-Kopien der mRNS aus zellulären Genen, die zum großen Teil keine Funktion haben. Jedoch konnte man im Genom funktionsfähige »Pseudogene« ausfindig machen. Zum Beispiel ließ sich zeigen, daß eines der Insulin-Gene von Ratten Bestandteil eines funktionsfähigen Retrotransposons war.[27] Außerdem hat möglicherweise – worauf manches hindeutet – eine bestimmte Familie sich wiederholender DNS-Sequenzen bei Primaten, die L1, ihren Ursprung in einer Sequenz mit dem Code für ein Protein, bei dem es sich um eine reverse Transkriptase handelt.[28]

Der Immunologe Ted Steele stellte bereits 1979 die These auf, eine erworbene Immuntoleranz für fremde Antigene werde über die männliche Linie vererbt – was bedeuten würde, daß dabei bestimmte Veränderungen in der Keimbahn-DNS mit im Spiel sind. Das schlug in jenen

> Diese direkte Rückkoppelung an die Keimbahn ist so umstritten, weil sie der neodarwinschen Orthodoxie widerspricht.

Tagen wie eine Bombe ein. Mit dem ihm eigenen Bekehrungseifer hat Ted aber nicht einfach nur das Ergebnis seines Experiments in der führenden naturwissenschaftlichen Zeitschrift *Nature* veröffentlicht – allerdings erst nach mancher Diskussion mit dem damaligen Herausgeber John Maddox –, sondern er ging auch gleich auf Vortragsreise, um in aller Welt Vorlesungen geben und die Resultate so umfassend wie möglich publik machen zu können. Einige von uns spendeten ihm von den Zuschauerplätzen aus Applaus. Aber seine orthodoxen Kollegen aus der

Naturwissenschaft empfanden dies alles als derart bedrohlich, daß sie ihr Möglichstes taten, ihn zu diskreditieren.

Er hatte jedoch durchweg recht, nur im Detail mußten noch Ergänzungen vorgenommen werden. Sein Labor hat inzwischen Belege gefunden, die darauf schließen lassen, daß von B-Zellen (weißen Blutzellen, die an der Immunreaktion beteiligt sind) produzierte, somatisch mutierte Immunoglobulin-Gene anhand größtmöglicher Übereinstimmungen von Antikörpern mit Codierungen gegen ein fremdes Antigen »selektiert« werden. Die mRNS dieser Gene konvertiert dann die Immunoglobulin-Gene in der Keimbahn.[29] Geschehen kann dies über die Transduktion der mRNS (siehe Kapitel 10) durch endogene Retroviren, ferner über die anschließende reverse Transkription der mRNS in cDNS und die Eingliederung der cDNS in die Keimbahn anstelle eines vorher vorhandenen Gens mit einer anderen Sequenz.

Diese direkte Rückkoppelung an die Keimbahn ist so umstritten, weil sie der neodarwinschen Orthodoxie widerspricht. Der orthodoxen Position zufolge kommen sämtliche genetischen Variationen und Mutationen durch Zufall zustande und unterliegen anschließend der Selektion. Außerdem kann es ihr zufolge keine Rückkoppelung zwischen Soma und Keimbahn geben. Doch die Vorstellung, Mutationen träten in dem Sinn zufällig ein, daß sie in keinem Zusammenhang mit der Umwelt stünden, sieht sich mit einer erdrückenden Beweislast konfrontiert. Außerdem steht die Rückkoppelung zwischen Soma und Keimbahn für die Mehrzahl der Organismen, die über keine gesonderten Keimzellen verfügen, gar nicht zur Debatte. Bei ihnen werden somatisch erworbene DNS-Modifikationen direkt vererbt. Für Organismen, bei denen Soma und Keimbahn zu einem gewissen Grad getrennt sind, bietet möglicherweise die reverse Transkription eine Rückkoppelungsmöglichkeit zwischen somatischen Zellen und Keimzellen.

Adaptive Mutationen »auf Bestellung«

Die ersten Hinweise darauf, daß Mutationen weder zufällig erfolgen noch selten sind, erhielt man, als Populationen von *E. coli* auf Medien aufgetragen wurden, die hohe Konzentrationen eines für sie nicht verwertbaren Metaboliten und ferner geringe Konzentrationen eines Nährstoffes enthielten, der ihnen ein Überleben ermöglicht, ohne daß ein Wachstum stattfindet. Unter solchen Bedingungen von Mangelernährung haben die Bakterien hohe Mutationsraten – offenbar vor allem in Genen, die sie anschließend zu einer Verwertung des Metaboliten und folglich zu Wachstum befähigen. Diese Mutanten haben vorher nicht existiert, sondern sie entstehen erst, *nachdem* die Zellen auf diese Medien aufgetragen worden sind; und sie entstehen nur in Gegenwart dieses Metaboliten.

Eines der ersten Experimente betraf mutante Stämme von *E. coli*, bei denen ein Milchzucker (Laktose) aufspaltendes Gen, β-Galaktosidase, entfernt worden war, so daß es den Zucker nicht umwandeln konnte. Es wurde auf ein Medium mit hohen Laktosekonzentrationen und einem Minimum an Nährstoffen aufgebracht. Wenn der andere Nährstoff aufgebraucht war, begannen mutante Bakterienkolonien aufzutauchen, die den Milchzucker abbauen konnten. Das dafür zuständige Enzym war nicht die β-Galaktosidase, die man entfernt hatte, sondern ein völlig anderes, *ebg* (»entwickelte β-Galaktosidase«) genanntes Enzym, das auf der gegenüberliegenden Seite des bakteriellen Genoms angesiedelt war.[30] Dieses hatte Mutationen durchlaufen, die es zur Laktoseumwandlung befähigten. Für sich genommen, war dieses Resultat nicht weiter bemerkenswert, da man dafür eine plausible Erklärung im Sinn der künstlichen Selektion einer zufällig entstandenen Variante finden konnte. Doch das Experiment wurde von anderen Genetikern wiederholt,[31] die mit derselben Methode 34 voneinander unabhängige Laktose verwertende Stämme isolierten. Sie alle wiesen eine Enzym-Aktivität auf, die mit der von *ebg* identisch war. Die Wahrscheinlichkeit, daß zwei Zufallsmutationen auf die Art zustande kommen, wie es die orthodoxe neodarwinsche Theorie nahelegt, beträgt 10^{-18}. Das bedeutet, man müßte ungefähr 100 000 Liter der Bakterienkultur kultivieren – dazu bedürfte es einer Fläche von der Größe eines Fußballstadions –, um *einen* dieser Mutanten per Zufall zu erhalten.

Zahlreiche Experimente haben in der Folge bestätigt, daß diese Mutationen mit einer Häufigkeit auftreten, die viele Größenordnungen über der »spontanen«, »zufälligen« Mutationsrate liegen, die ungefähr 10^{-9} oder weniger beträgt. Diese Einsichten brachten John Cairns und seine Kollegen zu der These, daß »Bakterien im Ruhezustand über eine Möglichkeit verfügen, lediglich die geeignetsten Mutationen hervorzubringen (oder selektiv aufrechtzuerhalten).«[32] Dieses Phänomen bezeichnet man seither als »gerichtete Mutationen« oder »adaptive Mutationen«.

Die Existenz dieses Phänomens ist nicht von der Hand zu weisen, nicht nur bei Bakterien, sondern auch bei Hefezellen und möglicherweise auch bei Fruchtfliegen.[33] Allerdings scheint nicht bloß ein einziger Mechanismus dafür verantwortlich zu sein. Zwar ist offenbar die DNS-Replikation ein unverzichtbarer Bestandteil dieses Phänomens; darüber hinaus können jedoch eine Reihe von Mechanismen mit im Spiel sein, etwa Hypermutationen infolge von unzureichender Instandsetzung der DNS, genetische Rekombination und Auslöschungen einzelner Basenpaare. Adaptive Mutationen bei mangelhaft ernährten Bakterien beruhen auf einer ganzen Palette genetischer Veränderungen, die sich von den »spontanen« Zufallsmutationen unterscheiden.[34] Dessen ungeachtet bemühen sich die Neodarwinisten nach wie vor angestrengt, die »Zufälligkeits«-Hypothese zu retten, indem sie behaupten, zufällige Abweichungen träten auf und würden anschließend selektiert. Da aber alle Zellen in der Population genetisch gleichförmig und außerdem alle Zellen imstande sind, diese Variationen hervorzubringen, kann hier von Selektion im üblichen neodarwinschen Sinn keine Rede sein. Vielmehr handelt es sich um eine physiologische Reaktion mangelhaft ernährter Zellen, die mit genetischen Veränderungen einhergeht, mit deren Hilfe die Zellen den Mangelzustand überwinden können.

In einem unlängst veröffentlichten Überblick über die Entdeckungen der Molekulargenetik im Verlauf der letzten 25 Jahre entwarf der Molekulargenetiker James Shapiro ein treffendes Bild der genomischen Fluidität bei Bakterien. Er erklärt, Bakterien hätten wohl »wenig Spielraum für rein zufällige Variabilität«.[35] Bakterielle Zellen besitzen eine ganze Reihe von Reparatur- und Korrekturfunktionen, um zufällige Veränderungen der DNS-Sequenzen zu beheben und Fehler zu bereinigen, die auf physiologische Schädigungen zurückgehen. Doch dieselben Zellen verfügen auch über zahlreiche biochemische Mechanismen zur Veränderung und Neuorganisation der DNS, was den Gedanken nahelegt, solche Veränderungen als Resultat einer »natürlichen Gentechnik« aufzufassen, die es den Bakterien gestattet, auf die Umweltanforderungen zu reagieren. Die Fähigkeit, in Belastungssituationen diese Mechanismen zu aktivieren, kann evolutionäre Veränderungen in der Krise maßgeblich beschleunigen, ohne die genetische Stabilität unter gewöhnlichen Voraussetzungen zu bedrohen. Nach Shapiros Ansicht ist es keine zu weit gehende Prophezeiung, wenn man sagt, daß künftige Untersuchungen der mobilen genetischen Elemente und der DNS-Neuanordnungen am Ende wirklich gelenkte Mutationen zutage fördern werden. Im Interesse der Expression bestimmter Gene können die Signalübertragungssysteme der Zelle den Transkriptionsapparat zu besonderen Stellen im Genom hinlenken. Entsprechend kann auch der Mutationsapparat so gelenkt werden, daß er spezielle Gene mutiert.

9
Gefahren und Verheißungen gentechnisch veränderter Nahrungsmittel

Die landwirtschaftliche Biotechnologie kann keinen Beitrag zur Lösung der gegenwärtigen Welternährungskrise leisten. Im Gegenteil, sie beinhaltet alles andere als eine langfristig umweltverträgliche Landwirtschaftsform, sie gefährdet die biologische Artenvielfalt und die Gesundheit von Mensch und Tier. Es bedarf eines einschneidenden Richtungswechsels, damit die Erhaltung und nachhaltige Entwicklung der heimischen Artenvielfalt in der Landwirtschaft gefördert wird. Dies entspricht nämlich nicht nur den erklärten Zielen der Konvention zur biologischen Artenvielfalt, sondern gewährleistet auch eine langfristig gesicherte Nahrungsmittelversorgung für jedermann.

Die »Krise« in der Nahrungsmittelversorgung

Bis zum Jahr 2000, so teilt man uns mit, werden für die weltweite Nahrungsmittelversorgung Jahr für Jahr mehr als zwei Milliarden Tonnen an Weizen, Reis, Mais, Gerste und sonstigen Getreidesorten erforderlich sein – im Vergleich zu den Zahlen von 1995 ein Zuwachs um 25 Prozent.[1] Diese Auffassung spiegelte sich auch im Bericht der Weltbank für den Welternährungsgipfel 1996 in Rom wider.[2] Dieser hat darauf aufmerksam gemacht, daß die Nahrungsmittelproduktion auf der Erde im Lauf der nächsten dreißig Jahre verdoppelt werden muß. Als Problemlösung, die gewährleisten soll, daß »die Welt genug zu essen erhält«, wird vor allem die landwirtschaftliche Biotechnologie angeboten. Die Nahrungspflanzen, so sagt man uns, könnten genetisch so modifiziert werden, daß sie gegen Herbizide, gegen Schädlinge und gegen Krankheiten resistent seien, einen höheren Nährwert hätten und in den Verkaufsregalen länger frisch blieben; ferner werde man sie in der Zukunft auch noch gegen Trockenheit und Frost widerstandsfähig machen, ihre Fähigkeit, Stickstoff zu binden,[3] optimieren und ihren Ertrag steigern können.[4]

In der landwirtschaftlichen Biotechnologie geht es um sehr viel Geld; und die Aufgabe, die Welt mit genügend Nahrung zu versorgen, hat den unwiderstehlichen Beiklang einer edlen Verpflichtung. Dasselbe gilt für die Verbesserung des Nährwerts von Lebensmitteln. Obwohl die Preise einen Tiefststand erreicht haben, leiden noch mehr als 800 Millionen Menschen Hunger;[5] und 82 Länder – die Hälfte von ihnen liegt in Afrika – bauen weder genügend Nahrungsmittel an, noch können sie sich deren Import leisten. Die Kindersterblichkeitsraten, die ein deutlicher Anhaltspunkt für eine angespannte Ernährungslage sind, haben in Umkehrung eines langfristigen historischen Trends während der letzten Jahre einen Anstieg erlebt. In den Entwicklungsländern leiden zahllose Kinder an Unterernährung. Allein in Indien liegt die Qualität der Nahrungsmittelversorgung bei 85 Prozent der unter fünfjährigen Kinder unter dem normalerweise akzeptablen Niveau.[6]

Im Hinblick auf die angebliche Krise in der Nahrungsmittelproduktion und die Befürwortung der landwirtschaftlichen Biotechnologie als Möglichkeit zur Lösung dieser Krise – entsprechende Empfehlungen finden sich im Bericht der Weltbank und in der Agenda 21 der UN-Konvention zur biologischen Artenvielfalt, Kapitel 16, – ist es nur um so wichtiger, die zentralen Behauptungen und Versprechungen dieser Technologie einmal genau unter die Lupe zu nehmen, ebenso ihre Sicherheitsrisiken und Gefahren, die derzeit bei der Anwendung und in den geltenden Richtlinien nicht genug berücksichtigt werden.

Können genetisch modifizierte Nahrungsmittel die Nahrungsmittelversorgung sicherstellen oder die Ernährungslage verbessern?

Die Armutsfalle der ungleichen Machtverhältnisse

Die in den Entwicklungsländern wie in der entwickelten Welt allenthalben anzutreffende Unterernährung und Mangelernährung beruhen, wie der Bericht der Weltbank einräumte, auf der Armut.

In der Dritten Welt wurde die Armut zum Großteil durch Jahrhunderte der kolonialen und nachkolonialen wirtschaftlichen Ausbeutung unter der Maxime des freien Handels verursacht, und seit den siebziger Jahren verschlimmerte sie sich durch die Einführung der mit hohem Energieverbrauch verbundenen industriellen Intensivlandwirtschaft der Grünen Revolution noch weiter.[7] Die Konzentration auf exportorientierte Anbauformen ist den Unternehmen und der Elite der Dritten Welt zugute gekommen, und zwar auf Kosten der kleinen Leute. 1973 haben 36 der am schlimmsten von Hunger und Unterernährung gebeutelten Länder Nahrungsmittel in die USA exportiert, und dieses Muster hat bis auf den heutigen Tag seine Gültigkeit behalten.[8]

Für den »Welthunger« wird normalerweise – selbst von jenen, die es besser wissen sollten – ausschließlich der Bevölkerungszuwachs in der Dritten Welt verantwortlich gemacht.[9] Man vergißt dabei zum Beispiel, die Auswirkungen der großen Staudammprojekte in der Dritten Welt zu erwähnen, die durch die Weltbank mit Kapital aus der nördlichen Hemisphäre gefördert werden. Insgesamt 40 000 große Staudämme haben der landwirtschaftlichen Produktion 400 000 Quadratkilometer besten Ackerlands entzogen und 60 Millionen Bauern vertrieben. Noch größere Flächen urbaren Lands wurden in der Folge durch auf lange Sicht nicht umweltgerechte Bewässerungspraktiken verwüstet, die Versalzung, übermäßige Durchfeuchtung, Dürre und Erosion mit sich brachten.[10] Gleichzeitig wurde es durch die Politik zur Liberalisierung des Handels, die von den Regierungen des industrialisierten Nordens in der Welthandelsorganisation betrieben wurde, für die Unternehmen zu einer leichten und gewinnbringenden Angelegenheit, Nahrungsmittelanbauflächen für den Anbau solcher Pflanzen zu nutzen, die nicht der Ernährung dienen, wie etwa Blumen und andere Luxusgüter für den Export, oder sie in Freizeitanlagen wie zum Beispiel Golfplätze umzuwandeln. Auf diese Weise wurden aus Ländern, die herkömmlicherweise Nahrungsmittel exportiert hatten, Importländer.[11]

Die gegenwärtigen Vereinbarungen der Welthandelsorganisation werden die Lage noch erheblich verschärfen.[12] Während man die Länder des Südens nötigt, die Subventionen für ihre Bauern zu streichen, sind die Subventionen für die Erzeuger auf der nördlichen Halbkugel unangetastet geblieben. Dieser ungleiche Wettbewerb wird Millionen von Landarbeitern ihren Lebensunterhalt rauben. Durch dasselbe Abkommen der Welthandelsorganisation werden obendrein die geistigen Eigentumsrechte jener Firmen geschützt, die im Norden Genmanipulation betreiben; und das wird die Nutzungsmöglichkeiten bei einheimischen Pflanzen, die zuvor frei angebaut und verkauft werden konnten, einschränken. Mit anderen Worten können die Bauern durch Patent geschütztes Saatgut nicht mehr einfach für die nächste Aussaat aufbewahren und nutzen, ohne an die Firma, die über die Patentrechte verfügt, Jahr für Jahr Patentgebühren zu entrichten.

In Europa hat das Saatguthandelsgesetz bereits nachteilige Auswirkungen auf die biologische Artenvielfalt in der Landwirtschaft. Das Gesetz untersagt den Anbau und Verkauf nicht zugelassenen Saatguts, das organisch arbeitende Bauern von heimischen Pflanzensorten gewinnen. Dabei zeugen die Zulassungskriterien von einer einseitigen Parteinahme für jene kommerziellen Pflanzensorten, die gegenwärtig in der landwirtschaftlichen Biotechnologie zum Einsatz kommen.[13] Statt preiswertere Nahrung für jedermann zu bieten, wird die landwirtschaftliche Biotechnologie ganz im Gegenteil den organisch arbeitenden Kleinbauern überall auf der Erde noch weiter die Grundlagen für ihren Lebensunterhalt entziehen, was wiederum zu einem weiter fortschreitenden Verlust der heimischen Artenvielfalt in der Landwirtschaft führen wird.

Die »Nahrungsmittelknappheit« wird ebenso wie die »Überbevölkerung« durch die ungleichen Machtverhältnisse zwischen dem industrialisierten Norden und den Ländern der Dritten Welt verursacht. Während die Bevölkerung im Norden aufgrund von Überernährung unter Fettleibigkeit, Herzkreislauferkrankungen und Diabetes leidet, sterben die Menschen des Südens an Hunger. Vereinfachende »Lösungen«, die die ungleichen Machtverhältnisse außer acht lassen, sind repressiv, und letztlich »verfestigen sie genau jene Strukturen, die ökologische Schäden und Hunger bewirken.«[14]

Biologische Artenvielfalt, gesicherte Nahrungsmittelversorgung und Ernährungsqualität

Biologische Artenvielfalt und gesicherte Nahrungsmittelversorgung sind eng miteinander verflochten. Überall haben menschliche Gemeinschaften ihren Lebensunterhalt aus den wilden und domestizierten Formen der natürlichen Artenvielfalt gewonnen. Die Artenvielfalt ist die Grundlage für ökologische Stabilität.[15] Neuere Untersuchungen zeigen, daß Dürre und andere widrige Umwelteinflüsse, die in den Beständen der einzelnen Spezies von Jahr zu Jahr Schwankungen hervorrufen, artenreichen ökologischen Gemeinschaften nicht so leicht etwas anhaben können.[16] Die Spezies innerhalb einer ökologischen Gemeinschaft sind durch ein verzwicktes Geflecht aus Interaktionen miteinander verbunden, die dem beiderseitigen Nutzen dienen, aber auch von gegenseitiger Konkurrenz bestimmt sein können, und durch ein Geflecht aus Kontrollen und Gegengewichten, die zum Überleben des Ganzen beitragen (siehe Kapitel 14). Dies hat wichtige Konsequenzen für den *in situ* Naturschutz, besonders zu einem Zeitpunkt, da im Lauf des nächsten Jahrzehnts Schätzungen zufolge jährlich 50 000 Spezies aussterben werden.[17]

Genau diese Prinzipien von Artenvielfalt und Stabilität kommen in der traditionellen Landwirtschaft zur Geltung.[18] Überall in den Tropen umfassen die traditionellen Systeme der Agrarforstwirtschaft im allgemeinen über einhundert einjährige und mehrjährige Pflanzenarten pro Feld. Viele Varietäten und gebietstypischen Sorten werden angebaut, die an die jeweiligen örtlichen Umweltbedingungen angepaßt sind und bis zu einem gewissen Grad eine natürliche Resistenz gegen Krankheiten und Schädlinge aufweisen. Zur räumlichen Vielfalt durch die gemischte Bepflanzung kommt die zeitliche Vielfalt durch die wechselnde Fruchtfolge hinzu. Dadurch wird die Wiederverwertung jener Nährstoffe gewährleistet, durch die der Boden fruchtbar bleibt. So konnte man wirkungsvoll einen schwereren Krankheits- und Schädlingsbefall verhindern und die Auswirkungen von Umweltproblemen auf die Nahrungsmittelproduktion mildern.

> Ein Hauptgrund für die weltweit zu verzeichnende Mangelernährung besteht darin, daß man an die Stelle jener abwechslungsreichen Ernährung, die aufgrund einer nachhaltigen Landwirtschaft traditionell zur Verfügung stand, eine auf monokulturellen Anbau basierende Ernährung gesetzt hat.

Die Vielfalt der landwirtschaftlichen Erzeugnisse bildet auch die Grundlage für eine ausgewogene Ernährung. Die Ernährung beruht nicht nur auf dem richtigen Gleichgewicht von Proteinen, Kohlenhydraten und Fetten, sondern auch auf einer Kombination von Vitaminen, essentiellen Metaboliten, für die Enzymfunktionen unentbehrlichen Begleitstoffen, anorganischen Ionen und Spurenelementen. Nur eine abwechslungsreiche Ernährung kann diese Inhaltsstoffe bieten. Einer der Hauptgründe für die weltweit zu verzeichnende Mangelernährung besteht darin, daß jene abwechslungsreiche Nahrung, die aufgrund einer nachhaltigen Landwirtschaft traditionell zur Verfügung stand, durch eine auf monokulturellem Anbau basierende Ernährung ersetzt wurde. Der Transfer eines exotischen Gens in einen monokulturellen Anbau kann schwerlich die Ernährungsmängel jener Menschen ausgleichen, die unter einer monokulturellen Mangelernährung leiden. Der Nährwert von Bohnen oder von einem Gemisch aus Reis und Bohnen wird stets höher sein als der von transgenem Reis mit einem Bohnen-Gen.

Monokulturen und Probleme durch transgene Pflanzen

Heutzutage ist es unbestritten, daß die seit der Grünen Revolution eingeführten monokulturellen Anbauformen sich in aller Welt nachteilig auf die biologische Artenvielfalt und die Sicherheit der Nahrungsmittelversorgung ausgewirkt haben. Einem FAO-Bericht* zufolge wird bis zum Jahr 2000 weltweit der Verlust von 95 Prozent jener genetischen Artenvielfalt, die Anfang dieses Jahrhunderts landwirtschaftlich genutzt wurde, zu beklagen sein.[19] Monokulturelle Anbauformen sind genetisch gleichförmig und deshalb bekanntermaßen anfällig für den Krankheits- und Schädlingsbefall. Die Getreideanbauzone der Vereinigten Staaten wurde zuletzt 1970-71 verheerend von der Trockenfäule betroffen. Indonesische Bauern verloren 1975 rund 200 000 Hektar Reis durch Zikadenbefall. Genetische Modifikationen zur Erzielung von Krankheits- oder Schädlingsresistenz werden das Problem allerdings nicht lösen, da die Bedingungen für die Entstehung neuer Krankheitsfaktoren durch die Intensivlandwirtschaft selbst herbeigeführt werden.[20] Eine Reissorte mit der Bezeichnung IR-36 hatte man gegen acht der wichtigsten Erkrankungen und Schädlinge resistent gemacht, unter anderem gegen bakteriell bedingte Trockenfäule und gegen die viral bedingte Tungrokrankheit. 1977 wurde IR-36 dennoch von zwei neuen Viren befallen, die man als »schartige Stauche« und »gespreizte Stauche« bezeichnet hat. In der Intensivlandwirtschaft muß man also nicht nur alle drei Jahre die angebauten Sorten durch neue Sorten ersetzen, sondern sie erfordert auch einen massiven Pestizideinsatz, damit die Schädlinge in Schach gehalten werden können.

Der verstärkte Einsatz von Düngemitteln, Wasser, Pestiziden und massiver Mechanisierung, den die monokulturellen Anbauformen erfordern, hatte verheerende Auswirkungen auf die Umwelt.[21] Teddy Goldsmith, 1970 einer der Wegbereiter der ökologischen Bewegung in Großbritannien, ist seit langem ein Kritiker solcher weltumspannenden Finanzinstitute wie der Weltbank und des Internationalen Währungsfonds, weil sie in der Dritten Welt umweltfeindliche Projekte finanzieren, zum Beispiel große Staudämme zur Bewässerung und Straßen, die zugunsten der Intensivlandwirtschaft den Kahlschlag der Wälder vorantreiben.

* FAO = *Food and Agricultural Organization:* eine bei den Vereinten Nationen für Nahrungsmittel und Landwirtschaft zuständige Organisation, die vor allem in den Entwicklungsländern Programme zur Verbesserung der landwirtschaftlichen Anbaumethoden und zur Erhöhung der Nahrungsmittelproduktion durchführt.

Herbizidresistente transgene Pflanzen ermöglichen die Anwendung von Breitbandherbiziden, die wahllos viele Spezies abtöten.

Zwischen 1981 und 1991 verringerten sich die landwirtschaftlich nutzbaren Flächen weltweit um etwa sieben Prozent, in erster Linie aufgrund von verschlechterten Umweltbedingungen und Wasserknappheit. Ein Drittel der Anbauflächen auf der Erde leiden unter Bodenerosion. Diese könnte für die Zeitspanne zwischen 1975 und dem Jahr 2000 eine Verminderung der landwirtschaftlichen Produktion um ein Viertel zur Folge haben. In Indien etwa sind 800 000 Quadratkilometer von Erosion betroffen, und viele Landstriche verwandeln sich dort in Buschland oder Wüste. Durch Abholzung der Wälder sind in Indonesien 8,6 Millionen Hektar Brachland entstanden, auf dem man nicht einmal mehr genug Nahrung für die Eigenversorgung erwirtschaften kann. Überall in den Tropen sind gewaltige Landflächen von Überschwemmung bedroht. Ein Fünftel des bewässerten Lands auf der Erde – 40 Millionen Hektar – leiden unter Versalzung oder übermäßiger Durchfeuchtung des Bodens. Der verstärkte Druck auf die noch verbliebene landwirtschaftliche Nutzfläche, der daraus resultierte, trieb die Kleinbauern noch mehr in die Armut und ließ die Massen der Besitzlosen und Hungrigen weiter anschwellen, während die einheimische Artenvielfalt in der Natur wie in der Landwirtschaft immer stärker und schneller auf der Strecke bleibt.

Transgene Nahrungspflanzen werden aus genau diesen monokulturell angebauten Hochertragsorten der Grünen Revolution entwickelt und sind genetisch noch gleichförmiger als sie. Der größte Teil der transgenen Nahrungspflanzen wird nun gentechnisch gegen Herbizide resistent gemacht, wobei es jeweils um die Resistenz gegen die firmeneigenen Herbizide geht, um auf diese Weise gleichzeitig den Verkauf von Saatgut und Herbiziden anzukurbeln.[22] Unmittelbare Gefahren gehen insofern von herbizidresistenten Pflanzen aus, als Transgene durch Kreuz-Hybridisierung auf wilde Artverwandte übergreifen und so manches Superunkraut hervorbringen können. In Europa freigesetzte, herbizidresistente transgene Rapsölsaat hat sich inzwischen mit verschiedenen wilden Artverwandten gekreuzt.[23]

Doch es gibt noch weitere Probleme. Herbizidresistente transgene Nahrungspflanzen ermöglichen den Einsatz von Breitbandherbiziden mit hohem Wirkungsgrad, die viele Spezies ohne Unterschied abtöten. Dies gilt für Monsantos »Roundup« und für andere, von konkurrierenden Firmen produzierte Herbizide, die jeweils in Verbindung mit dem gegen sie resistenten transgenen Saatgut desselben Herstellers zu verwenden sind. Das US-amerikanische Büro für den Schutz der Tier- und Pflanzenwelt zu Wasser und zu Lande hat 74 gefährdete Pflanzenarten ausfindig gemacht, die durch den Einsatz von Herbiziden wie Glyphosat* bedroht sind.[24] Dieses Produkt verringert die Fähigkeit des Bodens, Stickstoff zu binden, und wirkt toxisch auf viele Arten von mykorhizalen** Pilzen, die für die Nährstoffnutzung unentbehrlich sind. Glyphosatartige Bestandteile sind die mit drittgrößter Häufigkeit festgestellte Ursache von Pestiziderkrankungen unter Landarbeitern. Der Einsatz von undifferenziert toxisch wirkenden Herbiziden wird zur Massenvernichtung von heimischen Arten und von Kulturpflanzen führen, der Bodenfruchtbarkeit und obendrein der menschlichen Gesundheit Schaden zufügen. Außerdem werden letzten Endes auch herbizidresistente transgene Pflanzen zu Unkraut, und zwar in Form solcher Pflanzen, die nach der Ernte durch Selbstaussaat entstehen. Zu deren Beseitigung müssen wieder andere Herbizide eingesetzt werden, die dann weitere Auswirkungen auf die einheimische Artenvielfalt haben.

Sichere Nahrungsmittelversorgung beruht auf landwirtschaftlicher Artenvielfalt und langfristig umweltverträglicher Landwirtschaft

Jahrzehntelange Intensivlandwirtschaft hat zu Umweltzerstörung, zu Verlust an landwirtschaftlich nutzbarem Boden und an heimischer Artenvielfalt geführt. Um gegen die dergestalt hervorgerufene Krise etwas zu unternehmen, ist eine weltumspannende Bewegung für ganzheitliche, organische Landwirtschaftsmethoden entstanden, die traditionelle Verfahren der Bodenbearbeitung wiederbelebt. Einstige Fürsprecher der Grünen Revolution fordern jetzt einen Wechsel zu einer auf lange Sicht umweltverträglichen Landwirtschaft. Eine auf lange Sicht umweltverträgliche, nachhaltige Landwirtschaft fordert auch die Konvention der Vereinten Nationen zur biologischen Artenvielfalt im 14. Kapitel der Agenda 21, die von mehr als 140 Ländern unterzeichnet wurde. Auf den Philippinen werden biologisch-dynamische und nachhaltige Land-

* ein systemisches Breitbandherbizid, das besonders gegen winterharte Pflanzen wirksam ist

** Pilze, die eine symbiotische Lebensgemeinschaft mit den Wurzeln höherer Pflanzen bilden

baumethoden in großem Rahmen erfolgreich umgesetzt.[25] In Lateinamerika hat sich eine Reihe von Organisationen, die nicht den Regierungen unterstellt sind, zur »Lateinamerikanischen Genossenschaft für Agrarökologie und Entwicklung« zusammengeschlossen, um agrarökologische Methoden zu fördern, die auf die Besonderheiten der lokalen Anbaumethoden Rücksicht nehmen.[26] Programme zur Einführung von Kompostierungsmaßnahmen und organischen Düngemethoden haben die Erträge innerhalb von Jahresfrist verdreifacht oder vervierfacht.[27] Die Produktivität und Nachhaltigkeit der von Kleinbauern in der Dritten Welt[28] und in den Ländern der Nordhalbkugel betriebenen traditionellen Anbaumethoden sind in einer ganzen Reihe von Studien hervorgehoben worden. Dies konnte man einem Bericht der Nationalen Wissenschaftsakademie der USA entnehmen.[29] Überall waren die Erträge dreimal so hoch, doppelt so hoch, oder sie entsprachen doch zuallermindest denen der energieintensiven agrochemischen Landwirtschaft. In zwanzig Ländern auf der ganzen Welt betreiben mehr als zwei Millionen Familien auf vier bis fünf Millionen Hektar eine nachhaltige Landwirtschaft.

Kubas unfreiwilliges Experiment aus der jüngeren Vergangenheit ist da sehr lehrreich.[30] Die Wirtschaftsblockade der USA seit den sechziger Jahren führte zu einem Mangel an Agrochemikalien. So mußte sich Kuba in großem Umfang auf organische Landwirtschaft umstellen. Auf einem Drittel der elf Millionen Hektar landwirtschaftlicher Nutzfläche verwendete man weiterhin Agrochemikalien, ein weiteres Drittel stellte man vollständig auf organischen Anbau um und beließ die übrige Anbaufläche im Übergang, das heißt, man bewirtschaftete sie halb agrochemisch, halb organisch. Die Hektarerträge des vollauf organisch bewirtschafteten Lands entsprechen denen mit hundert Prozent Agrochemie; die Erträge der Übergangsfelder hingegen sind nur halb so groß. Das beweist ganz eindeutig, daß organische Landwirtschaft sich auch im großen Stil bewährt – mit minimalem Energieverbrauch und geringen Auswirkungen auf die Umwelt.

Viele, wenn nicht gar alle Länder des Südens verfügen noch über die angestammten genetischen Ressourcen, die ohne alle weitergehende genetische Modifikation auf Dauer eine zuverlässige Nahrungsmittelversorgung gewährleisten können.

»Durch eine jahrhundertelang betriebene Landwirtschaft haben traditionelle Gesellschaften eine unglaubliche Mannigfaltigkeit von Pflanzen und Vieh entwickelt. Etwa 200-250 blühende Pflanzenarten wurden domestiziert, und die genetische Vielfalt bei jeder einzelnen von ihnen ist erstaunlich: Alleine schon in Indien haben zum Beispiel die Bauern über 50 000 Sorten Reis, *Oryza sativa*, kultiviert. In einem einzigen Dorf im Nordosten Indiens werden 70 Sorten angebaut; ... und immer wieder verwendeten und verbesserten die Bauern (vor allem Frauen) manche Sorten, die widerstandsfähig gegen Krankheit, Dürre und Überschwemmungen waren; einige Sorten, die gut schmeckten; einige Sorten, die farbig und für rituelle Zwecke geeignet waren; und einige Sorten, die sehr ertragsstark waren.«[31]

Die Erhaltung von Saatgut für die organische Landwirtschaft

Hunderte von ländlichen Gemeinden im Nordosten Brasiliens reagieren auf die gegenwärtige Krise in der Nahrungsmittelproduktion durch die Einrichtung kommunaler Saatgutbanken. Diese sollen mit nur geringer Unterstützung seitens der Regierung oder ganz ohne solche Unterstützung für den Erhalt traditioneller einheimischer Sorten sorgen und eine auf lange Sicht umweltverträgliche landwirtschaftliche Entwicklung unterstützen.[32]

In Indien hat sich Vandana Shiva mehrere Jahre lang innerhalb der Bäuerinnen-Bewegung *Navdanya* (Saat der Freiheit) engagiert, indem sie sich um die Rettung und den Erhalt von wertvollen einheimischen Hülsenfrüchten und Getreidearten kümmerte, die durch die Grüne Revolution verdrängt und zur Bedeutungslosigkeit verurteilt worden waren.

Bewegungen für den Erhalt von Saatgut sind inzwischen auch unter organisch arbeitenden Landwirten in Europa und den USA verbreitet. Unlängst habe ich Anita Hayes besucht, die eigentlich aus den USA stammt und nun die irische Vereinigung für die Saatguterhaltung in der Nähe von Galway ins Leben gerufen hat. Auf winzigen Fleckchen Land, eng bepflanzt mit vielleicht 60 oder mehr Kartoffel-, Erdbeer-, Kohlsorten und vielen anderen Obst- und Gemüsesorten, die von organisch arbeitenden Bauern in Irland und andernorts über Jahrhunderte, wenn nicht Jahrtausende kultiviert wurden, bewirkt Anita wahre Wunder. Diese Sorten haben eine natürliche Resistenz gegen Krankheiten und liefern ohne Zugabe von Kunstdünger hohe Erträge. Auch sind sie für unterschiedliche Zwecke gezüchtet worden. Eine Weizensorte namens Spelt (Dinkel) ist zum Beispiel von Natur aus besonders reich an dem Weizenprotein Gluten, und einen »spelzenlosen« Hafer (Nackthafer) kann man direkt nach dem Ernten kochen. Am meisten beeindruckt hat mich ein Winterkohl, der über Generationen in der Familie eines mittlerweile 84jährigen Bauern kultiviert wurde. Von seiner Tochter, die darauf bedacht war, die Linie zu erhalten, erhielt Anita ein paar Samenkörner. Anita zog in ihrem Garten lediglich fünf Pflanzen, die jeweils etwa einen Meter hoch sind und einen ebenso großen Durchmesser haben. Diese robuste und kräftige zweijährige Pflanze hat schon stürmischen Winden mit Windgeschwindigkeiten bis zu 160 Stundenkilometern standgehalten, und sie liefert wohlschmeckende grüne Blätter, die während der gesamten Wachstumsperiode geerntet werden können. Am Ende des zweiten Jahres bringt sie den überreichen Ertrag von vielleicht 10 000 Samenkörnern pro Pflanze – ein überzeugender Beweis, wieviel Fruchtbarkeit und Überfluß in der Natur zu finden sind.

Gentechnische Landwirtschaft ist ein Angriff auf das Leben und auf unser gesamtes Lebenserhaltungssystem. Die Bewegung der organisch arbeitenden Bauern für den Erhalt des Saatguts ist eine ganz konkrete Möglichkeit, diesem Angriff Widerstand entgegenzusetzen, und sie braucht unsere volle Unterstützung.

Dem muß ich zur Verdeutlichung einfach mal den letzten Schrei der Biotechnologie gegenüberstellen: eine »Terminator-Technologie« aus dem Repertoire einer Tochtergesellschaft von Monsanto, die Saatgut gentechnisch dahingehend bearbeitet, daß es *nicht* keimt.[33] Indem man die Bauern daran hindert, Samen zurückzuhalten und sie für die nächste Aussaat zu verwenden, sollen also die Firmenpatente auf das Saatgut geschützt werden. Das führt uns vor Augen, daß es hier nicht einfach nur um die Frage geht, ob wir gentechnisch bearbeitete Nahrungsmittel akzeptieren sollten. Gentechnische Landwirtschaft ist ein Angriff auf das Leben und auf unser gesamtes Lebenserhaltungssystem. Die Bewegung der organisch arbeitenden Bauern für den Erhalt des Saatguts ist eine ganz konkrete Möglichkeit, diesem Angriff Widerstand entgegenzusetzen, und sie braucht unsere volle Unterstützung.

Von der Weltbank ist zu hören, sie wolle eine deutliche politische Kursänderung vornehmen und ihre Bemühungen stärker auf die Kleinbauern in den Entwicklungsländern konzentrieren. Unglücklicherweise geht es hier allerdings darum, der Dritten Welt unter Federführung der Weltbank landwirtschaftliche Biotechnologie anzubieten.[34] Zugleich wird mit Unterstützung der Biotechnik-Unternehmen ein System der Kleinkreditvergabe eingerichtet, mit dessen Hilfe man Geld an die Kleinbauern ausleihen will. So können diese Unternehmen sich, während noch die Verhandlungen über das *International Biosafety Protocol* (siehe Kapitel 2) andauern, in der Dritten Welt etablieren. Dieses Vorgehen ermöglicht es ihnen auch, Feldversuche durchzuführen und zu einem Zeitpunkt, da der Widerstand gegen gentechnisch hergestellte Nahrungsmittel in den Ländern des Nordens rasch zunimmt, leichten Zugang zu den Märkten der Dritten Welt zu gewinnen.

Angesichts all dessen können wir offenbar im Sinn einer langfristig gesicherten Nahrungsmittelversorgung nichts Besseres tun, als uns das Abkommen über die biologische Artenvielfalt zu Herzen zu nehmen. Das heißt, wir sollten mithelfen, die bei uns heimische und noch vorhandene agrikulturelle Vielfalt zu retten und zu erhalten, und dazu beitragen, daß diese Vielfalt durch alle Formen nachhaltiger Landwirtschaft – die Grundlage einer sicheren und gesunden Ernährung für jedermann – weiterentwickelt wird.

Für genetisch modifizierte Nahrungspflanzen besteht also gar keine Notwendigkeit. Sie werden nicht dafür sorgen können, daß die Welt genug zu essen hat. Sie werden im Gegenteil die Sicherheit der Nahrungsversorgung und die biologische Artenvielfalt untergraben. Mit den Lizenzgebühren auf das Saatgut, der restriktiv gehandhabten Zertifizierung von Saatgut und den Wettbewerbsverzerrungen durch subventionierte Produkte aus den Ländern des Nordens werden einerseits die transnationalen Genmanipulatoren mit ihrem Monopol der geistigen Eigentumsrechte und andererseits die »Freihandels«-Abkommen der Welthandelsorganisation (WTO) gemeinsam dafür sorgen, daß den Kleinbauern noch weiter die Lebensgrundlagen entzogen werden. Die Kleinbauern werden den großindustriellen Unternehmen auf Gedeih und Verderb ausgeliefert sein. Denn diese legen ja nicht nur fest, zu welchen Preisen sie den Bauern das Saatgut anbieten, sondern sie kaufen ihnen auch ihre Erzeugnisse ab und verkaufen ihnen dann im Gegenzug die benötigten Nahrungsmittel.

Gleichzeitig führt der Einsatz von toxischen Breitbandherbiziden in Verbindung mit herbizidresistenten transgenen Pflanzen zum unwiederbringlichen Verlust der natürlichen und landwirtschaftlichen Vielfalt an heimischen Arten, von der eine sichere Nahrungsmittelversorgung abhängt.

> Transgene Pflanzen, die gegen Krankheiten und Schädlinge resistent gemacht worden sind, könnten im Vergleich zu nicht modifizierten Pflanzen ein höheres allergieauslösendes Potential haben.

Obendrein gibt es Probleme und Gefahren, die in der Technologie selbst begründet sind. Deshalb ist es so dringend erforderlich, daß dieser Technologie durch gesetzlich bindende internationale Vereinbarungen zur biologischen Sicherheit unter der *Convention on Biological Diversity** Grenzen gesetzt werden.

Die mutwillige Mißachtung des genetischen Wissens in der landwirtschaftlichen Biotechnologie

Einer Publikation, die »den Verbrauchern klare und verständliche Informationen über Produkte der neuen [Bio-] Technologie geben« soll, können wir folgende Aussage entnehmen: »In der wissenschaftlichen Forschung kann man heutzutage ganz genau das Gen bestimmen, das für ein erwünschtes Merkmal verantwortlich ist. Man kann es herausholen, kopieren und die Kopie in einen anderen Organismus einsetzen. Dieser Organismus (und seine Nachkommen) werden dann über das erwünschte Merkmal verfügen.«[35]

Dies bringt noch einmal fein säuberlich die Leitvorstellung des genetischen Determinismus auf den Punkt, der zufolge *ein* Gen *ein* Merkmal steuert und der Transfer des betreffenden Gens die Übertragung des entsprechenden Merkmals auf den genetisch modifizierten Organismus zur Folge hat, der dann imstande sein soll, dieses Gen unbegrenzt an künftige Generationen weiterzureichen. Ferner wird hier der Vorgang der genetischen Modifikation als ein einfacher und präziser Eingriff dargestellt.

Die zitierte Äußerung – sie ist ganz typisch für den Stil von »Informationen«, die ein »besseres Verständnis« der Gentechnik in der Öffentlichkeit bewirken sollen – beruht auf einer stark vereinfachenden Sicht der Genetik, die von klassischen Genetikern ebenso wie von Pflanzenzüchtern bereits vor Jahren verworfen wurde und erst recht durch all die Forschungsergebnisse in der neuen Genetik hinfällig geworden ist. Unglücklicherweise ist es nicht nur so, daß die meisten Molekulargenetiker der Industrie gegenüber keinerlei Unabhängigkeit mehr haben, sondern ebensowenig eine Ausbildung in klassischer Genetik. Und da ihnen obendrein ein tieferes Verständnis der molekularen Zusammenhänge fehlt, können sie auch die Konsequenzen dessen, worauf sie in

* Abkommen über die biologische Artenvielfalt

ihrer eigenen Disziplin stoßen, und vor allem die damit verbundenen Gefahren nicht klar erkennen beziehungsweise sie in weiteren Zusammenhängen sehen.

Gefahren durch Nichtbeachtung der genetischen Wechselbeziehungen

Da ein Gen seine Funktionen niemals isoliert ausübt, kommt es beim Transfer eines oder mehrerer Gene in einen anderen Organismus fast immer zu unerwarteten und unerwünschten Nebenwirkungen.

Das wirklich Besorgniserregende an transgenen Nahrungsmitteln ist unter anderem ihr toxisches oder allergieauslösendes Potential. Seit bekannt wurde, daß transgene Sojabohnen, die ein Paranuß-Gen enthalten, Allergien auslösen können, weiß man von dieser ganz konkreten

> Risikoeinschätzungen, die vom Prinzip der substantiellen Äquivalenz ausgehen, sind eine Farce – ein Fall von »Was man nicht braucht, dem schenkt man keine Beachtung, und das nimmt man auch nicht wahr«. Die Biotechnik-Unternehmen erhalten so eine regelrechte *Blankovollmacht*, mit der sie anfangen können, was sie wollen. Die Regulierungsorgane hingegen dienen dazu, die legitimen Befürchtungen und Widerstände in der Öffentlichkeit zu zerstreuen und zu beschwichtigen.

Gefahr.[36] Jüngere Studien legen die Vermutung nahe, daß die allergieauslösenden Wirkungen bei Pflanzen mit jenen Proteinen zusammenhängen, die für die Abwehrmechanismen gegen Krankheiten und Schädlinge eine Rolle spielen. Daher könnte bei transgenen Pflanzen, die man gegen Krankheiten und Schädlinge resistent gemacht hat, ein im Vergleich zu nicht modifizierten Pflanzen höheres allergieauslösendes Potential vorliegen.[37]

Neue Proteine aus Bakterien wie etwa das *Bt*-Toxin, das mit gentechnischen Mitteln auf zahlreiche transgene Pflanzen übertragen wurde, kann man nicht auf ihre allergieauslösende Wirkung prüfen. Denn allergische Reaktionen setzen voraus, daß die betreffende Person zuvor schon mit dem Allergen in Berührung gekommen ist. Daher sind die Überwachung transgener Produkte nach ihrer Markteinführung, eine eindeutige Deklaration und ein getrennter Verkauf für einen angemessenen Verbraucherschutz unverzichtbar. Die meisten bekannten Allergene sind wasserlöslich und gegen Säuren resistent. In manchen Fällen sind sie sehr hitzebeständig – etwa die Allergene aus Soja, Erdnuß und Milch – und werden beim Kochen nicht zerstört. Allergieauslösende Proteine aus Früchten hingegen sind hitzeempfindlich.[38]

Eine transgene Hefe wurde mit Hilfe vielfacher Kopien eines ihrer eigenen Gene so verändert, daß die Fermentationsprozesse beschleunigt ablaufen. Dies hatte die Anreicherung des Metabolits Methylglyoxal in einem toxischen, das Erbgut verändernden Ausmaß zur Folge.[39] Dieser Fall sollte als Warnung dienen, daß man bei der Risikoeinschätzung nicht einfach das »Familiaritätsprinzip« oder eine »substantielle Äquivalenz« geltend machen darf. Unser Verständnis der physiologischen Regulationsprinzipien reicht einfach nicht aus, um *von vorneherein* jene genetischen Modifikationen, die mit Risiken behaftet sind, von denjenigen unterscheiden zu können, für die das nicht zutrifft.

Das »Prinzip der substantiellen Äquivalenz«, auf dem gegenwärtig alle Risikoeinschätzungen beruhen, wird detailliert in einem Bericht[40] ausgeführt, den die *Food and Agricultural Organization** (FAO) und die Weltgesundheitsorganisation (WHO) gemeinsam herausgegeben haben – ihr *Codex alimentarius* gibt weltweit gültige Sicherheitsstandards für Nahrungsmittel vor. Es wird für illegal erachtet werden, falls ein Land den Import von gentechnisch hergestellten Erzeugnissen untersagt, solange der *Codex alimentarius* diese als sicher einstuft. Dem »Prinzip der substantiellen Äquivalenz« wird von derselben reduktionistischen Wissenschaft Gültigkeit zugesprochen, die für die Industrie erklärt, zwischen transgenen Linien und herkömmlichen, durch selektive Züchtung erzeugten Varietäten bestehe kein »wesentlicher Unterschied«. Ein Produkt, dem substantielle Äquivalenz bescheinigt wird, gilt als sicher und für den menschlichen Verzehr geeignet.

Man kann allerdings schon im Vorfeld behaupten, es liege eine substantielle Äquivalenz vor. In diesem Fall fällt eine anschließende Risikoeinschätzung höchst oberflächlich aus. Außerdem bedeutet »substantielle Äquivalenz« *keine* Äquivalenz im Vergleich zur nicht gentechnisch bearbeiteten pflanzlichen oder tierischen Varietät. Die gentechnisch hergestellte Nahrung darf mit jeder beliebigen Varietät der gleichen Spezies verglichen werden. Sie dürfte die schlechtesten Eigenschaften von sämtlichen Varietäten aufweisen und würde trotzdem als substantiell äquivalent gelten. Sie dürfte sogar mit einem Produkt aus einer ganz

* siehe Fußnote S. 170

und gar nicht artverwandten Spezies beziehungsweise aus mehreren Spezies verglichen werden.

Doch es kommt noch schlimmer: Es gibt keine definierten Prüfverfahren, denen ein Produkt unterworfen werden muß, um seine substantielle Äquivalenz zu erweisen. Die Prüfverfahren sind so unkritisch, daß unplanmäßige Veränderungen wie etwa neue Toxine und Allergene leicht unbemerkt bleiben könnten. Eine gentechnisch hergestellte, massiv veränderte Kartoffelsorte mit unförmigen Knollen wurde dessenungeachtet in dem Prüfverfahren als substantiell äquivalent eingestuft. Risikoeinschätzungen, die vom Prinzip der substantiellen Äquivalenz ausgehen, sind eine Farce – ein Fall von »Was man nicht braucht, dem schenkt man keine Beachtung, und das nimmt man auch nicht wahr«. So erhalten die Biotechnik-Unternehmen eine regelrechte *Blankovollmacht*, mit der sie tun und lassen können, was sie wollen. Die Regulierungsorgane hingegen dienen dazu, die legitimen Befürchtungen und Widerstände in der Bevölkerung zu zerstreuen und zu beschwichtigen.[41]

Im Mai 1998 hat eine Gruppe von Wissenschaftlern, Medizinern und Mitgliedern anderer Heilberufe, führenden Vertretern religiöser Glaubensgemeinschaften und Küchenchefs vor Gericht gegen die Verfahrensweise der *US Food and Drug Administration* (FDA)* in puncto gentechnisch hergestellter Nahrungsmittel Klage eingereicht, um angemessene Sicherheitsprüfungen und die Deklarationspflicht durchzusetzen. Die Kläger erklären ferner in ihrer Klageschrift, die Politik der FDA in puncto Genechnik sei wissenschaftlich nicht haltbar und lasse schwerwiegende Gesundheitsrisiken außer Betracht.[42]

Wenn man das hochgradig ineinander verflochtene Netzwerk, in dem die Gene ihre Funktion ausüben, ernst nimmt, dann sollte eine adäquate Risikoeinschätzung eine umfassende Analyse der Proteine und auch eine Darstellung der Metaboliten beinhalten, die in diesem Rahmen entstehen. Für beides benötigt man Labormethoden, die heutzutage zum Alltagsgeschäft gehören. Die Deklaration der Produkte ist unverzichtbar, denn die Langzeitwirkungen auf Verbraucher, die neue bakterielle Proteine zu sich nehmen, bedürfen der Überwachung. Die EU-Kommission hat sich mit einiger Verspätung zur Deklaration transgener Erzeugnisse entschlossen – allerdings nur wenn sie gentechnisch manipulierte Proteine oder DNS enthalten. Enzyme, Zucker, Öle, Aromen und andere Nahrungszusätze bleiben davon ausgenommen.

Eine dementsprechende Deklaration wird die Verbraucher jedoch ein-

* siehe Fußnote S. 23

deutig nicht gegen derartige Vorfälle schützen können wie den im 2. Kapitel erwähnten Zwischenfall mit der gentechnisch hergestellten Aminosäure Tryptophan, durch den 37 Menschen ihr Leben verloren und 1500 krank wurden. Denn das Produkt enthielt weder Protein noch DNS und könnte ohne weiteres als Nahrungszusatz eingestuft werden. Dies wirft einmal mehr ein bezeichnendes Licht auf die reduktionistische Wissenschaft, die als Rechtfertigung dafür dient, daß man nur auf die transferierten Gene und die Genprodukte schaut und allen unbeabsichtigten Auswirkungen, die aus den Wechselwirkungen zwischen den Genen oder aus dem Vorgang der Geneingliederung selbst resultieren, keine Beachtung schenkt.

Gefahren durch Nichtbeachtung der Ökologie von Genen und Organismen

Die Auswirkungen von Einzelgenen auf das Ökosystem

Die unmittelbarsten und am einfachsten zu beobachtenden Auswirkungen transgener Pflanzen auf die ökologische Umwelt beruhen auf der zwischen transgenen Pflanzen und ihren wilden Artverwandten stattfindenden Fremdbestäubung, die so manches Superunkraut hervorbringen kann. Feldversuche haben gezeigt, daß es zwischen der herbizidresistenten, transgenen *Brassica napa* und ihren wilden Artverwandten – *B. campestris*[43], *Hirschfeldia incana*[44] und *Raphanus raphanistrum*[45] – zur Kreuz-Hybridisierung gekommen ist. Ökologen wie Rissler und Mellon[46] haben diese Auswirkungen vorausgesagt, die sich bei Einführung jeder exotischen Spezies zeigen – unabhängig davon, ob ein gentechnischer Eingriff vorgenommen wurde oder nicht.

Unterschätzt werden gemeinhin die Auswirkungen von transgenen Erdbakterien. Da Molekulargenetiker in der Regel keinerlei Ausbildung in Bodenökologie haben, ist ihnen die bedeutsame Rolle der im Erdreich lebenden Mikroben bei der Nährstoffverwertung für das Wachstum der Nahrungspflanzen nicht bekannt. Die Bodenmikrobiologin Elaine Ingham und ihre Studenten haben ein verbreitetes Erdbakterium untersucht, *Klebsiella planticola*, das man gentechnisch so verändert hatte, daß es aus Pflanzenrückständen Äthanol erzeugte. Das Bakterium wurde in Gläser mit unterschiedlichen Bodenproben eingeimpft, in die man einen Weizensetzling gepflanzt hatte.[47] In allen Bodenarten wurde das Wachstum des Weizensetzlings durch das Bakterium ganz erheblich eingeschränkt. Dies beruhte auf der Entstehung des Äthanols und dessen schädlichen Auswirkungen auf diverse Mikroben, die am Recycling der Nährstoffe für den Weizensetzling beteiligt sind. Elaine hat darüber bei verschiedenen vom »Netzwerk Dritte Welt« gesponserten Seminaren gesprochen – mit großem Erfolg. Sie betreibt jetzt mit ihren Kollegen und Kolleginnen ein Forschungs- und Beratungsunternehmen für organische Landwirtschaft in den USA: eine fabelhafte Möglichkeit, dem Vormarsch der agrochemischen Biotechnik Widerstand entgegenzusetzen.

Zahlreiche transgene Pflanzen hat man inzwischen mit dem δ-Endotoxin-Gen aus dem Bodenbakterium *Bacillus thuringiensis* (*Bt*) ausgestattet, um sie so vor Schadinsekten zu schützen. Das Toxin fügt jedoch direkt und indirekt den nützlichen Insekten entlang der Nahrungskette Schaden zu. In einem Feldversuch mit *Bt*-Baumwolle in Thailand starben dreißig Prozent der Bienen im Umkreis des Versuchsgeländes;[48] zugleich litten aber auch Netzflügler, die sich von *Bt*-Mais fressenden Beutetieren ernähren, unter schädlichen Wirkungen.[49] Alles weist darauf hin, daß die *Bt*-transgenen Pflanzen verheerende Auswirkungen auf die biologische Artenvielfalt haben – gar nicht zu sprechen von den Auswirkungen auf die Gesundheit bei Mensch und Tier.

Transgene Linien sind von Natur aus instabil

Die Technik der Gewebekultur bringt ihrerseits neue, in starker Häufung auftretende genetische Variationen mit sich. Man spricht hier von somaklonalen Variationen.[50] Diese kommen zustande, weil die Zellen aus der inneren, physiologischen Umwelt der Pflanze herausgeholt werden, die normalerweise zusammen mit der äußeren, ökologischen Umwelt dafür sorgt, daß in den Zellen und im gesamten Organismus die Genexpression, die Gene und die Struktur des Genoms stabil bleiben. Der Unilever-Konzern setzte die Technik der Gewebekultur vor einigen Jahren zur Gewebebildung von Ölpalmen ein, die in Malaysia gepflanzt werden sollten. Inzwischen hat man davon Abstand genommen, da viele Pflanzen vor Ort verkümmert oder nicht zur Blüte gelangt sind.[51]

Der Prozeß der Genintegration bleibt dem Zufall überlassen und kann, wie im 3. Kapitel erwähnt, viele genetische Sekundäreffekte zur Folge haben.

Die zusätzliche DNS, die man in das Genom eines transgenen Organismus integriert, sprengt die Struktur seines Chromosoms und kann dadurch eine chromosomale Neuanordnung bewirken,[52] die weitere Auswirkungen auf die Genfunktion hat.

Nach seiner Eingliederung in das Genom kann der Vektor, der das Transgen und das Markierungsgen beziehungsweise mehrere Transgene und Markierungsgene enthält, seinen Platz durchaus wieder verlassen oder sich auch an anderer Stelle erneut einfügen. Dadurch kommt es zu weiteren genetischen Beeinträchtigungen.

Der hochgradig mosaikartige Charakter der meisten Vektor-Konstruktionen macht diese strukturell instabil und für Rekombinationen anfällig. Möglicherweise bringen virusresistente transgene Pflanzen aus diesem Grund leichter rekombinante Viren hervor als die nicht transgenen Pflanzen (mehr darüber später).

Der Einsatz von aggressiven Promotoren, oft aus Viren, die Transgenen zur Expression verhelfen sollen, bedeutet eine Belastung und Gleichgewichtsstörung des physiologischen Systems und vergrößert seine Instabilität.

Sämtliche Zellen verfügen über Mechanismen, um die Expression fremder Gene zu unterbinden, sie zu deaktivieren.[53] Ein dabei häufig in Erscheinung tretender Mechanismus ist die Methylierung – eine chemische Reaktion, die der Adenin- oder Cytosin-Base in der DNS eine Methylgruppe hinzufügt. Infolge der Methylierung findet keine weitere Expression des Gens statt.

Die Instabilität transgener Linien

Zu den herkömmlichen Züchtungsmethoden zählt das Kreuzen von engverwandten Varietäten oder Spezies, die verschiedene Formen derselben Gene aufweisen. Die Selektion geht dann über viele Generationen unter Feldversuchsbedingungen vonstatten, so daß die erwünschten Merkmale und die Gene, die diese Merkmale *im geeigneten Umfeld* hervorrufen, vor einer Reihe von genetischen Hintergründen auf stabile

Der Beweis, daß transgene Nahrungspflanzen auf lange Sicht landwirtschaftlich nutzbar sind, muß erst noch erbracht werden.

Expression geprüft und harmonisiert werden. Außerdem treten unterschiedliche genetische Kombinationen je nach Umfeld auch auf unterschiedliche Weise in Erscheinung. Solche Wechselbeziehungen zwischen Genotyp und Umwelt sind den traditionell arbeitenden Züchtern wohlbekannt. So kann man unmöglich vorhersagen, welches Erscheinungsbild eine Neuzüchtung in einem nicht erprobten Umfeld an den Tag legen wird. In vielen Fällen verlieren neue Sorten in den Folgegenerationen ihre charakteristischen Merkmale, weil entweder die Gene gemischt und rekombiniert werden oder weil sie auf veränderte Umweltbedingungen reagieren.

Dieses Problem verschärft sich in der Gentechnik ganz erheblich. Zunächst einmal werden den Organismen häufig ganz und gar exotische Gene zugeführt. Zudem führen die Eingriffe zur Erzeugung transgener Organismen unweigerlich zu größerer genetischer Instabilität. Bei Pflanzen integriert man die Gene oft in die Zellen von Gewebekulturen, und die transgenen Pflanzen werden aus den Zellen, die man in der Kultur selektiert hat, gewonnen.

Transgene Instabilität tritt bei Nutzvieh ebenso auf wie bei Pflanzen. Das transgene Schaf Tracy, das infolge gentechnischer Veränderungen in seiner Milch einen hohen Anteil an menschlichem α-Antitrypsin produzierte, hat keinen einzigen weiblichen Nachkommen mit einer vergleichbaren Fähigkeit zur Welt gebracht. Aus diesem Grund hat man die Anwendung jener Klonierungstechniken in Betracht gezogen, mit deren Hilfe schließlich Dolly entstand (siehe Kapitel 11). Über die Instabilität bei Pflanzen weiß man allerdings weit besser Bescheid. Bei Tabak werden zwischen 64 und 92 Prozent der transgenen Pflanzen aus der ersten Generation instabil. *Arabidopsis* verliert in 50 bis 90 Prozent der Fälle das Transgen. Die Instabilität zeigt sich bei Entstehung der Keimzellen und bei der Zellteilung während des Pflanzenwachstums. Sie läßt sich durch Verpflanzung oder durch ein leichtes Trauma auslösen. Aus diesen Gründen vermehren transgene Linien sich oft nicht reinrassig.

Der Beweis, daß transgene Nahrungspflanzen auf lange Sicht landwirtschaftlich nutzbar sind, muß erst noch erbracht werden. Die »Flavr Savr«-Tomate der Firma Calgene, die man gentechnisch verändert hatte, um sie im Gemüseregal länger zum Verkauf anbieten zu können, war in finanzieller Hinsicht eine Katastrophe (genau wie eine transgene Erdbeere). Abgesehen von Nebenwirkungen – wie etwa einer für den schadlosen Transport viel zu weichen Haut –, ließ sie sich auch nicht in Florida anbauen, da man sie in Kalifornien entwickelt hatte. Monsantos transgene *Bt*-Baumwollpflanze, die man gentechnisch so verändert hatte, daß sie gegen den Baumwollkapselwurm* resistent sein sollte, wurde auf dem Feld weder in den USA noch in Australien den in sie gesetzten Erwartungen gerecht – unter anderem aufgrund der Transgen-Deaktivierung. Monsantos »Roundup Ready«-Baumwollpflanzen erging es da 1997 nicht besser. Die Baumwollkapseln waren deformiert und fielen zu Boden, wenn sie mit »Roundup« gespritzt wurden. Farmer in sieben US-Staaten versuchen Schadensersatz für ihre Verluste zu bekommen. Die herbizidverträgliche transgene Canola-Rapsölsaat »Innovator« hat sich in Kanada nicht durchgängig bewährt. Dies hat die Canola-Anbaugenossenschaft von Saskatchewan veranlaßt, eine offizielle Vitalitätsprüfung für Saatgut zu verlangen. Die Landwirte sollten auf der Hut sein.

Demgegenüber verfügen die altbewährten regionalen Sorten und die landestypischen Rassen über größte Stabilität, da Gene und Umwelt sich aneinander angepaßt haben, um die stabile Expression wünschenswerter Merkmale über Jahrhunderte oder gar Jahrtausende zu festigen. Das ökologische Gleichgewicht, das wir wiederherstellen müssen, um die Nahrungsversorgung auf lange Sicht gewährleisten zu können, läßt sich nicht im Schnellverfahren erreichen.

Die leere Versprechung von »Hochertrags«-Pflanzen und »stickstoffbindenden« Pflanzen

Es ist eine unverantwortliche Behauptung, wenn man sagt, durch genetische Modifikation seien Pflanzen mit besonders hohen Erträgen oder stickstoffbindende Pflanzen machbar. Ertrag ist ein komplexes Charakteristikum – ein polygenetisches Merkmal (siehe Kapitel 6) –, das von vielen, noch weithin unbekannten Genen wie auch von den Umweltbedingungen abhängt. Darüber hinaus kann man es nicht in Gewebekulturen bestimmen und daher auch nicht entsprechend selektieren. Die Hoffnungen, man werde einzelne »genetische Markierungen« für den Ernteertrag ausfindig machen können, zeugen von wirklichkeitsfremdem Optimismus. Ein so komplexes Charakteristikum wie der Ernteertrag läßt sich nicht dadurch »übertragen«, daß man ein oder zwei Gene transferiert. Selbst wenn man alle erforderlichen Gene transferieren könnte, würden sich lediglich die Probleme der genetischen Instabilität entsprechend vervielfältigen.

* Larve eines Eulenfalters (Heliothis armigera), der die Samenhülsen der Baumwolle zerstört

Dies gilt genauso für die Stickstoffbindung, für die Fähigkeit einer relativ geringen Zahl von Bakterien, Stickstoff aus der Atmosphäre zu Ammoniak zu reduzieren; andere Mikroben und Pflanzen können dann wiederum Ammoniak verwenden, um Aminosäuren, also Proteine und andere lebensnotwendige Stickstoffverbindungen herzustellen. Weltweit werden durch diese Bakterien pro Jahr 200 Millionen Tonnen Stickstoff gebunden. Mit dem derzeit in der chemischen Industrie angewandten Haber-Bosch-Verfahren hingegen werden lediglich 40 Millionen Tonnen Stickstoffdünger im Jahr produziert. Von besonderer Bedeutung sind die stickstoffbindenden *Rhizobium*-Bakterien, die als Symbionten in den Wurzelknötchen von Hülsenfrüchten leben.

Der Wechsel von chemisch gebundenem zu biologisch gebundenem Stickstoff ist wünschenswert. Denn ein Gutteil des auf den Boden aufgebrachten chemischen Düngers wird herausgespült, und er versickert. Dies verunreinigt das Trinkwasser, führt zu verstärktem Algenwuchs im Gewässersystem, zu Sauerstoffmangel und daher zu einem Rückgang der Fisch- und Schalentierbestände.

Allerdings entfalten die wichtigsten stickstoffbindenden Bakterien ihre Wirkung in einer symbiotischen Beziehung mit höheren Pflanzen. Dies hat seinen Grund in den thermodynamischen Anforderungen und dem enormen Energieaufwand dieses Prozesses. Er beruht auf mindestens 17 Genen im Bakterium und 50 Genen in der Pflanze. Außerdem muß er unter Ausschluß von Sauerstoff stattfinden, da dieser auf den Enzymkomplex, der hauptsächlich für die Stickstoffbindung verantwortlich ist, toxisch wirkt. Wirklich ernstzunehmende Molekulargenetiker halten die Entwicklung von transgenen stickstoffbindenden Nahrungspflanzen für eine unrealistische Perspektive. Doch den Wert der traditionellen Methoden zur Verbesserung der vorhandenen symbiotischen Beziehung zwischen stickstoffbindenden Bakterien und höheren Pflanzen und die entsprechend geringere Notwendigkeit, Kunstdünger anzuwenden, räumen sie ein.

Gefahren durch Nichtbeachtung der Fluidität von genomischen Prozessen

Herbizidresistenz und Pestizidresistenz

Transgene Nahrungspflanzen mit insektiziden Genen oder mit herbizidresistenten Genen fördern in Wahrheit die Evolution von Resistenzbildungen. Mit anderen Worten verschärfen sie die Probleme, die sie lösen sollen. Die Resistenz gegen Schädlingsbekämpfungsmittel ist in der Intensivlandwirtschaft stets ein enormes Problem gewesen. Die rasche Evolution der Insektizidresistenz wurde in den Lehrbüchern zum Paradebeispiel für die angeblich so große Fähigkeit der natürlichen Selektion im neodarwinschen Sinn, die Häufigkeit jener »seltenen Zufallsmutationen« zu erhöhen, die resistenzbildend wirken. In Wirklichkeit beruht die Insektizidresistenz auf genetischen Veränderungen, die bei allen Einzelorganismen in Insektenpopulationen eintreten können – etwa bei Stechmücken, Stubenfliegen und Blattläusen, die einer noch nicht tödlich wirkenden Dosis von Insektiziden ausgesetzt sind. Und dies ist eine seit mehr als zehn Jahren bekannte Tatsache.

Resistenz beinhaltet häufig die Amplifikation von Genen mit der Codierung für Enzyme, die diese chemische Verbindung ungiftig machen können – ein wesentlicher Teil jener der »Fluidität des Genoms« zuzuordnenden Mechanismen, über die alle Zellen verfügen, sobald sie mit toxischen Substanzen konfrontiert sind (siehe Kapitel 8 und 11). Gegen Glyphosat entwickelt sich in pflanzlichen Zellinien, die dem Herbizid ausgesetzt sind, sehr leicht eine Resistenz, und diese beinhaltet die Amplifikation von entgiftend wirkenden Genen. Im Licht dieser Erfahrungen hätte man voraussagen können, daß transgene Pflanzen mit eingebautem Insektizid bei Insektenpopulationen, die dem Insektizid unablässig in nicht tödlich wirkenden Dosierungen ausgesetzt sind, die Resistenzbildung begünstigen würden. Entsprechend werden herbizidresistente transgene Pflanzen die weithin zu verzeichnende Evolution der Herbizidverträglichkeit unter Unkräutern noch weiter beschleunigen, *selbst wenn keine Fremdbestäubung stattfindet.*

Eine Reihe von insektiziden δ-Endotoxinen, von *Bt*-Toxinen, produziert durch Gene, die aus dem Bodenbakterium *Bacillus thuringiensis* isoliert wurden, sind mindestens seit 1990 in zahlreiche transgene Pflanzen – darunter Baumwolle, Mais und Kartoffeln – integriert und in Feldversuchen getestet worden. Diese Gene codieren für ein großes Protein, *Pro*-toxin. Das *Pro*-toxin als solches ist nicht schädlich für Insekten, sondern es muß erst im Darm einer dazu geeigneten Insektenlarvenart, die das entsprechende Enzym besitzt, in das Toxin umgewandelt werden, das die entsprechenden Larven abtötet. Indem man das Gen modifiziert, ihm aggressive Promotoren und Aktivierer zur Unterstützung der Genexpression einverleibt, können transgene Pflanzen das Protein in großem Umfang bilden.

Bei manchen transgenen Pflanzen wird das Gen in einer verkürzten Form eingesetzt, so daß für die Entstehung des Toxins nicht erst der Umwandlungsprozeß durch das dazu fähige Insekt erforderlich ist. Das Toxin ist daher nicht selektiv und zieht folglich nicht nur die Schädlinge in Mitleidenschaft, für die es bestimmt ist, sondern auch solche Insekten, die eigentlich unbehelligt bleiben sollten.

> Schon hat sich gezeigt, daß dieser unablässige Kampf gegen die Natur verloren ist. Die durch Insekten verursachten Verluste werden nämlich derzeit – bei Einsatz eines tödlichen Arsenals von chemischen Pestiziden – auf zwanzig bis dreißig Prozent geschätzt.

Organisch arbeitende Landwirte hatten zuvor vierzig Jahre lang *Bt*-Spritzmittel als umweltfreundliches Biopestizid zur Eindämmung von Schädlingen eingesetzt. Doch die neue Generation von transgenen Pflanzen hat in den USA, wo diese transgenen Pflanzen während der letzten drei Jahre freigesetzt wurden, durch die von den hauptsächlich in Erscheinung tretenden Schadinsekten entwickelte *Bt*-Resistenz bereits eine ökologische Krise heraufbeschworen. Die *Bt*-Resistenz hatte maßgeblichen Anteil an den Problemen, die man 1996/97 mit den *Bt*-Baumwollpflanzen in den USA und Australien erlebte. Für ein Krisenmanagement mußte man mit solchen Strategien aufwarten wie der Anwendung zusätzlicher Spritzmittel, der Schaffung von nicht-transgenen »Refugien«, in denen man weiterhin nicht-resistente Schadinsekten züchten konnte, der Aussicht auf transgene Pflanzen mit gentechnisch erzeugten multiplen Toxinen und der verstärkten Suche nach neuen Toxinen. Dummerweise ist diese Resistenz ein höchst stabiles Merkmal, und sie legt auch ein breites Spektrum von Kreuz-Resistenzen anderen Delta-Endotoxinen gegenüber an den Tag – was zahlreichen Optionen, mit denen man der Resistenz womöglich begegnen könnte, die Grundlage entzieht.

Diese Maßnahmen zeigen die Kurzsichtigkeit des reduktionistischen, nicht ökologischen Denkens. Anhand früherer Erfahrungen läßt sich voraussagen, daß die Schadinsekten neue, wirkungsvollere Resistenzen und multiple Resistenzen entwickeln werden. Schon hat sich gezeigt, daß dieser unablässige Kampf gegen die Natur verloren ist. Die durch Insekten verursachten Verluste werden nämlich derzeit – bei Einsatz eines tödlichen Arsenals von chemischen Pestiziden – auf zwanzig bis dreißig Prozent der Gesamtproduktion geschätzt. Die neuen Generationen von transgenen Pflanzen mit biopestiziden Genen sind gefährlich. Sie werden womöglich das letzte Bollwerk des Ökosystems zerstören – seine Fähigkeit, sich auch angesichts der Intensivlandwirtschaft immer wieder anzupassen und einen Gleichgewichtszustand zu erreichen. Sämtliche Biopestizide sind aus Bodenbakterien isoliert worden. Man benötigt nicht viel Phantasie, um zu dem Schluß zu gelangen, daß die Bodenbakterien für die natürliche Schädlingsbegrenzung eine unverzichtbare Rolle spielen. Falls infolge der kommerziell motivierten Freisetzung von transgenen Pflanzen, die Biopestizide produzieren, Schadinsekten eine weitgehende Resistenz entwickeln, wird nichts mehr übrig sein, worauf das Ökosystem noch zurückgreifen könnte. Die Zukunft der Landwirtschaft innerhalb eines derartigen Szenariums könnte einer der ersten durch die Gentechnik hervorgerufenen Alpträume sein.

Gefahren durch horizontalen Gentransfer und Rekombination

Die am meisten unterschätzten Gefahren der landwirtschaftlichen Biotechnologie beruhen auf dem horizontalen Gentransfer (siehe Kapitel 8 und 10). Es gibt inzwischen eine Fülle von Belegen dafür, daß die Vektoren, die man für den Gentransfer verwendet, horizontale Gentransfers und Rekombinationen, die Verbreitung von Antibiotikaresistenz und die Entstehung neuer Krankheitserreger bewirken. Die Antibiotikaresistenz hat sich infolge des ungezügelten Einsatzes der Antibiotika in der Intensivlandwirtschaft herausgebildet, die der Gentechnik vorausging. Doch enthalten transgene Pflanzen heutzutage häufig Antibio-

> Angesichts der bereits dokumentierten Neigung zu horizontalem Gentransfer muß man große Vorsicht walten lassen, um die Freisetzung unerwünschter Transgene und Markierungsgene in die Umwelt zu vermeiden.

tikaresistenz-Markierungsgene. Ihre Freisetzung in die Umwelt wird eine noch schlimmere Ausbreitung der Antibiotikaresistenz zur Folge haben. Diese Überlegung steht hinter der britischen Entscheidung, Ciba-Geigys transgenen Mais, der das Markierungsgen für Ampicillinresistenz aufweist,[54] zunächst einmal zu untersagen. Denn Ampicillin wird in der Medizin immer noch eingesetzt. Nichtsdestoweniger hat Großbritannien die Vermarktung von transgenem Tomatenmark der Firma Zeneca wie auch von transgenen Tomaten der Firma Calgene zugelassen, obwohl beide das Markierungsgen für Kanamycinresistenz enthalten. Zwar heißt es, Kanamycin werde nicht mehr verwendet, da es bereits durch neue Generationen von Antibiotika aus der Gruppe der Aminoglykoside ersetzt worden sei. Doch zumindest bei einem Kanamycinresistenz-Gen, das zur genetischen Markierung verwendet wird, hat man festgestellt, daß es bei zwei Aminoglykosiden der neuen Generation, Amikacin und Tobramycin, zu einer Kreuzresistenz führt.

Die Verbreitung von Genen über die natürlichen Mikrobenbestände

Es gibt einen naheliegenden Weg zur Verbreitung von Transgenen und Markierungsgenen aus höheren transgenen Pflanzen, aus Tieren (transgenem Fisch und transgenen Schalentieren) und aus Mikroorganismen: den Weg über die überreichlich vorhandenen Mikrobenbestände. Die Mikrobenbestände in jedem erdenklichen Milieu bilden ein gewaltiges Reservoir für die Vervielfältigung der Vektoren, die Transgene und Markierungsgene enthalten, und ermöglichen ihnen die Verbreitung auf alle anderen Spezies. Außerdem verschaffen sie den genetischen Elementen eine Gelegenheit, Rekombinationen mit anderen Viren und Bakterien einzugehen, neue genetische Elemente und pathogene Bakterien- und Virusstämme hervorzubringen, die zugleich auch noch antibiotikaresistent sind.

Auch für höhere Organismen kann man diesen Verbreitungsweg nicht außer Betracht lassen. Denn im Laborexperiment *sind* horizontale Transfers von Transgenen und Markierungsgenen nachgewiesen worden: Transfers von transgenen Kartoffeln auf einen bakteriellen Erreger und Transfers zwischen transgenen Pflanzen und im Erdreich beheimateten Pilzen, die man gemeinsam kultiviert hat. In den Experimenten mit der transgenen Kartoffel stellte man im Labor die hohe, »optimale« Gentransferrate von $6{,}2 \times 10^{-2}$ fest; daraus wurde, unter Zugrundelegung von zweifelhaften Voraussetzungen, »unter naturgetreu idealisierten Bedingungen«, eine äußerst niedrige Transferrate von 2,0 x 10^{-17} »berechnet«. Niemand kann genau wissen, mit wie großer Häufigkeit dieser horizontale Gentransfer tatsächlich unter natürlichen Bedingungen stattfindet, da sehr wenige Untersuchungen dazu vorliegen. Ebensowenig hat man bisher den horizontalen Gentransfer bei Feldversuchen oder Freisetzungen überwacht. Zahlreiche transgene Pflanzen sind mit einem aus dem *Agrobacterium Ti** konstruierten Vektor ausgestattet worden, von dem bereits bekannt ist, daß er sich in das Genom von pflanzlichen Zellen eingliedern kann (siehe Kapitel 10). Wenn der eingegliederte Vektor eine sekundäre Aktivierung durchläuft, kann er schließlich – über die in der Umgebung vorhandenen Mikroben oder über Insektenvektoren – auf andere Pflanzen übergehen. Angesichts der bereits dokumentierten Neigung zum horizontalen Gentransfer muß man große Vorsicht walten lassen, damit eine Freisetzung unerwünschter Transgene und Markierungsgene in die Umwelt vermieden wird.

Die neue Terminator-Technologie ist in dieser Hinsicht besonders gefährlich. Sie verändert die Gene so, daß sie sich in das Genom hineinspleißen und aus ihm herausspleißen. Sie verwendet Bestandteile von besonders bunt durcheinandergewürfelten Transposons, die sämtliche Speziesgrenzen überwinden können. Sind diese Gene erst einmal freigesetzt, können sie sich rasch unkontrolliert ausbreiten. Sie werden dann nicht nur zur Entstehung neuer Krankheitserreger beitragen, sondern womöglich auch Gene und Genome durcheinanderbringen, einschließlich unserer eigenen, indem sie sich dort an ungeeigneter Stelle einspleißen.

Die Entstehung lebender Viren durch Transgene, die Virusresistenz bewirken sollen

Eine größere Gruppe transgener Pflanzen wird jetzt mittels Gentechnik gegen Viruserkrankungen resistent gemacht, indem man ihnen das Gen für den Proteinmantel des Virus einverleibt. Einige Molekulargenetiker haben ihre Besorgnis geäußert, daß diese transgenen Pflanzen durch verschiedene bereits bekannte Prozesse neue Krankheiten hervorrufen könnten. Der erste dieser Prozesse, die *Transkapsidation***, ist bereits nachgewiesen: Hierbei wird die DNS/RNS eines Virus in den Proteinmantel ei-

* Ti = tumour-inducing (Tumoren verursachend)

** Als »Kapsid« bezeichnet man den Proteinmantel eines Virus bzw. eines Virusbestandteils.

nes anderen Virus eingehüllt, so daß die viralen Gene in Zellen hineingelangen können, zu denen sie ansonsten keinen Zugang hätten. Die zweite Möglichkeit besteht darin, daß das transgene Hüllenprotein defekten Viren durch *Komplementation* zur Vermehrung verhelfen kann. Die dritte Möglichkeit, die *Rekombination*, wurde in einem Experiment nachgewiesen, bei dem man *Nicotiana benthamiana*-Pflanzen, die ein Segment eines CCMV-Gens* »ausdrückten«, ein mutantes CCMV eingeimpft hat, dem das betreffende Gen fehlte. Das infektiöse Virus regenerierte sich tatsächlich durch Rekombination. Es gibt nun auch Belege dafür, daß sich die Häufigkeit viraler Rekombinationen durch transgene Pflanzen erhöht, was auf die unaufhörliche Expression des Gens für den viralen Proteinmantel zurückzuführen ist. Das Eintreten entsprechender Rekombinationen wurde ebenfalls bei transgenen Pflanzen nachgewiesen, die man gentechnisch gegen das brandige Rotklee-Mosaikvirus und gegen das Blumenkohl-Mosaikvirus resistent gemacht hatte – zwei Virusinfektionen, bei denen häufig superinfektiöse Viren entstehen.[55] In einem der Experimente vergrößerte sich für das rekombinante Virus das Spektrum möglicher Wirte, so daß es bei einer Pflanzenart Erkrankungen hervorrufen konnte, die für das ursprüngliche Virus nicht empfänglich war. Rekombinationen von Viren sind bei Tieren gut dokumentiert, und die dabei entstehenden rekombinanten Viren sind am Aufkommen von Erkrankungen stark beteiligt (siehe Kapitel 13). Wie die Genome von Tieren, so enthalten auch die Genome von Pflanzen zahlreiche endogene Proviren und entsprechende Elemente, die möglicherweise mit dem eingegliederten Transgen Rekombinationen eingehen können.

Bei einer anderen Strategie zur Erzielung von Virusresistenz hat man die gutartigen viralen »Satelliten-Ribonukleinsäuren« als Transgene verwendet und dadurch die Symptome einer Virusinfektion abgeschwächt. Allerdings mußte man feststellen, daß Transgene leicht zu pathogenen Formen mutieren. Diese bereits dokumentierten pathogenen Rekombinanten und Mutanten, die sich aus virusresistenten transgenen Pflanzen formiert haben, sind deshalb von besonderer Bedeutung, weil Viren durch viele Arten von Blattläusen und anderen Insekten, die in Interaktion mit der Pflanze stehen, leicht von einer Pflanze zur anderen übertragen werden. Zweifellos gibt es die Möglichkeit, daß neue, rekombinante Viren mit einem weiten Aktionsradius entstehen, die große Epidemien verursachen könnten.

* CCMV = *cowpea chlorotic mottle virus;* ein Virus, durch das sich bei einer bestimmten Bohnensorte (der Chinesischen Bohne, *Vigna sinensis*) helle Flecken bilden

Auf eine mögliche Hauptquelle für die Entstehung von neuen Viren durch Rekombination, hat der Molekulargenetiker Joe Cummins aufmerksam gemacht:[56] das kraftvolle Promotor-Gen aus dem Blumenkohl-Mosaikvirus (CaMV)*, das routinemäßig dazu verwandt wird, transgene Pflanzen zur Genexpression zu veranlassen. Wie das Gen für den viralen Proteinmantel kann dieses Gen ebenfalls Rekombinationen mit anderen Viren eingehen und neue Viren mit einem weiten Aktionsradius hervorbringen. Das CaMV weist Sequenzhomologien mit menschlichen Retroviren wie dem AIDS-Virus, mit dem menschlichen Leukämie-Virus und dem menschlichen Hepatitis-B-Virus auf, und das Promotor-Gen kann auch die Synthese dieser Gene veranlassen. Es besteht die Möglichkeit, daß der CaMV-Promotor Rekombinationen mit menschlichen Viren eingeht, wenn er als Bestandteil der Nahrung verzehrt wird (siehe den folgenden Abschnitt).

Infektionen von Säugerzellen durch Vektoren, die im Darm nicht zersetzt werden

Zu den wichtigen Sicherheitsfragen, die man beim Gebrauch transgener Organismen zu Nahrungszwecken beachten muß, gehören die beiden folgenden: In welchem Maß kann die DNS, insbesondere die Vektoren-DNS, die Zersetzung im Darm überstehen, und in welchem Umfang vermag sie die Zellen von höheren Organismen zu infizieren?

Von den siebziger Jahren an durchgeführte Untersuchungen dokumentieren, daß bakterielle Plasmide, die ein für Säuger spezifisches Virus in sich tragen, kultivierte Säugerzellen infizieren können. Diese gehen anschließend dazu über, das Virus zu synthetisieren, obwohl in dem Plasmid keine eukaryontischen Signale vorhanden sind, die sie zum Lesen der Gene veranlassen. Ebenso können auch bakterielle Viren, Bakuloviren, in die Säugerzellen eingeschleust werden. Bakuloviren werden von Säugerzellen so effektiv aufgenommen, daß man sie jetzt im Rahmen der Gentherapie beim Menschen zu Vektoren für den Gentransfer weiterentwickelt. Gleichzeitig werden Bakuloviren gentechnisch dahingehend verändert, daß sie mit besserem Erfolg zur Insektenvernichtung eingesetzt werden können – mit Hilfe von Genen, die für ein harntreibendes Hormon, ein Juvenilitätshormon, das *Bt*-Endotoxin, Milbentoxine und ein Skorpionentoxin codieren. Das rekombinante Virus wird direkt auf die Nahrungspflanzen gespritzt. Ein rekombinantes

* CaMV = *cauliflower mosaics virus;* zu deutsch: Blumenkohl-Mosaikvirus

Bakulovirus enthält sogar eine im gegenläufigen Sinn eingesetzte Sequenz eines menschlichen Krebsgens, *c-myc*. Was geschieht nun, wenn Menschen Nahrung verzehren, die Vektoren und virale Sequenzen enthält?

> Bei Experimenten mit Mäusen hat man festgestellt, daß große Fragmente viraler DNS die Darmpassage überleben und in den Blutstrom übergehen.

Lange nahm man an, unser Darm sei voller Enzyme, die die DNS rasch verdauen könnten. Im Rahmen einer Studie, die klären sollte, ob virale DNS im Darm überleben kann, gab man Mäusen DNS aus einem bakteriellen Virus ins Futter; und man stellte fest, daß große Fragmente viraler DNS die Darmpassage überstehen und in den Blutstrom übergehen. Die mit der Nahrung aufgenommene DNS landete schließlich nicht nur in den Darmzellen, sondern auch in den weißen Blutkörperchen, in den Milz- und Leberzellen. »In einigen Fällen wies etwa eine von tausend Zellen virale DNS auf.«[57] Es gibt auch Belege dafür, daß die virale DNS in das Genom der Maus Eingang fand.

Eine Gruppe von französischen Genetikern fand heraus, daß gewisse pathogene Bakterien sich durch Entwicklung einer eigenen Zugangsmöglichkeit die Fähigkeit angeeignet haben, unmittelbar in Säugerzellen einzudringen. Sie entdeckten invasive Stämme von *Shigella flexneri* und *E. coli*, die sich beim Eintreten in die Säugerzellen aufgrund einer Beeinträchtigung der Zellwandsynthese auflösen. Die Forscher entwickelten diese Bakterienstämme zu einem System des Gentransfers in Säugerzellen weiter. Von diesem Transfer hieß es, er »funktioniere gut, sei auf ein weites Spektrum von Wirtszellen anwendbar und die so hergestellten replikativen oder integrativen Vektoren würden an spätere Zellgenerationen stabil vererbt und besäßen eine stabile Expression«.[58] Die Forscher sind offenbar völlig unfähig zu erkennen, welch enorme Gesundheitsrisiken mit der Entwicklung eines derartigen Vektors verbunden sind. Diese grenzüberschreitenden Vektoren für den Gentransfer sind äußerst gefährlich. Das gleiche gilt für jene bei Pflanzen und Pflanzenviren entwickelten Impfstoffe, die Chimären aus tierischen, in Pflanzenviren eingegliederten Virusgenen sind. Sie haben eine erhöhte Neigung, Zellen zu befallen, Rekombinationen mit endogenen Viren oder Proviren einzugehen oder sich in das Zellgenom einzufügen (siehe Kapitel 13).

Im Darm könnten Vektoren mit Antibiotikaresistenz-Markierungsgenen auch von den Darmbakterien aufgenommen werden. Diese könnten dann bakteriellen Krankheitserregern als mobiles Reservoir von Antibiotikaresistenz-Genen dienen. Horizontaler Gentransfer zwischen Darmbakterien wurde bereits bei Mäusen, Hühnern und Menschen nachgewiesen (siehe Kapitel 10).

In Anbetracht all dieser Erkenntnisse erscheint es unklug, transgene Nahrungsmittel zu essen, da die genmanipulierte DNS möglicherweise dem Verdauungsprozeß standhält. Sie könnte von den Darmbakterien und auch von den Darmzellen aufgenommen werden, um dann über den Darm in den Blutstrom und in andere Zellen zu gelangen. Die Aufnahme der manipulierten DNS in die Zellen kann zur Regeneration von Viren führen. Gliedert sich die DNS ins Zellgenom ein, kann dies eine Reihe von gefährlichen Auswirkungen haben, einschließlich Krebs. Außerdem sollte man ohne Kenntnis der entsprechenden Details nicht davon ausgehen, daß in *weiterverarbeiteten* transgenen Lebensmitteln wie Zenecas Tomatenmark, das gegenwärtig in britischen Supermärkten zum Verkauf gelangt, und in den zahlreichen Lebensmitteln, die weiterverarbeitete transgene Sojabohnen oder Mais enthalten, die manipulierte DNS automatisch abgebaut ist. Man führt bereits Experimente mit uns durch, *ohne uns die für eine selbstverantwortliche Zustimmung notwendige Aufklärung gegeben zu haben*. Das verstößt zweifellos gegen die europäische Bioethik-Konvention und auch gegen die Grundsätze der UN-Menschenrechtskommission.

Zusammenfassung: Die Gefahren der landwirtschaftlichen Biotechnologie

In einer kurzen Zusammenfassung dieses recht komplexen Kapitels werde ich noch einmal die Argumente Revue passieren lassen, die deutlich machen, daß die landwirtschaftliche Biotechnologie die Welternährungskrise nicht lösen kann, auf längere Sicht nicht umweltverträglich ist und eine beispiellose Gefährdung für die biologische Artenvielfalt und die Gesundheit darstellt.

a. sozioökonomische Auswirkungen

1. Die genetischen Ressourcen des Südens werden durch den Norden zunehmend ausgebeutet.
2. Aufgrund der geistigen Eigentumsrechte und anderer restriktiver, mit der Zertifizierung von Saatgut verbundener Praktiken und der immer stärkeren Kontrolle der Industrie über die Nahrungsproduktion und -verteilung, werden die Kleinbauern mehr und mehr zur Bedeutungslosigkeit verurteilt.
3. Die traditionellen Techniken und Produkte werden verdrängt.
4. Die naturgemäß vorhandene Instabilität der transgenen Linien führt zu Mißernten.
5. Durch die landwirtschaftliche Biotechnologie werden der langfristig umweltverträglichen organischen Landwirtschaft, die eine Ertragssteigerung *und* eine Regeneration des zugrunde gerichteten Bodens bewirken kann, finanzielle Mittel entzogen, und es werden weniger in diese Richtung gehende Anstrengungen unternommen.

b. Bedrohungen für die Gesundheit von Mensch und Tier

1. Durch transgene Produkte oder deren Wechselwirkungen mit den Genen und Genomen des Wirtsorganismus kann es zu toxischen oder allergieauslösenden Wirkungen kommen.
2. Der zunehmende Einsatz von toxisch wirkenden Pestiziden in Verbindung mit pestizidresistenten transgenen Pflanzen führt zu pestizidbedingten Erkrankungen bei Landarbeitern, zur Verseuchung der Nahrungsmittel und des Trinkwassers.
3. Durch horizontalen Gentransfer können sich Antibiotikaresistenz-Markierungsgene auf die Darmbakterien und auf Krankheitserreger verbreiten.
4. Durch horizontalen Gentransfer und Rekombination können die Erreger über die Speziesgrenzen hinweg virulent werden.
5. Horizontaler Gentransfer und Rekombination schaffen ein Potential für die Entstehung neuer pathogener Bakterien und Viren.
6. Transgene DNS hat das Potential, nach dem Verzehr von transgenen Nahrungsmitteln Zellen zu infizieren. Sie könnte krankmachenden Viren zur Regeneration verhelfen, oder sie könnte sich in das Zellgenom einfügen – mit gefährlichen oder tödlichen Konsequenzen, einschließlich Krebs.

c. Gefahren für die biologische Artenvielfalt in der Natur und in der Landwirtschaft

1. Transgene können sich auf verwandte Unkrautarten ausbreiten und so ein Superunkraut entstehen lassen (d. h. ein herbizidresistentes Unkraut).
2. Bei herbizidresistenten transgenen Pflanzen wahllos eingesetzte Breitbandherbizide werden zu einer großangelegten Vernichtung von heimischen Arten in der Natur und in der Landwirtschaft führen.
3. Indem man durch verstärkten Einsatz weiterer Herbizide jener herbizidresistenten Pflanzen Herr zu werden versucht, die nach der Ernte durch Selbstaussaat entstehen, fügt man der einheimischen Artenvielfalt noch weiter gehenden Schaden zu.
4. Durch wachsenden Einsatz von toxischen Herbiziden wird die Bodenfruchtbarkeit zerstört und der Ernteertrag gemindert.
5. Transgene Pflanzen mit bioinsektiziden Eigenschaften beschleunigen bei den Schadinsekten die Evolution der Resistenz gegen Bioinsektizide. Das hat zur Folge, daß man ein von organisch arbeitenden Landwirten jahrelang eingesetztes Biopestizid verliert.
6. Transgene Pflanzen mit bioinsektiziden Eigenschaften schädigen nützliche Insektenarten.
7. Die verstärkte Nutzung natürlicher Biopestizide bei transgenen Pflanzen führt dazu, daß es entsprechend viele resistente Insektenarten gibt. Dadurch beraubt man das Ökosystem der natürlichen Steuerungsmöglichkeiten, die es den Schädlingen gegenüber hat, und seiner Fähigkeit, Schwankungen aufzufangen und wieder ein Gleichgewicht herbeizuführen.
8. Durch Bakterien und Viren kann es zur horizontalen Übertragung von Transgenen und Markierungsgenen auf nicht verwandte Spezies kommen, wodurch möglicherweise zahlreiche weitere Unkrautarten entstehen.
9. Besonders bei transgenen Pflanzen, die man mit viralen Genen ausgestattet hat, um sie virusresistent zu machen, entsteht ein erhöhtes Potential für die Bildung neuer virulenter Virusstämme.
10. Anders als chemische Schadstoffe kann die transgene DNS unter den geeigneten Umweltbedingungen unbegrenzt fortbestehen und sich amplifizieren. Sie hat die Möglichkeit, speziesübergreifende Epidemien von infektiösen Pflanzen- und Tierkrankheiten zu entfesseln, die man unmöglich unter Kontrolle bekommen oder rückgängig machen kann.

Schlußfolgerung

In ihrem Bericht für den Welternährungsgipfel des Jahres 1996 setzte sich die Weltbank für eine anhaltende Förderung der Forschung zur Entwicklung neuer Pflanzen und neuer Technologien ein. Doch sie forderte auch, das Problem der derzeitigen Welternährungskrise auf »ganz neuen Wegen« anzugehen. Einer von ihnen bestand darin, sich auf die Unterstützung der Kleinbauern zu konzentrieren. Ein späterer Bericht der Weltbank hingegen empfiehlt transgene Nahrungspflanzen für die Dritte Welt.

In diesem Kapitel habe ich erläutert, weshalb transgene Pflanzen *keine* Abhilfe für die gegenwärtige Ernährungskrise bieten können. Im Gegenteil: ***Sie sind alles andere als umweltverträglich, sie sind äußerst gefährlich für die biologische Artenvielfalt und die Gesundheit von Mensch und Tier.*** Ein einschneidender Richtungswechsel tut wirklich not: Es geht darum, die Erhaltung der heimischen Artenvielfalt und eine nachhaltige Landwirtschaft, die auf die Wiederherstellung der agrikulturellen heimischen Artenvielfalt angewiesen ist, zu fördern. Dies entspräche den erklärten Zielen der Konvention zur biologischen Artenvielfalt und würde auch eine langfristig gesicherte Nahrungsmittelversorgung für alle gewährleisten.

10
Die unsterbliche Mikrobe und die promiskuitiven Gene

Gegen Antibiotika und sonstige Medikamente resistente Krankheiten sind gegenwärtig für ein Drittel jener 52 Millionen Todesfälle verantwortlich, die Jahr für Jahr weltweit durch Krankheiten verursacht werden. Sie haben, mit der Entwicklung der kommerziell angewandten Gentechnik einhergehend, im Verlauf der letzten zwanzig Jahre dramatisch zugenommen. In großer Zahl vorhandene Belege zeigen, daß der horizontale Gentransfer über die Speziesgrenzen hinweg für die Entstehung neuer viraler und bakterieller Krankheitserreger und für die sich ausbreitende Resistenz gegen Antibiotika und sonstige Medikamente verantwortlich ist. Die Gefahren liegen in der Gentechnik selbst, weil sie eben gerade auf die Entwicklung künstlicher Vektoren angewiesen ist, die sämtliche Speziesgrenzen überschreiten. Dadurch erhöht sich aber die Wahrscheinlichkeit, daß durch horizontalen Gentransfer und durch Rekombination neue virale und bakterielle Krankheitserreger entstehen, ganz beträchtlich. Genau diese Gefahr veranlaßte die ersten Gentechniker, 1975 ein Moratorium für ihre eigene Arbeit auszurufen. Doch aufgrund des im Interesse einer weiteren kommerziellen Nutzung dieser Technik ausgeübten Drucks wurden Durchführungsrichtlinien ausgearbeitet, die großenteils auf Annahmen beruhten. Jede dieser Annahmen ist seither durch die wissenschaftlichen Resultate widerlegt worden.

Gut möglich, daß wir bereits den Auftakt zu einem alptraumhaften Szenarium erleben, in dem es durch Infektionskrankheiten zu nicht mehr kontrollierbaren und nicht mehr behandelbaren Epidemien kommt. Wir müssen diesen Dingen jetzt Einhalt gebieten. Es gilt, keine Zeit zu verlieren.

Die Weltgesundheitskrise

Die Welt sieht sich mit einer Krise der Volksgesundheit konfrontiert. Mindestens dreißig neue Krankheiten wie AIDS, verschiedene Arten von Hepatitis und weitere tödliche Viren sind in den letzten zwanzig Jahren auf der Bildfläche aufgetaucht. Zugleich sind neue Varianten von altbekannten Infektionskrankheiten wie Tuberkulose, Cholera, Malaria und Diphterie wieder auf dem Vormarsch. Praktisch all diese Erkrankungen widersetzen sich der Behandlung, in vielen Fällen zeigt sich eine multiple Resistenz gegen Antibiotika und andere Medikamente. Ein Drittel der 1995 weltweit durch Krankheiten aller Art verursachten 52 Millionen Todesfälle waren auf Infektionskrankheiten zurückzuführen. Die Haupttodesursachen waren Tuberkulose (3,1 Millionen), Malaria (2,1 Millionen), Hepatitis B (1,1 Millionen) und AIDS (mehr als 1 Million).[1]

»Der noch vor relativ wenigen Jahren vorherrschende Optimismus, man werde viele dieser Infektionskrankheiten leicht unter Kontrolle bringen können, hat in der internationalen Gemeinschaft zu einer fatalen Selbstzufriedenheit geführt«, erklärte der Generaldirektor der Weltgesundheitsorganisation (WHO) in einer Presseveröffentlichung. Das Aufkommen neuer und alter Krankheiten hat in den neunziger Jahren das Gesundheitswesen schwer beschäftigt.

Seit dem WHO-Bericht des Jahres 1996 hat sich die Situation noch beträchtlich verschärft. Bei vier gefährlichen Erregern – darunter auch jener, der Tuberkulose auslöst – gibt es nun Bakterienstämme, die gegen *jede* Antibiotikabehandlung resistent sind.[2]

Niemand kann zuverlässig sagen, warum die Infektionserkrankungen seit den späten siebziger Jahren in solch dramatischer Weise wieder auf die Bildfläche zurückgekehrt sind. Man hat zahlreiche Erklärungsmöglichkeiten ins Gespräch gebracht, darunter den Bevölkerungszuwachs und die fortschreitende Verstädterung, die Umweltzerstörung, die Verschlechterung der Lebensbedingungen, die Zunahme des internationalen Reiseverkehrs, Kriege, Naturkatastrophen und vor allem den übermäßigen Einsatz und Mißbrauch von Antibiotika in der Intensivlandwirtschaft und in der Medizin. Ein Faktor, den man nicht in Betracht gezogen hat, ist die Gentechnik. Mit deren Rolle möchte ich mich in diesem Kapitel befassen.

Mikroben als Freund und Feind

Um zu verstehen, warum der Gentechnik derartige Gefahren innewohnen, müssen wir uns über zwei Dinge im klaren sein: das ungeheure Vermehrungspotential der Mikroben und die abenteuerliche Wandlungsfähigkeit der Gene, die sie in sich tragen. Diese Gene können springen, sich ausbreiten, mutieren und Rekombinationen eingehen.

Mikroben sind allgegenwärtig. Sie leben in unbeschreiblicher Vielzahl im Erdreich, zu Land und zu Wasser, in der Luft, die wir atmen, auf unserer Haut und in unserem Körper. Größtenteils stehen sie zu uns gewissermaßen in einer wohlwollenden, in einer ausgewogenen Beziehung. Das heißt, sie fügen uns keinen Schaden zu, sondern leisten uns im allgemeinen viele gute Dienste. Jim Lovelock und Lynn Margulis,[3] die Verfechter der Gaia-Hypothese – der Vorstellung, die ganze Erde sei ein sich selbst regulierendes System –, haben darauf aufmerksam gemacht, daß verschiedene Mikroben eine Schlüsselrolle innerhalb jener Regelmechanismen spielen, die geeignete Lebensbedingungen für alle irdischen Lebensformen gewährleisten. Es ist wohlbekannt, daß die Mikroorganismen im Erdreich für die das Pflanzenwachstum ermöglichende Nährstoffverwertung unentbehrlich sind und daß Bakterien im Darm eines gesunden Menschen Vitamine und Koenzyme liefern und die Verdauung unterstützen können. Seit Jahrhunderten haben die Menschen Mikroben zur Herstellung von Bier und Wein, Brot, Joghurt, Käse, Wurst, Miso, Sojasauce und vielen anderen Produkten genutzt, ohne Schaden zu nehmen. Ist jenes ökologische Gleichgewicht allerdings gestört, können Bakterien virulent werden und Erkrankungen hervorrufen, die uns die Kräfte rauben, ja zum Tod führen können. Und wenn wir mit immer wirkungsvolleren Antibiotika und sonstigen Medikamenten gegen sie zu Felde ziehen, setzen sie sich mit einer immer raffinierteren Antibiotika- und Medikamentenresistenz zur Wehr.

Während Säugerzellen, zum Beispiel unsere eigenen Zellen, einen Tag oder noch länger benötigen, um sich zu verdoppeln, brauchen die meisten Bakterien dafür deutlich weniger als eine Stunde. Der Raum von einem Milliliter, komplett mit *E. coli* ausgefüllt, enthält eine Million mal eine Million Zellen. Das reicht, um die gesamte Weltbevölkerung zu infizieren. Wenn die richtigen Bedingungen vorhanden sind, braucht ein einzelnes Bakterium weniger als einen Tag, vierzig Verdoppelungen, um

> Wir stehen vor dem Problem, daß die kommerziell betriebene Gentechnik ebenso wie der verschwenderische Einsatz von Antibiotika in der Intensivlandwirtschaft und in medizinischen Anwendungen eben jene Voraussetzungen schaffen, unter denen die Mikroben den größten Schaden anrichten.

auf diese Zahl zu kommen. Andererseits kann es unbegrenzt lange Zeiträume überdauern: entweder in einer stoffwechselinaktiven Form oder in einem Zustand mit aktivem Stoffwechsel, jedoch ohne Vermehrungsaktivität – während es weiterhin seine Gene mutiert und sich neue Gene aneignet, um sich dann bei geeigneter Gelegenheit erneut zu vermehren. Im Grunde genommen sind Mikroben unsterblich.

Die Gene, die diese Mikroben in sich tragen, haben einen noch hartnäckigeren Zugriff auf das Leben. Sie haben eine größere Neigung sich zu vervielfältigen, sich ebenso unterschiedslos über andere Mikroben zu verteilen, wie sie es bei »höheren Organismen« tun. Dabei bieten sie jenen anderen Mikroben die Gelegenheit, durch Mutation und Rekombination neue Varianten zu entwickeln und in Reaktion auf unterschiedliche Umweltbedingungen ihrem wandlungsfähigen Potential – großen Schaden anzurichten oder auch nicht – vollauf gerecht zu werden.

Wir stehen hier vor dem Problem, daß die kommerziell betriebene Gentechnik ebenso wie der verschwenderische Einsatz von Antibiotika in der Intensivlandwirtschaft und in medizinischen Anwendungen eben jene Voraussetzungen schaffen, unter denen die Mikroben den größten Schaden anrichten.

Antibiotika – von der Hochkonjunktur in den Bankrott

In den vierziger Jahren wurden Antibiotika erstmals als Mittel zur Behandlung von Mikrobeninfektionen vorgestellt. Aufgrund von bis dahin beobachteten, sehr geringen Mutationsraten haben die Mikrobengenetiker jener Tage nicht vorhergesehen, wie schnell es zur Antibiotikaresistenz kommen würde.[4] Man machte von den Antibiotika ausgiebigen Gebrauch, um Infektionserkrankungen unter Kontrolle zu bekommen; zunächst mit verblüffenden Erfolgen. Doch die Euphorie hielt nicht lange an, da die Mikroben rasch eine Resistenz gegen Antibiotika entwickelten. In den frühen achtziger Jahren reagierten *Staphylococcus*-Infektionen nur noch in weniger als zehn Prozent aller Fälle auf eine Penicillinbehandlung – gegenüber fast hundert Prozent im Jahr 1952. Die Resistenz gegen Antibiotika ist nun sehr verbreitet. Neue Resistenzen tauchen auf, sobald neue Antibiotika zur Anwendung gelangen, und ein plötzliches Auftreten von resistenten Bakterienstämmen ist heutzutage in Krankenhäusern an der Tagesordnung. Bis 1990 hatten fast alle gemeinhin vorkommenden Arten von bakteriellen Krankheitserregern in unterschiedlichem Umfang eine Antibiotikaresistenz entwickelt.

Multiple Antibiotikaresistenzen traten ebenfalls in Erscheinung. Eine australische Forschergruppe hat bei einem Patienten eine Infektion durch einen *Staphylococcus*-Stamm behandelt, der gegen 31 Medikamente resistent war – darunter Penicillin, Kanamycin, Neomycin, Streptomycin, Tetracyclin und Trimethoprim.[5] In einer Reihe von Untersuchungen konnte sie zeigen, daß die verschiedenen Resistenzmerkmale sich auf Gene zurückführen ließen, die von jeweils anderen Plasmiden getragen wurden und daher unabhängig voneinander von einem Bakterium zum anderen weitergegeben werden konnten.

Schon bald nach der medizinischen Einführung der Antibiotika fand man heraus, daß Viehbestände länger lebten und schneller wuchsen, wenn ihnen zur Überwindung von Infektionen Antibiotika beigefüttert wurden. Daraufhin fütterte man Hühner, Rinder, Schweine und Milchkühe gewohnheitsmäßig mit Antibiotika, wodurch Fleisch, Geflügel, Eier und Milchprodukte auch länger in einem verkaufsfähigen Zustand blieben. In den siebziger Jahren entdeckte man, daß die Verabreichung von hochdosierten Antibiotikagaben an Hühner das Aufkommen von resistenten *Salmonella*-Stämmen im Fleisch wie in den Eiern zur Folge hatte. 1983 tauchten mutante Stämme von antibiotikaresistenter *Salmonella* auf, die auch den Menschen befielen.[6]

Ein besonders deutliches und beunruhigendes Beispiel für das Übergreifen mutanter Bakterien von Haustieren auf den Menschen und für die Verwandlung eines zuvor gutartigen Stammes in einen Krankheitserreger ist *Escherichia coli*, ein allgemein verbreitetes, in den Därmen aller Menschen wie auch aller übrigen Säuger beheimatetes Bakterium. Meistens ist *E. coli* harmlos. Daher wurde es zum Hätschelkind der Gentechniker, die das Bakterium und seine Plasmide seit den siebziger Jahren routinemäßig zum Klonieren von Genen nutzten. *E. coli* ist der meistmanipulierte Organismus, und Gene von Spezies aus praktisch allen Bereichen der Natur sind schon auf *E. coli* transferiert und mit ihm geklont worden. Vielleicht überrascht es daher nicht, daß *E. coli* sich zu einem ernstzunehmenden Pathogen entwickelt hat.

1982 tauchte ein neuer Stamm auf, *E. coli* 0157: H7, der beim Menschen gefährliche Darmblutungen, insbesondere im Dickdarm, und Nierenblutungen verursacht hat. Plötzlich gab es in mehreren US-Staaten Ausbrüche dieser Erkrankungen.[7] Wie in den achtziger Jahren die meisten *E. coli*-Stämme war er gegen die Antibiotika Ampicillin und Tetracyclin mäßig resistent. Seit damals ist es mit zunehmender Häufigkeit zu zahlreichen Ausbrüchen überall auf der Erde gekommen. 1996 wurden in Japan 9000 Menschen von einer Massenepidemie erfaßt, und es gab zwölf Todesopfer im Kindesalter zu beklagen. Ein weiterer Ausbruch folgte 1997. In Schottland kamen 1997 bei einer Reihe solcher Ausbrüche zwanzig Menschen ums Leben, Hunderte erkrankten.[8]

Der sogenannte genetische Fingerabdruck (siehe Kapitel 12) untermauert den epidemiologischen Erkenntnisstand, dem zufolge *E. coli* 0157: H7 erst in jüngerer Zeit entstanden und bis 1993 auf Rinder in den USA, Kanada und Großbritannien beschränkt geblieben, hingegen bei Rindern in Fernost (Thailand) nicht aufgetreten ist.[9] *E. coli* mutiert ziemlich schnell. Daher deutet der geringe Grad an genetischer Variation, der bei den bis 1993 isolierten *E. coli* 0157: H7 festzustellen war, darauf hin, daß sie aus einem einzigen Klon entstanden sind, der sich seither nach Fernost (Japan) ausgebreitet haben könnte.

In den meisten Fällen erkrankten die Menschen an infiziertem Fleisch, in anderen Fällen hingegen wurden die Erkrankungen mit Käse, Salami, rohem Gemüse, nicht pasteurisiertem Apfelsaft und Wasser in Zusammenhang gebracht.[10] Wie andere, durch Trinkwasser übertragene Erreger – zum Beispiel *Crytosporidium*, *Giardia* und *Shigella* – hat *E. coli* 0157 eine Resistenz gegen Chlor entwickelt.[11] Die Massenepidemien in Japan beruhten auf weißem Rettich, der wahrscheinlich aus

> Vier Stämme von gefährlichen Bakterien, darunter der Verursacher von Tuberkulose, sind bereits gegen alle bekannten Antibiotika gefeit.

bakteriell verseuchtem Boden stammte. Die spezifische Toxizität des Bakterienstamms wird auf Shiga-ähnliche Toxine zurückgeführt, die er durch horizontalen Gentransfer von *Shigella* aufgenommen hat.[12] Bei einem dieser Gene, *VT1*, ist die Basensequenz fast vollkommen identisch mit der von *Shigella* – ein Hinweis auf einen erst unlängst erfolgten Gentransfer.

Untersuchungen an Dutzenden von neu auftretenden Spezies haben gezeigt, daß Gene für Antibiotikaresistenz und für Virulenz oft in denselben Regionen der bakteriellen DNS zu finden sind. Im Verlauf der siebziger und der achtziger Jahre erwarben die *E. coli*-Stämme eine sehr weit reichende Antibiotikaresistenz. In den neunziger Jahren wurden dann auch Superstämme mit multipler Antibiotikaresistenz isoliert. Auf einer Transplantationsstation außerhalb von Cambridge tauchten zwei *E. coli*-Stämme auf, die gegen ein erstaunlich breites Spektrum von Antibiotika resistent waren: gegen Imipenen, Cefotaxim, Ceftasdim, Ciprofloxacin, Gentamicin, Ampicillin, Azlocillin, Coamoxiclav, Timentin, Cephalexin, Cefuroxim, Cefamandol, Streptomycin, Neomycin, Kanamycin, Tobramycin, Trimethoprim, Sulfamethoxazol, Chloramphenicol und Nitrofurantoin.[13] Nur eins der in Gebrauch befindlichen Antibiotika erwies sich noch als wirksam: Amikacin. Sollten die Stämme irgendwann auch gegen dieses Medikament resistent werden, könnte keine Antibiotikabehandlung mehr etwas gegen sie ausrichten.

Zum Zeitpunkt, da dieser Text verfaßt wird, sind bereits Stämme von vier gefährlichen Bakterien gegen alle bekannten Antibiotika gefeit: Stämme von *Staphylococcus aureus* (toxisches Schocksyndrom), *Enterococcus faecalis* (Blutvergiftung und Wundinfektion), *Pseudomonas aeruginosa* (Blutvergiftung und Lungenentzündung) und *Mycobacterium tuberculosis* (Tuberkulose).[14]

Mechanismen und Gene in Hülle und Fülle

Am Zustandekommen der Antibiotikaresistenz sind viele biochemische Mechanismen und viele Gene beteiligt. Diese Vielfalt entspricht durchaus der Verschiedenartigkeit der Ziele, die mit den Antibiotika angesteuert werden – oder übertrifft sie sogar noch.[15] Die meisten Antibiotika haben *ein* Primärziel: Dabei handelt es sich normalerweise um einen einzelnen Schritt im Ablauf der Synthese von unentbehrlichen Bestandteilen der bakteriellen Zelle; nach Möglichkeit sollten die Antibiotika zugleich aber auf die eukaryontischen Wirtszellen keine Auswirkungen haben. Verschiedene Gruppen von Antibiotika richten sich also beispielsweise gegen die Synthese der bakteriellen Zellwand. Dazu zählen die Penicilline oder β-Laktame, Vancomycin und Ristocetin, D-Cycloserin, Fosfomycin und Bacitracin. Andere Gruppen von Antibiotika zielen auf die Synthese der DNS, der RNS und der Proteine, die sich von ihrem jeweiligen eukaryontischen Gegenstück unterscheiden. Allerdings sind die Wirkungen dieser Antibiotika unter Umständen nicht immer gar so selektiv, und sie sind daher in unterschiedlichem Maß toxisch. Metronidazol, Quinolone, Nalidixinsäure und Novobiocin nehmen die DNS und die DNS-Synthese ins Visier. Actinomycin und Rifamycin hingegen hemmen die Transkription. Eine ganze Reihe von Antibiotika zielt auf die Translation: Streptomycin und andere Aminoglykoside wie Kanamycin, Neomycin, Gentamicin, Tobramycin, Amikacin und Netilmicin; Tetracycline, Puromycin, Chloramphenicol, Erythromycin, Linkomycin, Klindamycin und Fusidinsäure. Ferner unterbinden Antimetaboliten, etwa die Sulfonamide und Trimethoprim, die Synthese unentbehrlicher Metaboliten.

Man hat Resistenzen gegen jede Gruppe von Antibiotika gefunden. Einer der am meisten verbreiteten Mechanismen besteht im Abbau beziehungsweise der Modifikation des Antibiotikums durch bestimmte Enzyme. So werden die b-Laktame durch Laktamasen abgebaut, die allesamt aus einem gemeinsamen Ur-Gen hervorgegangen sind. Aminoglykoside andererseits werden durch bestimmte modifizierend wirkende Enzyme außer Kraft gesetzt, die von mindestens dreißig verschiedenen Genen codiert werden. Demgegenüber wird Chloramphenicol durch zahlreiche Acetyltransferasen deaktiviert, die von mindestens einem Dutzend Gene codiert werden.

Zur Resistenz gehört häufig auch eine Mutation des vom Antibiotikum angesteuerten spezifischen Ziels. Das *Mycobacterium* gegen Streptomycin etwa behilft sich durch Mutationen in den – für die Proteinsynthese notwendigen – Molekülen der ribosomalen RNS (rRNS), so daß diese eine geringere Affinität zu Streptomycin haben. Antibiotika können auch durch eine dauerhafte Bindung an bestimmte Proteine deaktiviert werden. Für eine vom Antibiotikum unterbundene Stoffwechselreaktion kann es zum Beispiel eine Umgehungsmöglichkeit geben, oder das Bakterium kann einfach durch eigene Überschußproduktion des medikamentös unterdrückten Proteins die Proteinhemmung überwinden.

Von diesen für jedes Antibiotikum oder jede chemische Gruppe von Antibiotika spezifischen Mechanismen einmal abgesehen, gibt es auch Möglichkeiten, eine unspezifischere Resistenz zu erzielen. Zum Beispiel kann die Schwelle für den Zelleintritt der Antibiotika erhöht werden. Oder aber, ein noch wichtigerer Mechanismus, die Antibiotika können verstärkt aus der Zelle herausgepumpt werden. Innerhalb der letzten Kategorie hat man mehr als zwanzig verschiedene Gene in vier Genfamilien bestimmen können, die dafür zuständig sind. Sie codieren für Proteine, die die Zellmembranen durchdringen können, um dann wie eine aktive Entsorgungspumpe zu arbeiten und Substanzen aus der Zelle hinauszubefördern. Dabei nutzen sie ATP oder Protonen als Energiequellen. Durch eine Vielzahl solcher Entsorgungspumpen wird eine multiple Medikamentenresistenz erreicht, da sie ein weites Spektrum von chemisch nicht verwandten Substanzen erkennen können.

Ziemlich häufig sind verschiedene Mechanismen an den Schutzvorkehrungen gegen ein einzelnes Antibiotikum beteiligt, woraus ein sehr hohes Maß an Resistenz resultiert. Innerhalb einer Gruppe von Antibiotika wie etwa den Aminoglykosiden kommt es durchaus auch zu Kreuzresistenzen (siehe Kapitel 9).

Woher stammen die Gene, die gegen Antibiotika resistent machen? Und wie können sie sich so schnell verbreiten? Gehen wir zunächst einmal der Frage nach dem Ursprung der Gene nach.

Die Ursprünge der Antibiotikaresistenz-Gene

Für Antibiotikaresistenz-Gene gibt es unterschiedliche Quellen. Als solche kommen zunächst einmal jene Organismen in Betracht, die auch die natürlichen Antibiotika, zum Beispiel Penicillin, hervorbringen. Sie produzieren ebenfalls das deaktivierende Enzym. Sobald neue β-Laktame eingeführt werden, durchläuft das Gen, das für die β-Laktamase codiert, mutative Veränderungen. Häufig wird dabei nur eine einzelne Base ausgetauscht. In diesem Fall ändert sich also in dem Enzym nur eine einzige Aminosäure. Doch das genügt, damit das Enzym das neue Medikament erkennen und es abbauen kann. Auf diese Weise erweitert das Enzym das Spektrum seiner Resistenz gegen neue Medikamente. Man hat zahlreiche mutative Varianten der β-Laktamase bestimmen können, die deutlich machen, mit welcher Leichtigkeit die jeweils anstehenden mutativen Veränderungen bei diesem Gen vonstatten gehen können. Die dabei zustandekommenden Varianten leiten sich von verschiedenen Genen ab, die wiederum alle auf ein einziges Ur-Gen zurückgehen. Das β-Laktamase-Gen ist unwahrscheinlich vielseitig: Wenn man eine Reihe von Substanzen herstellt, die das Enzym hemmen und sie zusammen mit dem β-Laktam-Antibiotikum anwendet – ein doppelt abgesicherter Ansatz –, treten Mutanten des Enzyms auf den Plan, die nicht nur das neue Antibiotikum abbauen, sondern obendrein gegen die hemmend wirkenden Substanzen unempfindlich sind.

Häufiger jedoch bleibt völlig unklar, woher die Antibiotikaresistenz-Gene stammen. Wie aus dem Nichts tauchen dann neue Gene auf. All die Gene, die für die Resistenz gegen die verschiedenen Aminoglykoside eine Rolle spielen, sind zum Beispiel nicht miteinander verwandt. Bei einigen von ihnen nimmt man an, ihr Ursprung liege in Mutationen von bereits vorhandenen Genen mit der Codierung für Enzyme, die den Ablauf normaler Stoffwechselreaktionen in der Zelle beschleunigen. Bei anderen kann eine Aktivierung von, zuvor im bakteriellen Genom verborgenen, »kryptischen« Genen eingetreten sein. Oder sie können durch einen Gentransfer von einem anderen Bakterium aufgenommen worden sein. Man nimmt an, die Mechanismen der »aktiven Entsorgungspumpe« bei der multiplen Medikamentenresistenz von *E. coli* stammten von sogenannten *Operons* (aus zahlreichen Genen bestehenden Einheiten, die von einem Regulations-Gen gesteuert werden) bei frei lebenden Bakterien – die mit Hilfe dieser *Operons* auf Umweltschadstoffe reagieren können, indem sie Enzyme für den Abbau der Schadstoffe synthetisieren.

Bevor wir uns über die Rolle des Gentransfers bei der Ausbreitung der Antibiotikaresistenz Gedanken machen, sage ich zunächst einmal etwas zum Thema der natürlichen Selektion von Zufallsmutationen, die angeblich bei der Entstehung von Antibiotikaresistenz-Genen im Spiel sein soll.

Die Bedeutungslosigkeit von »zufälligen« Mutationen

Um bei einem Bakterienstamm die Häufigkeit von Antibiotikaresistenz durch »spontane« Mutationen zu messen, wird ein bißchen von einer wäßrigen Bakterien-Suspension auf einer Nährstoffplatte aus Agar-Agar verteilt. Diese ist zuvor mit einem Antibiotikum imprägniert worden, und zwar in einer Konzentration, die ausreicht, um nicht-resistente Bakterien abzutöten. Ein Überleben und die Bildung von Kolonien ist daher nur für Bakterien mit einer *bereits vorhandenen* Mutation möglich, die ihnen Resistenz verleiht. Eine Kolonie zeigt sich in Form eines runden, grauweißen Fleckens auf der Nährstoffplatte, der sich infolge von Wachstum und Vervielfältigung aus einem einzigen, von vorneherein resistenten Bakterium bildet.

> Die Evolution der Antibiotikaresistenz ist ein Paradebeispiel für die Fluidität des Genoms. Und diese ist etwas, das die Bakterien mit allen übrigen Organismen gemein haben. Die Bakterien erhöhen ihre Mutationsrate in Genen, die sie letztendlich gegen eines oder mehrere Antibiotika resistent machen. Da Bakterien außerdem über ein so großes Potential verfügen, Gene auszutauschen, werden ihre fluiden Genome schnell de-lokalisiert. Manche ihrer Bestandteile führen ein autonomes oder halb autonomes Dasein und können sich zwischen Spezies, die sich untereinander nicht kreuzen, hin- und herbewegen; dabei gehen sie Rekombinationen ein und durchlaufen weitere Mutationen.

Die auf diese Weise ermittelte spontane Mutationsrate für Antibiotikaresistenz ist normalerweise 10^{-9} oder niedriger, und sie ist für alle anderen Gene in dem Genom ungefähr gleich groß. Dies ist die Häufigkeit von *zufälligen* Mutationen; das heißt also, von Mutationen ohne unmittelbare Wechselwirkung mit der Umwelt, den Rahmenbedingungen der

Selektion. Aufgrund der so veranschlagten Mutationsrate glaubten damals in der Pionierphase des Antibiotikaeinsatzes die Mikrobiologen nicht, daß Antibiotikaresistenz ein Problem darstellen werde. Warum also hat sich dann die Antibiotikaresistenz so schnell entwickeln und ausbreiten können?

Aus neodarwinistischer Sicht erklärt sich das folgendermaßen: Die Antibiotika üben einen so starken Selektionsdruck aus, daß sogar bei dieser äußerst geringen Häufigkeit von »spontanen« Zufallsmutationen, die gegen Antibiotika resistent machen, eine Selektion zugunsten der Mutationen schnell zum Tragen kommt, während die nicht mutierten Bakterien aussterben. Diese Auslegung ist von dem, was sich in Wirklichkeit abspielt, derart weit entfernt, daß ich es einfach entsetzlich finde zu lesen, wie zahlreiche unerschütterliche Neodarwinisten sich immer noch um eine Rechtfertigung dieser Sicht bemühen.

Die Evolution der Antibiotikaresistenz ist ein Paradebeispiel für die Fluidität des Genoms. Und diese ist etwas, das die Bakterien mit allen übrigen Organismen gemein haben. Die Bakterien erhöhen ihre Mutationsrate in Genen, die sie letztendlich gegen eines oder mehrere Antibiotika resistent machen. Da Bakterien außerdem über ein so großes Potential verfügen, Gene auszutauschen, werden ihre fluiden Genome schnell de-lokalisiert. Bakterielle Genome durchlaufen Mutationen, Phasen der Expansion und der Kontraktion, und sie können sich neu anordnen. Manche ihrer Bestandteile führen ein autonomes oder halb autonomes Dasein und können sich zwischen Spezies, die sich untereinander nicht kreuzen, hin- und herbewegen; dabei gehen sie Rekombinationen ein und durchlaufen weitere Mutationen.

Sämtliche Bakterien mit Ausnahme derjenigen, die in heißen Quellen leben, lassen sich durch Sieden oder Kochen abtöten. Dies ist also der sicherste Weg zur Vermeidung von Infektionen. Außerdem kann man sie durch entsprechend hohe Konzentrationen jener antiseptischen Mittel oder Antibiotika abtöten, auf die sie ansprechen. Bei zu geringer Konzentration des toxischen Wirkstoffs hingegen wird das Bakterium vielleicht zuerst nicht weiter wachsen, jedoch nach einiger Zeit die erforderliche Resistenz gegen das Medikament entwickeln, die es ihm gestattet, wieder zu wachsen, sich zu vervielfältigen und Kolonien zu bilden. Diese Fähigkeit, eine Resistenz gegen Medikamente zu entwickeln, die im 8. Kapitel beschrieben wurde, haben die Zellen ausnahmslos aller Spezies miteinander gemein – Bakterien, Pilze, Pflanzen, Tiere. Hierbei handelt es sich um eine physiologische Reaktion, an der *sämtliche* Zellen oder Organismen der Population Anteil haben, und nicht um eine

Der horizontale Gentransfer ist zu einem entscheidenden Mechanismus für die Verbreitung der Antibiotikaresistenz geworden.

Selektion von bereits vorhandenen Zufallsmutationen. Wenn man darauf beharrt, sie als Ergebnis einer Selektion von zufälligen Mutationen zu interpretieren, so ist das einfach ein verzweifelter Versuch, das neodarwinsche Dogma zu retten. Das dient dem Fortbestand der neodarwinschen Orthodoxie und den Interessen der biotechnischen Industrie.

Bei der Diskussion über ein im Rahmen einer Tagung über Antibiotikaresistenz gehaltenes Referat wurde genau diese Frage aufgeworfen – ob ein Zusammenhang bestehe zwischen der Antibiotikaresistenz bei Bakterien und der multiplen Medikamentenresistenz, die regelmäßig im Verlauf der Chemotherapie bei Krebszellen auftrete. S. B. Levy von der medizinischen Fakultät der Tufts University gab darauf folgende Antwort:

»Ein analoges System der multiplen Medikamentenresistenz haben wir bei *E. coli* beschrieben. Schon bei Anwendung eines einzigen Medikaments, Tetracyclin oder Chloramphenicol, entsteht hier eine durch die Chromosomen vermittelte multiple Resistenz. Die Mechanismen der Resistenz gegen die einzelnen Antibiotika sind sehr verschieden. Ein ähnliches Phänomen ist bei Parasiten beschrieben worden. Man muß zwischen extra-chromosomalen Resistenzelementen, d. h. Plasmiden und Transposons, und chromosomalen Anpassungen an Umweltbelastungen unterscheiden. Krebszellen von Säugern sind offenbar genauso wie Bakterien und Parasiten imstande, auf von außen kommende toxische Wirkstoffe mit der Aktivierung von kryptischen chromosomalen Genen zu reagieren, die ihnen überleben helfen.«[16]

Levy unterschied zwischen Mechanismen, die kryptische chromosomale Gene aktivieren, und Genen, die aufgrund des horizontalem Gentransfers durch extra-chromosomale Elemente oder Plasmide hinzugewonnen werden. Wir werden später sehen, daß dieser Unterscheidung nicht länger sinnvoll ist, da Gene sich zwischen Chromosomen und Plasmiden leicht hin- und herbewegen können.

Horizontaler Gentransfer – die genetische Katastrophe

Noch aus einem weiteren Grund befindet sich der Neodarwinismus hier auf dem Holzweg: Wettbewerb spielt bei Bakterien keine große Rolle; denn ihre wertvollsten Überlebenshilfen teilen sie miteinander: Gene, die für Resistenzmechanismen gegen Antibiotika codieren. Auf den horizontalen Gentransfer als entscheidenden Mechanismus für die Ausbreitung der Antibiotikaresistenz ist man erst seit Ende der achtziger Jahre aufmerksam geworden. Damals wurde mit finanzieller Unterstützung der *US Government's Environmental Protection Agency* (EPA)* und der *National Science Foundation of the USA* (NSF)** eine Tagung zum Thema Antibiotikaresistenz organisiert,[17] um Erkenntnisse darüber zu gewinnen, welche Mechanismen und Faktoren sich wohl auf solch einen Gentransfer auswirken.

> Bakterien können durch Konjugation, durch direkte Injektion, DNS in Tierzellen transferieren.

Der erste eindeutige Beweis für einen horizontalen Gentransfer resultierte aus der Analyse der DNS-Sequenzen von Genen aus *Staphylococcus aureus, Streptococci* und *Campylobacter sp.*,[18] die für die Resistenz gegen Neomycin und Kanamycin codieren und – wie sich herausstellte – im wesentlichen identisch sind. Die Identität von Gensequenzen liefert nicht nur den Beweis für einen horizontalen Gentransfer, sondern sie gibt uns außerdem einen Hinweis, daß es sich bei dem Transfer um einen Vorgang handelt, der vor nicht so langer Zeit stattgefunden hat. Anschließend erhielt man durch DNS-Sequenzierung oder sonstige Methoden zur DNS-Darstellung bei zahlreichen anderen Antibiotikaresistenzen weitere Beweise für horizontale Gentransfers.[19]

* siehe Fußnote S. 56
** nationale Wissenschaftsstiftung der USA

Der Wirkungskreis des horizontalen Gentransfers

Als Wirkungskreis kommt für den horizontalen Gentransfer im Grunde genommen die gesamte Biosphäre in Betracht.[20] Man hat festgestellt, daß es nicht nur bei Mikroorganismen und Viren zum Gentransfer kommt, sondern auch bei eukaryontischen Spezies; und Gentransfers setzen sich auch über die – nach traditionellem Verständnis* vorhandenen – Grenzen der verschiedenen Reiche hinweg. Bei den Eukaryonten bezogen sich die wichtigsten Transfers auf solche Transposons wie das *P*-Element bei den Drosophiliden (jener Gruppe von Insekten, der die Fruchtfliege angehört); bei den niedrigeren Eukaryonten und den Bakterien betrafen sie *transposable*, also bewegliche *Introns* (Gensegmente ohne Codierung). Einige besonders promiskuitive Elemente wie *Mariner* fand man bei Gliederfüßern und bei Wirbeltieren, die Primaten und der Mensch inbegriffen, wo *Mariner* mit einer verheerenden Erkrankung des Nervensystems in Verbindung gebracht wird. Ein Gentransfer, der durch transposable genetische Elemente erfolgt, erfordert bei den DNS-Basensequenzen keine Entsprechungen, *Homologien*.

Transfers hat es von Bakterien zu höheren Pflanzen gegeben und ebenso in umgekehrter Richtung. Das am besten bekannte Beispiel ist der unmittelbare Nachweis eines Transfers zwischen dem im Erdreich beheimateten *Agrobacterium* und Pflanzen. In einem Prozeß, der stark an die Konjugation zwischen Bakterien erinnert, wird das Tumorsegment (*T*) des bakteriellen *Ti*-Plasmids** in das Pflanzengenom transferiert und integriert. Allerdings muß man anmerken, daß in nahezu *allen* Fällen von unmittelbar nachgewiesenem horizontalem Gentransfer – insbesondere denjenigen unter Beteiligung von phylogenetisch entfernten Spezies – bereits modifizierte, hybride *Shuttle-Vektoren**** zum Einsatz kamen, die einen Transfer zwischen entfernten Spezies zustande bringen und sich in beiden Spezies replizieren können. Diese *Shuttle-Vektoren* verfügen über Signale für die Replikation (*Replikationsursprünge*) in mehr als einer Spezies und über das Signal für den DNS-Transfer (*Trans-*

* In der Biologie teilt man die Organismen traditionell in fünf Reiche ein: Tiere, Pflanzen, Pilze, Einzeller und Bakterien.

** *Ti* steht als Abkürzung für englisch *tumor inducing*, einen Tumor verursachend.

*** Im Deutschen kennen wir den Ausdruck *Shuttle* von den *Spaceshuttle* genannten Raumfähren. Dies entspricht durchaus der Bedeutung von *Shuttle* im vorliegenden Kontext.

ferursprung). Die Aussichten auf ein Gelingen des horizontalen Transfers sind deshalb bei ihnen größer als bei unmodifizierten, natürlich vorkommenden Plasmiden. Das *Ti*-Plasmid allerdings dient als Grundlage eines zur gentechnischen Veränderung von Nahrungspflanzen (siehe Kapitel 9) ausgiebig verwendeten Gentransfer-Vektorensystems.

Ein horizontaler, die erwähnten fünf Reiche überschreitender Gentransfer konnte auch zwischen Bakterien und Hefe nachgewiesen werden. Der Transfer erfolgte durch Konjugation unter Verwendung von *Shuttle-Vektoren*, gewonnen aus – einem breiten Wirtsspektrum gegenüber promiskuitiven – Plasmiden, die bereits zwischen zahlreichen bakteriellen Spezies transferierbar sind. Solche Vektoren können sogar anstelle des *Ti*-Plasmids den Gentransfer von *Agrobacterium* auf Pflanzen übernehmen. Der direkte Transfer der Transgene und Markierungsgene von transgenen Pflanzen auf Erdpilze und Erdbakterien ist im Labor dokumentiert worden (siehe Kapitel 9). Das legt den Schluß nahe, daß von den inzwischen in kommerziellem Rahmen in die Umwelt freigesetzten gentechnisch veränderten Nahrungspflanzen sekundäre, ungewollte Gentransfers ausgehen können. Eine kürzlich veröffentlichte Arbeit beschreibt den sekundären Transfer der Antibiotikaresistenz-Markierungsgene von transgenen Zuckerrüben auf Mikroorganismen aus dem Erdreich.[21] Es ist daher zu erwarten, daß Bruchstücke und Absonderungen von transgenen Pflanzen im Erdreich lebende Bakterien und sonstige Mikroorganismen transformieren werden. Im Laboratorium gelang es, *E. coli*-Zellen durch T-DNS zu transformieren, die man auf eine transgene Pflanze transferiert hatte; und der T-DNS-Vektor wurde dann in den transformierten Zellen als ringförmiges Plasmid wiedergefunden.[22] Außerdem können auch durch andere Vektoren – etwa Viren, Insekten und Nematoden – ungewollt sekundäre horizontale Gentransfers stattfinden.

Säugerzellen nehmen bekanntlich durch eine Vielzahl von Mechanismen (siehe Kapitel 9) fremde Gene auf. Der Gentransfer von Bakterien auf Tiere kann sogar durch Konjugation erfolgen – ein Paarungsprozeß, von dem man früher annahm, er sei auf Bakterien beschränkt –, in der ein Bakterium die DNS direkt in die Tierzelle injiziert. Dies hat man mit künstlich konstruierten *Shuttle-Vektoren* nachgewiesen.[23] Die Fähigkeit von Retroviren, sich bei Säugerzellen Gene zu holen und sie zu transferieren, ist wohlbekannt und wird mit zahlreichen Krebsarten bei Tieren in Zusammenhang gebracht.[24] Viele »illegitime« genetische Rekombinationen, also solche, die keine Sequenzhomologien erfordern, beruhen auf retroviralen Eingliederungen in das Genom, wodurch die Retroviren

Gene zwischen den einzelnen Organismen derselben oder unterschiedlicher Spezies horizontal transferieren. Kurzum, ein bestimmtes Gen aus einem beliebigen Organismus hat das Potential, sich auf alle anderen Organismen in der gesamten Biosphäre zu verbreiten.

Für einen erfolgreichen Gentransfer genügt es allerdings *nicht*, wenn die DNS lediglich aufgenommen wird. *Nach* Aufnahme der fremden DNS treten noch gewichtige Hindernisse auf, die sich der Integration, der Verwendung und dem Fortbestand der fremden Gene durch Aufspaltung der DNS oder mit anderen Mitteln widersetzen. Bevor Plasmid-DNS ihren Bestand durch Replikation sichern kann, braucht sie einen Replikationsursprung, der von der Wirtszelle erkannt und verwendet wird. Entsprechend sind für die Expression der viralen Gene, die das Virus hervorbringen, doch ebenso für die Expression aller weiteren vom Virus mitgeführten, fremden Gene Promotorsequenzen notwendig, die der Wirt erkennen kann. (Aber den Replikationsursprung und die Promotorsequenzen kann sie natürlich durch Rekombination bekommen.) Allerdings kann auch aufgespaltene DNS mit integriert werden,

Unter Umständen hat die Gentechnik neue Wege geebnet und neue Möglichkeiten geschaffen, durch die sich der Wirkungskreis und die Häufigkeit des horizontalen Gentransfers vergrößern.

die für sogenannte Domänen oder Teile von Proteinen codiert, oder kurze Motive, die entweder Transkriptionsfaktoren binden oder die Genexpression anderweitig fördern oder unterdrücken – mit folgenschweren genetischen Auswirkungen, einschließlich Krebs.

Während die Wirtszellen-DNS ihre eigenen, artspezifischen Replikationsursprünge, Methylierungsmuster (chemische Markierungen) und Promotorsequenzen besitzt, verfügen künstliche Gentransfer-Vektoren und andere manipulierte Desoxyribonukleinsäuren über rekombinierte Replikationsursprünge und Promotorsequenzen von unterschiedlichen Spezies, die dann auch von unterschiedlichen Wirtsspezies erkannt werden können. Außerdem sind sie so angelegt, daß sie die Restriktionssysteme überwinden, durch die Fremd-DNS aufgespalten und deaktiviert wird. *Daher hat die Gentechnik unter Umständen neue Wege geebnet und neue Möglichkeiten geschaffen, durch die sich der Wirkungskreis und die Häufigkeit des horizontalen Gentransfers vergrößern.*

Mechanismen für den horizontalen Gentransfer

Der Gentransfer in Bakterien erfolgt über drei Mechanismen: durch direkte Aufnahme von DNS (*Transformation*), durch von Viren übertragene Gene, die bakterielle Zellen infizieren (*Transduktion*), und durch einen Paarungsprozeß, der den Kontakt von Zelle zu Zelle erfordert (*Konjugation*). Zwar hat man diese Prozesse bei *E. coli* wirklich eingehend untersucht, doch wird hier deutlich, daß nicht unbedingt für alle Spezies dasselbe gilt wie für *E. coli*. Unser Wissen ist außerordentlich begrenzt. Aber was wir wissen, gibt wirklich Anlaß zu Besorgnis.

Transformation – ein sehr häufig stattfindender Vorgang

Die Transformation ist der erste Mechanismus für den künstlichen Gentransfer. Man hat ihn bereits in jenem Experiment eingesetzt, bei dem bewiesen wurde, daß es sich beim genetischen Material um DNS handelt (siehe Kapitel 7). Bei Mikrobenpopulationen ist Transformation in jüngerer Zeit eingehend untersucht worden.[25] Dabei zeigte sich, daß sie außerordentlich weit verbreitet ist. Der Prozeß der Transformation umfaßt die Freisetzung von DNS in die Umwelt, ihre Bindung an die Oberfläche von Bakterien, den Eintritt in die Zelle und die Rekombination mit dem bakteriellen Chromosom; oder er kann, im Fall der Plasmide, auch die Wiederherstellung des Plasmids beinhalten. All diese Schritte werden durch bakterielle Proteine erleichtert. Die chromosomale DNS ist ebenso wie Plasmid-DNS imstande, Bakterien zu transformieren. Die Häufigkeit der Transformation wechselt je nach physiologischem Zustand der Zelle, dem Vorhandensein von Salzen und der Beteiligung von diffusionsfähigen, vom Bakterium ausgeschiedenen Bestandteilen. Die Beschaffenheit der DNS, ihr Ursprung, ihre Größe und ihr Zustand können ebenfalls von Bedeutung sein. Generell ist Transformation inner-

> In die Umwelt freigesetzte DNS kann unbegrenzt fortbestehen und ihr Potential zur Transformation anderer Spezies behalten.

halb derselben Spezies besonders häufig, da eine gelungene Integration in das Empfängergenom vom Grad der Homologie abhängt, d. h. der Entsprechungen in der Basensequenz zwischen der transformierenden

DNS und der Empfänger-DNS. Sie hängt außerdem davon ab, ob die DNS gegen jene Restriktionsenzyme in der Wirtszelle resistent ist, die Fremd-DNS aufspalten. Allerdings ist die Homologie keine notwendige Voraussetzung für das Zustandekommen einer gelungenen Transformation. Man hat speziesübergreifende, gattungsübergreifende und selbst die biologischen Ordnungskategorien übergreifende Transfers mit chromosomaler DNS beobachtet. Insbesondere Plasmid-DNS hat bei Eubakterien, Proteobakterien und Zyanobakterien über die Grenzen der fünf Reiche hinausgehende Transformationen bewirkt.

DNS wird nicht nur von abgestorbenen Zellen in die Umwelt freigesetzt, vielmehr wird sie während des Wachstums auch von lebenden Zellen aktiv ausgeschieden. Bei manchen Spezies wird DNS in blasenförmigen Gebilden aus Zellmembran abgesondert. Die DNS in einer Schleimkultur kann mehr als vierzig Prozent des Trockengewichts ausmachen. Die Umwelt ist also außerordentlich reich an DNS. Meerwasser enthält zwischen 0,2 und 44 Mikrogramm pro Liter, und Süßwasser enthält zwischen 0,5 und 7,8 Mikrogramm pro Liter; Süßwassersediment dagegen hat eine hohe Konzentration von 1 Mikrogramm pro Gramm. Zwar sind in der Umwelt auch Enzyme zu finden, die DNS spalten (Desoxyribonukleasen, DNasen); doch durch Anlagerung an Geröll, an Huminsäure und vor allem an Tonerde und Sandpartikel ist die DNS vor Zerstörung geschützt. Die zelltransformierende Wirkung bleibt bei angelagerter DNS unvermindert bestehen. So hat die DNS am Boden folgende Halbwertzeiten: 9,1 Stunden bei lehmigem Sandboden, 15,1 Stunden bei versandetem Kalkboden und 28,2 Stunden bei Tonerde. Während die Halbwertzeiten in Abwässern üblicherweise Bruchteile einer Stunde betragen, bewegen sich die Halbwertzeiten in Süßwasser und Meereswasser in der Regel zwischen drei und fünf Stunden – mit einem Spitzenwert zwischen 45 und 83 Stunden auf der Meeresoberfläche und extrem hohen Werten zwischen 140 und 235 Stunden bei Meeressediment. Wenn DNS sich an Feststoffpartikel anlagert, so ist dies ein sehr schnell vonstatten gehender Prozeß. Das bedeutet, daß in die Umwelt freigesetzte DNS unbegrenzt fortbestehen und ihr Potential zur Transformation anderer Spezies behalten kann. Transformation ist womöglich eine der Hauptrouten für den horizontalen Gentransfer: Bei Verwendung von künstlichen Vektoren unter unterschiedlichen Umweltbedingungen erhält man im allgemeinen ziemlich hohe Transferraten, die in der Größenordnung zwischen 10^{-2} und 10^{-5} pro Empfängerzelle liegen. Eine bestimmte Form von bidirektionaler Transformation durch Zellkontakt und Verschmelzung ist, wie man inzwischen weiß, weit verbreitet.

Transduktion – für aquatische Lebensräume von grundlegender Bedeutung

Transduktion erfolgt mit Hilfe von *Bakteriophagen* (Viren, die Bakterien infizieren). Diese sind normalerweise wirtsspezifisch. Von daher käme man eigentlich nicht auf den Gedanken, daß sie Gene zwischen nicht miteinander verwandten Spezies transferieren. Sie bestehen aus viraler DNS, eingehüllt in einen Proteinmantel, der an dem Bakterium spezifische Bindungsstrukturen erkennt und daran andockt. Ist er erst einmal mit diesen Rezeptoren verbunden, injiziert der Bakteriophage seine DNS in das Bakterium. Dort steuert sie entweder die Synthese vieler Bakteriophagen, die die Zelle aufbrechen (lytischer Zyklus); oder die Phagen-DNS kann sich in das bakterielle Chromosom einfügen. Der Bakteriophage kann Gene unter »falscher Verpackung« transferieren: indem er entweder ein Stück der bakteriellen DNS in den viralen Proteinmantel einhüllt oder indem er eine virale DNS abpackt, in die ein Stück der bakteriellen DNS eingefügt ist. Infiziert das Virus eine zweite Zelle, so ist dadurch die bakterielle DNS transferiert, und sie kann dann in das neue bakterielle Chromosom integriert werden.

Normalerweise ist die Transduktion durch das spezifische Wirtsspektrum eingeschränkt. Doch sie kann transposablen Elementen als Transportmittel dienen, so daß diese sich bei einem Wirt festsetzen können, zu dem sie ansonsten keinen Zugang haben. Insofern trägt die Transduktion zum speziesübergreifenden, gattungsübergreifenden Gentransfer bei. Auch entwickeln sich die Bakteriophagen ihrerseits durch horizontalen Gentransfer und Rekombination weiter, was zu einer Erweiterung ihrer Wirtsspektren führt.[26] Nicht weniger als 10^8 bis 10^{11} Bakteriophagen pro Milliliter hat man unter aquatischen Umweltverhältnissen gefunden,[27] so daß ein Drittel der bakteriellen Gesamtpopulation alle 24 Stunden 1000 bis 2000mal von ihnen angefallen wird. Bei jeder dieser Attacken ist es möglich, daß ein Bakteriophage eine speziesübergreifende Gentransduktion vornimmt.

Konjugation – ein promiskuitiver Prozeß

Früher glaubte man, bei der Konjugation handele es sich um einen spezifischen Prozeß für bestimmte Spezies, der komplexe, wechselseitige Interaktionen zwischen dem genetischen »Spender« und dem genetischen »Empfänger« voraussetze. Die Konjugation beruht auf gewissen konjugativen Plasmiden. (Das sind extra-chromosomale DNS-Stücke, die unabhängig von den chromosomalen repliziert werden.) Sie führen die für den Konjugationsprozeß erforderlichen Gene mit sich. Diese Plasmide gehören verschiedenen *Unverträglichkeitsgruppen* an. Daraus ergeben sich aus verschiedenartigen Systemen der DNS-Replikation resultierende Paarungsbeziehungen, in die die Spender-Gene ebenso verwickelt sind wie die Empfänger-Gene. In einer Publikation wurden 1993[28] sieben oder mehr Unverträglichkeitsgruppen von über einhundert bekannten Plasmiden aufgelistet, *von denen die meisten eines oder mehrere Antibiotikaresistenz-Gene mit sich führen.* Plasmide derselben Unverträglichkeitsgruppe können nicht zur gleichen Zeit in derselben Zelle fortbestehen. Doch es gibt gängige Mechanismen für den Gentransfer, die austauschbar sind. Einer von ihnen verwendet die Codierung für den *Pilus* – ein röhrenförmiges Gebilde, das in der Konjugation die Zellen von Spender und Empfänger miteinander verbindet und Plasmid-DNS vom Spender zum Empfänger durchläßt. In anderen Fällen sind die Variationen innerhalb der Genprodukte spezifisch und nicht austauschbar, etwa jene, die mit dem Plasmidtransfer zu tun haben. Verschiedene Unverträglichkeitsgruppen von Plasmiden sind insofern »promiskuitiv«, daß sie ein sehr breites Wirtsspektrum haben.

Konjugative Plasmide können sich in das bakterielle Chromosom integrieren. In diesem Fall kommt es zu einer Konjugation, und das integrierte Plasmid zieht zugleich durch die Konjugationsröhre das bakte-

> Für den horizontalen Gentransfer gibt es womöglich nur noch sehr wenige Barrieren. Antibiotikaresistenz-Gene, insbesondere die von Plasmiden und Transposons mitgeführten, können im Prinzip die Speziesgrenzen, die Gattungsgrenzen und sogar die fünf Bereiche von Tierwelt, Pflanzenwelt, Pilzen, Einzellern und Bakterien überschreiten.

rielle Chromosom mit sich, vom Spender zum Empfänger. Dadurch wird nicht nur die Plasmid-DNS, sondern auch die bakterielle DNS transferiert. Wenn anschließend Spender-DNS und Empfänger-DNS rekombiniert werden, entstehen neue genetische Rekombinationen. Man nimmt an, daß die DNS in einer einsträngigen Form weitergegeben wird, die gegen Aufspaltung durch jene Enzyme, die doppelsträngige DNS angreifen (Nukleasen und Restriktionsenzyme), resistent ist. So ist für die Gentransfers eine hohe Erfolgsquote gewährleistet. Die einsträngige DNS steuert anschließend die Synthese des komplementären

Strangs, so daß Spender und Empfänger wieder über doppelsträngige DNS verfügen.

Neuere Untersuchungen machen deutlich, daß es für die Konjugation ein außerordentlich breites Wirtsspektrum gibt. Dabei spielen verschiedene komplexe Mechanismen eine Rolle, die man noch nicht richtig versteht.[29] Die »promiskuitiven« Plasmide überwinden Speziesschranken, indem sie horizontale Gentransfers zwischen phylogenetisch nicht miteinander verwandten Spezies bewirken. Darüber hinaus hat man konjugative Transposons (mobile genetische Elemente) entdeckt, über die während der Konjugation ein eigener Transfer zu den Empfängerzellen vonstatten geht und die sich in das Empfängerchromosom einfügen. Sie können außerdem auf demselben Chromosom von einer Position zu einer anderen springen oder vom Chromosom zum Plasmid und umgekehrt.[30] Eine spezielle Klasse solcher konjugativer Transposons sind die sogenannten *Integrons*.[31] Sie unterstützen die positionsbezogene Integration von Antibiotikaresistenz-Gen-»Kassetten« in das Integron, so daß dann jede »Kassette« mit vorgefertigten Expressionspromotoren ausgestattet ist. Jedes Integron kann mehrere Kassetten mit unterschiedlichen Antibiotikaresistenzen mit sich führen. Dies kann die Rekombination zwischen verschiedenen Kassetten zur Bildung von exotischen Genverschmelzungen erleichtern, die für multifunktionale Proteine codieren. Integrons können auch vom bakteriellen Chromosom in ein Plasmid springen, um dann im Lauf der Konjugation auf ein anderes Bakterium übertragen zu werden. Während der Konjugation geht nicht nur genetisches Material vom Spender auf den Empfänger über, sondern auch umgekehrt. Auf solche Retro-Transfers von genetischem Material ist man erst in letzter Zeit aufmerksam geworden.

Infolgedessen gibt es womöglich für den horizontalen Gentransfer nur noch sehr wenige Barrieren. Wie wir sehen werden, können Antibiotikaresistenz-Gene, insbesondere die von Plasmiden und Transposons mitgeführten, im Prinzip die Speziesgrenzen, die Gattungsgrenzen und sogar die fünf Reiche überschreiten.

Bei Tetracyclinresistenz-Genen zum Beispiel hat sich herausgestellt, daß sie inzwischen zum Gemeingut zahlreicher Gattungen zählen. Eines von ihnen, das *TetL*-Gen, findet man bei *Actinomyces, Clostridium, Enterococcus, Listera, Peptostreptococcus, Streptococcus, Staphylococcus* und *Bacillus*. Ein weiteres Gen, *TetK*, findet man bei *Bacillus, Clostridium, Enterococcus, Eubacterium, Listera, Peptostreptococcus, Staphylococcus* und *Streptococcus*.[32] Erst vor ganz kurzer Zeit fand man im Boden erstmals Spezies, die den Gattungen *Mycobacterium* und *Streptomyces* angehören. Sie können Infektionen des weichen Körpergewebes und der Haut hervorrufen.[33] Vom *Streptomyces*, aus dem das Streptomycin gewonnen wird, nimmt man an, er sei die ursprüngliche Quelle zahlreicher Gene mit Antibiotikaresistenz gegen die Aminoglykoside. Die Bakterien erhalten diese Gene jetzt in erhöhtem Maß von anderen Spezies. Diese Erkenntnisse sind von besonderer Tragweite, da sie »die mögliche Ausbreitung eines Antibiotikaresistenz-Gens auf alle in der Umwelt vorhandenen Mykobakterien nahelegen, einschließlich *Mycobacterium leprae*«.[34] Dies wird eine Behandlung von Lepraerkrankungen sehr schwierig machen.

Selbst Gene im Chromosom, zum Beispiel jene, die für die Penicillinresistenz codieren (Proteine für die Penicillinbindung, *pbps**, die zur Aufnahme von Penicillin erforderlich sind), werden leicht transferiert. Transfers von *pbp*-Genen hat man zwischen *Streptococcus pneumoniae* und *Neisseria gonorrhoea* festgestellt. Sie sind anschließend Rekombinationen eingegangen und haben neue Hybrid-Gene hervorgebracht.[35]

Das Aufkommen neuer und alter virulenter Stämme

Genau diese genetischen Mechanismen für den horizontalen Gentransfer waren, wie man zeigen konnte, daran beteiligt, daß seit Mitte der achtziger Jahre alte und neue Krankheitserreger Virulenz zeigten. Zum Beispiel gab es von da an in Europa, Nordamerika und andernorts eine Zunahme der sporadisch auftretenden Fälle von sehr stark sich ausbreitenden Infektionen mit *Streptococcus pyogenes*. Als man in den USA 108 Isolate** von Patienten mit dem von Streptokokken verursachten toxischen Schocksyndrom analysierte,[36] stieß man vielfach auf ein Toxin, das in einem Gen – *SpeA* – codiert ist, das zu einem in das bakterielle Genom eingefügten Bakteriophagen gehört. Dieses Gen hatte sich bei unterschiedlichen Stämmen von *Streptococcus pyogenes* horizontal verbreitet. Zu ähnlichen Resultaten gelangte man bei der Analyse von Streptokokken der Gruppe A, die man 1993 innerhalb eines Vierteljahres bei einer Reihe von schweren Infektionsfällen im schottischen Tayside isoliert hatte.[37] DNS-Sequenzanalysen von Virulenzfaktoren legen den Gedanken nahe, daß die Erreger diese Faktoren erst in jüngerer Zeit durch horizontalen Gentransfer erworben haben.

* Abkürzung für englisch *penicillin-binding proteins*

** die aus Gewebe oder Körperflüssigkeit isolierten Erreger

In der Vergangenheit waren lediglich *Vibrio cholerae*-Stämme des Typs O1 als Ursache für Epidemien bekannt, Nicht-O1-Stämme hingegen wurden mit sporadisch auftretenden Krankheitsfällen in Zusammenhang gebracht. Kürzlich kam es jedoch in Asien zu einer Epidemie durch einen Nicht-O1-Stamm, *Vibrio cholerae* O139. Es zeigte sich, daß der neue Stamm mit einem früheren pandemischen Stamm, O1 EL Tor, identisch ist; abgesehen von Proteinen, die die Kapsel und das O-Antigen betreffen. Dies hat seinen Grund darin, daß hinzugekommene DNS eingefügt worden ist und die Gengruppe des O-Antigen teilweise ersetzt hat. Das legt die Vermutung nahe, daß O139 durch von einem Nicht-O1-Stamm in einen Stamm des Typs O1 erfolgten horizontalen Gentransfer entstanden ist.[38]

Mindestens zehn untereinander nicht verwandte bakterielle Erreger, deren Krankheitsbilder von der Beulenpest beim Menschen bis zur Trockenfäule bei Bäumen reichen, haben einen kompletten, für das Eindringen in die Zellen zuständigen Gensatz miteinander gemein, der sich durch horizontale Genübertragung verbreitet hat.

Pathogene Mykoplasmen besitzen als Adhesine bezeichnete Proteine und diesem verwandte Hilfsproteine, die für die Zelladhäsion und den daran anknüpfenden Krankheitsverlauf erforderlich sind. Man hat festgestellt, daß *Mycoplasma genitalium*, das bei Harnröhrenentzündungen, Lungenentzündungen, Gelenkentzündungen und für den Krankheitsverlauf von AIDS eine Rolle spielt, für ein Adhesin und zwei dem Adhesin verwandte Proteine codiert, die in ihren Sequenzen und ihrem Genomaufbau weitreichende Ähnlichkeiten mit einer anderen Spezies aufweisen, *Mycoplasma pneumoniae*.[39] Diese Ähnlichkeit hat man auf das Vorkommen von horizontalen Gentransfers zwischen den beiden Spezies zurückgeführt.

In höchstem Maß beunruhigend ist die unlängst gemachte Entdekkung, daß mindestens zehn untereinander nicht verwandte bakterielle Erreger, deren Krankheitsbilder von der Beulenpest beim Menschen bis zur Trockenfäule bei Bäumen reichen, einen kompletten, für das Eindringen in die Zellen zuständigen Gensatz miteinander gemein haben, der sich mit an Sicherheit grenzender Wahrscheinlichkeit durch horizontalen Gentransfer verbreitet hat.[40] Mehr als zwanzig Gene sind an einem System beteiligt, das unheilstiftende Proteine unmittelbar in Wirtszellen hinein absondert. Erstmals auf sie gestoßen ist man bei *Yersinia*, einer Gattung verschiedener Spezies, die beim Menschen Krankheiten wie zum Beispiel die Beulenpest und Darminfekte verursachen. Diese Proteine verhindern, daß Bakterien von den weißen Blutkörperchen aufgenommen und unschädlich gemacht werden. Je nach bakterieller Spezies weist das System gewisse Unterschiede auf, doch grundsätzlich legt es die Wirtszelle lahm und macht sie für das Bakterium empfänglicher. Bei manchen Spezies, *Shigella* etwa, veranlassen die abgesonderten Proteine die nicht immunen Zellen dazu, das Bakterium aufzunehmen. Im Fall von *E. coli* ermöglichen diese Proteine es dem Bakterium, am Epithelium* festzuhaften. Zumindest einige der Proteine sind für eukaryontische Zellen typisch und haben die eukaryontische Biochemie im Visier – was zu der Spekulation Veranlassung gab, sie seien ursprünglich von eukaryontischen Zellen übernommen worden. *Als mögliche Ursache für ihre Entstehung kommt unter anderem die Gentechnik in Betracht, in der regelmäßig willkürliche Rekombinationen aus Gensequenzen von infektiösen genetischen Elementen vorgenommen werden.*

Wie Antibiotikaresistenz-Gene haben auch zahlreiche Virulenz-Gene ihren Sitz auf Transposons oder Plasmiden. Zum Beispiel sind die ST-Enterotoxin-Gene von *E. coli* Bestandteil eines Transposons; hingegen sind wichtige Virulenzfaktoren gramnegativer Erreger (*Shigella flexneri, Salmonella* spp., *Yersinia* spp.) wie auch grampositiver Erreger (*Clostridium tetani*) in Plasmiden codiert. Andere Virulenzfaktoren, beispielsweise für die Shiga-ähnlichen Toxine von *E. coli*, das Cholera-Toxin von *Vibrio cholerae*, das Diphterie-Toxin von *Corynebacterium diphteriae*, die Neurotoxine von *Clostridium bolulinum* und das Cytotoxin von *Pseudomonas aeruginosa*, sind in Bakteriophagen codiert. All diese Toxine und Virulenzfaktoren verfügen offenkundig über die Fähigkeit, sich horizontal zu verbreiten und durch Rekombination neue Krankheitserreger hervorzubringen.

> Die Beweise dafür, daß der horizontale Gentransfer für die rasche Ausbreitung der Antibiotikaresistenz ebenso verantwortlich ist wie für das Aufkommen virulenter Erregerstämme, sind mittlerweile überwältigend.

Virulenz-Gene sind ebenfalls häufig im Chromosom angesiedelt, wo sie große, aus vielen Einheiten zusammengesetzte Blöcke bilden, für die

* oberste Zellschicht des Haut- bzw. – im vorliegenden Fall – des Schleimhautgewebes

man die Bezeichnung *Pathogenitäts-Inseln* geprägt hat.[41] Diese wurden durch horizontalen Gentransfer von nicht verwandten Spezies übernommen. Das erwähnte System mit zwanzig Genen ist auf einer Pathogenitäts-Insel angesiedelt. Diese Inseln haben sehr gemischte Eigenschaften, die genauso an Plasmide erinnern wie an Phagen, und sind durch zahlreich vorgekommene Rekombinationen entstanden. Sind manche dieser Rekombinationen unbeabsichtigt durch die Gentechnik herbeigeführt worden? Da nun komplette Sequenzen pathogener Bakterien regelrecht auf uns niederprasseln, wird eine Beantwortung dieser Frage in der Weise möglich sein, daß man die Gensequenzen von künstlichen Vektoren mit denen der Pathogenitäts-Inseln vergleicht. Zu dem Zeitpunkt, da diese Auflage in Druck geht, sind 13 bakterielle Genome vollständig sequenziert, darunter die von *E. coli* und *Mycobacterium tuberculosis*, ferner das Genom einer Hefe, *Sacharomyces cerevisiae*.[42]

Die Tatsache, daß Virulenz-Gene genau wie Antibiotikaresistenz-Gene auf mobilen, infektiösen Einheiten sitzen, bedeutet, daß ein einziger Schritt ausreicht, um nichtpathogene Organismen in Pathogene umzuwandeln. Dies wirft ein Licht auf die Gefahren, die mit der Freisetzung von transgenen Mikroorganismen in die Umwelt verknüpft sind – auch von solchen, die nicht als pathogen bekannt sind. Und dennoch sind diese Freisetzungen in der Gentechnik von Anfang an regelmäßig erfolgt.

Die Beweise dafür, daß der horizontale Gentransfer für die rasche Ausbreitung der Antibiotikaresistenz ebenso verantwortlich ist wie für das Aufkommen virulenter Erregerstämme, sind mittlerweile überwältigend.

Dies wirft die Frage auf, ob es die Mechanismen für den horizontalen Gentransfer schon immer in ihrer vollen Bandbreite gegeben hat. Eine 1983 durchgeführte Studie über Bakterienstämme, die zwischen 1917 und 1954 – also zum Gutteil in der Ära der Antibiotika – isoliert worden sind, hat gezeigt, daß keiner der Stämme eine Antibiotikaresistenz aufwies.[43] Doch 24 Prozent dieser Stämme verfügten im genetischen Code über Informationen für den Transfer von DNS aus einem Bakterium in ein anderes; und zumindest von 19 Prozent der Stämme wurden konju-

> Antibiotika sind gefährlich, nicht nur weil sie die Entwicklung von Antibiotikaresistenzen heraufbeschwören, sondern weil das Vorhandensein von Antibiotika die Häufigkeit von horizontalen Gentransfers auf das Zehn- bis Hundertfache erhöhen kann.

gative Plasmide, die keine Antibiotikaresistenz aufwiesen, auf den im Laboratorium entwickelten Stamm *E. coli* K12 transferiert. So haben zwar konjugative Plasmide bereits vor der Ära der Antibiotika existiert, doch ihre Verbreitung und das Spektrum der Medikamente, gegen die sie resistent machen, haben seither stark zugenommen.

Die wahrscheinliche Zunahme horizontaler Gentransfers in jüngster Zeit

Meines Erachtens übertreibe ich nicht, wenn ich sage, der horizontale Gentransfer (und die anschließende Rekombination) sei die größte Bedrohung für die Gesundheit der Bevölkerung, mit der wir heutzutage konfrontiert sind – zumal wenn zugelassen wird, daß die kommerzielle Nutzung der Gentechnik unkontrolliert weitergeht.

Genaue epidemiologische Daten liegen noch nicht vor, doch alle Anzeichen sprechen für ein – in Häufigkeit und Stärke – signifikant gestiegenes Auftreten von mehrfach medikamentenresistenten Krankheitserregern während der letzten zehn bis 15 Jahre. Zum Beispiel ist die Zahl der *Salmonella*-Infektionen in einigen europäischen Ländern seit 1980 um das Zwanzigfache gestiegen.[44] Ähnliche Zuwachsraten werden in bezug auf Lebensmittelvergiftungen durch das hämorrhagische* *E. coli* 0157 berichtet: Zwischen 1986 und 1996 stieg die Infektionshäufigkeit in England und Wales auf das Zehnfache; und in Schottland auf das Hundertfache.[45]

Das erste weithin eingesetzte Medikament gegen Malaria, Chloroquin, gelangte zur Zeit des Zweiten Weltkriegs in Anwendung, und bis in die frühen sechziger Jahre zeigte sich keine Resistenz. Demgegenüber war das neue, 1985 auf den Markt gebrachte Medikament Mefloquin bereits innerhalb von fünf Jahren in 60 Prozent der Malariafälle unbrauchbar.[46] Im gleichen Zeitraum gab es bei den Antibiotikaresistenzen ähnlich sich beschleunigende Entwicklungen. Antibiotika wurden Anfang der vierziger Jahre eingeführt, und bis in die frühen fünfziger Jahre zeigte sich keine Resistenz (siehe weiter vorn in diesem Kapitel). Bei *Staphylococcus aureus* stieg die Resistenz gegen Penicillin, Ampicillin und die Antipseudomonaden-Penicilline** von nahezu null Prozent im Jahr 1952 auf über 95 Prozent im Jahr 1992 an.[47] Bis zu den achtziger Jahren

* hömorrhagisch: Blutungen auslösend
** Pseudomonaden: Vertreter der *Pseudomonas*-Bakteriengattung

hatte *Staphylococcus aureus* auch ein hohes Maß an Resistenz gegen das synthetische Penicillinpräparat Methicillin und gegen alle anderen β-Laktame entwickelt. Ciprofloxacin, das neue Fluoroquinolon-Mittel gegen Mikroben, wurde Mitte der achtziger Jahre eingeführt. Doch bis 1992 belief sich die Resistenz gegen den Wirkstoff bereits auf über 80 Prozent. Eine von den *US Centers for Disease Control** vorgenommene Untersuchung machte deutlich, daß die Ciprofloxacin-Resistenz bei *Staphylococcus aureus* innerhalb eines Jahres von weniger als fünf Prozent auf über 80 Prozent anstieg. Jüngste Erhebungen zeigten, daß in den Krankenhäusern von San Francisco die Vancomycin-Resistenz bei *Enterococci* von drei Prozent im Jahr 1993 auf 95 Prozent im Jahr 1997 angewachsen ist.[48] In Italien hat die Erythromycin-Resistenz bei *Streptococcus* allein zwischen 1993 und 1995 um das Zwanzigfache zugenommen.[49]

Der dramatische Zuwachs an virulenten Infektionen und an Antibiotikaresistenz innerhalb der letzten zehn bis 15 Jahre wird gewöhnlich auf den ungezügelten Einsatz von Antibiotika in der Intensivlandwirtschaft und der Medizin zurückgeführt. Antibiotika sind gefährlich – nicht nur weil sie die Entwicklung von Antibiotikaresistenzen heraufbeschwören, sondern weil sich durch das Vorhandensein von Antibiotika die Häufigkeit von horizontalen Gentransfers auf das Zehn- bis Hundertfache erhöhen kann.[50] In einem Experiment hat das Antibiotikum Oxytetracyclin die Transferrate eines Plasmids, das für multiple Antibiotikaresistenz codiert, um drei bis vier Größenordnungen erhöht.[51] Bekanntlich lag der Ursprung der allerersten Vorläufer heutiger Antibiotikaresistenz-Gene in den Antibiotika produzierenden Mikroorganismen selbst. Aufgrund dessen hat man die Vermutung geäußert, jene Substanzen, die wir als Antibiotika bezeichnen, seien für die Bakterien eigentlich Sexualhormone, die eine intensivierte Konjugation zwischen den Zellen bewirken; außerdem werde dieser Prozeß durch das »Antibiotikaresistenz«-Gen, das das Signal ausschaltet, auf natürliche Weise reguliert. Der Einsatz von Antibiotika führt demnach nicht nur zu mutativen Veränderungen der Antibiotikaresistenz-Gene, sondern auch zu einer um so stärkeren Verbreitung genau dieser Gene unter den Krankheitserregern.

Der andere Faktor, den man berücksichtigen muß, ist die kommerzielle Anwendung der Gentechnik. Die Ausbreitung von Virulenz-Genen und das Entstehen neuer pathogener Bakterien- und Virusstämme darf man nicht *per se* dem übermäßigen Einsatz und Mißbrauch von Antibio-

* siehe Fußnote S. 47

tika zuschreiben. Allein zwischen 1988 und 1996 hat man fünfzig neue Viren gefunden, an denen Menschen erkranken können [52] Darin sind die vielen Viren, von denen die in der freien Natur lebenden beziehungsweise die vom Menschen domestizierten Tiere und Pflanzen befallen werden, nicht eingerechnet. Neue virulente Bakterien- und Virusstämme können durchaus die Konsequenz aus anderen Eingriffen sein – etwa jener umfassenden, an den Genomen von Mikroben und sonstigen Organismen vorgenommenen genetischen Manipulationen, die das ökologische Gleichgewicht der Mikroben schwer beeinträchtigen. Für einen Zusammenhang zwischen der Gentechnik und der Ausbreitung von Virulenz und Antibiotikaresistenz gibt es zwar keinen unmittelbaren Beweis. Allerdings sind eindeutige Beweise vorhanden, aus denen ersichtlich wird, daß für beide Entwicklungen der horizontale Gentransfer verantwortlich ist. Und es führt einfach kein Weg an der Tatsache vorbei, daß es der Daseinszweck und das Bestreben der Gentechnik *ist*, den horizontalen Gentransfer zu erleichtern, um auf diese Weise immer exotischere transgene Organismen herstellen zu können.

Die erhöhte Wahrscheinlichkeit des horizontalen Gentransfers durch künstliche Vektoren

Auf natürlichem Weg kommt es zwischen den Spezies nicht so leicht zum Gentransfer. Deshalb ist dies im Lauf unserer Evolutionsgeschichte auch ein vergleichsweise rares Ereignis gewesen. Aus Analysen der Gensequenzen von 145 wirbellosen Organismen hat sich zum Beispiel ergeben, daß vielleicht in zwei Fällen ein horizontaler Gentransfer stattgefunden hat: einmal vom gemeinsamen Vorfahren der Wimpertierchen und der Grünalgen auf den Vorfahren der Cyanobakterien; und zum anderen von den Vorfahren der Hefen auf die Vorfahren der Bakterien.[53] Natürliche Vektoren für den Gentransfer – Viren, Plasmide und Transposons – haben wahrscheinlich schon immer existiert, vor allem bei den mikrobischen Spezies; sie sind jedoch – in unterschiedlichem Grad – wirtsspezifisch, so daß Transfers durch Konjunktion innerhalb derselben Spezies häufiger auftreten als Transfers durch Konjunktion mit anderen Spezies.[54]

Außerdem gibt es endogene zelluläre Mechanismen, die fremde DNS aufspalten, sie nicht replizieren und in das Genom eingefügte fremde Gene herausschneiden oder deaktivieren (siehe Kapitel 8).[55] Diese Mechanismen sind ebenfalls für die Instabilität und die Deaktivierung der

Die Gentechnik ist darauf angewiesen, eine breite Palette künstlicher Vektoren zu entwickeln, die dazu dienen, die Barrieren zwischen den Spezies zu durchbrechen und – in zunehmendem Maß – die zellulären Mechanismen zur Aufspaltung oder Deaktivierung von Fremd-DNS zu überwinden.

in transgene Organismen transferierten Gene verantwortlich – womit sie den Gentechnikern einiges Kopfzerbrechen bereiten (siehe Kapitel 9).

Für einen verstärkten horizontalen Gentransfer sind folgende Eigenschaften der gentechnisch konstruierten künstlichen Vektoren von Bedeutung:

- Sie wurden bereits aus infektiösen Agenzien gewonnen, die einen besonders effektiven horizontalen Gentransfer ermöglichen.
- Aufgrund ihrer chimärischen Natur weisen sie Sequenzhomologien zu DNS aus ganz unterschiedlichen Spezies und deren viralen Pathogenen, Plasmiden und Transposons auf. Das erleichtert die erfolgreiche Durchführung des horizontalen Transfers und der Rekombination.
- Sie enthalten routinemäßig Antibiotikaresistenz-Markierungsgene, so daß sie – absichtlich eingesetzt oder als ungewollte Umweltverschmutzer – in Gegenwart von Antibiotika bessere Transfer-Erfolge erzielen können.
- Sie verfügen häufig über Replikationsursprünge und Transfersequenzen, die ihnen den horizontalen Gentransfer und die Rekombination erleichtern. Die Tatsache, daß sie »entschärft« sind, weil ihre Mobilitäts- und/oder Virulenz-Gene entfernt wurden, ist in diesem Kontext ohne Bedeutung. Denn andere Viren, Plasmide und mobile genetische Elemente, die im Spender, im Empfänger oder in einem dritten in der Umwelt vorhandenen Bakterienstamm zugegen sind, können »Aushilfsfunktionen« für sie übernehmen. Und durch Rekombination können sie Virulenz-Gene erhalten.
- Es ist wohlbekannt, daß chimärische Plasmide und virale Vektoren eine strukturell bedingte Instabilität aufweisen, durch die sich ihre Neigung, Rekombinationen einzugehen, erhöht.[56] Was die Stabilität der transferierten Gene anbelangt, so stellt die Instabilität der Vektoren die Gentechniker und die Biotechnik-Industrie vor nicht enden wollende Probleme. Sie erhöht außerdem die Wahrscheinlichkeit und

den Spielraum für das unbeabsichtigte Auftreten sekundärer horizontaler Gentransfers. Den direkten Nachweis, daß solche Transfers auch von transgenen Pflanzen auf Mikroorganismen aus dem Erdreich erfolgen können, hat man schon geführt (siehe Kapitel 9).

- Heutzutage setzt man in die Vektoren routinemäßig starke Promotoren und Aktivierer ein, die den Transgenen zur Expression verhelfen sollen. Darin liegt einer der Hauptgründe für ihre strukturelle Instabilität. Hinzu kommt die Instabilität infolge von damit verbundenen Stoffwechselbelastungen für den Organismus. Die Konsequenz kann wiederum ein verstärktes Auftreten von ungewollten horizontalen Gentransfers sein.[57]
- Außerdem sind künstliche Vektoren so aufgebaut, daß sie der Aufspaltung durch Restriktionsenzyme entgehen. Auch dadurch erhöht sich die Wahrscheinlichkeit eines erfolgreichen horizontalen Gentransfers.

> Die Gentechnik hat dem horizontalen Gentransfer und der Rekombination regelrechte Schnellstraßen geebnet, wo es zuvor nur einen eingeschränkten Zugang über enge, verschlungene Fußpfade gab.

Alle Arten von genetischen Elementen, die beim horizontalen Gentransfer eine Mittlerrolle spielen können, sind zum Einsatz gekommen: Plasmide, Phagen, Transposons plus eine Reihe pathogener Viren von Pflanzen und Tieren. Zwar kann man anhand jener Sequenz, die dem Vektor seine Grundstruktur gibt, unterschiedliche Arten von Vektoren unterscheiden. Doch so gut wie jeder von ihnen hat einen chimärischen Charakter. Wichtige chimärische Vektoren sind die *Shuttle-Vektoren*, die es ermöglichen, Gene in *E. coli* zu klonen (zu vervielfältigen) und sie dann auf eine nicht verwandte Spezies aus allen Bereichen der Biosphäre zu transferieren. Ebenso enthalten auch die zur Manipulation von Pflanzen und Tieren verwendeten Vektoren üblicherweise Sequenzen aus einer Reihe von viralen Erregern, die bei Pflanzen und Tieren pathogen wirken; außerdem Antibiotikaresistenz-Gene, die häufig aus vielfach resistenten Plasmiden und Transposons stammen. Von Phagen-Vektoren und Phasmid-Vektoren (ein Hybrid aus Phage und Plasmid), die möglicherweise eine besondere Bedeutung für die Evolution von Pathogenitäts-Inseln bei bakteriellen Pathogenen haben, wird ebenfalls ausgiebig Gebrauch gemacht.

Die Gentechnik hat also dem horizontalen Gentransfer und der Rekombination regelrechte Schnellstraßen geebnet, wo es zuvor nur einen eingeschränkten Zugang über enge, verschlungene Fußpfade gab. Mit Hilfe von *E coli*, dem Utensil für Mischungen aller Art, verbinden diese Gentransfer-Schnellstraßen Spezies aus allen Bereichen miteinander.

Die Mikrobenpopulationen unserer Umwelt dienen als Gentransfer-Schnellstraßen und als Speicher: Sie ermöglichen den Genen die Replikation, die Rekombination und die Erweiterung vom Nicht-Pathogen zum Pathogen, so daß sie alle anderen Organismen infizieren können. Die Freisetzung von gentechnisch veränderten Mikroorganismen ist daher besonders gefährlich.

Direkt nachgewiesen sind horizontale Gentransfers zwischen Bakterien im marinen Lebensraum,[58] im Süßwasser[59] und im Boden.[60] Und als Vermittler für den horizontalen Gentransfer dienen in all diesen Experimenten die in der Gentechnik eingesetzten und eigens für sie konstruierten hybriden Plasmid-Vektoren. Horizontaler Gentransfer findet

> Wir erleben möglicherweise gerade ein Vorspiel zu dem schlimmsten aller möglichen Szenarien – unkontrollierbare Epidemien, hervorgerufen von Infektionskrankheiten, die durch horizontalen Gentransfer und Rekombination entstanden sind.

vorzugsweise in den Grenzbereichen zwischen Luft und Wasser und im Sediment statt, besonders unter nährstoffarmen Bedingungen,[61] was die Behauptung widerlegt, zur Förderung des horizontalen Gentransfers bedürfe es nährstoffreicher Medien. Horizontalen Gentransfer hat man auch in Abwasserkläranlagen nachweisen können. Das dort herauskommende Wasser wird in Entwicklungsländern in wachsendem Umfang zu Bewässerungszwecken verwendet.[62]

Der horizontale Gentransfer beschränkt sich nicht auf die Außenwelt. Er ist zwischen Darmbakterien bei Mäusen und Hühnern nachgewiesen worden[63] und bei Bakterien im Darm,[64] im Harnwegsbereich und in den Atemwegen beim Menschen.[65]

Angesichts der bereits vorliegenden Beweise für horizontale Gentransfers raten manche Genetiker zu Vorsicht. Wer hingegen in den Denkmustern der Gentechnik denkt und im Gentransfer lediglich ein Potential für weitere Nutzanwendungen sieht, tut die vorgelegten Beweise leichthin ab. Dies seien schließlich nur »auf einem bestimmten Szenarium beruhende, ziemlich unbegründete Sorgen!«[66]

Der Bevölkerung macht die Tatsache zu schaffen, daß viele Gentechniker »auf dem einen Auge blind« sind, einzig und allein einen Blick für das haben, was kommerziellen Nutzen bringt – genau dies ist das Kennzeichen einer schlechten Wissenschaft. Zu allem Übel bieten die bestehenden Verordnungen der Bevölkerung nur geringen oder gar keinen Schutz. Ich bin ja keineswegs die erste, die das Augenmerk auf die Gefahren der Gentechnik lenkt. Die Pioniere der Gentechnik beschlossen 1975 in der Erklärung von Asilomar ein selbstauferlegtes Moratorium für ihre Arbeit (siehe Kapitel 2), weil ihnen die Möglichkeit, durch horizontalen Gentransfer und Rekombination neue virale und bakterielle Krankheitserreger zu erzeugen, Sorgen machte. Doch infolge des kommerziellen Drucks entstanden Durchführungsrichtlinien, die großenteils auf Annahmen beruhten. Jede dieser Annahmen ist seither durch die wissenschaftlichen Resultate widerlegt worden.

Das in diesem und in früheren Kapiteln (vor allem Kapitel 1 und 9) präsentierte Beweismaterial läßt den Schluß zu, daß die anfänglichen Sorgen, die den Anstoß zur Asilomar-Erklärung gaben, begründet waren. Wir erleben möglicherweise gerade ein Vorspiel zu dem schlimmsten aller möglichen Szenarien – unkontrollierbare Epidemien, hervorgerufen von Infektionskrankheiten, die durch horizontalen Gentransfer und Rekombination entstanden sind. Lassen Sie uns zusätzlich einigen aktuelleren Sachverhalten nachgehen, die verdeutlichen, daß die geltenden Durchführungsrichtlinien wahrhaftig überholt sind und mit dem Tempo, in dem neue wissenschaftliche Resultate gewonnen werden, unmöglich Schritt halten können.

Gesundheitsgefahren durch »nackte DNS«

»Nackte DNS«, DNS als solche, losgelöst von Viren oder Organismen, stellt für die Mitarbeiter der Laboratorien und auch für die Menschen, die gentechnischen Produkten ausgesetzt sind – in der Landwirtschaft oder bei der Verarbeitung von Lebensmitteln, als Lebensmittelhändler und letztlich auch als beliebiges Mitglied der Gesamtbevölkerung –, eine neue, ernstzunehmende Gefahrenquelle dar. Lange war man davon ausgegangen, weder über die unverletzte Haut noch über oberflächliche Verletzungen oder durch den Verdauungstrakt könne DNS aufgenommen werden. Oder aber sie werde, falls dies doch geschähe, rasch zerstört. Doch diese Annahmen sind längst von den Ereignissen überholt. Genetiker machen sich bereits Gedanken darüber, inwieweit die DNS-Aufnahme durch die Haut und den Verdauungstrakt eine Möglichkeit darstellt, Menschen im Rahmen einer Gentherapie Gene zu verabreichen.[67] Denn nackte DNS *kann* sehr wohl unverletzte Haut durchdringen und die Darmpassage überstehen, um in den Blutstrom zu gelangen (siehe auch Kapitel 9).

Mindestens seit 1990 ist bekannt, daß nackte DNS intakte Haut durchdringen kann. Krebsforscher fanden damals heraus, daß sich bei einer Maus, der sie die geklonte DNS eines menschlichen Krebs-Gens auf die Rückenhaut aufgetragen hatten, wenige Wochen danach an den endothelialen Zellen – jenen Zellen, die sich auf der Innenseite der Blutgefäße und Lymphknoten befinden – Tumore entwickelten.[68]

Der norwegische Virologe und Gentechniker Terje Traavik beschreibt, wie ihm klar wurde, daß man sich vor den Gefahren nackter DNS in acht nehmen muß. Er stellte fest, daß sich bei Kaninchen eine ausgewachsene Infektion entwickelt, wenn man ihnen DNS aus dem menschlichen Polyoma-Virus injiziert, das intakte Virus hingegen keinerlei Wirkung zeigt.[69] Die DNS des Virus ist daher weit infektiöser und hat ein breiteres Wirtsspektrum als das Virus selbst. Inzwischen hat sich herausgestellt, daß dies für andere Viren ebenfalls gilt. Seither macht Terje kein Hehl daraus, was er über die Gefahren der Gentechnik denkt. Wie bereits in Kapitel 9 geschildert, haben große DNS-Fragmente von Phage M13 die Passage durch den Darm einer Maus unbeschadet überstanden, sind in den Blutstrom eingetreten und in die weißen Blutkörperchen, die Leberzellen und die Zellen der Milz gelangt; und es stellte sich heraus, daß etwas virale DNS sogar in das Genom der Maus Eingang gefunden hat. Diese Entdeckungen werfen ein bezeichnendes Licht auf die Gefahren durch nackte DNS aller Art, die bei zahlreichen Verrichtungen der biotechnischen Industrie entsteht. Dazu gehört die transgene DNS aus transgenen Pflanzen und Nahrungsmitteln (siehe Kapitel 9) und aus gentechnisch veränderten Mikroorganismen, die in die Umwelt freigesetzt wurden; künstliche Vektoren für den Gentransfer, Vektoren für die Gentherapie beim Menschen, Impfstoffe aus nackter DNS (siehe Kapitel 13), ferner zahlreiche mit labortechnischen Verfahren amplifizierte DNS- und RNS-Sequenzen, zu deren Risikoeinschätzung man sich gerade erst Gedanken zu machen beginnt.

> Bei Bakterien und Viren kann der Anschein entstehen, sie seien ausgestorben, während sie in Wirklichkeit lediglich in eine Latenzphase übergehen, um dann in einer leistungsfähigeren Form wieder zum Vorschein zu kommen.

Die Fähigkeit der von Vektoren mitgeführten und transferierten Gene, in der Umwelt unbegrenzt zu überdauern

Auf die Überlebensfähigkeit von »entschärften« Bakterienstämmen aus dem Labor und auf das Fortbestehen von DNS in der Umwelt hat uns als erste Dr. Beatrix Tappeser vom Freiburger Ökoinstitut e.V. aufmerksam gemacht. In Deutschland und anderen Ländern ist Beatrix jahrelang gegen die unzureichenden Vorschriften für die Gentechnik zu Felde gezogen,[70] und sie war auch ein regelmäßiges Mitglied der Gruppe, die mit dem »Netzwerk Dritte Welt« (TWN) zusammenarbeitete. Sie hat einen ruhigen, zurückhaltenden, eher geschäftsmäßigen Vortragsstil, der sehr wirkungsvoll sein kann. Auf diese Art trug sie – 1995 in New York – auch das wohl wichtigste Referat des ersten TWN-Seminars vor. Damals machte ich mir zum ersten Mal über die Gefahren des horizontalen Gentransfers Gedanken.

Vor einigen Jahren hat man in Ostdeutschland im Rahmen einer Studie Schweinen Streptothricin verabreicht. 1982 hat man damit begonnen. 1983 fand man in den Darmbakterien der Schweine Plasmide, die für Streptothricinresistenz codieren. Innerhalb der betreffenden landwirtschaftlichen Betriebe hatte sich diese Resistenz bis 1984 schon auf die Darmbakterien der Mitarbeiter und ihrer Familienangehörigen übertragen; im folgenden Jahr dann auf die Gesamtbevölkerung und auf pathogene Bakterienstämme. 1990 wurde das Antibiotikum abgesetzt. Doch das Resistenz-Plasmid war auch 1993, als man eine Kontrolluntersuchung durchführte, noch stark verbreitet. Dies zeigt, daß Mikrobenpopulationen, die keinem Selektionsdruck unterliegen, der Replikation, Rekombination und dem horizontalen Gentransfer ein dauerhaftes Reservoir bieten können.[71] Um zu prüfen, wie beständig die Streptomycinresistenz ist,[72] haben Forscher in Abwesenheit des Antibiotikums zahlreiche voneinander unabhängige Linien streptomycinresistenter Mutanten von *E. coli* kultiviert. Sie fanden heraus, daß noch nach 180 Generationen sämtliche Linien resistent geblieben waren. Darüber hinaus hatten die Linien in der Zwischenzeit kompensatorische Mutationen in anderen Teilen des Genoms angesammelt, die ihre Leistungsfähigkeit im Vergleich zu dem ursprünglichen Typus erhöhten. Dies führt uns einmal mehr vor Augen, daß der neodarwinsche Ansatz die Evolution der Antibiotikaresistenz nicht erklären kann.

Bei Bakterien und Viren kann der Anschein entstehen, sie seien ausgestorben, während sie in Wirklichkeit lediglich in eine Latenzphase übergehen, um dann in einer leistungsfähigeren Form wieder zum Vorschein zu kommen. Für einen Labor-Stamm von *E. coli* K12 ist dies dokumentiert. Als er in Abwasser eingebracht wurde, ging er in eine Latenzphase über und blieb dort für zwölf Tage unauffindbar, ehe er wieder auftauchte, nachdem er sich ein neues Plasmid für eine multiple Medikamentenresistenz angeeignet hatte, das ihn den natürlich vorkommenden Bakterien gegenüber konkurrenzfähig machte.[73] Latenzformen von Bakterien und Viren können in Gemeinschaft mit vielfältigen Spezies-Verbänden als Biofilm, der aus außerzellulärer Matrix besteht, unbegrenzt überleben. Solche gut organisierten Verbände findet man ebenso in den Kreisläufen unseres Körpers wie in der Umwelt.[74] In diesem Zustand sammeln die Bakterien weiterhin neue Mutationen an, tauschen Gene aus und legen sich wieder tüchtig ins Zeug, wenn die ökologischen Bedingungen reif dafür sind.

Besondere Bedeutung erhält all dies in Anbetracht eines kürzlich zu lesenden Berichts, aus dem hervorging, daß die chemische Aufbereitung in den Abwassertanks der gewerblichen Luftfahrt nicht ausreicht, um Pathogene unschädlich zu machen.[75] Firmen, die in kommerziellem Rahmen genetisch modifizierte Mikroorganismen in geschlossenen Systemen nutzen, setzen nach einer chemischen oder physischen »Deaktivierung« regelmäßig große Abfallmengen frei. Inwieweit sind diese Deaktivierungsmaßnahmen ausreichend? Wir wissen jetzt, daß selbst nach erfolgreicher Deaktivierung ein Großteil der freigesetzten rekombinanten DNS durch direkte Aufnahme (d. h. Transformation) immer noch leicht auf andere Bakterien transferiert werden kann.

Es besteht dringender Bedarf, die Sicherheitsvorschriften für die Anwendung in geschlossenen Systemen neu zu bewerten, da möglicherweise unzulänglich deaktivierte pathogene und sonstige genetisch modifizierte Mikroorganismen schon längst regelmäßig in die Umwelt befördert werden. Ein »umweltbewußtes« Biotechnik-Unternehmen hat sogar aus seinen deaktivierten transgenen Rückständen ein Düngemittel für Nahrungspflanzen gemacht.[76] Weit davon entfernt, solch eine Neubewertung in Betracht zu ziehen, hat die *UK Health and Safety Executive* (HSE)* ein Dokument entworfen, das es kommerziellen und sonstigen Anwendern in geschlossenen Systemen gestatten würde, bestimmte Kategorien von genetisch modifizierten Mikroorganismen als Flüssigabfälle noch lebend in die Umwelt freizusetzen. Dies müßten sie lediglich melden und bräuchten noch nicht einmal das Überleben und die weitere Evolution der genetisch modifizierten Mikroorganismen zu

* für Gesundheits- und Sicherheitsfragen zuständige britische Verwaltungsbehörde

überwachen.[77] Professor Günther Stotzky, eine Autorität in Sachen horizontaler Gentransfer, riet mir, bis zur »höchsten Regierungsebene« dagegen anzugehen.

Schlußfolgerung

Es können kaum noch Zweifel daran bestehen, daß der horizontale Gentransfer für das Aufkommen von neuen und alten Krankheitserregern und multiplen Antibiotikaresistenzen verantwortlich ist. Die während der letzten 15 Jahre in beiden Bereichen zu verzeichnende Eskalation fällt zeitlich mit der Kommerzialisierung der Gentechnik zusammen. Zahlreiche Krankheitserreger haben die Schranken zwischen den Spezies durchbrochen, indem sie sich Gene aus ganz anderen Bereichen der Lebenswelt angeeignet haben, die für ihre Fähigkeit, Krankheiten hervorzurufen, von Bedeutung sind. Die Gefahrenmomente liegen in der Gentechnik selbst. Denn sie ist ja auf die Entwicklung genau solcher Vektoren angewiesen, die weit über die Speziesgrenzen hinausgehen können. Der ganze Ehrgeiz, von dem die Gentechniker motiviert sind, richtet sich auf die Entwicklung immer aggressiverer und für ein immer breiteres Wirtsspektrum geeigneter Gentransfer-Vektoren. Und sie sind kaum fähig, die damit einhergehenden Gefahren zu erkennen. Gut möglich, daß wir bereits das Vorspiel zu dem alptraumhaften Szenarium unkontrollierbarer, speziesübergreifender Epidemien erleben, das die Pioniere der Gentechnik vor fast 25 Jahren vor Augen hatten. Es ist an der Zeit, diesen Dingen Einhalt zu gebieten – der Zukunft des Menschen und aller anderen Lebewesen zuliebe.

11
»Dolly« und die transgenen Tiere von der Gen-Farm

Warum sollte wohl irgend jemand ein Schaf oder eine Kuh klonen wollen, geschweige denn einen Menschen? Nur ein genetischer Determinist würde das tun, der glaubt, ein Organismus sei nichts weiter als die Summe seiner genetischen Bestandteile.

Dolly ist allerdings gar kein Klon gewesen. Bei Körperzellen kommt es im Lauf der Entwicklung zunehmend zu systematischen und nicht systematischen Veränderungen in der genomischen DNS. Das erklärt die geringe Erfolgsquote der sogenannten Klonierungs-Technik – eines Experiments, das keinen Sinn macht. Dies ist nicht die beste Möglichkeit, identische Klone herzustellen. Vielmehr ist man auf dem besten Weg, monströse Fehlentwicklungen hervorzubringen. Wer etwas anderes behauptet, handelt unverantwortlich und unethisch.

Die Klonierung und das »Gene-Pharming« oder Gen-Farming von Nutztieren, die Erzeugung transgener Tier, die dann zur Xenotransplantation und als Anschauungsmaterial für die Humanmedizin dienen, sind wissenschaftlich fehlerhafte und moralisch nicht zu rechtfertigende Experimente. Ihnen wohnt zudem die Gefahr inne, daß es zu einem speziesübergreifenden Austausch und zur Rekombination viraler Krankheitserreger kommt. Diese Projekte sollten nicht fortgesetzt werden dürfen, solange keine öffentliche Kontrolle durch ein neutrales Gremium gewährleistet ist.

Ein über jeden Vorwurf erhabener Frankenstein

Am Sonntag, dem 23. Februar 1997, gab der am Roslin-Institut nahe der schottischen Hauptstadt Edinburgh tätige Embryologe Ian Wilmut bekannt, es sei ihm gelungen, aus einer Zelle, die der Milchdrüse eines erwachsenen Tieres entnommen wurde, ein Schaf zu »klonen«. Der Klon namens »Dolly«, damals sieben Monate alt, war angeblich genetisch mit dem erwachsenen Tier, dem man die Zelle entnommen hatte, identisch. Die Öffentlichkeit reagierte rasch. Die Leute fragten, ob das bedeute, daß so etwas jetzt auch beim Menschen machbar sei? Waren wir damit der Möglichkeit, Menschen zu klonen, näher gekommen?

Weshalb hatte man überhaupt zugelassen, daß dieses Forschungsprojekt durchgeführt wurde? Warum war die Öffentlichkeit erst jetzt, zehn Jahre nach Beginn der Arbeit an diesem Projekt, darauf aufmerksam geworden?

Die Schlagzeilen für die nächsten Tage waren sensationsträchtig: »Galileo, Kopernikus – und jetzt Dolly!«[1] ... »Das Schreckgespenst eines menschlichen Klons« ... »In den letzten paar Tagen hat sich unser Dasein so grundlegend verändert wie durch die kopernikanische Revolution oder durch die Atomspaltung.«[2] ... »Wissenschaftler: ›Können menschlichen Klon schaffen.‹«[3]

US-Präsident Clinton erklärte, die Klonierung von Dolly werfe »schwerwiegende ethische Fragen auf, besonders im Hinblick auf die

> Man würde dann menschliche Embryos, die wie Dolly erzeugt wurden, so weit züchten, bis dem Embryo die entscheidenden Zellen entnommen und zur Behandlung menschlicher Erkrankungen eingesetzt werden könnten.

mögliche Anwendung dieser Technologie auf menschliche Embryos«. Einem Expertengremium erteilte er den Auftrag, ihm innerhalb von 90 Tagen einen Bericht über die ethischen und juristischen Konsequenzen vorzulegen. (Im Juni belegte Präsident Clinton das Klonen von Menschen für die Dauer von fünf Jahren mit einem Verbot.) Sir Ian Campbell, Vorsitzender der *UK Human Genetic Advisory Commission**, gab am Donnerstag jener Woche im Februar bekannt, die Kommission werde sich noch am selben Tag versammeln, um über die Konsequenzen der neuen Wissenschaft des Klonens zu beratschlagen.

Es war die Titelgeschichte der *New York Times*. Es war das beherrschende Thema in den Fernsehnachrichten und gab den Anstoß zu einer nicht enden wollenden Flut von Artikeln und Talkshows. Bis Donnerstag war der Kurs für Aktien der Firma PPL Therapeutics, die gemeinsam mit den Wissenschaftlern vom Roslin-Institut die Arbeit durchgeführt hatte, um mehr als ein Drittel gestiegen, wodurch sich ihr Marktwert um 25 britische Pfund erhöhte. Wir sollten allerdings nicht den Fehler machen, darin die treibende Kraft für die Wissenschaft zu sehen: Die Wissenschaftler am Roslin-Institut besitzen keine Aktienanteile am Unternehmen, und sie profitieren nicht *unmittelbar* davon. Aller-

* britische Humangenetik-Gutachterkommission

dings haben PPL und das Institut gemeinsam die Klonierungstechnik patentrechtlich schützen lassen. Daher rechnet das Institut zweifellos mit Einnahmen aus den Lizenzgebühren, wenn nicht mit weiteren Forschungsaufträgen und Stipendien.

Zunächst taten die beteiligten Wissenschaftler, so auch Wilmut, die ganze Geschichte des Klonens von Menschen als Science-fiction ab. Die Technik sei sehr problematisch, erklärten sie. Beinahe 300 Embryos hätten sie diesem Verfahren unterzogen, bis sich ein Erfolg einstellte. Die Tatsache, daß dies bei Schafen machbar sei, bedeute nicht, daß man es auch bei Menschen machen könne. Außerdem gebe es, so betonten sie, dafür keine Notwendigkeit und in Großbritannien verstoße es ohnehin gegen das Gesetz.[4] Einige Tage später räumte Wilmut allerdings ein, es sei auch beim Menschen machbar. Doch der Leiter des Roslin-Instituts, Professor Graham Bulfield, beteuerte, mißbräuchliche Anwendungen des Klonens werde man nicht zulassen, vor allem nicht die Arbeit am Menschen. Dieser Durchbruch könne vielmehr, so hob er hervor, auf lange Sicht »Tausende neue Möglichkeiten« ergeben, die den Menschen Hilfe bringen könnten. Ganze Herden von transgenen Tieren könnten als lebende pharmazeutische Reaktoren für Proteine, Blut und Organe gezüchtet werden. Die Gentherapie könne bei tödlichen Erkrankungen Heilung bringen.[5]

Ian Wilmut stellte in Aussicht, ein mit denselben Methoden hervorgebrachter menschlicher Embryo könne zur Behandlung von Krebs und anderen lebensbedrohlichen Erkrankungen eingesetzt werden. Man werde dann menschliche Embryos, die wie Dolly erzeugt wurden, so weit züchten, bis dem Embryo die entscheidenden Zellen entnommen und zur Behandlung menschlicher Erkrankungen eingesetzt werden könnten. Bei diesem Unterfangen würde der Embryo sterben. Mit anderen Worten würde man menschliche Embryos in derselben Weise für pharmazeutische Zwecke nutzen wie die transgenen Tiere, von denen der Institutsleiter sprach. Diese Horrorvorstellung wird nur durch Wilmuts wiederholte Beteuerung abgemildert, einen Menschen zu klonen sei »technisch schwierig und ethisch inakzeptabel«. Allerdings sickerte durch, die vom Institut beantragten Patente bezögen sich auf sämtliche »Lebewesen«, also auch den Menschen.[6]

Später im selben Jahr wurde in einem Zeitungsartikel von kopflosen Fröschen berichtet, die ein Wissenschaftler vor dem Hintergrund geschaffen habe, in Zukunft mit Hilfe der Gentechnik kopflose menschliche Klone zu entwickeln, um Organe und Gewebe zu züchten. Er glaube, diese kopflosen menschlichen Embryos könnten unmöglich

Leid erfahren, und so werde sich der ethisch motivierte öffentliche Widerstand verringern.[7]

Einige, jedoch nicht alle Länder verbieten das Klonen von Menschen per Gesetz: Großbritannien, Spanien, Deutschland, Kanada und Dänemark zum Beispiel. In den USA können zwar für die Forschung am menschlichen Embryo keine Bundesgelder verwendet werden, doch bei der privat finanzierten Forschung ist die Situation unklar. Der britische Physiker und Nobelpreisträger Joseph Rotblat erhob die Forderung, einen internationalen Ethikausschuß einzusetzen.[8]

Wilmut begrüßte zwar Präsident Clintons Reaktion und akzeptierte auch die Notwendigkeit, die aufgeworfenen Fragen von Biologen und von Ethikprofessoren klären zu lassen. Soweit es die Technik anbelangte, sah er jedoch keinerlei Rechtfertigungsbedarf. Vielmehr zeigte er sich irritiert angesichts der anhaltenden »kritischen Stimmung« im Umfeld seines Erfolges. »Wir haben hier eine bemerkenswerte Errungenschaft, eine Weltpremiere, und es scheint Leute zu geben, die ihren Lebensunterhalt damit verdienen, Angst zu verbreiten«, sagte er.

»Man darf nicht den Wissenschaftlern vorwerfen, daß sie derartige Entdeckungen machen. Wir sind Menschen und kein Frankenstein. Hätten nicht wir diesen Durchbruch geschafft, dann hätte es jemand anderes getan. Die Technologie ist jetzt da. Die Entscheidung, wie sie eingesetzt werden sollte, ist nun Sache der Gesellschaft, und wir begrüßen jede Diskussion darüber.«[9]

Das sind bezeichnende Worte, nicht zuletzt weil sie die unausgesprochene Anmaßung des Wissenschaftlers zum Ausdruck bringen, daß er gar nichts Falsches tun könne. Er kommt einfach, so die Logik, seiner natürlichen Verpflichtung nach, und diese besteht darin, einen Beitrag »zum Fortschritt der Wissenschaft« zu leisten – ein Vorhaben, an dem es doch nun wirklich nichts auszusetzen gibt. In Erfüllung dieser vornehmen Pflicht stellt sich die Frage nach einer persönlich verantworteten Entscheidung darüber, ob er dies tun sollte, überhaupt nicht.

Zahlreiche Kräfte haben letztendlich zu diesem Resultat geführt. Das untadelige Motiv des wissenschaftlichen Fortschritts ist nur eine davon, der persönliche Aufstieg und das persönliche Prestige sind eine weitere starke Kraft. Und man darf die Bedeutung der finanziellen Unterstützung durch die pharmazeutische Industrie nicht unterschätzen, die unbedingt die Erträge eines wachsenden Markts bei den reproduktiven Biotechnologien abschöpfen will. Einen ganz erheblichen Teil der Fördermittel für die Forschung hat allerdings – über das Ministerium für Landwirtschaft, Fischerei und Ernährung – der Steuerzahler finanziert.

> Diese »Klonierungs«-Technik ist die jüngste Entwicklung innerhalb eines in den industrialisierten Gesellschaften immer stärker werdenden Trends, den Frauen die Kontrolle über die Fortpflanzung aus der Hand zu nehmen, um sie in die Hände von wissenschaftlichen Experten und – letzten Endes – von gesichtslosen Industrieunternehmen zu legen.

Das kam ans Licht, als das Ministerium kaum eine Woche später bekanntgab, es werde der Gruppe die finanziellen Mittel streichen.[10] Dies geschah unter dem Vorwand, die Gruppe habe das Projekt, das sie mit finanzieller Unterstützung des Ministeriums umsetzen wollte, bereits erfolgreich abgeschlossen: das Klonen von Schafen.

Bezeichnenderweise gab es unter all den Koryphäen, die man im Lauf der ersten Woche nach Dollys Präsentation in Großbritannien um ihren geschätzten Kommentar bat, keine einzige Frau. Die Nicht-Präsenz von Frauen in dieser Szenerie war unübersehbar. Die einzige Anspielung auf Frauen war Wilmuts Enthüllung,[11] das erste geklonte Tier der Welt sei nach der Sängerin Dolly Parton benannt worden, weil die Zelle, die man zu seiner Erzeugung verwendet hatte, aus den »eindrucksvollen Brüsten« des erwachsenen Schafs stammten.

Diese »Klonierungs«-Technik ist die jüngste Entwicklung innerhalb eines in den industrialisierten Gesellschaften immer stärker werdenden Trends, den Frauen die Kontrolle über die Fortpflanzung aus der Hand zu nehmen, um sie in die Hände von wissenschaftlichen Experten und – letzten Endes – von gesichtslosen Industrieunternehmen zu legen, die aus der Fortpflanzung Dienstleistungen und Waren machen.[12] (Mit Bedacht setze ich hier »Klonierung« in Anführungszeichen. Denn aus dieser Technik resultiert, wie ich noch zeigen werde, in Wirklichkeit keineswegs ein genetisch identischer Klon.)

All dies begann mit der Pille und anderen Verhütungsmethoden, die vorwiegend an die Frauen adressiert waren. Nach allgemeinem Dafürhalten gibt zwar die Pille den Frauen mehr Entscheidungs- und Kontrollmöglichkeiten, doch zugleich wird ihnen auch die ganze Last der Verantwortung für die Elternschaft und anderes mehr aufgebürdet, während die Männer damit nichts zu schaffen und »sich nichts vorzuwerfen« haben. Daher leben wir in einer Gesellschaft, die alleinerziehende Mütter nach wie vor stigmatisiert. Frauen haben nicht die Kontrolle inne, wenn sie die Pille nehmen (und sie leiden obendrein unter all den Nebenwirkungen), weil ihre Partner automatisch jeder Verantwortung enthoben sind. Nach der Pille kamen die Befruchtung *in vitro* und die Unfruchtbarkeitsbehandlungen, die Geschlechtsbestimmung von Embryos, die Leihmutterschaft, die Gentherapie in der Keimbahn und jetzt das »Klonen«, bei dem man die Befruchtung vollends umgeht. Diese Methode ist der logische Gipfelpunkt der instrumentellen, ausbeuterischen Naturwissenschaft, die die Natur als eine Reihe von Objekten behandelt, die es zum Wohl der »Menschheit« zu manipulieren gilt. Also können Embryos, selbst menschliche Embryos, direkt zu Waren beziehungsweise zu pharmazeutischen Lebewesen gemacht werden, damit sie auf Bestellung Proteine, Zellen oder Organe für jene produzieren, die sich das leisten können.

Wer aber würde wohl ein Schaf oder eine Kuh klonen wollen, geschweige denn einen Menschen? Nur ein genetischer Determinist würde das tun, der glaubt, ein Organismus sei nichts weiter als die Summe seiner genetischen Bestandteile, und vielleicht jene, die glauben, es sei ihr Recht, geklonte Menschen oder Tiere auszuschlachten, um für den Körper »Ersatzteile« zu bekommen. Was zu derartigem Vorgehen den Anstoß gibt, ist fürwahr genetischer Determinismus. Er erklärt solch ein Vorgehen nicht nur für richtig, sondern er verleiht ihm zugleich die Legitimation und seine Überzeugungskraft – nicht allein für die Wissenschaftler, die sich damit abgeben, sondern auch für den Großteil der Bevölkerung, die der Propaganda des genetischen Determinismus auf den Leim gegangen ist.

»Ein menschlicher Triumph, der die Menschheit erniedrigt«

In seiner Euphorie angesichts von Dollys Klonierung wuchs ein Journalist, der für eine der führenden britischen Zeitungen schreibt, förmlich über sich hinaus: »... Im einfältigen Blick von Dolly, dem Schaf aus Edinburgh, funkelt etwas Ehrfurcht Einflößendes. Wir können uns vorstellen, ein wenig jedenfalls, welch ein Gefühl es gewesen sein muß, ein toskanischer Jesuit zu sein, der Galileos Dialog über die Astronomie liest; oder 250 Jahre später ein frommer Londoner, der es sich mit einer Erstausgabe von *Die Entstehung der Arten* bequem macht.«[13] Der Journalist war so euphorisch, weil er tatsächlich glaubte, die Genetiker hätten zu enthüllen begonnen, für wie vieles unsere Gene entscheidend seien; und indem der Mensch die Herrschaft über seine Gene habe, sei er auch Herr über sein Schicksal. E. O. Wilson – er hat die wissenschaftliche Disziplin der Soziobiologie begründet, die für sich in Anspruch nimmt, alles menschliche Verhalten im Sinn der natürlichen Selektion von genetisch determinierten Verhaltensmerkmalen erklären zu können – wird im selben Artikel zitiert. In dem Zitat bezeichnet Wilson das menschliche Gehirn (gemeint ist vermutlich das menschliche Bewußtsein) als »ein belichtetes Negativ, das darauf wartet, in die Entwicklerflüssigkeit eingetaucht zu werden«. Und: »Das Foto ist die über Jahrtausende der Evolution zurückreichende genetische Geschichte des Betreffenden, und dagegen kommt niemand an.«

Vom gleichen Kaliber ist die Anmerkung von Jonathan van Bierkom, Professor für Genetik an der Universität von Colorado: »Glaubt man also an die Theorie von der egoistischen DNS – den evolutionären Imperativ, sein Gen zu verbreiten –, dann ist dies das Höchste.«[14] Der Erzneodarwinist und genetische Determinist Richard Dawkins – bekannt für seine unglaublich banale Idee, der Mensch sei nichts weiter als ein Automat, der unter dem Einfluß seiner nur auf Replikation angelegten »egoistischen Gene« handele – erklärte ebenfalls, er sei hoch erfreut. Er bekannte, daß er sich gerne selbst klonen lassen würde. Es würde ihm sehr gefallen, dabei zuzuschauen, wie eine winzige Kopie seiner selbst heranwüchse. Und waren wir nicht, so fragte er, im Grunde als Kinder alle darauf aus? »Statt einer Mischung aus der eigenen Person und den Genen seines Partners beim Schaukeln zuzuschauen, könnte man dann dem unverfälschten Ich zuschauen.«[15] Es war nun wahrhaftig keine Überraschung, daß ein durch das Internet kursierender Brief, der das Klonen befürwortete, hauptsächlich von Philosophen unterzeichnet war – gemeinsam mit den drei bereits erwähnten Erzprotagonisten des genetischen Determinismus: Richard Dawkins, E. O. Wilson und Francis Crick.

> Statt einem Gemisch aus der eigenen Person und den Genen seines Partners beim Schaukeln zuzuschauen, könnte man dem unverfälschten Ich zuschauen.

»Jetzt können wir uns ohne Sex fortpflanzen …«, fuhr Andrew Marr in seinem Artikel triumphierend fort.[16] Und er tadelte die »religiösen Fundamentalisten« und die »mit offenen Augen staunend durch die Welt gehenden Liberalen« gleichermaßen, weil sie auf die Frage der Eugenik aufmerksam gemacht haben (obwohl er einräumt, daß sie einen wesentlichen Punkt ansprechen). Beifällig hingegen zitierte er die ironische Bemerkung der Romanautorin Fay Weldon, die Natur habe ihre Sache so gut nun auch nicht gemacht, daß wir sie nicht noch verbessern könnten. Und er fügte hinzu, es sei ziemlich primitiv, daß wir solche Angst vor uns selbst hätten. Es wäre wahrhaftig eine Sünde, so sagte er, wenn man politische Autorität dazu nutzen würde, neues Denken oder neues Forschen zu verbieten. Tom Wilkie, Wissenschaftsjounalist und jetzt oberster politischer Analyst beim »Wellcome Trust«, wurde mit der Aussage zitiert, die ethischen Wertvorstellungen entwickelten sich weiter und noch bis 1950 sei es illegal gewesen und als unmoralisch betrachtet worden, die Hornhäute von Toten zur Transplantation zu verwenden.

Wenn Leute wie Wilkie und Marr nicht wissen, worin der Unterschied zwischen der Verwendung von menschlichen Hornhäuten zur Transplantation und dem Klonen eines Menschen besteht, sind wir nicht nur in totalen moralischen Relativismus verfallen, sondern haben auch Gott durch die Wissenschaft ersetzt. Dem liegt die Einstellung zugrunde, die Wissenschaft sei wahrhaftig über jeden Vorwurf erhaben, sie könne niemals fehlgehen. »Moralische Wertvorstellungen« hingegen, ethische Maßstäbe, stünden unbegrenzt zur Disposition und ließen sich beliebig weiterentwickeln. Lassen Sie uns daher gründlich in Augenschein nehmen, ob die Wissenschaft den Ansprüchen, die sie erhebt, auch gerecht wird. Als erstes wollen wir uns einmal die Durchführung des Klonens anschauen und sehen, was Wissenschaftler dazu in einer wissenschaftlichen Zeitschrift gesagt haben – im Unterschied zu den Behauptungen, die in den Massenmedien aufgestellt worden sind.

Was besagen die Experimente wirklich?

Bei diesem »Klonierungsverfahren« werden Zellen aus dem Euter eines erwachsenen Schafs so lange kultiviert, bis sie eine »Stagnationsphase« erreichen und nicht mehr weiterwachsen oder sich teilen. Man entnimmt der Kultur eine Zelle und vereinigt sie mit einem Ei, dessen Zellkern zuvor entfernt wurde, von einem anderen Schaf. So kann der Zellkern der Zelle mit dem Genom des ersten erwachsenen Schafs den Platz des Genoms aus dem Ei einnehmen. Dann beginnt das Ei sich *in vitro* zu entwickeln, und sobald sichergestellt ist, daß es sich normal entwickelt, wird es in den Uterus eines Schafs eingepflanzt, das es – als Leihmutter – austrägt. Von insgesamt 277 auf diese Weise erzeugten Embryos entwickelten sich lediglich 29 so »normal«, daß man sie in eine Leihmutter transplantieren konnte. Und von diesen 29 wuchs am Ende lediglich »Dolly« zur Geburtsreife heran.[17] Innerhalb der gleichen Versuchsreihe wurden auch einem Embryo im Frühstadium und einem Fötus Zellen für einen Klonierungsversuch entnommen. Von 172 aus fötalen Zellen erzeugten Embryos entstanden drei lebend geborene Lämmer, von denen eines bei der Geburt sehr schwach war und kurz darauf starb. Insgesamt 385 Embryos wurden aus den Zellen erzeugt, die man dem Embryo entnommen hatte, und daraus entstanden vier lebend geborene Lämmer, von denen zwei durch Kaiserschnitt entbunden wurden. Insgesamt betrug die Erfolgsquote also nicht mehr als ein Prozent.

Tatsächlich ist weder die Idee noch die Technik neu. Umfassende Experimente dieser Art hat in den sechziger Jahren John Gurdons Gruppe bei Fröschen durchgeführt, und andere Entwicklungsbiologen taten dies bei Kolbenmolchen. *In keinem dieser Fälle haben die beteiligten Wissenschaftler allerdings behauptet, Klone hervorzubringen. Solch eine Behauptung lag ihnen fern. Denn sie wußten, daß sie nichts dergleichen taten.*

Der geistige Anstoß für die Experimente ergab sich aus einem großen Problem der Entwicklungsbiologie: Ein Organismus, mag er auch noch so komplex sein, entwickelt sich normalerweise aus einer einzigen befruchteten Eizelle, die eine Folge von Zellteilungen durchläuft, um viele Zellen hervorbringen zu können. Diese Zellen unterliegen dann einem hierarchischen Unterscheidungsprozeß, um verschiedene Organe zu bilden und sich danach zunehmend in spezifische Nervenzellen, Hautzellen, Leberzellen und dergleichen zu differenzieren. Experimente, bei denen der Zellkern verpflanzt wird, versuchen diesbezüglich zwei Fragen zu beantworten. Zum einen: Wenn Zellen zunächst zur Bildung bestimmter Organe veranlaßt werden, beinhaltet dieser Prozeß dann unwiderrufliche Veränderungen des im Zellkern enthaltenen genetischen Materials, so daß dieses seine Fähigkeit einbüßt, andere Organe und andere Zellen zu bilden? Dies bezeichnet man als das »Totipotenz«-Problem beim befruchteten Ei und seinem genetischen Material, das über das Potential verfügt, zu den unterschiedlichen Organen und Zellen des ausgewachsenen Körpers zu werden. Die zweite Frage: Beinhaltet die Zelldifferenzierung unwiderrufliche Veränderungen des im Zellkern enthaltenen genetischen Materials?

Bezeichnenderweise wurde in der wissenschaftlichen Abhandlung über Dolly, die in *Nature* erschien, nicht behauptet, Dolly sei geklont worden. Ihr Titel lautete: »Lebensfähiges Junges aus einer fötalen Zelle und einer Euterzelle eines erwachsenen Tieres entstanden«. In den Presseveröffentlichungen und den offiziellen Kommentaren für die breite Öffentlichkeit hieß es hingegen, Dolly sei geklont worden. Diese Behauptung wurde daraus abgeleitet, daß das lebensfähige Junge, Dolly, den ursprünglichen »genetischen Bauplan« in unversehrter Form aufweise und deshalb ausgewachsene Zellen dazu verwendet werden könnten, einen weiteren Organismus wie diesen herzustellen.

Bei den seinerzeit mit Amphibien durchgeführten Experimenten kam es zu zahlreichen abnormen Entwicklungen, und das äußerste Entwicklungsstadium, das irgendein durch Zellkerntransplantation entstandener Embryo erreicht hat, war das unausgereifte Stadium einer Kaulquappe. Doch man fand heraus, daß man durch serielle Wiederholung der Zellkerntransplantation – das heißt, man entnahm Zellen aus dem ersten durch Zellkerntransplantation entstandenen Embryo und transplantierte den Zellkern in eine weitere Eizelle – auch ausgewachsene Frösche erzeugen konnte, die allerdings überwiegend unfruchtbar waren und mancherlei Abnormitäten aufwiesen.[18] In einer von Gurdon angeführten Ergebnisreihe hat man unter Verwendung von Zellen, die man von ausgewachsenen Froschhautzellen gezüchtet hatte, insgesamt 3546 Zellkerntransplantationen vorgenommen.[19] Die Erfolgsquote der ersten Transplantationen, aus denen Kaulquappen entstehen sollten, betrug 0,1 Prozent – mit anderen Worten betrug die Fehlerquote 99,9 Prozent. Serielle Transfers erhöhten die Erfolgsquote auf zwölf Prozent. Aber diese Kaulquappen gingen aus jenen 0,1 Prozent hervor, die sich bei der ersten Transplantation zu Kaulquappen entwickelt hatten, und waren daher vorselektiert. Und selbst bei den »Erfolgen« zeigten sich in unterschiedlichem Maß Abnormitäten.

> Außer für jene Zellen, die man in den allerfrühesten Entwicklungsstadien erhalten hat, als man die Zahl der Zellen im Embryo noch deutlich zählen konnte, gibt es keinen Beweis, daß der ursprüngliche »genetische Bauplan« intakt geblieben ist.

Tatsächlich wurde die Technik der Zellkerntransplantation in den fünfziger Jahren von King und Briggs eingeführt.[20] Sie – und anschließend auch andere – führten umfangreiche Versuchsreihen durch. Unter anderem gelangten sie durch die Experimente zu diesen wichtigen Schlußfolgerungen:

- Die Entwicklungsfähigkeit der transplantierten Zellkerne nimmt mit zunehmendem Alter der Spenderzellen ab.

- Diese Verminderung der Entwicklungsfähigkeit von Zellkernen ist irreversibel, so daß sie bei seriellen Transplantationen noch zunimmt, und sie kann DNS-Veränderungen beinhalten, Chromosomenschäden zum Beispiel, oder auch anderweitige Veränderungen.
- Die entwicklungsmäßigen Abnormitäten, die sich bei den Versuchen mit Zellkerntransplantationen ergeben, lassen keinen Zusammenhang mit der Art der verwendeten Zellen erkennen.

Außer für jene Zellen, die man in den allerfrühesten Entwicklungsstadien erhalten hat, als man die Zahl der Zellen im Embryo noch eindeutig zählen konnte, gibt es also keinen Beweis dafür, daß der ursprüngliche »genetische Bauplan« intakt geblieben ist. Davon unbeeindruckt erklärte Gurdon im Resümee der Ergebnisse: »Aus den in diesem Kapitel zusammengefaßten Experimenten kann man vor allem folgern, daß die Kerne unterschiedlicher Zellen bei einem einzelnen Organismus offenbar *genetisch identisch* sind« (Hervorhebung durch mich, M.-W. Ho).

Gurdons Behauptung wurde durch die Tatsachen nicht gestützt und widersprach den weniger grundlegenden Folgerungen, zu denen er gerade vorher gelangt war. Zweifellos war er einer derjenigen, die das geltende Dogma, dem zufolge sich nicht die Gene (DNS) im Lauf der Entwicklung verändern, sondern nur ihre Expression sich verändert, auch *angesichts gegenteiliger Beweise* zu retten versuchte. Diese Mißdeutung oder Fehlinterpretation von Beweisen ist uns aus der langen Geschichte des genetischen Determinismus inzwischen geläufig. Weitere Beispiele dafür werden Sie im nächsten Kapitel kennenlernen.

Das einzig wirklich Neue bei dem Experiment am Roslin-Institut bestand in der Tatsache, daß es bei Schafen durchgeführt wurde; und offenbar ist es der Gruppe gelungen, ohne serielle Zellkerntransplantationen eine, wie es scheint, gesunde Lebendgeburt zu erzielen. Die in *Nature* veröffentlichte Abhandlung interpretierte die Ergebnisse vorsichtiger. Ohne jede Stellungnahme zu den in großem Umfang aufgetretenen Fehlversuchen hieß es da: »Die Tatsache, daß ein Lamm aus der Zelle eines erwachsenen Tieres entstanden ist, macht deutlich, daß die Differenzierung *dieser* Zelle nicht die unwiderrufliche Modifikation des für die vollständige Entwicklung erforderlichen genetischen Materials beinhaltet« (Hervorhebung durch mich, M.-W. Ho).[21] An anderer Stelle des gleichen Artikels brachte man die Vermutung zum Ausdruck, eine über gewisse Phasen des Zellzyklus sich erstreckende, mit Bedacht vorgenommene Zellselektion werde möglicherweise die Erfolgsquote verbessern. Doch es bedürfe weiterer Versuche, um bestimmen zu können, welche Phase des Zellzyklus für die Zellkerntransplantation besonders geeignet sei.

Wozu aber hat man diese Experimente durchgeführt? Sie wurden in der Hoffnung unternommen, Replikationen von Tieren herstellen zu können, die sich in »Eliteherden« bereits als besonders leistungsfähig erwiesen haben. Außerdem gestattet diese Technik eine rasche Erzeugung transgener Tiere, indem man einfach transgene Zellkulturen für die Zellkerntransplantation herstellt. Als nachträgliche Überlegung fügten die Autoren noch hinzu, man könne die Technik auch nutzen, um während der Zelldifferenzierung mögliche Auswirkungen und Nachwirkungen von veränderten Entwicklungsbedingungen auf die DNS zu untersuchen.

Eine Wissenschaft mit gravierenden Mängeln

Die Wissenschaft erliegt einem fundamentalen Irrtum, wenn sie annimmt, der einzelne Organismus sei durch seine genetische Ausstattung vollständig determiniert und die genetische Ausstattung der ausgewachsenen Zellen bleibe unverändert. Die Ergebnisse der Experimente mit Zellkerntransplantationen stützen diese Auffassung nicht. In Zeitungsartikeln haben zahlreiche Kommentatoren darauf hingewiesen, daß der Klon aufgrund der andersartigen Lebenserfahrung, die er haben wird, nicht mit dem ursprünglichen Organismus identisch ist. Selbst eineiige Zwillinge, bei denen es sich eher um »Klone« im strikten Wortsinn handelt, sind voneinander verschiedene Individuen. Doch es kommen hier noch weitere, mehr wissenschaftsspezifische Irrtümer ins Spiel.

Zunächst einmal kann man, wie bereits geschildert, nicht einen beliebigen Organismus klonen, indem man einfach dem erwachsenen Organismus eine Zelle entnimmt. Ohne das Ei von dem zweiten Schaf ist das nicht möglich. Dieses ist ausschlaggebend dafür, daß der mit der Zelle eingeführte Zellkern »verjüngt« und »umprogrammiert« wird, daß die »Prägungen« und sonstigen Modifikationen in seiner DNS, die ihn zur Brustdrüsenzelle machen, gelöscht werden und daß höchstwahrscheinlich die eingeführte DNS noch auf andere Weise verändert wird, damit sie sich zu Beginn der Entwicklung als Genom eines befruchteten Eis eignet. Außerdem liefert das Ei-Zytoplasma wichtige Informationen oder Signale für den Aufbau des richtigen, für die jeweilige Spezies charakteristischen Körperbaus. Dies verstehen wir bislang nur sehr unvollkommen, obwohl in den letzten Jahren bei der Fruchtfliege viele Gene isoliert werden konnten, die sich maßgeblich auf ihren Körperbau auswirken. Das Ei liefert auch den Nährstoffvorrat, außerdem die subzellulären »Kraftwerke«, die *Mitochondrien*. Diese erzeugen den Energieübermittler ATP (Adenosintriphosphat), der bei allen für das Wachstum und die Entwicklung notwendigen Energietransformationen zum Einsatz kommt. Die Mitochondrien haben ihre eigene DNS, und im Zytoplasma wird jedes Mitochondrion mit seiner DNS eigenständig repliziert. Wenn sich die Zelle teilt, verfügt dann jede Tochterzelle über die richtige Anzahl von Mitochondrien. Durch die mitochondriale DNS lassen sich die Abstammungslinien von Organismen zurückverfolgen, und Mutationen von mitochondrialen Genen sind an einer Reihe von Erkrankungen beteiligt. Keine Zelle kann ohne Mitochondrien leben.

Ein törichtes Experiment. Dies ist nicht die beste Möglichkeit, identische Klone herzustellen. Vielmehr ist man auf dem besten Weg, monströse Fehlentwicklungen hervorzubringen. Wer etwas anderes behauptet, handelt unverantwortlich und unethisch.

Ein wirklich interessanter Aspekt ist bei diesem Experiment die Rolle des Ei-Zytoplasmas. Dieser Aspekt wird von sämtlichen Kommentatoren fast einhellig ignoriert, was die patriarchalische Voreingenommenheit in der gegenwärtig vorherrschenden Naturwissenschaft widerspiegelt. Interaktionen zwischen Zellkern und Zytoplasma sind wohlbekannt, und keine Entwicklung ist möglich, wenn der Zellkern und das Zytoplasma miteinander unvereinbar sind.[22] Viele Eigenschaften sind so stark vom Zytoplasma beeinflußt, daß die »zytoplasmische Vererbung« ein eigenes Fachgebiet war – bis es damit infolge der allgemeinen Fixierung auf die DNS seit den fünfziger Jahren ein Ende hatte.

Ein weiterer Fehler der Wissenschaft besteht in der Annahme, jede Zelle im ausgewachsenen Organismus habe dieselbe genetische Ausstattung und diese sei identisch mit derjenigen des befruchteten Eis, aus dem sich der ausgewachsene Organismus entwickelt hat. Seit man in den frühen achtziger Jahren die Fluidität des Genoms entdeckt hat, ist dieser Mythos wirklich überholt. Wie ich zuvor deutlich gemacht habe, wurde er schon durch die Experimente mit den Zellkerntransplantationen bei Amphibien widerlegt. Diese Beweislage zu ignorieren oder sie sogar vorsätzlich umzudeuten ist daher ein Beispiel für schlechte Wissenschaft. In der Tat häufen somatische Zellen (die Körperzellen, wenn man von den Keimzellen absieht) im Lauf der Lebensspanne eines Organismus Veränderungen an. Häufig handelt es sich nur um Mutationen einer einzelnen Base in einer Nukleotidsequenz. Es können aber auch andere Veränderungen eintreten – Einfügungen, Löschungen, Neuanordnungen, Verdoppelungen, Amplifikationen und so weiter. Einige dieser Mutationen stehen mit Krebs in Zusammenhang. Wahrscheinlich ist die geringe Erfolgsquote der beschriebenen Klonierungstechnik auf diese DNS-Veränderungen zurückzuführen. Alles in allem handelt es sich um ein törichtes Experiment. Dies ist nicht die beste Möglichkeit, identische Klone herzustellen. Vielmehr ist man auf dem besten Weg, monströse Fehlentwicklungen hervorzubringen. Wer etwas anderes behauptet, handelt unverantwortlich und unethisch.

»Gen-Farming«

Dolly lenkt unsere Aufmerksamkeit auf einen beunruhigenden Trend in der Gentechnik – ihre Anwendung auf Nutz- und Labortiere. Insgesamt ist die transgene Technologie sehr ineffektiv und ihre Erfolgsquote sehr niedrig. Bei vielen Embryos muß nachgeholfen werden, oder sie müssen ausgemustert werden, weil Fehlentwicklungen auftreten oder die Entwicklung völlig zum Erliegen kommt, bevor man schließlich ein paar Tiere mit dem Transgen erhält. Entsprechendes haben wir bereits bei Dolly gesehen. Und selbst bei den wenigen Tieren, die das Transgen schließlich aufweisen, stellt sich womöglich heraus, daß sie sehr krank sind, obwohl das keineswegs beabsichtigt war. Dies ist einfach deshalb so, weil die Genintegration per Zufall erfolgt. Das eingefügte Gen kann in völlig ungeeigneter Weise Wirtsgene ein- und ausschalten, kann das Wirtsgenom durcheinanderbringen oder Krebs verursachen (siehe Kapitel 9). Darüber hinaus können, wie aus neueren Ergebnissen ersichtlich wurde, die Auswirkungen der Störung weit entfernt von der Eingliederungsstelle zum Tragen kommen.[23]

Das eingefügte Gen muß zu anderen Genen im Wirtsgenom in eine Wechselbeziehung treten, wie ich in früheren Kapiteln deutlich gemacht habe. Der Fehlschlag, dem in diesem Zusammenhang die meiste öffentliche Aufmerksamkeit zuteil wurde, betraf Schweine, denen man mit gentechnischen Mitteln ein menschliches Wachstumshormon verpaßt hatte, um ihr Wachstum zu beschleunigen. Unglücklicherweise litten diese Tiere anschließend unter Gelenkentzündungen und Magengeschwüren, zum Teil waren sie blind und impotent.[24] Auf Dolly folgte Polly. Sie sollte im entsprechenden Alter die Fähigkeit besitzen, Milch zu produzieren, die den Blutgerinnungsfaktor IX enthält – jenes Protein, das bei Menschen mit Hämophilie B* fehlt. In der Hoffnung, man werde so eine »Eliteherde« zustande bringen, die wie Polly mit ihrer Milch eben jenen Faktor IX produzieren würde, hat man Zellen von Polly geklont. Die geklonten Lämmer wiesen jedoch Anomalien und bei der Geburt eine achtfach höhere Mortalitätsrate auf als gewöhnliche Lämmer.[25]

Der weitverbreitete Einsatz von Mäusen, die mit mutanten menschlichen Genen transgen gemacht wurden, um als Anschauungsmaterial für Krankheiten zu dienen, die beim Menschen auftreten, ist ethisch wie auch wissenschaftlich zweifelhaft. Läßt es sich rechtfertigen, Tiere zu erschaffen, die krank sein sollen? Am besten bekannt ist die »Onkomaus«, die gentechnisch dahingehend verändert wurde, daß sie Krebs entwickelt. Sie ist patentiert worden und wird unter Lizenz von Du Pont vermarktet, allerdings erfolglos.[26] Der entscheidende wissenschaftliche Fehler bei dem ganzen Unterfangen besteht darin, daß man einzelne menschliche Gene in ein völlig anderes genetisches Umfeld hineinversetzt; und es ist daher äußerst zweifelhaft, daß die Mäuse wirklich ein Modell für den entsprechenden Gesundheitszustand beim Menschen abgeben können. So zeigten zum Beispiel Mäuse mit einer durch gentechnische Eingriffe hervorgerufenen Mutation in einem Gen, die beim Menschen eine Prädisposition für Tumore in der Netzhaut des Auges (Retinoblastome) mit sich bringt, keine entsprechenden Symptome. Ebenso blieben Mäuse, bei denen man mit Hilfe der Gentechnik das Lesch-Nyhan-Syndrom hervorrufen wollte, völlig symptomfrei. Jene Mäuse hingegen, die infolge gentechnischer Manipulationen die Gaucher-Krankheit bekommen sollten, starben im Lauf eines Tages nach der Geburt.[27] Im nächsten Kapitel werden Sie sehen, daß menschliche Gene selbst bei verschiedenen menschlichen Populationen jeweils ganz andere Wirkungen hervorrufen können.

In einer von Gewinndenken beherrschten Welt ersinnen die Gentechniker immer exotischere Möglichkeiten, wie sie für zweifelhafte, höchst gefährliche Zwecke von Tieren Gebrauch machen können.

* Bluterkrankheit

Viel Schaden für so wenig Nutzen

Ein Projekt, das kräftig in Schwung gekommen ist, betrifft die Xenotransplantation, die Transplantationen von Organen anderer Spezies auf den Menschen. Der Verkauf von menschlichen Körperteilen ist bereits ein florierender Geschäftsbereich. Andrew Kimbrell hat dies in *The Human Body Shop*[28] anschaulich dokumentiert. Während Organspender das Geschenk des Lebens einst denjenigen, die seiner bedurften, unentgeltlich überließen, sind Körperteile inzwischen zur Handelsware auf dem freien Markt geworden. Schätzungen zufolge beläuft sich der Markt für menschliche Organe allein in den USA auf sechs Milliarden US-Dollar im Jahr.[29] Das Biotechnik-Unternehmen Imutran mit Sitz in Cambridge ist einer der weltweit führenden Hersteller von Schweinen mit menschlichen Genen zur Überwindung jener Immunreaktionen, die zur Abstoßung von transplantierten Organen führen.

Ein weiterer großer Schritt ist die gentechnische Entwicklung von Nutztieren wie Schafen und Kühen, die mit ihrer Milch zugleich nützliche Medikamente absondern sollen. Bereits 1990 hatten dasselbe Labor und dasselbe Biotechnik-Unternehmen, durch deren Kooperation Dolly zustande kam, das transgene Schaf »Tracy« erzeugt. Tracy schied mit seiner Milch große Mengen des menschlichen Proteins α-Antitrypsin (AAT) aus.[30] Beim Menschen wird dieses Protein hauptsächlich von der Leber abgesondert, und es ist ein Hemmstoff oder Inhibitor der Elastase, die ein Bindegewebs-Protein abbaut. Das Fehlen von α-Antitrypsin wird mit Lungenemphysemen in Zusammenhang gebracht, die infolge einer Zerstörung des Lungengewebes entstehen. Bei Tracy wurde das menschliche Gen mit einem *großen* DNS-Segment aus dem menschlichen Genom umgeben, da vorausgegangene Versuche gezeigt hatten, daß die Expression des bloßen Gens nicht das für eine kommerzielle Umsetzung notwendige Niveau erreichte. Die Forscher wußten nicht, was die übrige DNS beinhaltete, kamen aber zu dem Schluß, es müsse sich um eine Regulationssequenz für hohe AAT-Expression handeln. Tracys Transgen war allerdings nicht stabil und ließ sich nicht auf ihre Nachkommen übertragen. Vermutlich hat man hauptsächlich aus diesem Grund anschließend zu »klonen« versucht – um Tracys Eigenschaft zu bewahren, ohne den Prozeß der Keimzellenbildung zu durchlaufen. Denn dabei bleiben Transgene besonders leicht auf der Strecke. Transgene Instabilität ist beim Nutzvieh ein ebenso großes Problem wie bei den Nahrungspflanzen (siehe Kapitel 9).

Mindestens zwei Aspekte muß man beim »Pharming« von Tieren in

Betracht ziehen. Der erste ist die ethisch bedeutsame Frage nach dem Wohlergehen der Tiere. Geht es hier um ein so großes »Gut«, daß dieses das Leid der Tiere rechtfertigt? Der zweite Aspekt betrifft die Sicherheitsfrage. Nach Aussage von Richard Nicholson, Herausgeber des *Bulletin of Medical Ethics*, erhöht das gesamte Transplantationsprogramm in den wohlhabenden Ländern die Lebenserwartung um 0,003 Prozent, was etwa einem Tag entspricht. Durch den Einsatz von Xenotransplantation wird sich die Lebenserwartung – vorausgesetzt, daß alles perfekt funktioniert – um 0,02 Prozent erhöhen.[31] Offensichtlich kann dieses Programm nur äußerst begrenzten Nutzen bringen. Entsprechendes kann man wohl auch über das »Pharming« von Medikamenten in der Milch sagen. Durch Hormonbehandlung wird das betreffende Tier frühzeitig zur Milchbildung veranlaßt, und um die Produktion aufrechtzuerhalten, sorgt man anschließend dafür, daß es ständig gemolken werden kann. Das gewünschte Protein muß das Tier *zusätzlich* zu all den normalen Proteinen in seiner Milch produzieren, was in Tracys Fall auf eine doppelt so große Menge wie in normaler Schafsmilch hinausläuft. Das bedeutet also eine permanente Stoffwechselbelastung für das Tier. Eine klinische Überprüfung des Proteins ist bislang nicht genehmigt worden. Daher weiß man noch nicht, ob es tatsächlich zu irgend etwas gut ist.

Die damit einhergehenden Gefahren überwiegen jedoch bei weitem jeden möglichen Nutzen. Durch die britischen Regulierungsbehörden ist inzwischen ein Moratorium für klinische Tests von Xenotransplantationen ergangen, weil man sich über die Möglichkeit im klaren ist, daß so Schweineviren auf Menschen übertragen werden können (siehe Kapitel 13). Wie ich bereits in mehreren Kapiteln deutlich gemacht habe, erleichtert man allein schon dadurch, daß man mit chimärischen Vektoren Gentransfers zwischen miteinander nicht verwandten Spezies durchführt, die Entstehung neuer pathogener Viren durch Rekombination. Eukaryontische Genome sind voller Proviren und mit Proviren verwandter Elemente (siehe Kapitel 8 und 13), die »entschärfte« exogene Vektoren mobilisieren und ihnen zur Rekombination verhelfen können. Die Rekombination zwischen exogenen und endogenen Viren spielt für die Entstehung von Krebs bei zahlreichen Säuger-Spezies eine bedeutsame Rolle (Kapitel 13). Der große Abschnitt menschlicher DNS, den man auf transgene Schafe wie Tracy und auf andere Spezies übertragen hat, gibt besonderen Anlaß zur Sorge, da die Forscher keinerlei Vorstellung davon haben, welche anderen Sequenzen sich in dieser Zusatz-DNS befinden. Höchstwahrscheinlich enthält sie provirale Sequenzen aus dem menschlichen Genom, die Rekombinationen mit Sequenzen vom Schaf eingehen könnten, um neue virale Krankheitserreger zu bilden. Doch der gegenwärtige Trend zur Entwicklung transgener Tiere läuft darauf hinaus, daß große Abschnitte des menschlichen Genoms auf andere Spezies transferiert werden. Gerade erst war bekanntgegeben worden, man habe in menschlichen Zellkulturen das erste künstliche menschliche Chromosom hervorgebracht,[32] als kaum einen Monat später japanische Wissenschaftler die erste Linie transgener Mäuse schufen, die ein komplettes menschliches Chromosom aufwies.

Wie steht es nach all dem um die Gebrauchssicherheit des Produkts? Im Fall des α-Antitrypsins, das als gereinigtes Produkt auf den Markt gebracht wird, kann man vielleicht den Ausschluß einer Verseuchung durch andere Proteine – insbesondere die Verseuchung durch prionische Proteine, die für die sogenannte Traberkrankheit bei Schafen (Scrapie), BSE bei Rindern und die Creutzfeldt-Jakob-Erkrankung beim Menschen verantwortlich sind – und durch virale Partikel gewährleisten. Das Tier, so wird behauptet, lebt in einer besonders krankheitsfreien Umgebung. Doch räumt man ein, es sei » ... bei den Tieren, die die Proteine produzieren, praktisch unmöglich sicherzustellen, daß Tag für Tag der gleiche Hygiene-Status aufrechterhalten wird. Gewisse Viren sind bei bestimmten Nutztierarten in allen Teilen der Welt endemisch, und Infektionen, bei denen sich keine klinischen Symptome zeigen, könnten unbemerkt bleiben.«[33] Bei demselben Unternehmen, PPL Therapeutics, ist man zuversichtlich, eine völlig neue Kuhmilch herstellen zu können, wozu nach eigenen Angaben »BSE-freie« Kühe aus den Vereinigten Staaten verwendet werden; und man hofft, die Genehmigung dafür zu erhalten. Da schließlich menschliches Blut normalerweise auch nicht auf Verseuchung untersucht werde, erwarte man »in den Fällen, wo die Produkte oral verabreicht werden, weniger strenge Richtlinien«.[34] Wie ich in den Kapiteln 9 und 10 detailliert geschildert habe, können Viren, ja selbst nackte DNS, die Darmpassage überstehen, von dort aus in die Darmbakterien und auch *in die Zellen unseres Körpers* gelangen.

Schlußfolgerung

Das Klonen und »Pharming« von Nutzvieh, die Erzeugung von transgenen Tieren, die für die Xenotransplantation und als tierisches Anschauungsmaterial für die Humanmedizin verwendet werden, sind wissenschaftlich verfehlt und moralisch nicht zu rechtfertigen. Ihnen wohnt auch die Gefahr inne, den speziesübergreifenden Austausch und die Rekombination von viralen Pathogenen zu erleichtern. Eine Fortsetzung dieser Projekte sollte nicht zugelassen werden, solange keine öffentliche Kontrolle durch ein neutrales Gremium gewährleistet ist.

12 Die schöne neue Welt der Humangenetik

Hinterfragen Ethikausschüsse nicht die wissenschaftlichen Grundlagen der Praktiken, die sie zu beurteilen haben, so stellen sie sich letzten Endes in den Dienst von Interessengruppen und nicht in den Dienst der Menschheit. Die Wissenschaft des genetischen Determinismus ist bei der Industrialisierung der Eugenik federführend, und zugleich ist sie auch Handlangerin dieser Entwicklung. Greift man schließlich bei Genen, die angeblich bestimmte »Prädispositionen« bedingen, und bei Genen, deren Zusammenhang mit dubiosen Gesundheitszuständen sich als immer dürftiger erweist, zu Gentests, so beginnt damit ganz heimlich, still und leise das Zeitalter einer einzig und allein von Unternehmensinteressen diktierten Human-Gentechnik. Das wird dem Profit zuliebe zur Ausbeutung der Kranken und der Leichtgläubigen führen, und gleichzeitig wird es den schlimmsten Auswüchsen menschlicher Vorurteile Tür und Tor öffnen.

Dem Denken des genetischen Determinismus wohnt die Tendenz inne, für den enormen Variationsreichtum, der in allen natürlichen Populationen existiert, blind zu sein. Genetische Tests sind wenig geeignet, die gesundheitliche Disposition eines Organismus vorauszusagen, weil das durch alle übrigen Gene vorgegebene, genetische Umfeld von Fall zu Fall anders beschaffen ist. Bei Genen, die in der einen Population mit bestimmten Gesundheitszuständen in Zusammenhang gebracht werden, ergeben sich in einer anderen Population keine derartigen Zusammenhänge. Gene darf man nur im Kontext des Gesamtorganismus mit seinem sozioökologischen Umfeld betrachten.

Genetik und Ethik

Zur Erinnerung an den fünfzigsten Jahrestag der Prozesse gegen Ärzte, die während der Nazi-Ära an Gefangenen der Konzentrationslager Menschenversuche durchgeführt hatten, fand im November 1996 in Nürnberg eine Tagung statt. Während dieser Tagung verlangte die deutsche Sektion der *International Physicians for the Prevention of Nuclear War* (IPPNW)*, daß eine umfassende Debatte im deutschen Bundestag über

* »Internationale Ärzte für die Verhütung des Atomkrieges, Ärzte in sozialer Verantwortung«; Sitz der deutschen Sektion ist Berlin.

die vom Europarat vorgeschlagene Bioethik-Konvention geführt wird. Denn diese sei nicht restriktiv genug abgefaßt, um ausreichenden Schutz für geistig Behinderte zu gewährleisten.[1] Die Tagungsteilnehmer billigten eine Erklärung, der zufolge man durch Ratifizierung dieser Vorlage zur Bioethik-Konvention ernstlich Gefahr liefe, daß sich Deutschlands finstere Geschichte der Menschenversuche wiederholen werde. Diese Erklärung ist bereits von mehr als 14 000 Menschen unterzeichnet worden, unter anderem von Vertretern der Ärzteschaft, der Hochschulen, der Politik und von Gruppen wie den Wohlfahrtsverbänden für geistig Behinderte.

Ursprünglich war diese Erklärung für eine Tagung der IPPNW-Arbeitsgruppe zur Geschichte der Euthanasie abgefaßt worden, die im Juni 1995 in Grafeneck stattfand, einer Kleinstadt in Südwestdeutschland, in der die Nazis 1940 rund 10 000 geistig behinderte und psychisch kranke Menschen vergast hatten.

Nach Auffassung des Psychologen Michael Wunder, der die Erklärung ausgearbeitet hat, läuft die Vorlage zur Bioethik-Konvention Gefahr, gegen den ersten Artikel des Nürnberger Kodex von 1947 zu verstoßen. Dieser besagt, daß für medizinische Versuche die freie Einwilligung der Versuchsperson unbedingt erforderlich ist. Und der Kodex weist eigens darauf hin, daß der Proband solch eines Versuchs »die anerkannte Fähigkeit haben muß, seine Einwilligung zu geben«. Demgegenüber würde die vorgeschlagene Bioethik-Konvention es gestatten, auch bei einem Menschen, der diese Einwilligung nicht zu geben vermag, Untersuchungen durchzuführen, um die generellen Abläufe und Wirkungszusammenhänge der Krankheit festzustellen. Dies käme vielleicht später anderen, von derselben Krankheit betroffenen Menschen zugute, brächte dem Patienten jedoch keinen unmittelbaren Nutzen. In der Erklärung wurde außerdem die Auffassung vertreten, die Konvention lasse zuviel Spielraum für Experimente am menschlichen Embryo und für Gentests. Zur Frage der Embryonenforschung nahm sie allerdings nicht Stellung (angesichts der in der Folge sich abzeichnenden Möglichkeit, Menschen zu klonen, ein besonders eklatantes Versäumnis), sondern bekräftigte, daß in Verbindung mit einer genetischen Beratung genetische Tests, die der Gesundheit dienen, und die damit verbundene Forschung durchaus zulässig sein sollten. Bei dieser Tagung verlangte die IPPNW-Arbeitsgruppe auch, von der Entwicklung und dem Einsatz neuer Gentests so lange abzusehen, bis Gesetze da sind, die den einzelnen Menschen vor möglichem Mißbrauch schützen.

Ludger Honnefelder, Leiter des Bonner Instituts für Wissenschaft und

Ethik, außerdem Mitglied der beim Europarat für die Ausarbeitung der Konvention verantwortlichen Expertenkommission, wies diese Kritik jedoch zurück und behauptete, die Konvention sei aufgrund der politischen Intention, »die genetische Forschung zu unterbinden«, vorsätzlich fehlinterpretiert worden. Die Konvention wurde im September 1997 durch die Ratsversammlung der europäischen Parlamentarier gebilligt, und lediglich die deutschen Abgeordneten erhoben ernsthafte Einwände gegen sie.

Einmal mehr geht man von der Voraussetzung aus, *der Wissenschaftsbetrieb müsse weiterlaufen,* während die damit verknüpften ethischen Fragen verhandelbar seien. Die Gesetze der Natur, so die Argumentation, seien unfehlbar, weil gottgegeben; die Gesetze des »Menschen« hingegen müßten sich dem Fortschritt der Wissenschaft anpassen und ihn nicht behindern.

China hat mit einem neuen, im Juni 1995 in Kraft getretenen Gesetz bereits die rechtlichen Voraussetzungen zur Eugenik geschaffen.[2] Das Gesetz verlangt, daß sich heiratswillige Paare zur Feststellung von eventuell vorhandenen »schwerwiegenden« Erbkrankheiten Gentests unterziehen und sich außerdem auf ansteckende Krankheiten wie AIDS, auf beim Geschlechtsverkehr übertragbare Krankheiten, auf Lepra und

> Genetische Diskriminierung und Eugenik finden in einer privatisierten und unpersönlichen Form statt, und sie sind daher viel heimtückischer als in einer staatlich sanktionierten Form, weil es nicht möglich ist, sich wirkungsvoll gegen sie zur Wehr zu setzen. Man propagiert sie unter dem Banner des wissenschaftlichen Fortschritts und der freien Entscheidung.

auf Geisteskrankheiten wie zum Beispiel Schizophrenie, manische Depression und andere schwere Psychosen untersuchen lassen. Falls ein Partner unter einer Infektionskrankheit oder unter einer Geisteskrankheit leidet, muß die Hochzeit aufgeschoben werden. Liegen genetische Erkrankungen vor, wird die Heirat nur gestattet, wenn das Paar einer langfristigen Empfängnisverhütung oder der Sterilisierung zustimmt.

Gentests – auch vor der Geburt – und Gentherapie sind im Westen bereits weithin verfügbar. Das *British Government's Advisory Committee on Genetic Testing* (ACGT)* hat einen Verfahrens-Kodex für Firmen entwickelt,

* Gutachterausschuß der britischen Regierung zu Fragen genetischer Tests

die Gentests per Post versenden. Dieser ist jedoch nicht gesetzesverbindlich.[3] Er beschränkt das Testen auf die Träger (Heterozygoten) von rezessiven Krankheiten wie etwa der zystischen Fibrose; und Firmen, die Tests für andere genetische Störungen verkaufen wollen, werden gebeten, dies bekanntzugeben. Der Kodex besagt, daß genetische Daten vertraulich behandelt werden sollten. Allerdings könnten mit Einverständnis der Betroffenen Proben an Dritte weitergegeben werden. Diese nachsichtige Handhabung steht in Widerspruch zur Empfehlung der regierungseigenen Wissenschafts- und Technologiekommission, kommerzielle Tests strikt zu begrenzen, weil »die sehr reelle Gefahr besteht, daß skrupellose Firmen aus der Furcht der Bevölkerung vor Krankheit und genetischen Störungen Kapital schlagen und, ohne eine angemessene Beratung zu bieten und sogar ohne über die labortechnischen Voraussetzungen zu verfügen, die zur Gewährleistung einer korrekten Durchführung der Tests notwendig sind, ungeeignete Test anbieten könnten«.[4]

Genetische Diskriminierung und Eugenik finden in einer privatisierten und unpersönlichen Form statt, und sie sind daher viel heimtückischer als in einer staatlich sanktionierten Form, weil es nicht möglich ist, sich wirkungsvoll gegen sie zur Wehr zu setzen. Man propagiert sie unter dem Banner des wissenschaftlichen Fortschritts und der freien Entscheidung. Bezeichnenderweise rangiert im *Science and Technology Committee Report** – der hervorhebt, wie wichtig es ist, in den USA und anderswo einen Marktzugang im Bereich der Gesundheitspflege zu bekommen – »genetische Wissenschaft und Industrie« vor »Menschenrechte«.[5] Hat niemand die Frage gestellt, ob es sich ethisch vertreten läßt, aus schlechter Gesundheit Profit zu schlagen? Entsprechend gilt: Hinterfragen Ethikausschüsse nicht die wissenschaftlichen Grundlagen der Praktiken, die sie zu beurteilen haben, so stellen sie sich letztlich in den Dienst von Interessengruppen und nicht in den Dienst der Menschheit.

Die Wissenschaft des genetischen Determinismus ist bei der Industrialisierung der Eugenik federführend, und zugleich ist sie auch Handlangerin dieser Entwicklung. Sie dringt wie ein Virus in jeden Aspekt unseres Lebens ein. Eine bessere wissenschaftliche Begründung gibt es zugegebenermaßen für die Jagd nach traditionellen »Einzelgen«-Erkrankungen – wie zystische Fibrose und Sichelzell-Anämie –, bei denen sich eindeutig zeigen läßt, daß sie mit Mutationen in einem korrespondierenden Gen verbunden sind. Dennoch ist die Durchführung von

* Bericht der Wissenschafts- und Technologiekommission

Tests für diese Krankheiten nicht unproblematisch, wie ich noch zeigen werde.

Sie geht jedoch weiter, die Jagd nach Genen, von denen es heißt, sie ergäben eine »Prädisposition« für solche Krankheiten wie Krebs, Diabetes, Asthma, Allergien oder für Veranlagungen wie Fettleibigkeit, manische Depression, Schizophrenie, Alkoholismus, Homosexualität, Kriminalität und sogar für Eigenschaften wie Langlebigkeit, Interesse am Außergewöhnlichen und dergleichen mehr.[6] Solche Gene haben für sensationsträchtige Zeitungsschlagzeilen gesorgt. Doch hinter den Schlagzeilen kamen und gingen viele dieser Gene wie Irrlichter, weil sie einfach überhaupt nicht existierten. Und von allen anderen bleibt nur zu sagen, daß sie in unterschiedlichem, für jede menschliche Population anderem Maß in Zusammenhang mit der jeweiligen Eigenschaft oder Erkrankung in Verbindung stehen.

»Die Auswirkungen der Gene sind komplex, subtil und von Wechselwirkungen mit der Umwelt abhängig. Die Genvarianten aufzuweisen, die mit einer Krankheit in Zusammenhang gebracht werden, bedeutet für die betreffende Person in vielen Fällen lediglich ein erhöhtes Risiko, besagt jedoch nicht unbedingt, daß diese Person unter den Beschwerden zu leiden hat. Und auch in der minderen Zahl von Fällen, in denen ein Gendefekt unweigerlich einen problematischen Gesundheitszustand zur Folge hat, besagt er nichts über die Schwere der Erkrankung und gibt bei spät zum Ausbruch kommenden Erkrankungen keinen Hinweis auf den Zeitpunkt ihres tatsächlichen Auftretens.«[7]

Trotzdem ist eine merkliche Nachfrage nach Gentests entstanden – nicht nur bei Einzelgen-Erkrankungen, sondern auch bei jeder anderen Erkrankung, für die ein Test angeboten wird. Eine unlängst in den USA durchgeführte Untersuchung ergab, daß 43 Prozent der Menschen mit einer genetischen Störung Diskriminierungen im Berufsleben, bei Kranken- und Lebensversicherungen erlebten.[8] Wenn Gene mit einer Anfälligkeit der Menschen für Umweltschadstoffe oder für Schadstoffe am Arbeitsplatz beziehungsweise mit allergischen Reaktionen auf solche Schadstoffe in Zusammenhang gebracht werden, dann verlangen die Arbeitgeber vor der Einstellung entsprechende Gentests.[9] Und warum sollte man es dabei belassen? Genetiker behaupten, in einem Gen mit der Codierung für den Inhibitor monaminer Oxidasen,* das bei dem Hyperaktivitätssyndrom bei Kindern, Verhaltensstörungen bei Jugend-

* Inhibitor monaminer Oxidasen: Diese antidepressiv wirkenden, vom Organismus produzierten Substanzen hemmen die Aktivität des Enzyms monamine Oxidase,

lichen und bei antisozialen Persönlichkeitsstörungen von Erwachsenen eine Rolle spielen könne, eine Mutation ausfindig gemacht zu haben.[10] Ein Wissenschaftler stellte sogar die These auf, man könne Sechsjährige, bei denen ein Hyperaktivitätssyndrom diagnostiziert werde, durch prophylaktische Behandlung mit Medikamenten vor einer kriminellen Laufbahn bewahren.

Nur weil manche Menschen vielleicht giftige Chemikalien vertragen können, kann man es dennoch ethisch nicht vertreten, sie an Arbeitsplätzen arbeiten zu lassen, wo eine Belastung mit den entsprechenden chemischen Giftstoffen an der Tagesordnung ist. Und ein Kind aufgrund seiner Gene als potentiellen Kriminellen zu brandmarken läuft lediglich darauf hinaus, sich der Verantwortung für seine Betreuung und die erforderliche Erziehung zu entledigen. Mit einer scheinbar harmlosen, subtilen Akzentverschiebung von der Umwelt auf die Gene erklären wir uns in Wahrheit damit einverstanden, daß die Umweltbedingungen sich verschlechtern und die Umweltverschmutzung zunimmt und daß die Gesellschaft einen sozialen Desintegrationsprozeß durchläuft, der Erwachsene dazu bringt, zur Flasche zu greifen und kriminell zu werden,

> Nicht nur belastet die Erforschung von »genetischen Prädispositionen« die öffentlichen Mittel, so daß man diese nicht mehr einsetzen kann, um etwas gegen die tatsächlichen Ursachen der gesellschaftlichen Mißstände zu unternehmen; verhängnisvoll an ihr ist auch die Ideologie des genetischen Determinismus, die zu dieser Forschung motiviert und die durch diese Forschung wiederum bestärkt wird.

und Kinder dazu verleitet, sich danebenzubenehmen. Das Problem, so erklärt man uns, liege in den menschlichen Genen. Unsere Aufgabe bestehe deshalb darin, mit gentechnischen Mitteln dafür zu sorgen, daß die Menschen *nicht* anfällig dafür sind, Verbrechen zu begehen, krank zu werden und so fort.

wodurch sich (für die chemische Weiterleitung von Nervenimpulsen zuständige) Neurotransmitter wie Serotonin, Noradrenalin, Dopamin, Epinephrin oder Norepinephrin im Gehirn anreichern können.

Nicht nur belastet die Erforschung von »genetischen Prädispositionen« die öffentlichen Mittel, so daß man diese nicht mehr einsetzen kann, um etwas gegen die tatsächlichen Ursachen der gesellschaftlichen Mißstände zu unternehmen; verhängnisvoll an ihr ist auch die Ideologie des genetischen Determinismus, die zu dieser Forschung motiviert und die durch diese Forschung wiederum bestärkt wird. Lassen Sie uns die wackeligen Grundlagen für die Behauptungen des genetischen Determinismus und die daraus resultierenden Schwierigkeiten unter die Lupe nehmen, indem wir im Bereich der klassischen Mendelschen genetischen Störungen beginnen und danach auf die schwerer zu erfassenden menschlichen Gesundheitszustände zu sprechen kommen.

Auf der Jagd nach dem Fabelwesen

Die Jagd nach Genen beruht auf der allzu simplen Annahme, es gebe jeweils ein Gen oder eine begrenzte Anzahl von Genen, denen sich jeder uns bekannte menschliche Gesundheitszustand zuordnen ließe – wie komplex dieser auch sein mag und unabhängig davon, ob uns bekannt ist, daß er ganz entscheidend durch Umwelteinflüsse geprägt wird. Rekombinante DNS-Techniken bieten nun die Möglichkeit, die *Verbindung* eines beliebigen Gesundheitszustands mit zahlreichen genetischen Markierungen zu erfassen, bei denen es innerhalb der Population Vielförmigkeit gibt, *Polymorphismus*. Diese genetischen Markierungen sind Streifenmuster, die DNS-Stücke mit unbekannter Funktion aufgrund von Elektrophorese hervorrufen. Diese DNS-Stücke entstehen, indem man entweder die DNS im menschlichen Genom mit bestimmten Restriktionsenzymen zerschneidet oder aber bestimmte Sequenzen unter Einsatz der Polymerase-Kettenreaktionen (PCR – siehe Kapitel 3) amplifiziert.[11] Dabei hofft man, daß eine dieser Markierungen sich auf demselben Chromosom in enger Verbindung mit dem mutmaßlich für diesen Gesundheitszustand ausschlaggebenden Gen – *dessen Funktion ja ebenfalls nicht bekannt ist* – befindet und so mit einiger Wahrscheinlichkeit zusammen mit dem Gen vererbt wird. Durch Tests an den Mitgliedern jener Familien, in denen der betreffende Gesundheitszustand bekanntermaßen auftritt, kann man anschließend die Markierung ausfindig machen, die höchstwahrscheinlich zusammen mit diesem Gesundheitszustand vorliegt. Diese Technik hat man bei sogenannten Einzelgen-Erkrankungen erfolgreich angewendet. Diese machen allerdings, um die Dinge in die richtige Perspektive zu rücken, weniger als zwei Prozent aller menschlichen Erkrankungen aus. (Nebenbei bemerkt ist dies die Obergrenze, innerhalb der die Mendelsche Genetik Vererbung erklären kann.) In anderen Fällen stellt sich bei der Analyse zusätzlicher Daten oder der Untersuchung weiterer Familien heraus, daß die meisten Markierungen wenig oder gar keine Bedeutung für den Gesundheitszustand haben.[12]

Das menschliche Genom ist riesengroß. Es umfaßt ungefähr drei Milliarden Basenpaare, von denen nur ein kleiner Bruchteil für funktionale Proteine und für Ribonukleinsäuren codiert oder daran beteiligt ist, Signale zur Herstellung funktionaler Proteine und Ribonukleinsäuren zu geben. Manche Schätzungen veranschlagen den Anteil der nützlichen DNS auf etwa ein Prozent bis zu fünf Prozent, andere auf bis zu 33 Prozent. Den Rest, dessen Funktion unbekannt ist, bezeichnet man als »Ausschuß-DNS«. Diese ist für eukaryontische Genome kennzeichnend, denn bei ihnen macht die »Ausschuß-DNS« den weit überwiegenden Teil aus. Niemand weiß, warum so viel DNS mit herumgeschleppt wird, die anscheinend zu nichts taugt. Die Zahl der polymorphen genetischen Markierungen ist enorm groß. Bis 1995 hat man 10 468 von ihnen, weit über alle 23 menschlichen Chromosomen verstreut, erfaßt. So gleicht die Vorstellung, man könne funktionale Gene dadurch auffinden, daß man nach ihrer Verbindung mit diesen Markierungen sucht, der Suche nach der Nadel im Heuhaufen – einmal angenommen, daß die Nadel existiert. Bei der Jagd nach Genen, die an einer Einzelgen-Erkrankung beteiligt sind, hat man bessere Erfolgsaussichten. Denn hier *kann* man die meisten Wirkungen einem Einzelgen zuschreiben, selbst wenn niemand eine Vorstellung davon hat, was dieses Gen eigentlich bewirkt. Darin liegt die Stärke der »reversen Genetik«, deren Anwendung den Genetikern dank rekombinanter DNS-Techniken möglich ist. Zuerst isoliert man das Gen, dann findet man heraus, wozu das Gen gut ist. Früher mußte man genau im umgekehrten Sinn vorgehen – zuerst mußte man die biochemische Eigentümlichkeit eines Phänomens feststellen, bevor man das daran beteiligte Gen lokalisieren konnte. Ein Gen ist leicht zu finden, wenn man die biochemischen Grundlagen kennt oder durch klassische Kopplungsanalysen und andere Untersuchungsmethoden schon wichtige Hinweise erhalten hat, wo das Gen lokalisiert sein könnte.

Zystische Fibrose war der erste Fall, in dem man mittels solcher Methoden ein Gen mit weitgehend unbekannter Funktion aufgespürt hat. Seine annähernde Position war bereits aufgrund von klassischen Kopplungsstudien bekannt, trotzdem war es keine leichte Aufgabe, dieses

Gen zu finden. Ein außerordentlich scharfer, mitunter verbitterter Wettbewerb zwischen rivalisierenden Laboratorien spielte dabei eine Rolle, und es gab eine Reihe von irreführenden Berichten, ehe man das Gen schließlich 1989 fand.[13] Sogleich schlug man vor, Tests vorzunehmen und von vorgeburtlichen Diagnosemöglichkeiten Gebrauch zu machen. Und dafür gab es gute Argumente, da es sich um eine Einzelgen-Erkrankung handelt, die einen erheblichen Teil der Bevölkerung betrifft.

Das praktische Problem für einen Gentest besteht darin, daß das Gen, das für ein Protein mit 1480 Aminosäuren codiert, wirklich *sehr* groß ist: ungefähr 230 000 Basenpaare lang, mit 27 Exons. Bei 68 Prozent der Patienten kommt es zur Löschung dreier Basenpaare, wodurch eine einzige Aminosäure (in Position 508) aus dem Protein entfernt wird. Aber seither hat man über 400 verschiedene Mutationen gefunden[14] – und weitere werden bei künftigen Tests zum Vorschein kommen –, darunter Veränderungen an verschiedenen Stellen desselben Gens. Nur einige Mutationen haben zystische Fibrose zur Folge oder der zystischen Fibrose ähnliche Syndrome. Dieselben Mutationen können darüber hinaus bei verschiedenen Personen jeweils mit anderen Symptomen verbunden sein. Tests für sämtliche Varianten durchzuführen wäre praktisch nicht machbar. Und wenn man die Tests lediglich auf die meistverbreitete Variante hin anlegt, läßt sich nicht klären, ob die übrigen Mutationen in Verbindung mit der verbreiteten Variante zystische Fibrose zur Folge haben oder nicht. Entsprechende Probleme tauchen auch bei vielen anderen Einzelgen-Erkrankungen auf.

> Nicht nur können viele verschiedene Mutationen im selben Gen zu denselben Syndromen führen – auch Mutationen in einem von verschiedenen Genen können dies. Umgekehrt sind Mutationen in einem einzigen Gen vier verschiedenen Syndromen zugeordnet worden.

Nicht nur können viele verschiedene Mutationen im selben Gen zu denselben Syndromen führen – auch durch Mutationen in einem von mehreren Genen kann dies geschehen, wie man bei einem Konglomerat von Schädel-Gesichts-Syndromen festgestellt hat, zu denen u. a. die achondroplastisch bedingte Zwergwüchsigkeit gehört. Umgekehrt sind Mutationen in einem einzigen Gen (Tyrosin-Kinase) vier verschiedenen Syndromen zugeordnet worden.[15] Wie schon im 3. Kapitel erwähnt, gibt es so etwas wie eine Einzelgen-Erkrankung in Wirklichkeit gar nicht.

Gegenwärtig können Gentests bei solchen Erkrankungen eindeutige

Ergebnisse liefern, bei denen man entweder weiß, daß sie in der Familie bereits eine Vorgeschichte haben; oder aber bei Krankheiten wie Chorea Huntington* (an der einer von 20 000 Menschen im mittleren Lebensalter erkrankt), bei denen die Mutation einfach wechselnde Wiederholungen einer Trinukleotid-Sequenz (CAG) in einem bestimmten Gen betrifft und der Krankheitszustand offenbar mit vierzig oder mehr Wiederholungen verbunden ist – wobei es eine annähernde Korrelation zwischen dem Alter, in dem die Krankheit einsetzt, und der Anzahl der Wiederholungen, die über vierzig hinausgehen, zu geben scheint.[16]

Wie steht es nun mit den Genen, die eine »Prädisposition« für Krebs und andere Krankheitszustände ergeben? Von »Brustkrebs-Genen« war seit 1994 in den Nachrichten die Rede, als Mutationen in zwei Genen, *BRCA1* und *BRCA2*, entdeckt wurden, von denen es hieß, sie seien »Auslöser« von Brustkrebs.[17] Von beiden nahm man an, bei ihnen handele es sich um »Tumor-Unterdrücker«, obwohl ihre wirklichen Funktionen bis heute nicht genau geklärt werden können. Da es für den Gentest-Markt ein so großes Potential gibt, werden auch weiterhin vermeintliche »Krebs-Gene« ausfindig gemacht wie zum Beispiel *BRCA3*[18] und *BRCA4*[19]. Im Fall von *BRCA1* erben diejenigen Frauen, die eine Kopie des mutierten Gens erben, die Prädisposition für Brustkrebs, da bei Beschädigung der nicht mutierten Kopie in der Zelle die betreffende Zelle kanzerös wird. Die Häufigkeit, mit der dieses Gen in der Bevölkerung Nordeuropas auftritt, beträgt 0,0033 oder eine Person unter 300.[20]

Man schätzt, daß in den westlichen Gesellschaften wahrscheinlich eine von zehn Frauen bis zum Alter von 85 Jahren Brustkrebs entwickelt und 25 Prozent dieser Frauen daran sterben. Doch nur von zwei bis fünf Prozent all dieser Fälle weiß man, daß sie erblich sind, und die ersten beiden Gene, die man bei ihnen entdeckt hat, erklären lediglich 80 Prozent der als erblich bekannten Fälle. *»Prädisponierende« Mutationen in diesen speziellen Genen prädisponieren Frauen jedoch nicht dazu, Brustkrebs zu entwickeln, sofern es in ihrer Familie nicht schon Fälle von Brustkrebs gibt.* Ein positiv ausgefallener Test im Hinblick auf *aufschlußreiche* Mutationen in einem dieser Gene wird, wenn Sie eine familiäre Vorgeschichte mit Fällen von Brustkrebs haben, also entweder besagen, daß Sie zu jenen

* Auch Huntington-Chorea oder Huntingtonsche Erkrankung genannt; »erblicher Veitstanz«, eine Erkrankung des zentralen Nervensystems: Sie ist mit fortschreitender Degeneration der Gehirnzellen, dem Kontrollverlust über die willkürlichen Bewegungsabläufe und zunehmender Geistesschwäche verbunden. Die Symptome zeigen sich in der Regel ab der vierten Lebensdekade.

zwanzig Prozent gehören, bei denen das Vorhandensein dieses Gens keine Rolle spielt. In diesem Fall beträgt die Wahrscheinlichkeit, Brustkrebs zu bekommen, nach wie vor eins zu zehn wie in der Gesamtbevölkerung. Oder aber bei Ihnen beträgt die Wahrscheinlichkeit, diese Krankheit zu entwickeln, 80 Prozent. Diese Tests haben allerdings für die weit überwiegende Mehrheit (95 Prozent) aller Fälle von Brustkrebs keinerlei Aussagekraft.

In den USA wird nun ein genetischer Test für *BRCA1* vermarktet. Bis 1996 hat man 254 Mutationen ausfindig gemacht. 132 von ihnen sind Einzelfälle, und nur 36 Mutationen sind »krankheitsbezogen«.[21] Die meistverbreiteten Mutationen, 185delAG und 5328insC, sind für 11,7 Prozent beziehungsweise für 10,1 Prozent aller zum Vorschein gekommenen Mutationen verantwortlich. Beim Testen tauchen in dem Gen ganz bestimmt weitere Mutationen auf, deren Auswirkungen völlig unbekannt sind. Hier muß auch das Ergebnis einer Studie erwähnt werden, durch die ermittelt werden sollte, ob Brustkrebs, wie vielfach behauptet, durch mammographische Untersuchungen entsteht.[22] Sie ergab nämlich, daß 99 Prozent der durch Mammographie hervorgerufenen Brustkrebserkrankungen bei denjenigen Frauen auftraten, die ein Brustkrebs-Gen aufwiesen. So läßt sich zumindest *eine* Umweltursache bestimmen, die für die Entstehung der Erkrankung in ihrer erblichen Form wichtig ist.

Welchen medizinischen Nutzen es hat, über eine Prädisposition für Brustkrebs Bescheid zu wissen, ist – wie bei anderen Erkrankungen, für die es keine Heilung gibt – unklar. Wahrscheinlich führt dies zu vermehrter Angst, die manche Frauen sogar zu solch drastischen prophylaktischen Maßnahmen treibt wie der chirurgischen Entfernung der Brüste.[23]

Der Begriff »Prädisposition« verschleiert die Tatsache, daß wichtige Umweltfaktoren außer acht gelassen werden. Das ist nicht nur bei Krebs der Fall, sondern auch bei solchen Erkrankungen wie dem spät auftretenden Diabetes. Dieser ist durch seine Resistenz gegen die Insulinbehandlung gekennzeichnet. Die Gene, die das bewirken, müssen noch ausfindig gemacht werden. Allerdings wird behauptet, daß zwei bis acht Gene dabei eine Rolle spielen können. Doch selbst wenn man sie schließlich bestimmen kann, »wird die Deutung, auf welche Weise diese Gene eine Prädisposition für eine Erkrankung bewirken, die in hohem Maß von äußeren Faktoren wie einer schlechten Ernährung und Fettleibigkeit beeinflußt ist, immer noch eine entmutigende Aufgabe bleiben«.[24]

Bei der Bestimmung von Genen, die eine Prädisposition für kardiovaskuläre Erkrankungen* signalisieren, macht man keine besseren Fortschritte. In den Vereinigten Staaten sterben ein Viertel der Männer und Frauen unter 65 Jahren und etwa die Hälfte derjenigen über 65 Jahren an diesen kardiovaskulären Erkrankungen. Einige Fälle, in denen die Betreffenden unter einer erblichen Hypercholesterinämie** leiden, ließen sich auf eine Mutation in einem Gen zurückführen. Doch die meisten Fälle beruhen auf einer allgemeinen Anfälligkeit und auf der Lebensführung dieser Menschen. Auch bei erblicher Hypercholesterinämie, bei der eine Mutation in dem Protein, das den Cholesterintransport übernimmt, zur Erkrankung führt, wirkt sich die Ernährung auf das Auftreten und die Schwere der Erkrankung aus.

Wenn man bei Genen, die »Prädispositionen« bedingen, und bei Genen, deren Zusammenhang mit dubiosen Gesundheitszuständen sich als immer dürftiger erweist, Gentests vornimmt, so beginnt damit leise und unmerklich das Zeitalter einer ausschließlich von Unternehmensinteressen diktierten Human-Gentechnik.

In den meisten Fällen ist es also gar nicht möglich, für den Patienten, für die Versicherungsgesellschaft oder für den künftigen Arbeitgeber die Ergebnisse eines Gentests zu interpretieren. Die einzigen, die unter allen Umständen von diesen Gentests profitieren können, sind die Leute, die sie verkaufen. Aber genau darum geht es ja auf dem Markt der Gesundheitsvorsorge.

Zu komplex für Prognosen

Das andere große Problem besteht in den selbst bei sogenannten Einzelgen-Erkrankungen sehr weit voneinander abweichenden Prognosen. Aus einem positiven Resultat in einem Gentest läßt sich keine präzise Prognose darüber ableiten, wie es dem betreffenden Menschen ergehen wird. Und im Fall der »Prädispositionen« kann es sein, daß die Erkrankung bei der betreffenden Person überhaupt nicht auftritt.[25] Selbst

* Erkrankungen des Herzens und der Blutgefäße

** erhöhter Cholesteringehalt im Blutserum aufgrund einer Störung des Fettstoffwechsels wenn man die Umwelteffekte ignorieren könnte, so spielt für die Expression jedes Gens immer noch die Expression jedes anderen Gens eine Rolle. Mit anderen Worten hängt die Prognose vom genetischen Hintergrund ab, der sich aus sämtlichen anderen Genen ergibt. In jedem bekannten Gen gibt es enorme Variationen. Hunderte von Mutanten sind bereits entdeckt worden. Die meisten Varianten sind jedoch im Grunde genommen neutral, da sie kaum eine oder überhaupt keine gesundheitsschädliche Auswirkung haben. Mit Ausnahme von eineiigen Zwillingen zu Beginn ihres Lebens gibt es also auf der ganzen Erde keine zwei Menschen mit derselben Genkombination. Die Einzigartigkeit des Individuums gilt nicht nur für seine oder ihre Lebenserfahrung, sondern in besonderer Weise auch für die genetische Ausstattung.

Unmöglich ist eine eindeutige Prognose aber vor allem auch bei solchen Erkrankungen wie der zystischen Fibrose und der Sichelzell-Anämie, die durch Behandlungen und durch ein geeignetes Krisenmanagement gelindert werden können. Und man sollte nie den klassischen Fall der Phenylketonurie* (PKU) vergessen. Sie hatte bei den betroffenen Kindern in einigen Fällen eine starke Beeinträchtigung der geistigen Entwicklung und einen frühen Tod zur Folge. Doch dann konnte man sie durch Vermeidung bestimmter Nahrungsmittel mit einem – für die Stoffwechselprozesse von PKU-kranken Menschen unzuträglichen – Inhaltsstoff, der Aminosäure Phenylalanin, wirkungsvoll behandeln. Dessen ungeachtet haben positive Testbefunde für PKU schon dazu geführt, daß auf die Eltern sozialer Druck ausgeübt wurde, den Fötus abtreiben zu lassen – gleichgültig, ob sie dies nun wünschten oder nicht.[26] Sogenannte therapeutische Abtreibungen werden schon bald als logische Konsequenz einer pränatalen Diagnose mit positivem Befund angesehen werden, und niemand wird sich dann noch ernsthaft um eine Heilung oder Behandlung kümmern; es sei denn in Form der Gentherapie, die ihre eigenen Probleme aufwirft (siehe nächstes Kapitel). Hauptsächlich geht das Bemühen nun in die Richtung, das fragliche Gen zu Untersuchungszwecken zu isolieren, um dann gegebenenfalls den Betroffenen vor der Geburt zu entfernen. Und wenn man bei Genen, die »Prädispositionen« bedingen, und bei Genen, deren Zusammenhang mit dubiosen Gesundheitszuständen sich als immer dürftiger erweist, Gentests vornimmt, so beginnt damit ganz heimlich, still und leise das Zeitalter einer einzig und allein von Unternehmensinteressen diktierten Human-Gen-

* im Säuglingsalter auftretende, durch das Fehlen bestimmter Proteine bedingte Stoffwechselerkrankung

technik. Um des lieben Profits willen wird dies zur Ausbeutung der Kranken und der Leichtgläubigen führen, und gleichzeitig wird es den schlimmsten Auswüchsen menschlicher Vorurteile Tür und Tor öffnen.

Ein Genetiker hat jetzt *in vitro* Embryos vor der Implantation auf ein mutantes Gen getestet, das eine *Prädisposition* für Darmkrebs bei *Erwachsenen* anzeigt. Ein Embryo, der laut Diagnose von dem mutanten Gen frei war, wurde in die Gebärmutter eingepflanzt,[27] hat sich dann jedoch nicht im normalen Rahmen entwickelt. Dieses Vorgehen ist nicht neu. In Großbritannien sind bereits bis zu 50 Kinder aufgrund einer genetischen Präimplantations-Diagnose zur Welt gekommen, allerdings ausnahmslos in Familien, die von früh einsetzenden genetischen Erkrankungen bedroht waren. Diagnostiziert man vor einer Implantation »prädisponierende« Gene, die sich im Erwachsenenalter auswirken könnten, so unternimmt man damit einen weiteren Schritt in eine höchst gefährliche Richtung.

Die ausführende Genetikerin hat jedenfalls keine Bedenken, da es ja »Sache der betroffenen Familie war«, die Entscheidung zu treffen. Andererseits beantragt sie finanzielle Unterstützung, die bei Bewilligung fünf weiteren Paaren eine Präimplantations-Diagnostik im Hinblick auf genetische Prädisposition für andere Krebserkrankungen ermöglichen würde.

Sie denken vielleicht, man habe die genetische Präimplantations-Diagnostik einer angemessenen Risikoeinschätzung unterzogen und die ethischen Fragen, die sie aufwirft, seien umfassend diskutiert worden. Ganz und gar nicht. Das Verfahren besteht darin, dem Embryo in einem sehr frühen Stadium, wenn er insgesamt aus acht Zellen besteht, zu Testzwecken zwei Zellen zu entnehmen; und das bedingt eine hohe Mißerfolgsquote. Außerdem sind die Auswirkungen auf die Kinder, die sich aus solchermaßen manipulierten Embryos entwickeln, vollkommen unbekannt. Ein spezieller Ethikausschuß der britischen Behörde für die Befruchtung beim Menschen und für Embryologie befaßt sich erst jetzt mit den ethischen Auswirkungen. Sind die Paare über die möglichen Risiken informiert worden, die sich aus der Manipulation am Embryo für das Kind ergeben könnten? Eins der Mitglieder des Ethikausschusses weist den Gedanken von sich, hier könnte »Designer Babys« der Weg gebahnt werden. Denn bei diesem Verfahren gehe es ja um »Möglichkeiten, durch die man die Geburt von Kindern mit genetischen Erkrankungen vermeiden kann«. Mit anderen Worten ist eine negative Eugenik – die Aussonderung von unerwünschten Genen – ihrer Meinung nach durchaus akzeptabel.

Dem Denken des genetischen Determinismus wohnt die Tendenz inne, für den enormen Variationsreichtum, der in allen natürlichen Populationen vorhanden ist, blind zu sein. Es läßt die Tatsache außer acht, daß eine Variante, die in der einen Population eine Prädisposition für eine bestimmte Erkrankung zu bedeuten scheint, in einer anderen Population womöglich nicht denselben Effekt hat – denn *das genetische Umfeld ist ganz anders*. So hat man herausgefunden, daß die Mutationen, die wir mit der zystischen Fibrose in Zusammenhang bringen, in der jemenitischen Bevölkerung mit einem anderen Syndrom verbunden sind – dem beidseitigen Fehlen des Samenleiters –, das auch aus anderen Ursachen resultieren kann.[28] Bezeichnend ist, daß in derselben Population *tatsächlich keiner der Patienten, bei denen man guten Glaubens diagnostizieren würde, daß sie an zystischer Fibrose leiden, die Mutationen für zystische Fibrose aufwies*.

Eine Schlagzeile in der amerikanischen Zeitung *Boston Globe* lieferte ein weiteres typisches Beispiel. Sie lautete: »Gene stehen mit Krebs bei jüdischen Frauen in Verbindung« und bezog sich auf die statistische Erkenntnis, daß ungefähr ein Prozent der amerikanischen Juden die 185delAG-Variante des Krebs-Gens *BCRA1* aufweist. Dies beflügelte bei manchem Zeitgenossen die Vermutung, es existiere ein »jüdischer Gendefekt«, aufgrund dessen bei jüdischen Frauen eine Prädisposition für Brustkrebs zu verzeichnen sei. Diese Schlußfolgerung entbehrt jedoch jeder Grundlage. Hubbard und McGoodwin[29] machen darauf aufmerksam, die Variante »könne einfach eine verbreitete Form sein, in der dieses Gen in der jüdischen Bevölkerung auftritt«. Das aber bedeutet *nicht*, daß jüdische Frauen eine erhöhte Prädisposition für Brustkrebs hätten. Es ist einfach ein weiteres Beispiel dafür, wie Juden stigmatisiert werden. Und ein Biotechnik-Unternehmen hat schon damit begonnen, jüdischen Frauen gegen gutes Geld Gentests anzubieten. Als bei 108 an Brustkrebs leidenden jüdischen Frauen, die auch eine familiäre Vorgeschichte von Brustkrebsfällen hatten, tatsächlich eine Untersuchung vorgenommen wurde, stellte sich heraus, daß nicht mehr als 24 (23 Prozent) von ihnen die Mutation aufwiesen.[30] Dies ist erheblich weniger als die Zahl von mindestens 40 Prozent der Nordeuropäer, bei denen man einen Zusammenhang mit Mutationen in *BCRA1* festgestellt, und den anderen 40 Prozent, bei denen man einen Zusammenhang mit Mutationen in *BCRA2* festgestellt hat.

Einen noch dramatischeren Unterschied hat man in Fällen von *männlichem* Brustkrebs festgestellt.[31] Eine Analyse von 54 Patienten zeigte, daß keiner von ihnen *BCRA1*-Mutationen hatte. Bei zwei Patienten fand man heraus, daß sie neuartige Mutationen in *BCRA2* aufwiesen; doch nur zwei davon hatten eine familiäre Vorgeschichte mit Krebserkrankungen.

Bei der Untersuchung von weiteren »prädisponierenden« Genen in anderen menschlichen Populationen wird sich zeigen, daß Zusammenhänge mit dem betreffenden Gesundheitszustand in unterschiedlichem Maß – oder auch gar nicht – vorhanden sind. Das läßt sich mit einiger Sicherheit vorhersagen. Es wird eine Angelegenheit von »Hier trifft es zu, da nicht« sein. Dies ist die Konsequenz der nicht-linearen Komplexität und wechselseitigen Verbundenheit der Genfunktionen, deren Kennzeichen die Vielförmigkeit ist. Klassische Genetiker haben sich immer wieder mit der Frage auseinandergesetzt, warum es in natürlichen Populationen eine derartige Vielfalt geben sollte, und die Debatte darüber dauert an. Die naheliegendste Erklärung besteht in der ureigenen Wandlungsfähigkeit und Fluidität der Gene und Genome. Mutationen in den Keimzellen wie in den somatischen Zellen treten weitaus häufiger auf, als man früher angenommen hat (siehe nächstes Kapitel). Die Gene arbeiten wie ein aufeinander abgestimmtes Netzwerk zusammen, in dem vielfältige Variationen keinen vernetzten Effekt auf das Wohlbefinden der betroffenen Person ausüben, also neutral sind. Angesichts der im System überreichlich vorhandenen Wege können auch eventuelle Stoffwechselblockaden umgangen werden.[32] Eine weitere Erklärung könnte die sein, daß sich aus bestimmten Kombinationen von Allelen zwar ein besonders gutes Zusammenwirken ergibt, es hingegen bei anderen Kombinationen in homozygoten Zuständen zu schädlichen Auswirkungen kommt. So wird allgemein angenommen, daß die Sichelzell-Anämie im heterozygoten Zustand *vor dem genetischen Hintergrund der afro-karibischen Bevölkerung* vor Malaria schützt, während man annimmt, daß das Allel für die zystische Fibrose *vor dem genetischen Hintergrund Nordeuropas* vor Durchfall in der Kindheit schützt.[33]

In der klassischen Genetik gibt es seit langem Schätzungen, denen zufolge jeder einzelne Organismus in einer Population das Äquivalent von mindestens fünf tödlich wirkenden Genen in heterozygoter Form in sich trägt. Das bedeutet entweder heterozygote Allele in fünf Genen, von denen jedes einzelne in homozygoter Form tödlich wäre, oder heterozygot schädliche Allele in vielen, vielen Genen, die insgesamt einem »fünffachen genetischen Tod« äquivalent wären, falls sie denn alle homozygot würden.[34] Dies bezeichnet man als die »genetische Belastung« der Bevölkerung. Populationsgenetiker haben schon lange bewiesen, daß Eugenik wissenschaftlich nicht viel Sinn macht. Da wir im Licht der neuen Genetik über die Fluidität und Dynamik der Gene und Genome Bescheid wissen, da wir wissen, daß Mutationen viel häufiger sind, als man früher annahm, und daß sie, wie in Kapitel 8 ausführlich erörtert, in Reaktion auf die Umweltbedingungen auftreten können, macht sie noch weniger Sinn. Als nächstes wollen wir uns mit den weniger substantiellen Verbindungen zwischen Genen und menschlichen Verhaltensmustern befassen.

Der neurogenetische Determinismus

Der neurogenetische Determinismus nimmt für sich in Anspruch, die Gehirnfunktion und das menschliche Verhalten aus den Genen erklären zu können. Er »behauptet, die Frage beantworten zu können, worauf wir in einer Welt voll von individuellem Schmerz und sozialer Unordnung schauen sollten, um unser Dasein erklären und verändern zu können«[35] – auf unsere Gene. Nach dieser Theorie sind Menschen homosexuell, weil sie »schwule Gene« haben, und sie sind gewalttätig, weil sie »kriminelle Gene« haben. Natürlich wird das Ganze sprachlich in die gebührenden Spitzfindigkeiten gekleidet, doch die Botschaft ist unmißverständlich.

Der neurogenetische Determinismus ist ein direkter Abkömmling des Neodarwinismus und geht genauso vor. Wie beim Neodarwinismus besteht der erste Schritt des neurogenetischen Determinismus darin, sich eine Eigenschaft (siehe Kapitel 6) auszudenken. »Aggression« ist eine vertraute Eigenschaft, die sich Konrad Lorenz[36] ausgedacht hat. Konrad Lorenz tat sein Möglichstes, jegliches Verhalten in der Tierwelt als Resultat der natürlichen Auslese unter jenen Genen, die ihr Verhalten bestimmen, zu »erklären«. Aggression hat jetzt ihren festen Platz in der Literatur der Soziobiologie. Diese recht junge Wissenschaftsdisziplin »erklärt« jegliches Sozialverhalten, das menschliche inbegriffen, aus der natürlichen Auslese von Genen, die das Sozialverhalten bestimmen. Daher erstaunt es nicht, daß »Aggression« als Sammelbegriff für alle möglichen Arten von Verhalten dient, von Wutanfällen bei Kindern bis hin zu einem Mann, der seine Partnerin oder sein Kind mißbraucht. Die Beschreibung von »Aggression« in der Studie, die behauptet, eine Verbindung der Aggression mit einer Mutation in dem Gen mit der Codierung für den Inhibitor monaminer Oxidasen festgestellt zu haben, ist ein Beispiel für die geistigen Taschenspielertricks solcher Autoren. Die »Verhaltens-Phänotypen« der acht männlichen Familienmitglieder, die angeblich das mutierte Gen aufweisen, umfassen »Aggressionsausbrüche, Brandstiftung, versuchte Vergewaltigung und Exhibitionismus«.[37] Die Rede ist hier von Personen, die, in verschiedenen Teilen des Landes und zu verschiedenen Zeiten lebend, über drei Generationen diese Handlungen begangen haben.

»Dürfen solche in hohem Maß voneinander abweichende Verhaltenstypen, die so schlecht beschrieben werden, um sie aus ihrem sozialen Kontext herauszulösen, allein unter dem Stichwort ›Aggression‹ zusammengefaßt werden?«[38] Dennoch sind die von dieser Abhandlung gelieferten »Beweise« Bestandteil einer Debatte in den USA, die die »Bundesinitiative Gewalt« nutzen will, um in den Innenstadtbereichen der Großstädte mindestens 100 000 Kinder ausfindig zu machen, deren angebliche biochemischen und genetischen Defekte sie, wie es heißt, im weiteren Verlauf ihres Lebens für Gewaltkriminalität anfällig machen werden.

Gleichfalls wurden seit 1988 immer wieder Ansprüche und Gegenansprüche auf »Gene für Schizophrenie« erhoben. Von ihr ist im Westen einer von 200 Menschen irgendwann in seinem Leben betroffen. Die Gedankenwelt und das Gefühlsleben der Betroffenen sind dann gestört. Sie glauben, ihr Handeln, ihr Denken und ihr Empfinden würden von außen gesteuert. Unter Umständen durchleben sie halluzinative Phantasien; sie sehen, hören oder riechen sogar etwas, das andere nicht wahrnehmen können, und sind möglicherweise von Dingen überzeugt, für die es keinen offensichtlichen Grund gibt.[39] Jedoch bleibt nicht nur die Erblichkeit von Schizophrenie umstritten, auch »besteht kein generelles Einvernehmen über ihre Ursache, ihre Diagnose, ihre Symptome, ihre Behandlung oder selbst darüber, ob die Krankheit als solche tatsächlich existiert«.[40]

Gegenwärtig gibt es mindestens vier Anwärter auf »Schizophrenie-Gene«. Einer davon wird in der Nähe einer »genetischen Markierung für Schizophrenie« angesiedelt. Dies geschah anhand von anatomischen Merkmalen des Gehirns, die mit Hilfe der Magnetresonanz-Computertomographie dargestellt und vermessen wurden; außerdem auf der Grundlage folgender Diagnosen: »Schizophrenie-Bezug«, »schizotypale Persönlichkeitsstörung« und »Schizophrenie« – alles in einer einzigen Familie zusammengefaßt.[41] Die Mutation eines anderen Gens, des menschlichen Dopamin D-3 Rezeptors, lasse in homozygotem Zustand ein »zweifach erhöhtes Schizophrenie-Risiko« erkennen.[42] Dritter und vierter Kandidat sind jene – noch nicht identifizierten – Gene,[43] die daran beteiligt sind, daß bestimmte Fettsäuren in die Phospholipide* der

Zellmembran aufgenommen beziehungsweise aus ihnen entfernt werden. Offensichtlich ist der Zusammenhang in allen Fällen dürftig und schwach, und er wird auch dadurch nicht gestützt, daß man hier kurzerhand verschiedene Syndrome zusammenfaßt. Und selbst wenn biochemische oder anatomische Unterschiede vorhanden sind, sagt uns dies nichts darüber, ob diese Unterschiede die Ursache oder die Auswirkung der Erkrankungen sind.

Dessen ungeachtet herrscht die Auffassung vor, Schizophrenie sei erblich. Man kann sie bis zu den Untersuchungen an eineiigen Zwillingen zurückverfolgen, die Franz Kallman in den späten vierziger und den frühen fünfziger Jahren durchgeführt hat. In diesen Studien behauptet er, zwischen eineiigen Zwillingen bestehe ein hohes Maß an *Übereinstimmung* – wenn also ein Zwilling unter Schizophrenie leide, sei es um so wahrscheinlicher, daß auch der andere Zwilling darunter leide; und wenn im umgekehrten Fall der eine Zwilling nicht unter Schizophrenie leide, werde der andere Zwilling ebenfalls davon frei sein. Als Richard Marshall diese Untersuchungen 1984 nachprüfte, erwiesen sie sich dummerweise aufgrund von Verdrehungen und Erfindungen als unhaltbar.[44] Zum Beispiel stellte Kallman selbst die Diagnose auf Schizophrenie, und er ermittelte auch, ob die Zwillinge eineiig seien. Kallman war ein engagierter Eugeniker, der die Vorzüge der Eugenik und der biologischen Psychiatrie pries. Schizophrene Menschen, die nicht in einer Anstalt untergebracht werden mußten, bezeichnete er als »Träger des Krankheitsmerkmals«. Als seine Methoden und seine Angaben hinterfragt wurden, unternahm er nichts, um die aufgeworfenen Fragen zu klären. Kallmans Arbeit ist ein Beispiel dafür, wie Ergebnisse so verdreht werden können, daß sie einer Ideologie gerecht werden, und dann von einer Wissenschaft, die auf dieselbe Ideologie eingestimmt ist, unkritisch akzeptiert und verwendet werden. Das war weder die erste noch die letzte Episode dieser Art, die man in der Wissenschaft antrifft, und der genetische Determinismus hatte daran über Gebühr Anteil. Und noch spektakulärer waren die Verdrehungen in Hinblick auf die Genetik des IQ (siehe weiter unten).

Bezeichnenderweise veröffentlichte die britische Medizin-Zeitschrift *Lancet* zwei Jahre, nachdem erstmals behauptet wurde, man habe ein Schizophrenie-Gen isoliert, einen Bericht über eine Untersuchung[45], in der die These vertreten wurde, die bessere gesundheitliche Verfassung

* lange, dünne Fettmoleküle, die am Aufbau von wasserabstoßenden Zellmembranen beteiligt sind

der Mütter sei ein entscheidender Faktor für die abnehmende Zahl von Menschen, die seit den fünfziger Jahren wegen Schizophrenie in Kliniken eingeliefert wurden. Doch die Genetik und die Ernährung sind keineswegs die einzigen Faktoren, die bei der Schizophrenie eine Rolle spielen. Ganz im Gegenteil: Die gesamte Lebenserfahrung eines Menschen zählt, und in ihr sind Genetik und Ernährung, das »Soziale, Kulturelle, Spirituelle und Kosmologische«[46] unauflöslich miteinander verknüpft. Es gibt keine einzelne, isolierbare Ursache, die grundsätzlich auf alle Fälle zutrifft – gleichgültig, ob es sich um die Genetik oder um andere Dinge handelt. Wer unbeirrbar denkt, dies sei doch der Fall, und dementsprechend handelt, tut dem menschlichen Geist unsägliche Gewalt an. Und darum vor allem geht es ja allzuoft in der schönen neuen Welt.

Der Betrug mit dem multigenen IQ

Können die Anhänger der Vererbungslehre das Gen oder die Gene, die eine Eigenschaft bestimmen sollen, nicht genau benennen, so ziehen sie sich auf die polygene oder multigene Vererbung zurück. Vom IQ, dem Intelligenzquotienten, sagt man, er sei solch ein Merkmal. Robert Plomin, in den Vereinigten Staaten viele Jahre lang mit der Genetik des IQ beschäftigt, hat am Institut für Psychiatrie im Londoner Maudsley Hospital eine prestigeträchtige Stellung übernommen. Seine Forschungsgruppe hat sich vorgenommen, die an der Intelligenz beteiligten Gene durch ihre Zuordnung zu genetischen Markierungen ausfindig zu machen. Das hat doch bei Schizophrenie, Kriminalität und Homosexualität funktioniert. Warum also, so ihr Gedanke, sollte es nicht auch beim IQ möglich sein? Plomin und seine Mitarbeiter haben beim *Medical Research Council* (MRC)* 1,8 Millionen britische Pfund beantragt, damit sie DNS-Proben von 10 000 Kindern nehmen können.[47] Dies hat in der Bevölkerung erheblichen Widerspruch ausgelöst.

Ursprünglich war der IQ-Test eine Erfindung von Alfred Binet – in der guten Absicht, Kinder zu ermitteln, denen der Unterricht in den regulären staatlichen Schulen von Paris keinen rechten Nutzen brachte, und ihnen mit dieser Methode weiterhelfen zu können. Der IQ, so wie er ihn ermittelte, war ausschließlich ein Leistungsquotient, der sich aus dem Verhältnis zwischen geistigem Entwicklungsalter und chronolo-

* medizinischer Forschungsrat

Durch IQ-Tests hat man in den USA wie in Großbritannien vielen Kindern aus der Arbeiterklasse und den Minderheiten den Zugang zu den höheren Ausbildungsgängen versperrt und sie so aufs Abstellgleis geschoben. In den USA stand die Test-Bewegung auch ganz klar mit dem Inkrafttreten der Gesetze zur Zwangssterilisierung in Zusammenhang. Diese richteten sich gegen die »genetisch Minderwertigen«, »Degenerierten«, »Schwachsinnigen« und hatten zwischen 1924 und 1974 die Sterilisation von Hunderttausenden Amerikanern zur Folge.

gischem Lebensalter ergab. Nicht einen Moment lang wollte er uns glauben machen, dieser Test sei ein Maßstab für ein angeborenes oder festgeschriebenes Merkmal, das sich nicht ändern ließe. Denjenigen, die das behaupteten, gab er zur Antwort: »Wir müssen Einspruch erheben gegen diesen unmenschlichen Pessimismus und ihm entgegenwirken.«[48]

Die Art und Weise, wie IQ-Tests in den USA und in Großbritannien eingesetzt wurden, war der ursprünglichen Intention diametral entgegengesetzt. Man behauptete, diese Tests mäßen eine angeborene, die geistigen Fähigkeiten, die Intelligenz, widerspiegelnde Größe, die durch genetische Vererbung bei der Geburt festgelegt sei. Francis Galtons Anhänger, die Galtonschen Eugeniker, brachten die Bewegung für geistige Eignungstests in allen englischsprachigen Ländern unter ihre Kontrolle. Ihnen zufolge zeigten IQ-Messungen nicht nur genetische Unterschiede in der Intelligenz zwischen einzelnen Personen auf, sondern auch zwischen sozialen Schichten und menschlichen Rassen.

Der Übersetzer von Binets Test in England war Cyril Burt, der Sohn von Galtons Arzt. Und Galtons nachdrückliche Empfehlung sicherte Burts Einstellung als erster Schulpsychologe der englischsprachigen Welt. Schon in jungen Jahren hatte Burt eugenische Leitvorstellungen, deren Richtigkeit er während der folgenden Jahre in umfangreichen Publikationen zu erweisen versuchte. Durch IQ-Tests hat man in den USA wie in Großbritannien vielen Kindern aus der Arbeiterklasse und den Minderheiten den Zugang zu den höheren Ausbildungsgängen versperrt und sie so aufs Abstellgleis geschoben. In den USA stand die Test-Bewegung auch ganz klar mit dem Inkrafttreten der Gesetze zur Zwangssterilisierung in Zusammenhang. Diese richteten sich gegen die »genetisch Minderwertigen«, »Degenerierten«, »Schwachsinnigen« und hatten zwischen 1924 und 1974 die Sterilisation von Hunderttausenden Amerikanern zur Folge.

Bis zu seinem Tod im Jahr 1971 führte Burt seine eugenische Forschung zur Vererbung des IQ fort – in Großbritannien in den Adelsstand erhoben und von der *American Psychological Association* mit einer Medaille ausgezeichnet. Sein Werk inspirierte die nächste Generation von Anhängern der Vererbungslehre wie Arthur Jensen und Hans Eysenck. Doch wenig später zeigten sich Risse in dem von Burt errichteten eugenischen Gebäude. Seine eindrucksvollsten Untersuchungsergebnisse zur Erblichkeit des IQ entstammten einer Studie über 53 voneinander getrennte Zwillingspaare, der größten jemals dokumentierten Untersuchung zu diesem Thema. Ihre Ergebnisse zeigten eine auffallend hohe Korrelation im IQ der Zwillingspaare, jedoch keinerlei Korrelation in ihren äußeren Lebensbedingungen. Um einem Modell der biometrischen Genetik gerecht zu werden, behauptete Burt außerdem, er habe die Korrelationen für eine beträchtliche Zahl von Verwandten untersucht – der einzige Forscher in der Geschichte, der denselben IQ-Test bei der gesamten Verwandtschaft durchgeführt hat! Und die Korrelationen fielen allesamt zu seiner Zufriedenheit aus. Sie gestatteten ihm die Schlußfolgerung, daß für die Variation beim IQ einzig und allein die Gene ausschlaggebend sind und die Umwelt keinerlei Einfluß darauf nimmt.

Erlauben Sie mir eine kurze Abschweifung, um zu wiederholen, was zu einer Erblichkeitseinschätzung gehört. Wie im 6. Kapitel dargelegt, bezeichnet die Erblichkeit eines Merkmals das Maß der Gesamtvariation dieses Merkmals in einer nach Zufallsprinzipien sich paarenden Population, das der Variation in den Genen zugeschrieben werden kann.

$$\text{Erblichkeit} = \frac{\text{genetische Variation}}{\text{genetische Variation} + \text{umweltbedingte Variation}}$$

Daher ist Erblichkeit ein Maßstab für Populationen und sagt nichts darüber aus, inwieweit der IQ eines Menschen durch die Gene determiniert oder fixiert ist. Die Erblichkeit kann anhand von Korrelationen zwischen unterschiedlichen Verwandtschaftspaaren eingeschätzt werden – von monozygoten Zwillingen, die sämtliche Gene miteinander gemeinsam haben, bis hin zu Großeltern/Enkelkind-Paaren, die ein Viertel ihrer Gene miteinander gemein haben, und so weiter. Damit Erblichkeitseinschätzungen Gültigkeit haben, muß die Population sich nach Zufallsprinzipien fortpflanzen – das heißt also in rein zufälliger Paarung, ohne daß es Paarungen zwischen nahen Verwandten gibt, und so, daß Menschen mit ähnlichen Genen nicht häufiger heiraten, als es sich aus ihrer Verteilungshäufigkeit in der Population ergibt. Dies gewährleistet in jeder vorgenommenen Erhebungsauswahl eine hinreichend repräsentative Bandbreite an genetischer Variation. Des weiteren setzt eine fundierte Erblichkeitseinschätzung voraus, daß in der jeweils gemessenen Erhebungsauswahl genügend umweltbedingte Variation gegeben ist. Diese Erfordernisse werden bei menschlichen Populationen nur sehr selten erfüllt. Es gibt ein hohes Maß an sozialer Schichtung, die für die Verwandtschaftspaare die Bandbreite der Umwelterfahrungen stark einschränkt. Sie entstammen mit anderen Worten höchstwahrscheinlich derselben Gesellschaftsschicht und machen von daher keine so unterschiedlichen Umwelterfahrungen.

Aus der vorliegenden Gleichung wird ersichtlich, daß ohne Umweltvariation – oder wenn man die Umweltvariation unterschätzt – die Variation ganz oder zumindest zum Großteil auf der genetischen Variation beruht, woraus sich ein künstlich in die Höhe getriebener Erblichkeitsquotient von 1 oder nahezu 1 ergibt. Tritt andererseits in der Probe keine genetische Variation auf oder wird die genetische Variation unterschätzt, so beträgt die Erblichkeit 0 oder nahezu 0. Selbstverständlich gibt es kompliziertere Wechselwirkungen zwischen Genotyp und Umwelt, die hier aber nicht berücksichtigt werden.

> »Der Betrug, den Burt begangen und den die Wissenschaft ungewollt propagiert hat, diente wichtigen gesellschaftlichen Zielen« – der Legitimierung einer rassenhygienischen Politik, die rassische Minderheiten und andere politisch entrechtete Gruppen in der Gesellschaft verfolgt.

Der Psychologe Leon Kamin ließ eine wahre Bombe hochgehen, als er 1972 in den Vereinigten Staaten bei seiner Ansprache als Präsident der *Eastern Psychological Association* die Authentizität von Cyril Burts Arbeit in Frage stellte. »Die Unglaubwürdigkeit von Burts Behauptungen hätte eigentlich jedem einigermaßen aufmerksamen und gewissenhaften Wissenschaftler, der sie las, augenblicklich auffallen müssen. Zunächst einmal machte Burt nie auch nur die elementarsten Angaben, wie, wann oder wo seine ›Ergebnisse‹ gesammelt wurden. ... Er benannte noch nicht einmal den ›IQ-Test‹, den er angeblich bei Abertausenden Verwandtschaftspaaren durchgeführt hat, ... und selbst über die Größe seiner angeblichen Erhebungen unter Verwandten machte er keine Angaben.«[49] Und wie hat er es bewerkstelligt, die IQ-Punktezahl der Erwachsenen zu erhalten? Burt hatte geschrieben, er habe sich auf persönliche Befragungen gestützt; doch im Zweifel oder in Grenzfällen sei ein getarnter Test zum Einsatz gelangt. »Der Anblick eines Professor Burt, der ›getarnte‹ IQ-Tests durchführt, während er mit Londoner Großeltern plaudert, hätte etwas von einer Farce, aber nichts Wissenschaftliches.«[50] Zwischen den aufeinanderfolgenden Berichten über dieselben »Ergebnisse« gab es zahlreiche Ungereimtheiten. 1976 berichtete der Medizin-Korrespondent der Londoner *Sunday Times*, Oliver Gillie, er könne absolut keine Belege dafür finden, daß Burts Forscher-Kolleginnen, die Damen Conway und Howard, überhaupt existent waren.[51] In seinem Artikel warf er Burt vor, systematisch wissenschaftlichen Betrug begangen zu haben – eine Beschuldigung, die auch durch zwei von Burts einstigen Studenten gestützt wurde, Alan und Ann Clarke, jetzt ihrerseits bekannte Psychometriker. Später mußte auch Burts Biograph, Leslie Hearnshaw, dem zustimmen. In einer Rezension von Hearnshaws Biographie hieß es dazu:

»Lassen wir die Betrugsfrage einmal ruhig außer acht. Die Sache ist die: Der entscheidende Beleg dafür, daß seine Ergebnisse zum IQ wissenschaftlich inakzeptabel sind, ergibt sich nicht aus der Untersuchung von Burts Tagebüchern oder seines Briefwechsels. Die Belege lagen vor. ... Es ist schon ein Armutszeugnis für die wissenschaftliche Welt, daß ›Zahlen, ... die der, ihnen gegenwärtig zuteil werdenden wissenschaftlichen Beachtung einfach nicht würdig sind‹, ... in fast jedes Psychologie-Lehrbuch Eingang gefunden haben.«[52]

Doch wie Rose, Kamin und Lewontin kommentieren, handelte es sich nicht einfach nur um ein Armutszeugnis für die wissenschaftliche Welt. »Der Betrug, den Burt begangen und den die Wissenschaft ungewollt propagiert hat, diente wichtigen gesellschaftlichen Zielen.«[53]

Diese »Ziele« bestanden in nichts weiter als in der Legitimierung einer rassenhygienischen Politik, die rassische Minderheiten und andere politisch entrechtete Gruppen in der Gesellschaft verfolgt.

Nicht nur sind Burts Erblichkeitsuntersuchungen diskreditiert, sondern die wenigen verbleibenden Untersuchungen von Zwillingen leiden alle in unterschiedlichem Maß unter den Beschränkungen durch eine kleine Erhebungsauswahl. Zum Beispiel waren manche Zwillinge nicht wirklich voneinander getrennt, und die Zwillinge, die getrennt waren, machten womöglich zu ähnliche Umwelterfahrungen. Die bis jetzt umfassendsten Untersuchungen ermittelten die Korrelation in den IQ-Punktzahlen zwischen Eltern und biologischen Kindern, die zur Hälfte gemeinsame Gene haben, und zwischen Eltern und Adoptivkindern in denselben Familien, die keine Gene miteinander gemein haben. Ein signifikanter Unterschied war nicht feststellbar, was darauf hindeutet, daß der Zusammenhang zwischen den Genen und dem IQ ganz unbedeutend ist – und erst recht der Zusammenhang von Genen und Intelligenz.

Niemand bezweifelt, daß die Gene für die Intelligenz eine Rolle spielen, so wie sie für jeden anderen Aspekt eines Lebewesens eine Rolle spielen. *Das bedeutet jedoch nicht, daß bestimmte Gene für besondere Eigenschaften ausschlaggebend sind. Darin* liegt der Trugschluß des Reduktionismus, der sich weigert, ein Lebewesen als zusammenhängendes, verwickeltes Ganzes zu betrachten. Nach Genen zu jagen in dem Glauben, Organismen seien eine Kombination von Eigenschaften, die sich jeweils bestimmten Genen zuordnen lassen, bedeutet, sich auf Lewis Carrolls Jagd nach dem Fabelwesen einzulassen, bei der sich das Fabelwesen dann allerdings als wahres Ungeheuer entpuppt.

Jedes Projekt, bei dem man Intelligenz-Genen oder Genen für ähnlich zweifelhafte multigene Eigenschaften hinterherjagt, beruht einfach auf schlechter Wissenschaft, die bereits durch und durch diskreditiert und, wie sich gezeigt hat, von Grund auf verdorben ist. Sie hat keinen Platz in unserer Gesellschaft. Denn sie kann nur dazu dienen, die rassenhygienische Ideologie des genetischen Determinismus zu bekräftigen, von der sie motiviert ist.

13
Das veränderliche Gen und das menschliche Dasein

Die den Genen im menschlichen Genom innewohnende Veränderlichkeit wird mit zahlreichen »genetischen« und »nicht-genetischen« Erkrankungen in Zusammenhang gebracht. Dies macht jede Hoffnung von Eugenikern zunichte, menschliche Populationen womöglich von schädlichen oder unerwünschten Mutationen »reinigen« zu können, und erhöht auch die Unsicherheit von Gentests. Den derzeitigen Gentherapie-Versuchen ist durchweg kein Erfolg beschieden, und sie setzen die Patienten bereits inakzeptablen Gefahren aus. Die Entwicklung noch aggressiverer Vektoren für den Gentransfer bringt weitere Risiken mit sich. Denn die Vektoren können genetische Rekombinationen mit endogenen Viren eingehen und so neue Viren hervorbringen, die Krankheiten verursachen. Im Tierreich spielt die Rekombination zwischen exogenen und endogenen Viren bei vielen Krebsarten eine große Rolle. Ähnliche Gefahren erwachsen auch aus der geplanten Verwendung von modifizierter viraler DNS als Impfstoff und aus der Xenotransplantation von Organen. Mit Hilfe der Gentechnik entzieht man dem Umweltbereich, der zum weit überwiegenden Teil die gesundheitlichen Probleme verursacht, die Aufmerksamkeit und die Ressourcen und schiebt die Schuld für die gesundheitlichen Probleme den Opfern zu. Der Schlüssel zur genetischen Gesundheit ist genau derselbe wie derjenige zur physiologischen Gesundheit: Eine saubere Umwelt, gesunde organische Nahrungsmittel, die von Agrochemikalien frei sind, und hygienisch, ästhetisch und sozial zufriedenstellende Lebensbedingungen.

Die »Uhrwerk«-Zelle

»Irgendwo in dem Stapel von Plänen, die beschreiben, wie man einen Menschen macht, findet sich eine Seite mit der Überschrift: ›Wie man Augen macht‹. ... An anderer Stelle gibt es eine Seite ›Wie man Haare macht‹. ...«[1] So fängt ein populäres Buch über die Gentechnik an, das ein Molekularbiologe geschrieben hat. Sämtliche detaillierten Baupläne für den Menschen, so erfahren wir hier, sind in den Genen enthalten, die den Ordnern in einem Aktenschrank gleichen. Ferner erfahren wir, daß die Zelle mit ihrem »großen und komplizierten Maschinenpark«

wie eine Fabrik ist, die von dem zentral gelegenen Büro (dem Zellkern) aus, in dem man die Ordner aufbewahrt, organisiert wird. Doch bei der DNS handelt es sich nicht einfach nur um leblose Ordner.

»Die DNS überträgt ihre Botschaft zur Zelle und zwingt diese zuzuhören«, fährt das Buch fort. »Der Zellkern (der die DNS enthält) ist der eigentliche Ausgangspunkt und die letzte Instanz für alle Entscheidungen und Richtungswechsel im Dasein der Zelle.«[2] Unübersehbar ist das Bild des Autors von der Zelle eine Metapher für die in unserer Gesellschaft vorherrschende soziale Beziehung – mit dem (vorzugsweise männlichen) Chef, der es sich im zentralen Büro bequem gemacht hat,

> Die Ethikausschüsse müssen die Wissenschaft selbst einer ganz besonders gründlichen Prüfung unterziehen – neben den Fragen der Eugenik und der genetischen Diskriminierung.

Entscheidungen trifft und die Arbeiter *zwingt*, seinen Willen auszuführen, wobei der Informationsfluß ausschließlich in eine Richtung verläuft. Dieses Bild paßt auf eine so angenehme, so beruhigende Weise in das Selbstverständnis jener Menschen, die ihr Leben nahe an demjenigen Ende der sozialen Stufenleiter führen, wo die Entscheidungen getroffen werden, daß viele Leute es nur sehr schwer aufgeben können. Und dieses Bild haben auch die meisten Gentechniker vor Augen, ungeachtet der Tatsache, daß es allen Ergebnissen der Molekulargenetik widerspricht, die im Lauf der letzten beiden Jahrzehnte angesammelt wurden.

Kein Zweifel, die etablierten Biologen sind ein Anachronismus. Sie hinken dem Geschehen weit hinterher: Physiker, Chemiker, Mathematiker, einer nach dem anderen haben sie es alle aufgegeben, die Welt im Sinn von statischen Gleichgewichtszuständen und linearen Mechanismen aufzufassen, die wie ein Uhrwerk ablaufen. Die Biologen hingegen stecken im mechanistischen Zeitalter fest und sind nicht bereit, die Wirklichkeit der Organismen wahrzunehmen – als nicht reduzierbare Ganzheit, in der die Gene (und Genome) veränderlich und beweglich sind, indem sie auf ihr zelluläres und physiologisches *Milieu* reagieren, das letztlich mit der äußeren ökologischen und sozialen Umwelt verbunden ist. Lewis Wolpert, Mitglied der *Royal Society** und prominentes Mitglied des – der *Royal Society* angeschlossenen – Ausschusses für ein

* Königlich Britische Akademie der Naturwissenschaften

besseres naturwissenschaftliches Verständnis in der britischen Öffentlichkeit, schreibt: »Die Wissenschaft läßt uns die Welt am besten verstehen. Mit verstehen meine ich, daß man erkennen kann, wie die gesamte Natur in einem kausalen und *mechanistischen* (von mir hervorgehoben, M.-W. Ho) Sinn funktioniert.«[3] Damit eliminiert Lewis Wolpert in der Tat die gesamte Quantentheorie aus seinem wissenschaftlichen Weltbild.

Die etablierten Biologen sind sich offenbar nicht darüber im klaren, daß der Schlüssel zur Organisation des Lebens nicht in der linearen Einbahnstraße des genetischen Determinismus liegt, sondern in einer nichtlinearen, multidimensionalen, *wechselseitigen Kommunikation*. Ungeachtet der Fülle von nicht zu widerlegenden Beweisen von anderen Voraussetzungen auszugehen, wie es die Gentechniker tun, zeugt von schlechter Wissenschaft. So setzt man die Bevölkerung nicht hinnehmbaren Risiken aus. Die Ethikausschüsse müssen die Wissenschaft selbst einer ganz besonders gründlichen Prüfung unterziehen – neben den Fragen der Eugenik und der genetischen Diskriminierung.

In diesem Kapitel werde ich Beweise für die hochgradige Veränderlichkeit der Gene im menschlichen Genom Revue passieren lassen, die mit zahlreichen »genetischen« und »nicht-genetischen« Erkrankungen in Zusammenhang gebracht wird. Danach werde ich zeigen, wie die gegenwärtigen Gentherapie-Versuche aufgrund von zellulären und physiologischen Reaktionen, die bereits inakzeptable Gefahren für die Patienten darstellen, frustrierend verlaufen. Die Entwicklung noch aggressiverer Vektoren für den Gentransfer bringt weitere Risiken mit sich. Denn die Vektoren können genetische Rekombinationen mit endogenen Viren eingehen und so neue Viren hervorbringen, die Krankheiten verursachen. In der Tierwelt spielt die Rekombination zwischen exogenen und endogenen Viren bei vielen Arten von Krebs eine große Rolle. Ähnliche Gefahren erwachsen auch aus der beabsichtigen Verwendung von modifizierter viraler DNS als Impfstoff und aus der Xenotransplantation von Organen.

Die »gymnastischen Übungen« und die »Schauspielkunst« der DNS

Die üblicherweise in Lehrbüchern zu findende Darstellung der DNS-Doppelhelix – so auch die Darstellung im 7. Kapitel dieses Buchs – vermittelt den Eindruck eines statischen Moleküls, das wie ein schlechter

Chef den »Arbeitskräften« mitteilt, wie sie die Arbeit zu erledigen haben, aber selbst nicht arbeitet. In Wirklichkeit ist die DNS, wie man inzwischen weiß, flexibel und höchst mobil. Das muß sie auch sein, um ihrer Funktion in der Zelle gerecht werden zu können.[4] Abhängig von der Basensequenz, der Basenkomposition, dem unmittelbaren die DNS umgebenden Umfeld und jenen Proteinen, die Botschaften von der Zelle *an* die DNS übermitteln, während die Zelle auf ihre Umwelt reagiert und sich auf sie einstellt, können DNS-Abschnitte viele verschiedene Anpassungen oder Formbildungsprozesse durchlaufen.

Die DNS-Doppelhelix ist normalerweise im Uhrzeigersinn gewunden, doch kennt man auch eine dem Uhrzeigersinn gegenläufige Helix. Die vielen Spiralformen stehen untereinander in einem dynamischen Gleichgewicht. DNS kann gebogen, geknickt oder auseinandergewickelt sein; oder sie kann durch sogenanntes *Supercoiling* tertiäre DNS-Strukturen bilden. Man kann sogar *Dreifachstrukturen* finden, die aus drei umeinander gewundenen Strängen bestehen. Viele der Strukturen bilden sich bei Wechselwirkungen der DNS mit Enzymen, die entweder DNS replizieren, sie transkribieren oder Rekombinationen mit ihr schaffen, indem sie verschiedene Abschnitte aus ihr herausschneiden und sie wieder zusammenfügen. Wieder andere DNS-Strukturen bilden sich, während sich die DNS mit den zahllosen regulativen Proteinen, den Transkriptionsfaktoren, verbindet. All diese Prozesse sind sehr kompliziert. Die DNS-Replikation zum Beispiel erfordert mindestens acht verschiedene Enzyme und Proteine, und dabei treten immer wieder Fehler auf, da der Kopiervorgang nicht präzise abläuft.

Die DNS im Genom unterliegt auch chemischen Modifikationen durch ionisierende Strahlung (Röntgenstrahlen und Gammastrahlen), UV-Licht und chemische Mutagene aus der Umwelt. Schäden oder Fehler bei der DNS-Replikation werden durch viele verschiedene DNS-Reparaturenzyme behoben. Anders als bei Nicht-Wirbeltieren wird die DNS von Wirbeltieren durch Methylierung – die Erweiterung der Cytosin- oder Adenin-Base um eine Methylgruppe, -CH_3 – systematisch modifiziert; eine Reaktion, die durch DNS-Methylasen katalysiert wird. Die Methylierung hat die Tendenz, die Gene »verstummen zu lassen«, d. h., sie an der Expression zu hindern, und gehört zum Arsenal der zelleigenen Abwehrmechanismen gegen fremde DNS – zum Beispiel gegen Viren, die in das Genom eingefügt werden. Außerdem unterliegt die DNS zahllosen Prozessen, die auf der Fluidität des Genoms beruhen. Daraus ergeben sich Umgruppierungen, Löschungen, Amplifikationen, Mutationen – als Teil der normalen Entwicklung, im Verlauf der Gen-Expression oder infolge von umweltbedingten Störungen. Ebenso tauchen DNS-Elemente – Transposons und Viren – unvermittelt im Genom auf und verschwinden wieder, wodurch sie Störungen der Genfunktion hervorrufen und zugleich den Aufbau des Genoms verändern. All dies wird im 8. Kapitel ziemlich eingehend beschrieben.

Einen Großteil der Zeit befaßt sich die DNS also mit ziemlich leichten Übungen, mit Gymnastik sozusagen. Doch in Zeiten schwerer Krisen ist sie auch zu spektakulären schauspielerischen Leistungen fähig, und sie zeigt dann einen weitgehend veränderten Aufbau. Der Molekularbiologe Jeff Pollard bezeichnet die DNS als ein »metabolisches Molekül«.[5] Jeff hat seinerzeit 1984 als einer der ersten die ganze Tragweite der neuen Genetik erkannt. Man muß also mit einer hohen Mutationsrate rechnen, denn infolge von mangelhafter DNS-Reparatur oder von Prozessen im fluiden Genom können Fehler auftreten – besonders wenn die Umwelt aus dem Gleichgewicht geraten ist. Die DNS-Methylierung als solche wirkt mutagen, da Methyl-Cytosin durch Desaminierung – die Entfernung einer Aminogruppe ($-NH_2$) – in Adenin umgewandelt wird und eine Reparatur in diesem Fall nicht so wirkungsvoll ist. Schätzungen zufolge kommt etwa ein Drittel aller Mutationen in einer einzelnen Base einer Nukleotidsequenz, an denen Menschen erkranken, dadurch zustande, daß ein mit Guanosin gepaartes, methyliertes Cytosin, ein mCG-Paar, durch Desaminierung in ein TG-Paar umgewandelt wird.[6] Ursache der *Xeroderma pigmentosum*, einer speziell beim Menschen auftretenden Erkrankung ist das durch UV-Schäden hervorgerufene Versagen eines DNS-Reparaturmechanismus zur Beseitigung defekter Dimer – das sind zwei benachbarte, miteinander verbundene Basen auf demselben Strang.[7] Patienten mit dieser Erkrankung reagieren überempfindlich auf UV-Licht, und wenn sie dem Sonnenlicht ausgesetzt sind, leiden sie sehr häufig unter krankhaften, auch kanzerösen Veränderungen der Haut und der Augen. Mutationen in mindestens acht Genen können diese Erkrankung zur Folge haben.

Mutationsraten in der Keimbahn

Die Gesamtmutationsraten in Keimbahn-Genen liegen, soweit krank machende Mutationen in bekannten Einzelgenen eine Schätzung ermöglichen, zwischen sieben und neun Mutationen pro eintausend Lebendgeburten. Ein Drittel davon sind rezessive Mutationen in Autosomen (ungeschlechtlichen Chromosomen), ein Drittel sind dominante

Mutationen in Autosomen, und ein Drittel sind geschlechtsgebundene Mutationen auf dem X-Chromosom.[8] Diese Einzelgene sind über das gesamte Genom verteilt und stehen mit vielerlei Erkrankungen in Zusammenhang – zum Beispiel mit der Adenosin-Desaminase-Defizienz (ADA-Mangel)*, mit dem Duchenne-Muskelschwund**, mit der zystischen Fibrose, der Sichelzell-Anämie, der Bluterkrankheit und Chorea Huntington. Diese Mutationsraten sind *Mindest*schätzungen, weil sie bereits jene tödlichen Mutationen unberücksichtigt lassen, die den Fötus vor der Geburt absterben lassen; ebenso jene, die phänotypisch keine erkennbaren Auswirkungen nach sich ziehen.

Mittels »genetischem Fingerabdruck« erhält man für die Mutationsraten eine vergleichbare Zahl. Diese Technik, die der britische Genetiker Alec Jeffreys 1985 entdeckt hat[9] beruht darauf, Variationen in DNS-Abschnitten zu ermitteln, in denen die Anzahl der Wiederholungen bestimmter kurzer Sequenzen von Person zu Person variiert. Man spricht hier von einer variablen Anzahl von Tandem-Wiederholungen (VNTRs***). Die technische Durchführung des genetischen Fingerabdrucks beinhaltet das Zerschneiden der DNS mit Hilfe von Restriktionsenzymen, die jeweils eine spezifische Basensequenz erkennen, das Auftrennen der Fragmente durch Elektrophorese und die Untersuchung derjenigen – unter den so entstandenen – Bandenmuster, an denen man interessiert ist. Durch Einsatz von Schneide-Enzymen in unterschiedlichen Mischungen und von Sonden läßt sich ein sehr komplexes, für jeden einzelnen Menschen typisches Muster erzeugen. Anhand dieses Musters sind die Identifizierung von Straftätern und ein Vaterschaftsnachweis möglich. Kinder verfügen normalerweise über eine Mischung der Bandenmuster von beiden Eltern. Doch bei bis zu einem Prozent der Kinder zeigen sich neue Bandenmuster, die bei keinem von beiden Elternteilen vorhanden sind und neue, in den Keimzellen der Eltern entstandene Mutationen repräsentieren. Zu diesen Mutationen gehören Veränderungen in der Anzahl der Tandem-Wiederholungen von kurzen – nur 10-15 Basenpaare langen – Sequenzen, die über das gesamte Genom verteilt sind, vor allem in den Regionen ohne Codierung, in der »Überschuß-DNS«.

* eine sehr seltene Erbkrankheit; für die von ADA-Mangel betroffenen Menschen kann jede Infektion fatale Folgen haben, da durch den Enzymmangel der Zellstoffwechsel der für die Immunabwehr außerordentlich wichtigen T-Lymphozyten blockiert wird.

** Duchenne-Muskeldystrophie; sie wird auch als Duchenne-Lähmung bezeichnet.

*** VNTRs = variable number tandem repeats

Sehr kurze Tandem-Wiederholungen in variabler Anzahl treten auch in den codierenden Regionen der Gene auf.[10] Ein erstes Beispiel dafür fand man in dem, oft mit einer schweren geistigen Behinderung einhergehenden, Fragilen-X-Syndrom (*fragile X syndrome*). So heißt die Erkrankung aufgrund einer Verformung des X-Chromosoms. Diese betrifft zwei kleine Stücke, die vom Ende der langen Arme des Chromosoms abzubrechen scheinen. Beim Fragilen-X-Syndrom zeigt sich insofern ein eigentümliches Vererbungsmuster, als die Erkrankung über zwei oder drei Generationen stärker oder schwächer werden kann.

Man hat ein Gen entdeckt, das mit dem Fragilen-X-Syndrom in Verbindung stehen soll. Es enthält die Codierung für ein Protein, das für Kohäsion der RNS sorgt und im Nervensystem besonders reichlich vorhanden ist. Es handelt sich um ein komplexes Gen, mit einer Länge von 38 kb* und mit 17 Exons (Einzelheiten über das unterbrochene Gen können Sie dem 8. Kapitel entnehmen). Eine Region im ersten Exon weist Wiederholungen des Tripletts CCG auf. Von dem Syndrom nicht betroffene Menschen haben sechs bis 60 Wiederholungen. Von dem Syndrom Betroffene haben hingegen mehrere tausend Wiederholungen – und je größer die Zahl der vorhandenen Kopien, um so schwerer ist tendenziell das Syndrom. Die Anzahl der Wiederholungen hat die Tendenz, sich von Generation zu Generation zu verändern. Wiederholungen in großer Zahl bewirken eine exzessive Methylierung, was zur Deaktivierung des Gens führt.

Chorea Huntington ist eine ähnliche Krankheit. Bei ihr handelt es sich um eine dominante, degenerative Erkrankung des zentralen Nervensystems, die auf der Vervielfältigung von Kopien einer CAG-Wiederholung in dem entsprechenden Gen beruht. Von der Erkrankung Betroffene weisen 40 oder mehr Kopien des Tripletts auf; Menschen mit 34 oder weniger Kopien zeigen keine Symptome. Der Zeitpunkt, an dem die ersten Symptome auftreten, kann variieren; dabei besteht zwischen der Anzahl der Wiederholungen, die über 40 hinausgehen, und dem Eintrittsalter der Krankheit eine negative Korrelation. Auch bei Chorea Huntington kann sich die Anzahl der Wiederholungen von Generation zu Generation erhöhen, was dann zu einem früheren Auftreten der Erkrankung führt. Wenn das Gen vom Vater statt von der Mutter weitergegeben wird, ist eine vergrößerte Anzahl von Wiederholungen wahrscheinlicher. Mehr als ein Drittel aller Krankheitsfälle, in denen

* kb: Kilobase (= 1000 Basen)

Man schätzt, daß bei jedem Menschen mindestens 22 neue Keimbahn-Mutationen auftreten. Das ist eine Minimalschätzung, da zahlreiche Mutationen, die keine phänotypischen Auswirkungen haben, unentdeckt bleiben.

das Gen vom Vater weitergegeben wird, zeigen eine – manchmal um bis zu 40 – erhöhte Zahl von Kopien. Mutationen, durch die sich die Anzahl der Wiederholungen von Tandem-Kopien verändert, entstehen während der DNS-Replikation. Vermutlich beruhen sie auf einer fehlerhaften Rekombination zwischen den Chromosomenpaaren, so daß das eine Chromosom schließlich mehr Kopien aufweist als das andere.

Im allgemeinen treten bei jeder neuen Serie von DNS-Replikationen Mutationen auf. Da die Ausreifung von Spermien viel mehr Zellteilungen erfordert, infolgedessen auch mehr Serien von DNS-Replikationen, ergeben sich bei den männlichen Keimzellen mehr Gelegenheiten, bei denen Mutationen auftreten können. Die meisten neuen Mutationen hat man in Genen gefunden, die vom Vater weitergegeben wurden. Das Verhältnis der Keimbahn-Mutationsrate väterlicherseits im Vergleich zu derjenigen der Mutter beträgt zehn zu eins.

Um die Keimbahn-Mutationsrate einschätzen zu können, haben Genetiker Patienten mit Hämophilie B* untersucht, die mit Mutationen in dem zur Blutgerinnung erforderlichen Faktor IX einhergeht.[11] In mehr als 95 Prozent aller Familien mit einer schweren oder moderaten Form der Erkrankung fanden sie unabhängige Mutationen. Dabei gab es »Hot Spots«** für multiple Mutationen. Einer davon war die Dinukleotidsequenz CG, die für 25 Prozent der bei diesem Gen beobachteten, unabhängigen Mutationen in einer einzelnen Base einer Nukleotidsequenz verantwortlich waren. Ein weiterer »Hot Spot« ist für acht Prozent der unabhängigen Mutationen mit Löschungen oder Einfügungen von höchstens 20 bp verantwortlich. Größere Löschungen von mindestens 50 bp treten ebenfalls auf, und zwar in Zusammenhang mit Inversionen der Gensequenz – die ursprüngliche Sequenz wird rückwärts gelesen. Außerdem sind weitere Löschungen in den codierenden Regionen zu finden, wo Purine und Pyrimidine wie GT und AC alternierend auftreten. Man schätzt, daß bei jedem Menschen mindestens 22 neue

* Bluterkrankheit

** So bezeichnen Genetiker eine Stelle auf den Chomosomen oder einen DNS-Abschnitt mit gehäuft auftretenden Mutationen oder Rekombinationen

Keimbahn-Mutationen auftreten. Das ist eine Minimalschätzung, da zahlreiche Mutationen, die keine phänotypischen Auswirkungen haben, unentdeckt bleiben.

Mutationen können auch durch die Integration von Viren, Retrotranskripten (siehe Kapitel 8) oder transposablen Elementen in das Genom verursacht werden. Im menschlichen Genom hat man mehr als 500 000 verschiedene Fälle von Integration gefunden. Beträchtliche Sequenzhomologien bestehen zwischen exogenen Retroviren und Retrotransposons, die man im Genom gefunden hat. Retroviren sind, wie Sie sich erinnern werden, RNS-Viren, deren Replikation durch reverse Transkription ihrer RNS in komplementäre DNS erfolgt. Diese komplementäre DNS wird in das Wirtsgenom eingefügt. Dort steuert sie die Synthese von vielen Virus-RNS-Genomen, und auch die Synthese des Pro-

Ein als *Mariner* bezeichnetes transposables Element, das ursprünglich in der Fruchtfliege zu finden war und seither in zahlreichen Insekten und anderen Gliederfüßern ausfindig gemacht wurde, ist jetzt bei Primaten – darunter auch der Mensch – aufgetaucht. Hier führt es zu einer neurologisch verheerend wirkenden Erkrankung, dem Charcot-Marie-Tooth-Syndrom.

teinmantels, der die RNS in infektiöse Virus-Partikel verpackt. Nach einer These von Howard Temin integrieren Retroviren sich in das Genom, sie geben ihr unabhängiges Dasein auf und entwickeln sich zu transposablen Elementen und anderen verkümmerten viralen Fragmenten. Andererseits ist auch denkbar, daß die Viren sich aus zellulären transposablen Elementen entwickelt haben.[12] Normalerweise sind Retroviren und transposable Elemente auf bestimmte Wirts-Spezies spezialisiert.

Sorge bereitet ein neuerer Fund: Ein als *Mariner* bezeichnetes transposables Element, das ursprünglich in der Fruchtfliege zu finden war und seither in zahlreichen Insekten und anderen Gliederfüßern[13] ausfindig gemacht wurde, ist jetzt bei Primaten – auch beim Menschen – aufgetaucht. Hier führt es zu einer neurologisch verheerend wirkenden Erkrankung, dem Charcot-Marie-Tooth-Syndrom.[14] Das Gen, in dem das Element enthalten ist, das *CMT*-Gen, hat eine stattliche, durch ungleiche Rekombination zwischen homologen Chromosomen verursachte Duplikation von 1500 kb. Man nimmt an, diese sei auf das von *Mariner* codierte DNS-Restriktionsenzym zurückzuführen, das an falscher Stelle in Aktion tritt. Zwar ist die Kopie von *Mariner* in dem *CMT*-

Gen »entschärft«, doch hat man noch in einem weiteren Gen ein aktives *Mariner*-Element gefunden. Dieses könnte der beeinträchtigten Kopie bei dem von ihr angerichteten Schaden Hilfestellung geleistet haben.

Wie konnte *Mariner* so viele Speziesgrenzen überschreiten? Man nimmt an, daß es die Speziesschranken durchbrochen hat, während es in das Genom eines Virus oder eines anderen Krankheitserregers eingegliedert war. Jedesmal wenn *Mariner* in eine neue Spezies Eingang findet, springt es anscheinend unvermittelt hin und her, ruft in zahlreichen Genen Störungen hervor und verliert schließlich seine eigenen, zur Fortbewegung notwendigen Gene. Doch zumindest eine Kopie im menschlichen Genom bleibt aktiv. Bedeutet dies, daß sie erst vor kurzer Zeit hinzugekommen ist? Vor wie kurzer Zeit? Mit demselben Element haben Gentechniker experimentiert, als sie transgene Antimalaria-Moskitos zu entwickeln versuchten, um Malaria einzudämmen – ein Vorgehen, das man schon als wirkungslos und unvernünftig kritisiert hat.[15]Außerdem ist es hochgefährlich. *Ist Mariner von transgenen Moskitos auf den Menschen übertragen worden? Werden solche transgenen Moskitos in großem Umfang freigesetzt, so hat dies unweigerlich eine weitere Übertragung von Mariner-Elementen auf Menschen zur Folge.* Die Genetiker hoffen, »universale Vektoren« konstruieren zu können, die sich bei allen Insekten von medizinischer Bedeutung einsetzen ließen.[16] Dies hätte für die menschliche Gesundheit schlimme Auswirkungen – worüber sich die Forscher ganz und gar nicht im klaren sind, weil sie sich nur den Kopf zerbrechen, wie sie die Insekten gentechnisch verändern können.

Die hohe Rate von Mutationen in der Keimbahn macht jede Hoffnung von Eugenikern zunichte, menschliche Populationen womöglich von schädlichen oder unerwünschten Mutationen »reinigen« zu können. Sie erhöht auch die Unsicherheit von Gentests und stellt bei Prognosen über das individuelle Risiko, an genetischen oder sonstigen Leiden zu erkranken, deren Aussagefähigkeit in Frage.

Somatische Mutationen und Krebs[17]

Man nimmt an, daß es einen besonderen Zusammenhang zwischen somatischen Mutationen und Krebs gibt, der ja keine in erster Linie genetisch verursachte Erkrankung ist. Jedenfalls wird er nicht direkt vererbt. Krebs erweist sich als eine unkontrollierte Zellvermehrung. Diese beginnt normalerweise in einer einzelnen Zelle, die zu einer bösartigen, zu einer malignen Zelle wird. In ihrem Krebswachstum bilden anschließend die von ihr abstammenden Zellen einen Klon, der dieselbe(n) genetische(n) Veränderung(en) aufweist. Allerdings können bei unterschiedlichen Krebserkrankungen verschiedener Gewebearten – selbst bei einer einzigen Person – viele Gene eine Rolle spielen.[18] Man geht davon aus, daß in ein und derselben Zelle sechs bis sieben Mutationen zusammenkommen müssen, ehe sie kanzerös wird.

Diese Einschätzung steht auch in Übereinstimmung mit der altersbedingten Zunahme der Krebserkrankungen: Mit fortschreitendem Alter steigt die Zuwachsrate in exponentiellem Verhältnis steil an. In den Vereinigten Staaten erhöht sich die Todesrate durch Krebserkrankungen des Kolons* von nahezu null im Alter von zwanzig Jahren auf einhundert Betroffene pro eine Million Einwohner im Alter von 60 Jahren und auf beinahe dreihundert Betroffene pro eine Million Einwohner im Alter von 85 Jahren.[19] Die somatischen Mutationsraten allerdings nehmen mit dem Alter nicht deutlich zu. Messungen zufolge, die das Nachlassen einer enzymatischen Aktivität in den weißen Blutkörperchen erfassen, steigt die Häufigkeit der Mutationen von durchschnittlich einer unter 10^5 Zellen im Alter von zwanzig Jahren auf zwei unter 10^5 Zellen im Alter von 60. Dieses Ansteigen der Mutationsrate wird großenteils der nachlassenden Wirksamkeit von DNS-Reparaturen zugeschrieben.[20]

Die Gene, die mit Krebs in Zusammenhang stehen, lassen sich in mehrere Kategorien einordnen. Die beiden wichtigsten sind die *Onkogene*, die das Zellwachstum vorantreiben, und die *tumorhemmenden Gene*, die das Zellwachstum zügeln.[21] In jüngerer Zeit hat man drei weitere Gruppen ermittelt: die *Antiapoptosis***-Gene, die den Zelltod verhindern, die *Antimetastasen*-Gene, die den Tumor an der Ausbreitung hindern, und die *Multiple-Medikamentenresistenz*-Gene, die für die Resistenz gegen die in der Chemotherapie eingesetzten Medikamente verantwortlich sind (siehe Kapitel 8).[22]

Onkogene entstehen durch Mutation aus normalen, das Zellwachstum fördernden, zellulären Genen, den *Protoonkogenen*. Die Mutationen werden durch viele verschiedene Mechanismen bewirkt, unter anderem durch von karzinogenen und mutagenen Substanzen hervorgerufene Chromosomenbrüche und -neuanordnungen. Eine Hauptursache für Mutationen besteht darin, daß sich Retroviren oder deren Bestand-

* ein Abschnitt des Dickdarms

** Antiapoptosis (*gr.*): eine Gegenkraft zur Apoptose; als Apoptose bezeichnet man die kontrollierte Zerstörung von Zellen, zum Beispiel in der Wachstumsphase eines Organismus (siehe auch Glossar).

teile in eins der Gene oder in deren Nachbarschaft eingliedern. Diese Retroviren können auch Onkogene mit sich führen, die sie ursprünglich aus der Zelle erhalten haben. In manchen Krebszellen kommt es infolge eines starken viralen Promotors, der sich in der Nähe des Gens eingefügt hat, einfach zu einer Überexpression des normalen Protoonkogens. Tumorhemmende Gene blockieren das Zellwachstum, und man nimmt an, daß ein Tumor sich dann entwickelt, wenn beide normalen Kopien durch Mutation deaktiviert sind. Bis jetzt hat man ungefähr zwanzig verschiedene tumorhemmende Gene ausfindig gemacht. Eins der krebsbezogenen Gene, das für den Zelltod eine Rolle spielt, ist *p53*. Es enthält den Code für ein Protein, das normalerweise den Zellkreislauf zum Stillstand bringt, sobald ein DNS-Schaden entdeckt wird. Statt sich zu einer kanzerösen Zelle zu entwickeln, stirbt die betreffende Zelle einfach ab. Mutationen in *p53* lassen möglicherweise zu, daß die Zelle mit ihrer beschädigten DNS fortbesteht. Daraus resultieren dann multiple Mutationen, die schließlich zu Krebs führen.

Viele verschiedene Arten von mutativen Veränderungen auf der somatischen Ebene können mit Krebs in Zusammenhang stehen. Das liegt auf der Hand. Häufig wird die Frage gestellt, ob es sich bei den mutativen Veränderungen womöglich um die Folgen des Krebs handele und nicht um seine Ursache. Bei Krebszellen stellen sich tatsächlich Mutationen bis zu 1000mal schneller ein als bei normalen Zellen, und die Mutationen könnten nach dem alles entscheidenden Vorgang, bei dem die eine Zelle sich in eine bösartige Krebszelle verwandelt hat, stattgefunden haben.

Ohne jeden Zweifel erhöhen Umweltfaktoren wie Röntgenstrahlen, Gammastrahlen, Zigarettenrauch und zahlreiche andere chemische Schadstoffe das Krebsrisiko, wenngleich der Zuwachs bei den Mutationsraten nicht so eindeutig ist. Krebserkrankungen – darunter Leukämie, Brustkrebs, Lungenkrebs und Krebserkrankungen des Verdauungssystems – traten bei den Überlebenden der Atombombenabwürfe in Hiroshima und Nagasaki im Vergleich zu einer Kontrollgruppe von Menschen, die der Bombe nicht ausgesetzt waren, mit erhöhter Häufigkeit auf. Seit dem Krieg waren viele Militärangehörige und Teile der Zivilbevölkerung dem radioaktiven Niederschlag nach Nukleartests ausgesetzt, andere Menschen wiederum der niedrig dosierten Strahlung im Umkreis von Nuklearanlagen. Diese Strahlungsexposition hat über mehrere Generationen hinweg ein gehäuftes Auftreten von Krebserkrankungen zur Folge.[23]

In einer Untersuchung wurde eine Gruppe von 1068 Kindern aus den Familien von Mitarbeitern der nordwestenglischen Wiederaufbereitungsanlage in Sellafield mit einer weiteren Gruppe von 1546 Kindern verglichen, die nicht in dieser Gegend zur Welt gekommen waren, aber die dortigen Schulen besuchten. Fälle von Leukämie- und Krebserkrankungen fand man *nur* bei den in Sellafield geborenen Kindern, was den Gedanken nahelegt, daß die Krebserkrankungen im Kindesalter sich infolge der durch Radioaktivität verursachten Schäden an den Keimzellen der Eltern entwickelt haben.

Ebenso sind die Todesraten aufgrund von Lungenkrebs bei Asbestarbeitern fünffach und für Raucher zehnfach erhöht. Für Asbestarbeiter, die zugleich rauchen, ist die Todesrate auf das 53fache erhöht. Dies ergibt sich aus der Multiplikation der beiden Risikofaktoren.

Gleich nach den kardiovaskulären Erkrankungen ist Krebs die Erkrankung, die in den Industrieländern die meisten Todesopfer fordert. Seit dem vorigen Jahrhundert durchgeführte Untersuchungen dokumentieren die enge Korrelation zwischen dem Auftreten von Krebs und dem Grad der Industrialisierung, gemessen an solchen Indikatoren wie dem Bruttosozialprodukt.[24] In nicht industrialisierten Ländern war auf der ganzen Erde Krebs entweder unbekannt oder äußerst selten. Hauptursache, abgesehen von atomarem Müll aus Nuklearanlagen, sind die wachsenden Mengen von industriellen und agrikulturellen Chemikalien, die in die Umwelt befördert werden – als Bestandteile von Müllgruben, als Abwasserströme, als Aerosole* und Rauch, in Spritzmitteln und sonstigen Anwendungsformen bei Nahrungspflanzen und Nutztieren. Mindestens 70 000 synthetische Chemikalien sind seit der industriellen Revolution in unsere Umwelt gelangt. Zahlreiche Studien haben Zusammenhänge zwischen Pestiziden, Herbiziden, Schwermetallen, synthetischen Chemikalien, Lösungsmitteln und toxischem Rauch (aus städtischen Müllverbrennungsanlagen) und Schäden in jedem Organsystem unseres Körpers einschließlich der Gene aufgezeigt. Diese Schäden haben Krankheiten zur Folge, die das Nervensystem, das Immunsystem,

> Schlechte Gesundheit wird zum ganz überwiegenden Teil durch Umweltfaktoren verursacht und nicht durch unsere Gene.

das Hormonsystem, die Leber und die Nieren betreffen. Sie verursachen auch Geburtsfehler und Krebs.[25] In jüngerer Zeit hat sich herausgestellt, daß auch schwache elektromagnetische Felder in der Nähe von

* siehe Fußnote S. 37

Hochspannungsleitungen und sonstigen elektrischen Anlagen zur Entstehung und zum Fortschreiten von Krebs beitragen.[26]

Die einzigen Umwelteffekte, die das Establishment als krankheitsverursachende Faktoren rundum anerkennt, sind die »Ernährung« und die »Lebensführung«; und bei beiden setzt man voraus, daß sie von der oder dem Betroffenen selbst abhängen. Eine an gesättigten Fetten reiche Ernährung und eine stressige Lebensführung erhöhen, wie man herausgefunden hat, das Krebsrisiko. Geichfalls ist jedoch bekannt, daß Karzinogene – wie Pestizide und Pestizidrückstände – sich in tierischem Fett anreichern. Entlang der Nahrungskette erhöht sich deren Konzentration, so daß fleischfressende Lebewesen an der Spitze der Nahrungskette wie der Mensch gefährlich hohe Mengen der Karzinogene zu sich nehmen. Das macht deutlich, daß schlechte Gesundheit zum weit überwiegenden Teil durch Umweltfaktoren und nicht durch unsere Gene verursacht wird.

Wenn Genträume zu Alpträumen werden

Seit 1990 gab es in der Gentherapie über einhundert klinische Erprobungen, und »nicht viel von dem, was getestet (ausprobiert) wurde, funktioniert auch«.[27] »Hunderte Menschen sind mit Gentherapie behandelt worden, doch niemand wurde geheilt. Ist es an der Zeit, daß die Forscher ins Labor zurückkehren?«[28] Harold Varmus, Direktor des *US National Institute of Health* (NIH)*, das jährlich rund 200 Millionen Dollar für Gentherapie-Programme ausgegeben hat, erklärte im Mai 1995 vor einem Ausschuß des Kongresses: »Zwar wird verschiedentlich von überzeugenden Gentransfers und Genexpressionen berichtet, doch gibt es noch weniges oder nichts, was den therapeutischen Nutzen bei Patienten beweist, selbst bei Tierversuchen.«[29]

Zwei Grundformen der Gentherapie hat man bisher ausprobiert. Die erste, die Gentherapie *ex vivo***, stützt sich auf die Entnahme von Zellen – Knochenmarkszellen zum Beispiel – beim Patienten. Diese werden in einer Zellkultur mit Hilfe des fehlenden, von einem geeigneten Gen-

* Eine dem US-Gesundheitsministerium unterstellte Behörde, unter deren Leitung Ursachen, Heilungs- und Vorbeugungsmöglichkeiten von Erkrankungen erforscht werden; dies geschieht unter anderem in Instituten, die sich auf die verschiedenen medizinischen Fachbereiche spezialisiert haben, wie etwa das Nationale Krebsinstitut.

** Sie wird auch *in vitro*-Gentherapie genannt.

transfer-Vektor getragenen Gens umgewandelt und anschließend reimplantiert. Bei der zweiten Methode, der Gentherapie *in vivo*, wird dem Patienten das in dem Vektor befindliche Gen direkt verabreicht. Für die Umwandlung der Zellen in der Zellkultur verwendet man retrovirale Vektoren. Denn sie infizieren Zellen, die sich vervielfältigen, und können sich in das Zellgenom einfügen. Da sie sich aber per Zufall einfügen, können sie leicht Krebs verursachen. Für die Gentherapie *in vivo* verwendet man Vektoren, die aus dem Adenovirus hergestellt werden. Sie integrieren sich nicht in das Genom und die Wahrscheinlichkeit, daß sie im Genom Störungen hervorrufen, ist geringer. Eine alternative Möglichkeit, Gene ohne Einsatz von Vektoren zu transportieren, besteht in der Verwendung von Liposomen. Diese befördern das Gen in das Zytoplasma, nicht jedoch in den Zellkern. Daher können sie nicht transkribiert und »ausgedrückt« werden.

> Die geplanten Gentherapie-Programme werden höchstwahrscheinlich Krankheiten verursachen und virulente Viren hervorbringen, die dann die Gesamtbevölkerung infizieren können.

Allerdings hat man festgestellt, daß die Patienten nach der ersten Dosis Immunreaktionen gegen die Vektoren an den Tag legen. Nachdem die Patienten bei der klinischen Erprobung die Aerosole des Adenovirus eingeatmet hatten, entzündeten sich ihre Atemwege. Ein Patient ist beinahe verstorben. Anschließend forschte man bei Ratten, und das Adenovirus direkt ins Gehirn zu injizieren schien zunächst harmlos zu sein. Als man jedoch zwei Monate später denselben Tieren das Adenovirus in den Fuß injizierte, kam es im Gehirn zu einer schweren Entzündung.[30] Für die Forscher war das eine Überraschung, da das Gehirn nach allgemeinem Dafürhalten durch die Blut-Gehirn-Schranke des Immunsystems geschützt ist, die keine Makromoleküle hindurchlassen dürfte. Es liegt auf der Hand, daß die Gentherapie die Patienten bereits inakzeptablen Gefahren aussetzt. Die weitere Durchführung der Programme steht auf dem Spiel.

Man unternimmt jetzt verzweifelte Versuche, die Gentherapie-Programme zu retten, da auch private Unternehmen viel Geld in die Entwicklung dieses potentiellen Marktes im Bereich der Gesundheitsversorgung investiert haben. Die Forscher sind auf Suche nach anders gearteten Vektoren. Ein Kandidat ist das Bakulovirus – das Insektenvirus, bei dem man festgestellt hat, daß es auch Säugerzellen befällt (siehe Kapitel 9). Der andere Kandidat ist das AIDS-Virus. Dieses Retrovirus kann Zellen infizieren, die sich nicht teilen. Man hatte dem aus dem AIDS-Virus konstruierten Vektor sämtliche Gene entnommen, die das Virus zu seiner Vervielfältigung benötigt. Er sollte nur noch durch Zellinien vervielfältigt werden können, die das endogene Hilfsvirus in sich tragen. Kritische Stimmen haben darauf hingewiesen, daß das entschärfte AIDS-Virus sich möglicherweise durch Rekombination in eine virulente Form verwandeln und AIDS verursachen könnte. Aber zumindest einer der Leute, die sich das Forschungsprojekt ausgedacht hatten, zeigte sich davon unbeeindruckt. Der Druck, immer aggressivere Gentransfer-Vektoren zu konstruieren, ist da – obwohl man heutzutage genau weiß, daß Viren zur Rekombination fähig sind und daß menschliche Genome bereits endogene Proviren und damit verwandte Elemente beherbergen, die entschärfte virale Vektoren bereitwillig mobilisieren und Rekombinationen mit ihnen eingehen. Außerdem spielt im Tierreich bei vielen Krebsarten die Rekombination zwischen exogenen und endogenen Viren eine große Rolle, und durch Kultivierung können aus ursprünglich gutartigen Virus-Formen virulente Varianten entstehen. Kurzum: *Die geplanten Gentherapie-Programme werden höchstwahrscheinlich Krankheiten hervorrufen und virulente Viren hervorbringen, die dann die Gesamtbevölkerung infizieren können.*

Gefahren durch die Mobilisierung und die Rekombination von Vektoren

Auf Retroviren und den Retroviren ähnliche Desoxyribonukleinsäuren in eukaryontischen Genomen – ferner auf Retrotransposons und andere, den Retroviren sehr ähnliche Elemente (siehe oben) – ist als erster Howard Temin im Jahr 1980 gestoßen.[31] Aufgrund der Sequenzhomologien mit den von außen kommenden Viren läßt sich voraussagen, daß es zwischen den endogenen Elementen und den Viren zur Rekombination kommen wird. Der experimentelle Beweis für solch eine Rekombination, die unmittelbar an der Verursachung von Erkrankungen beteiligt ist, liegt jetzt vor.

Katzenleukämie-Viren (FeLVs*) werden bei Hauskatzen durch Infektion übertragen. Sie können entweder zu einer akuten Erkrankung führen oder, nach einer ausgedehnten Inkubationszeit, zu Krebserkrankungen im lymphatischen System. Bis zu drei Viertel des Gens für die

* FeLVs = *Feline leukaemic viruses*

Glykoproteinhülle des exogenen Virus können durch Sequenzen aus einem endogenen Virus ersetzt werden, um rekombinante Viren hervorzubringen, die biologisch aktiv und an der Entstehung von bösartigen Lymphomen bei den infizierten Katzen beteiligt sind.[32] Da das Hüllenprotein weitgehend durch das endogen codierte Protein ersetzt wird, können diese rekombinanten Viren die Immunität des Wirtstieres unterlaufen. So entstehen zahlreiche weitere Viren, von denen manche zu Erkrankungen des Nervensystems und der Blutzellen führen.

Das für den Brustkrebs bei Mäusen verantwortliche Virus wird durch Infektion übertragen: entweder – als exogenes Virus – über die Milch an die dafür anfälligen Jungtiere; oder über die Keimbahn – als endogenes Provirus. Während der Stillzeit kommt es in den Brustdrüsen zu hochgradiger Expression von exogen erworbenen und von einigen endogenen Mäusebrustkrebs-Viren, und die endogene virale RNS ist mit der exogenen viralen RNS in denselben Viruspartikeln zusammengefaßt. Ein so entstandenes rekombinantes Virus, das man in den Brustkrebsgeschwulsten von infizierten Mäusen gefunden hat, enthält Teile des Gens aus dem endogenen Virus mit der Proteinhüllen-Codierung.[33]

Bei Viren, die Vögel infizieren, gab es ähnliche Ergebnisse. Man hat ein hochinfektiöses Vogelleukämie-Virus isoliert, das bis auf ein einziges Gen, *gag*, mit dem hinlänglich beschriebenen Rous-Sarkom-Virus identisch war. Auf diesem Unterschied beruht seine außerordentlich hohe Infektiosität.[34] Das neue Virus kam durch Rekombination zwischen dem exogenen Rous-Sarkom-Virus und endogenen Viren *in der Zellkultur* zustande – ein Hinweis darauf, daß schon die Kultivierung von Viren als solche eine Gefahr darstellt. Die Forscher entwickeln dieses Supervirus zu einem Vektor für den Gentransfer bei Vögeln und schenken den potentiellen Gefahren, die damit einhergehen, keinerlei Beachtung.

Nachgewiesen wurde die Rekombination zwischen einem injizierten Virus und endogenen viralen Genen bei Mäusen der AKR-Rasse, die ein Provirus in sich haben.[35] Diese Mäuse entwickeln im Alter zwischen sechs und zwölf Monaten spontane Krebserkrankungen der T-Zellen (weiße Blutkörperchen, die an der Immunreaktion beteiligt sind). Doch nicht das ererbte Provirus ist die unmittelbare Ursache dafür. Damit das Krankheitsbild entsteht, bedarf es vielmehr der Rekombination zwischen diesem Provirus, AKv, und mindestens zwei weiteren endogenen Viren. Diese rekombinanten Viren bezeichnet man als MCF*-Viren, weil

* MCF = *mink cell focus-inducing viruses;* Viren, durch die in den Zellen von Nerzen Krankheitsherde entstehen

sie bei Nerzen ein abnormes Zellwachstum hervorrufen können – woraus eine Erweiterung ihres Wirtsspektrums zu entnehmen ist.

Auch zwischen unterschiedlichen Varianten eines exogenen Virus kann es, während dieses sich verbreitet, zur Rekombination kommen. Bei Patienten, die sich einer ausgedehnten antiviralen Chemotherapie unterziehen, lassen sich medikamentenresistente Varianten von HIV-1 isolieren; und diese können auch in Zellkulturen entstehen, die zunehmend höheren Konzentrationen von Medikamenten ausgesetzt sind. Es konnte jetzt nachgewiesen werden, daß virale Rekombinationen für die Entstehung multipler Resistenzen gegen ein einzelnes Medikament und auch für Resistenzen gegen zwei verschiedene Medikamente, AZT und 3TC, verantwortlich waren.[36]

Aus diesen Resultaten ergeben sich weitreichende Folgerungen für die Entwicklung von Krebserkrankungen, außerdem lenken sie unser Augenmerk auf die Gefahren, die den Gentransfer-Vektoren innewohnen. Da endogene provirale Sequenzen überall in den Genomen zu finden sind, muß es zwischen dem eingeschleusten Vektor und den endogenen Viren unweigerlich zu Rekombinationen kommen. Und diese Resultate lenken unser Augenmerk auch auf die Risiken, die mit der Kultivierung von Viren zur Herstellung von Vektoren verbunden sind. Denn alleine schon durch die Kultivierung können neue Viren mit einem erweiterten Wirtsspektrum entstehen. Die Gefahr, durch virale Rekombination Krankheitserreger hervorzubringen, ist ganz real. Im Verlauf von zehn Jahren haben sich in Frankreich sechs Wissenschaftler des Pasteur-Instituts, die mit gentechnischen Manipulationen an krebsbezogenen Onkogenen beschäftigt waren, Krebserkrankungen zugezogen. [37] Weitere Untersuchungen haben 1990 zutage gefördert, daß bei einer Maus, der man am Rücken die isolierte DNS eines menschlichen Onkogens auf die Haut aufgetragen hatte, innerhalb von Wochen Tumore in den Blutgefäßen und im lymphatischen System auftraten (siehe auch Kapitel 10).[38] Diese Beobachtungen ließen bei den Mitarbeitern der Laboratorien und bei der *UK Health and Safety Executive** die Alarmglocken klingeln. Bei der Kultivierung eines menschlichen Retrovirus (HTLV-II), das mit der Haarzellen-Leukämie beim Menschen in Zusammenhang gebracht wird,[39] hat man zwei infektiöse Viren mit Löschungen und Neuanordnungen ihrer Genome hervorgebracht, die normale Zellen verstärkt in Krebszellen umwandeln können.

Auf das Gefahrenpotential des rekombinanten Bakulovirus, das zur

* siehe Fußnote S. 233

Insektenvernichtung in der Landwirtschaft und zugleich als Gentransfer-Vektor für die Gentherapie beim Menschen dienen soll (siehe Kapitel 9), habe ich bereits hingewiesen. Australische Wissenschaftler haben mit gentechnischen Mitteln ein Virus entwickelt, das Mäuse daran hindert, schwanger zu werden; und sie hoffen, ähnliche Viren einsetzen zu können, um Mäuseplagen in der freien Natur beizukommen.[40] Kritiker weisen darauf hin, daß solche empfängnisverhütende Viren eine ökologische Katastrophe bewirken könnten und niemals freigesetzt werden sollten, da sie Spezies infizieren und sterilisieren könnten, bei denen dies keinesfalls beabsichtigt war.

Vor einigen Jahren wurden in Belgien eßbare Köder mit einem rekombinanten Virus (Impfpocken-Tollwut) ausgelegt, um Füchse gegen Tollwut zu immunisieren – in der erklärten Absicht, die Tollwut bei Haustieren, die Menschen infizieren könnten, auszurotten. Da Füchse und andere Tiere der freien Wildbahn, die von den Ködern fressen, weitere Pockenviren wie etwa den beim Wild verbreiteten Kuhpockenvirus in sich haben könnten, waren Rekombinationen zwischen den beiden Viren möglich. Eine 1996 durchgeführte Erhebung brachte es dann an den Tag: 63 Prozent der Wühlmäuse und sieben Prozent der Waldmaus-Arten *haben* Antikörper gegen Kuhpocken in sich – ein Hinweis auf das Vorhandensein des Kuhpockenvirus. Dessenungeachtet schlossen die Forscher *in direktem Widerspruch zu den Beweisen*: »Das Risiko einer Virus-Rekombination bei Wild darf daher als äußerst gering angesehen werden.«[41] Folgender beunruhigender Zwischenfall mit einem Tollwutimpfstoff sollte ein warnendes Beispiel sein. Ein Tollwutausbruch im Serengeti-Wildpark veranlaßte ein Team von Tierärzten, 34 Hunden einen Tollwutimpfstoff zu verabreichen. Innerhalb von zehn Monaten waren vier geimpfte Hunde tot, und seit 1991 wurde kein einziger der Hunde mehr gesichtet.[42] Haben die Impfstoffe durch Rekombination lebende Tollwutviren regeneriert und so die Hunde getötet?

Die Rekombination zwischen einem viralen Impfstoff gegen die Aujeszky-Krankheit* und einem koinfektiösen Virus mit der daraus resultierenden Regeneration eines infektiösen, die Aujeszky-Krankheit verursachenden Virus wurde bei Zellkulturen nachgewiesen.[43]

* sogenannte »Juckseuche«: Herpesvirusinfektion, an der außer Pferden und Primaten fast alle Säugetierarten erkranken können; Symptome sind Lähmungen und extrem starkes Hautjucken; meist tödlicher Ausgang

Impfstoffe – lieber krank werden als vorbeugen?

Auf einem weiteren Sektor sind die Entwicklungen dazu angetan, zur Entstehung neuer Viren beizutragen: Von rekombinanten Impfstoffen ist die Rede. Durch die Verwendung von rekombinanten viralen Impfstoffen erhöht sich die Wahrscheinlichkeit von Rekombinationen und verbreitert sich möglicherweise auch das Wirtsspektrum von eventuell neu entstehenden Viren, da die bei Impfstoffen eingesetzten viralen Genome häufig bereits einen chimärischen Aufbau haben. Wie in Kapitel 10 erwähnt, kann die »nackte DNS« aus Viren – Viren, die ihres Proteinmantels beraubt sind – ein größeres Wirtsspektrum haben als die Viren als solche. Daher verfügen DNS-Impfstoffe[44] – Impfstoffe, die aus viraler DNS hergestellt werden – über die Fähigkeit, Wirte zu infizieren, die für das intakte Virus nicht anfällig sind. So überschreiten sie weit entfernte Speziesschranken und haben dabei zahlreiche Gelegenheiten zur Rekombination und zur Bildung von neuen Viren, die Krankheiten verursachen. Zu dem Zeitpunkt, da das vorliegende Buch verfaßt wurde, hat man noch keinerlei Risikoeinschätzung für derartige Impfstoffe in Betracht gezogen. Das Schlimme an den DNS-Impfstoffen ist, daß selbst kleine Modifikationen der viralen DNS unabsehbare Auswirkungen auf ihr Wirtsspektrum und auf ihre Virulenz haben können.[45] Außerdem ist rekombinante virale DNS grundsätzlich instabiler als das ursprüngliche Virus, sie neigt stärker zur Rekombination mit anderen Viren und zur Übernahme neuer Gene aus ihren Wirtsorganismen, um sie in Krankheitserreger zu verwandeln.

Impfstoffe können gegen die raschen Mutationen und Rekombinationen von Viren bekanntermaßen wenig ausrichten. Selbst Impfstoffe gegen bakterielle Krankheitserreger erzielen sehr unterschiedliche Wirkungen. Zum Beispiel liegt der Erkrankungsschutz des BCG-Tuberkulose-Impfstoffs irgendwo zwischen 80 und null Prozent. Im umfangreichsten Impfungsprogramm in Indien, das sich auf 350 000 Menschen erstreckte, bot der Impfstoff keinerlei Schutz.[46]

> Dreißig Jahre lang hat der Impfstoff gegen die Masern üble Mutationen hervorgerufen, sie zu einer Krankheit von Erwachsenen und Kindern gemacht, und an unsere Kinder können wir nur noch eine unzureichende Immunität weitergeben.

Impfstoffe können genau die Erkrankungen bewirken, vor denen sie uns eigentlich Schutz bieten sollen. Mitte der achtziger Jahre kam es unter einer vollauf immunisierten Population einer höheren Schule in Corpus Christi, Texas, zu einer Masern-Epidemie.[47] In Großbritannien gab es seit den sechziger und siebziger Jahren landesweite Kampagnen für Massenimpfungen von Kindern gegen Infektionserkrankungen wie Keuchhusten, Kinderlähmung, Diphterie, Masern und Wundstarrkrampf. Die Wirksamkeit dieser Impfungen hat man ernstlich in Zweifel gezogen. Gleichzeitig sind sie bis weit in die neunziger Jahre mit Hunderten von Todesfällen, bleibenden Gehirnschäden und weiteren Erkrankungen in Verbindung gebracht worden.[48]

Als Impfstoffe eingesetzte abgeschwächte (weniger virulente) oder abgetötete Viren können die Entstehung von mutanten Viren ermöglichen, oder sie können ein erhöhtes Wachstum der Viren in der Gesamtpopulation fördern. Drei Prozent der Babys von Müttern, die den Impfstoff gegen Hepatitis B erhalten haben, entwickeln daraufhin eine mutante Form der Erkrankung. In einer großen Gruppe von Babys, die von Hepatitis-B-positiven Müttern zur Welt gebracht wurden und gegen die Erkrankung voll immunisiert waren, entwickelte eines von 60 Hepatitis B und eines von 80 hatte einen Mutanten des Virus in der Lymphflüssigkeit.[49]

Die Gesundheitsjournalistin Lynne McTaggart, die schon lange gegen iatrogene (durch die Verschreibung von Medikamenten und ärztlichen Behandlungen hervorgerufene) Erkrankungen zu Felde zieht, schreibt dazu: »… Nach vielen Impfungsprogrammen standen wir viel schlechter da als vorher. Dreißig Jahre lang hat der Impfstoff gegen die Masern üble Mutationen hervorgerufen, sie zu einer Krankheit von Erwachsenen und Kindern gemacht, und an unsere Kinder können wir nur noch eine unzureichende Immunität weitergeben. Obendrein haben wir jetzt eine beträchtliche Zahl von Kindern, die durch den Impfstoff geschädigt sind.«[50]

Impfstoffe, die für den Einsatz beim Menschen und bei Nutzvieh in transgenen Pflanzen produziert werden,[51] verfügen über ein erhöhtes Potential, neue pathogene Viren mit einem äußerst breiten Wirtsspektrum hervorzubringen. Es gibt vor allem zwei Strategien, Impfstoffe so zu produzieren. Im Rahmen der ersten Strategie integriert man Proteinmantel-Genfragmente von Viren aus dem Tierreich in Pflanzenviren wie zum Beispiel das Chinabohnen-Mosaikvirus. Dafür anfällige Pflanzen multiplizieren dann das chimärische Virus und synthetisieren auch das chimärische Protein des Virusmantels. Bei der zweiten Strategie erzeugt man transgene Pflanzen mit dem geeigneten chimärischen Vektor, der das tierische Virusmantel-Protein oder aber seine für die Immunreaktion verantwortlichen Teile enthält, so daß die Pflanze das Protein unablässig synthetisiert. Zur Immunisierung verfüttert man anschließend die pflanzlichen Bestandteile direkt an Tiere oder Menschen. Beide Praktiken beruhen darauf, chimärische Viren oder endogene, virusähnliche Elemente zu erzeugen, die bereits über erweiterte Wirtsspektren verfügen. Ihre Fähigkeit, noch weitere Viren hervorzubringen, die ein weites Artenspektrum befallen, sollte nicht unterschätzt werden. Wie ich im 1. Kapitel deutlich gemacht habe, sind solche viralen Pathogene mit einem weiten, speziesübergreifenden Wirtsspektrum möglicherweise bereits entstanden, manche davon zum ersten Mal. Es gibt keinen Hinweis darauf, daß die Forscher diese Möglichkeit in Betracht gezogen haben.

Xenotransplantate – Allheilmittel oder der Weg in die Pandemie?

Die Diskussion über Xenotransplantationen – die Verpflanzung von Organen aus Tieren auf den Menschen – dauert an. Zur Diskussion standen vor allem ethische Fragen und die Risiken solcher Transplantationen. Niemand aber hat der Tatsache besonderes Gewicht beigemessen, daß diese von Anfang an kommerziell motiviert waren. Im Schlepptau einer weltweit zunehmend privatisierten Gesundheitsversorgung hat sich ein lukrativer internationaler Handel mit menschlichen Körperteilen entwickelt,[52] und die Nachfrage ist weit größer als das Angebot. David Sachs von der medizinischen Fakultät in Harvard schätzt, daß Herztransplantationen in den Vereinigten Staaten über 400 000 Menschen zugute kämen, obgleich die offizielle Warteliste für Herzen 1996 lediglich 3698 Menschen umfaßte.[53] Diese Zahl zeugt allerdings eher von der unbändigen Begeisterung des medizinischen Establishments angesichts der Perspektiven, die sich hier für den Gesundheitsmarkt ergeben, als von einer seriösen Bedarfsschätzung. Bereits 1988 ergab eine Studie der Rand Corporation, daß 25 Prozent aller chirurgischen Eingriffe in den USA überflüssig sind und jährliche Gesamtkosten in Höhe von 132 Milliarden Dollar verursachen.[54] Nach solchen Schätzungen wie der von David Sachs vorgelegten käme alleine schon der Umsatz bei Herztransplantationen auf 2 Milliarden Dollar pro Jahr. Und der Zuwachs auf dem Transplantationsmarkt für Herz, Lunge, Leber, Nieren und so weiter ist gesichert, da Organausfälle, etwa aufgrund von Krebs und vielen anderen Erkrankungen, weiter zunehmen.[55]

Die aus Xenotransplantationen erwachsenden Risiken sind wohlbekannt und unter dem wissenschaftlichen Establishment unumstritten. Robin Weiss, Professor am Krebsforschungsinstitut in London, hat im Labor nachgewiesen, daß ein Schweine-Retrovirus menschliche Zellen infizieren kann. Und hat das Virus erst einmal einen Lebenszyklus in einer menschlichen Zelle durchlaufen, so kann es eine breite Palette anderer menschlicher Zellen infizieren.[56] Darum hat der britische Gutachterausschuß zu ethischen Fragen bei Xenotransplantationen für klinische Erprobungen ein Moratorium verhängt.[57] Befürworter behaupten, man könne transgene Schweine zu Transplantationszwecken »pathogenfrei« heranziehen.[58] Unmöglich kann man jedoch die endogenen Proviren und damit verwandten Elemente loswerden, die in eukaryontischen Genomen allgegenwärtig sind. Im Hinblick auf Rekombinationen stellen diese Elemente die größte Gefahr dar.

> Transgene Schweine werden durch Genmanipulation mit menschlichen Genen ausgestattet, um die »hyperakute« Abstoßung transplantierter Organe zu unterdrücken. Damit wird allerdings zugleich auch die körpereigene Abwehr gegen Bakterien- und Virusinfektionen unterdrückt und mit entsprechend größerer Wahrscheinlichkeit die Entstehung und das Wachstum von rekombinanten, speziesübergreifenden Viren begünstigt.

Tatsächlich hat man seither im Schweine-Genom vielfache Kopien solch endogener Retroviren gefunden, womit jede Hoffnung, »pathogenfreie« Schweine züchten zu können, zunichte gemacht ist. Wir müssen uns darüber im klaren sein, daß es wirklich gefährlicher sein kann, Körperteile von sogenannten humanisierten, zwecks Xenotransplantation gentechnisch veränderten Schweinen zu verwenden als – wählen wir einmal dieses Beispiel – die Herzklappen eines nicht gentechnisch manipulierten Schweins. (Und ich möchte hinzufügen, daß es gegen die diesbezügliche Verwendung von Schweinen, die in erster Linie für Nahrungszwecke gezüchtet werden, aus ethischen Gründen viel weniger einzuwenden gibt.) Um die »hyperakute« Abstoßung transplantierter Organe zu unterdrücken – die Zerstörung des Spenderorgans innerhalb von Minuten nach der Transplantation –, werden inzwischen durch Genmanipulation transgene Schweine mit menschlichen Genen ausgestattet. Damit wird allerdings zugleich auch die körpereigene Abwehr gegen Bakterien- und Virusinfektionen unterdrückt[59] und mit entsprechend größerer Wahrscheinlichkeit die Entstehung und das Wachstum von rekombinanten, speziesübergreifenden Viren begünstigt.

Dasselbe Problem ist gegeben – in geringerem Maß zwar, aber es fällt immer noch ins Gewicht –, wenn man transgenes Nutzvieh wie Schafe oder Kühe mit menschlichen Genen dazu benutzt, pharmazeutisch verwertbare Proteine zu produzieren oder ganze Armeen von transgenen Mäusen, denen man mit gentechnischen Mitteln menschliche Gendefekte verpaßt hat, damit sie der Humanmedizin als Anschauungsmaterial dienen können. Daß man Tiere in dieser Manier verwertet, hat zu ernster Besorgnis um das Wohlergehen der Tiere Anlaß gegeben (siehe Kapitel 11): insbesondere deshalb, weil sich aus derart reduktionistischen Gesundheits- und Krankheitsmodellen ein im günstigsten Fall fragwürdig zu nennender Nutzen ziehen läßt.

Gentechnik – kein Beitrag zu einer besseren Gesundheit

Die derzeitigen Entwicklungen der Gentechnik in der Humangenetik und der Humanmedizin sind größtenteils kommerziell motiviert. Weit davon entfernt, die Volksgesundheit zu verbessern, dienen diese Entwicklungen dazu, die Aufmerksamkeit von den weitaus wichtigsten Ursachen gesundheitlicher Probleme – die im Umweltbereich zu finden sind – abzulenken und den Opfern die Schuld zuzuschieben.

Dieselbe chemische und pharmazeutische Industrie, die zu den größten Umweltverschmutzern gehört, die sämtliche Organsysteme unseres Körpers einschließlich der Gene in zunehmendem Maß geschädigt hat, steht nun bereit, um bei den Menschen, die krank gemacht worden sind, enorme Profite abzuschöpfen. Genetische Erkrankungen im eigentlichen Sinn, die sich auf einzelne Gene zurückführen lassen, machen weniger als zwei Prozent aller Erkrankungen aus.[60] Und selbst bei ihnen hat sich gezeigt, daß sie weitaus komplizierter sind, als man

> Im Eilschritt wird das Gesundheitssystem durch einen Gesundheitsmarkt ersetzt. Gleichzeitig stellt man Menschen, die krank werden, an den Pranger, weil ihre Gene sie angeblich für Erkrankungen »prädisponieren«.

früher annahm. Und bei einem Prozent solcher genetischer Erkrankungen handelt es sich um *neue* Mutationen, die höchstwahrscheinlich durch mutagene Substanzen aus der Umwelt verursacht wurden.

Ungeachtet aller Versprechungen der Gentherapie, hat es im Verlauf von zwanzig Jahren nicht einen einzigen dokumentierten Erfolg gegeben. Trotzdem wird sie mit Techniken, die Krebs erzeugen und neue Viren hervorbringen können, aggressiv weiter vorangetrieben. Noch ein weiteres Versprechen, das von einer Medizin persönlichen Zuschnitts, die auf unserer genetischen Ausstattung aufbaut, ist ein Hirngespinst. Wir besitzen 100 000 Gene mit Hunderten von Varianten bei jedem Gen. Darüber hinaus werden bis zu 95 Prozent unseres Genoms als »Überschuß-DNS« bezeichnet, weil niemand weiß, welche Aufgaben sie erfüllt.

Im Eilschritt wird das Gesundheitssystem durch einen Gesundheitsmarkt ersetzt. Gleichzeitig stellt man Menschen, die krank werden, an den Pranger, weil ihre Gene sie angeblich für Erkrankungen »prädisponieren«. Entsprechend wird man auch die Verantwortung für jeden anderen gesundheitlichen Zustand, der als unerwünscht gilt, solchen »prädisponierenden« Genen zuschieben. Genetische Diskriminierung und Eugenik nehmen heimtückischere, privatisierte Formen an.

Weltweit sind seit den achtziger Jahren die Gesundheitssysteme durch die kategorische Forderung nach dem »freien Markt« ernstlich untergraben worden. Sogenannte Programme zur strukturellen Anpassung, die von der Weltbank gefördert werden, haben die Regierungen in der Dritten Welt genötigt, den Mittellosen für die gesundheitliche Versorgung Gebühren in Rechnung zu stellen, durch verringerte Dienstleistungen die öffentlichen Ausgaben zu reduzieren und privates Unternehmertum im Gesundheitswesen zu fördern.[61] Infolgedessen wurde durch zunehmende Unterernährung und steigende Kindersterblichkeitsraten in vielen Ländern der Dritten Welt ein langfristiger Trend umgekehrt; und in der immunologisch geschwächten Bevölkerung sind Infektionserkrankungen mit unerwarteter Heftigkeit wieder auf die Bildfläche zurückgekehrt. Es ist zu bezweifeln, daß die Gentechnik irgend jemandes Gesundheit verbessern kann – am allerwenigsten die der Armen.

Für die Notlage der Armen in der Dritten Welt macht man fast ausschließlich den Bevölkerungszuwachs verantwortlich. In der nördlichen Hemisphäre werden Fortpflanzungstechnologien weiterentwickelt, um bei weißen Europäern die Unfruchtbarkeit behandeln zu können. Andererseits werden Frauen, die ethnischen Minderheiten angehören oder im Süden leben, gegen ihren Willen sterilisiert – mit Medikamenten, deren Nebenwirkungen zu Behinderungen führen.[62] Die Armen der Dritten Welt werden regelmäßig als Versuchskaninchen für Impfstoffe und Medikamente benutzt. Ein Fall aus der jüngeren Vergangenheit betrifft einen Cholera-Impfstoff, den ein schwedisches Unternehmen seit 1985 an 85 000 Frauen und Kindern in Bangladesch erprobt hat.[63] Der Impfstoff, so stellte sich heraus, bietet – wenn überhaupt – nur kurzzeitig Schutz und ist ohnehin so teuer, daß kaum eine Frau aus Bangladesch sich ihn leisten könnte. Haben ausgedehnte Erprobungen von Impfstoffen zum Wiederaufkommen neuer Krankheitsvarianten beigetragen? Die Regierungen in der Dritten Welt sollten vor neuen Impfstoffen auf der Hut sein; besonders vor jenen, bei denen rekombinante nackte DNS mit im Spiel ist.

Zusammenfassung: Die Gefahren in Humangenetik und Humanmedizin

Die vielen unterschiedlichen Anwendungen der Gentechnik in der Humangenetik und -medizin ziehen für Mensch und Tier bestimmte ethische und gesundheitliche Konsequenzen nach sich. In dieser Checkliste habe ich die Hauptpunkte zusammengefaßt, die in den Kapiteln 11, 12 und 13 angesprochen wurden:

a. ethische Konsequenzen

1. Die genetische Diskriminierung aufgrund von diagnostischen Tests.
2. Die negativen eugenischen Praktiken bei »therapeutischen« Maßnahmen.
3. Die positiven und negativen eugenischen Praktiken bei der Befruchtung *in vitro* und bei den Diagnosetechniken.
4. Die Randposition, in die die Frauen im Rahmen von industriell kontrollierten Fortpflanzungstechnologien gedrängt werden.
5. Die Möglichkeit einer ethisch nicht vertretbaren Verwendung menschlicher Embryos für das »Pharming« und als Lieferanten von Gewebe und Organen für Transplantationszwecke.
6. Die moralisch nicht vertretbare Verwendung von Menschen und menschlichen Embryos für experimentelle Zwecke.
7. Die negativen Auswirkungen auf das Wohlergehen der Tiere bei »Pharming«-Praktiken.

b. Bedrohungen für die Gesundheit von Mensch und Tier

1. Das Risiko von speziesübergreifenden Epidemien aufgrund der erleichterten Rekombination zwischen Tier-Viren und Menschen-Viren bei Xenotransplantationen.
2. Das Risiko von speziesübergreifenden Epidemien aufgrund der erleichterten Rekombination zwischen Tier-Viren und endogenen Viren im menschlichen Genom von transgenen Tieren, die für »Pharming«-Zwecke eingesetzt werden – zum Beispiel das transgene Schaf »Tracy«.
3. Das Risiko von schweren Immunreaktionen gegen die zur Gentherapie eingesetzten Vektoren.
4. Das Krebsrisiko aufgrund der erleichterten Rekombination zwischen den zur Gentherapie eingesetzten Vektoren und endogenen Viren.
5. Das Risiko, daß aufgrund der erleichterten Rekombination zwischen Viren und Zellkulturen Superviren entstehen.
6. Das Risiko, daß aufgrund der erleichterten Rekombination zwischen viralen Impfstoffen und endogenen Viren bei Pflanzen, Tieren und Menschen Superviren entstehen.
7. Das Risiko gefährlicher Mutationen aufgrund eines speziesübergreifenden Transfers von transposablen Elementen.
8. Das Risiko neuer iatrogener Erkrankungen aufgrund neuer Generationen von gentechnisch hergestellten Medikamenten und Impfstoffen.

Schlußfolgerung

Die Gentechnik wird weder dafür sorgen, daß die Welt genug zu essen bekommt, noch wird sie unsere Gesundheit verbessern. Das genaue Gegenteil ist der Fall. Außerdem bringt sie enorme Risiken mit sich. Die wirklichen Alternativen liegen woanders.

Die wissenschaftlichen Resultate der letzten zwanzig Jahre haben dem Denkmuster des genetischen Determinismus, das die Gentechnik motiviert und ihr Vorschub leistet, jede Grundlage entzogen. Die wissenschaftliche Beweislage zwingt uns zu einer ökologischen, ganzheitlichen Sicht – auch da, wo es um die Gene geht. Unser Schicksal liegt nicht in den Genen. Die Gene sind nicht beständig und unveränderlich, wie man früher angenommen hat. Vielmehr hat sich herausgestellt, daß die Gene auf die Physiologie des Organismus reagieren und für ihre eigene Stabilität eine stabile, ausgeglichene Ökologie brauchen. Die organische Landwirtschaft basiert auf einer ausgeglichenen Ökologie, deren Grundlage wiederum eine artenreiche Gemeinschaft gesunder, von Agrochemikalien freien Organismen ist. Entsprechend ist der Schlüssel zur genetischen Gesundheit genau derselbe wie derjenige zur physiologischen Gesundheit: eine saubere Umwelt, gesunde organische Nahrungsmittel, die von Agrochemikalien frei sind, und hygienisch, ästhetisch und sozial zufriedenstellende Lebensbedingungen.

14
Das neue Zeitalter des Organismus

Eines ist klar: Wir brauchen einen grundlegenden und dauerhaften Richtungswechsel in sämtlichen Lebensbereichen, bevor aus dem Wunschtraum, mit Hilfe der Gentechnik alle Probleme der heutigen Welt lösen zu können, ein Alptraum geworden ist. Diejenigen wissenschaftlichen Ansätze unserer Tage, die sich auf den Organismus, auf Ganzheit und auf Komplexität konzentrieren, sind besser mit den wissenschaftlichen Resultaten der Molekulargenetik und anderer Disziplinen zu vereinbaren. Organische Stabilität ergibt sich als ganz natürliche Folge aus einer ausgeglichenen Ökologie. Das hat weitreichende Konsequenzen für Gesundheit und Krankheit, insbesondere für die Entwicklung von Krebs und das Aufkommen von Virulenz und von neuen Pathogenen. Nachhaltige Systeme können auch im Sinn einer Theorie des Organismus begriffen werden, dessen Belastbarkeit nicht durch die vom zweiten Hauptsatz der Thermodynamik auferlegten physikalischen Grenzen strikt vorgegeben ist, sondern von seiner innerdynamischen Organisation abhängt. Diese holistische, aber exakte Sicht in der zeitgenössischen westlichen Naturwissenschaft steht mit den überall auf der Welt beheimateten traditionellen Wissenschaften in Einklang.

Die Tage der reduktionistischen Wissenschaft sind vorüber. Wir sollten nicht länger jene schlechte Wissenschaft akzeptieren, die dazu gedient hat, die Erde und ihre Bewohner auszubeuten, zu unterdrücken, zu verwirren und zu ruinieren. Lassen wir die Gentechnik hinter uns, und entscheiden wir uns für eine freudvolle Zukunft, die noch lange Bestand haben kann.

Leben jenseits des genetischen Determinismus

Die gemeinsamen Wurzeln des genetischen Determinismus und der kapitalistischen Wirtschaftstheorie liegen im britischen Empire des 19. Jahrhunderts. Die Ideologie des Wettbewerbs und der Ausbeutung legitimiert und glorifiziert die gesellschaftliche Wirklichkeit, der sie ihr Dasein verdankt; und diese gesellschaftliche Wirklichkeit wiederum wird von der, sich als Wissenschaft ausgebenden Ideologie geprägt und reproduziert. Der genetische Determinismus und die kapitalistische Wirtschaftstheorie haben bei ihrer gemeinsamen Eroberung der Welt nur allzu gründliche Arbeit geleistet.

Die immer weiter zunehmende Ausbeutung von Mensch und Natur

durch die großen Wirtschaftsmächte der Welt übersteigt bei weitem das Tempo, in dem eine Regeneration von erneuerbaren Ressourcen möglich ist und in dem für die nicht erneuerbaren Resourcen Ausweichmöglichkeiten entwickelt werden können. Infolgedessen gab es große Umweltzerstörungen, eine Anhäufung toxischer Abfallprodukte und daher für die weit überwiegende Mehrheit der Weltbevölkerung eine abwärts verlaufende Spirale von immer weiter abnehmenden Produktionserträgen, Armut, Elend und einer sich verschlechternden Gesundheit.

»Ihren größten Widersacher hat die offene Gesellschaft, glaube ich, nicht mehr in der kommunistischen, sondern in der kapitalistischen Bedrohung.«[1] Eine bemerkenswerte Aussage – und sei es nur, weil sie aus der Feder von George Soros stammt, einem wohlbekannten Kapitalisten, der großen Vorteil aus dem System gezogen hat. In dem Artikel kritisiert er auch die neo-klassische Wirtschaftstheorie und den Sozialdarwinismus. Und er verweist auf dieselbe, sich wechselseitig bestärkende Beziehung zwischen Denkmuster und Wirklichkeit, auf die ich in diesem Buch sehr ausgiebig eingegangen bin. »Es besteht eine wechselseitige Verbindung – zwischen dem Denken und den Ergebnissen . . .«[2]

In diesem Schlußkapitel werde ich einige Elemente der alternativen wissenschaftlichen Ansätze unserer Zeit skizzieren, die sich auf den Organismus, auf Ganzheit und auf Komplexität konzentrieren und besser mit den wissenschaftlichen Resultaten der Molekulargenetik und anderer Disziplinen zu vereinbaren sind. Richard Strohman, Professor für Molekular- und Zellbiologie an der Universität von Kalifornien in Berkeley, hat für führende Biotechnologie-Zeitschriften eine Reihe von wichtigen Kritiken an der Gentechnik verfaßt. Zuletzt[3] beschrieb er die bevorstehende Revolution der Biologie ziemlich ähnlich wie die, die ich hier beschreiben werde. Er zeigt auf, wie Abweichungen vom Paradigma des genetischen Determinismus »von anerkannten, aber konservativen Vertretern der etablierten Wissenschaft« zur Rettung des Paradigmas einfach unter den Teppich gekehrt werden. Doch ihre Erklärungen für das Verhalten komplexer Systeme werden so gewunden und verdreht, und sie berufen sich auf so viele genetische Agenzien mit ihren »interaktiven und voneinander abhängigen Zuständen«, daß sie nur der Vernebelung dienen, statt etwas zur Förderung unseres Verständnisses beizutragen.

Beginnen werde ich mit Betrachtungen zur neuen Auffassung von organischer Stabilität und ihren Konsequenzen für Gesundheit und Krankheit, insbesondere für die Entwicklung von Krebs und das Aufkommen von Virulenz und von neuen Pathogenen. Dann werde ich einige neue Ansichten über Nachhaltigkeit und biologische Artenvielfalt ins Spiel bringen, deren Einzelheiten ich an anderer Stelle dargelegt habe. Dies soll die Wissenschaft über den Reduktionismus hinausbringen – zu einer holistischen, aber exakten Auffassung in der zeitgenössischen westlichen Naturwissenschaft, die mit den traditionellen Wissenschaften der einheimischen Bevölkerungen überall auf der Welt in Einklang steht.

Die Stabilität von Organismen und Spezies

Wie wahren Organismen und Spezies ihre Stabilität, wenn die Gene und Genome durch so große Veränderlichkeit und Fluidität gekennzeichnet sind? Die herkömmliche neodarwinsche Erklärung besagt, stets sei die natürliche Auslese am Werk; sie selektiere die Instabilen und daher »Untauglichen«; übrig blieben also nur jene, die stabil genug seien, um Nachkommen hervorzubringen, die ihnen glichen.

Diese Erklärung läßt die bereits im 8. Kapitel und an anderen Stelles des Buchs beschriebene *Reaktionsfähigkeit* der Gene und Genome auf umweltbezogene und physiologische Veränderungen außer Betracht. Die Stabilität der Gene und Genome hängt von der ganzen Skala dynamisch rückgekoppelter Wechselbeziehungen ab, die sich vom sozialen und ökologischen Umfeld auf die Gene erstrecken.

> Die dynamische Stabilität des Oragnismus beruht auf der Fähigkeit sämtlicher Bestandteile des Systems zu angemessenen Anpassungen und Reaktionen für den Erhalt des Ganzen – einschließlich der Gene.

Das Entscheidende für einen lebendigen Organismus ist die kommunikative Wechselbeziehung und die wechselseitige Reaktionsfähigkeit im gesamten System.

Die Stabilität von Organismen steht in diametralem Gegensatz zur Stabilität von mechanischen Systemen. Die mechanische Stabilität – die auch für sogenannte kybernetische Systeme gilt – ist ein geschlossenes statisches Gleichgewicht. Dieses wird unter dem Einfluß von Reglern aufrechterhalten, von Puffern oder Stützen, die das System zu feststehenden oder vorgegebenen Punkten zurückführen. Ein mechanisches System arbeitet in einer hierarchischen Manier, eher so wie die meisten nichtdemokratischen Institutionen. Organische Stabilität hingegen ist ein dynamisches Gleichgewicht, das in offenen Systemen weit entfernt vom thermodynamischen Gleichgewichtszustand erreicht wird. Es hat keine Regler und keine vorgegebenen Punkte. Es ist radikal demokratisch. Denn es funktioniert aufgrund von kommunikativer Wechselbeziehung und wechselseitiger Reaktionsfähigkeit sämtlicher Teile, aufgrund einer über das gesamte System verteilten Kontrolle also.

Das Geheimnis der Stabilität von lebendigen Systemen liegt in einem Komplex dynamischer *Zyklen*, die eine große Palette von zeitlichen (und räumlichen) Bereichen umspannen. Am ehesten geläufig sind uns solche Zyklen im Bereich der »biologischen Rhythmen«. Diese Zyklen sind in wechselseitigen und kooperativen Beziehungen so wirkungsvoll *aneinandergekoppelt*, daß das Gleichgewicht über das Gesamtsystem erreicht wird.[4] Das werde ich später noch ausführlicher erklären.

Die dynamische Stabilität des Organismus beruht also auf der Fähigkeit *sämtlicher* Bestandteile des Systems zu angemessenen Anpassungen und Reaktionen für den Erhalt des Ganzen – einschließlich der Gene. Ist das System innerhalb seiner sozioökologischen Umwelt wohlausgewogen, so stellt das Gesamtspektrum der dynamischen Zyklen sicher, daß alle Teile des Systems in eine Art fortlaufende Wiederkehr einbezogen sind, und so bleiben die Gene und Genome auch in der Beständigkeit dynamisch. Wie Sie gesehen haben, verfügt ein gesundes System über verschiedene Enzyme, die replizierte DNS »korrekturlesen«, damit Fehler behoben, chemische und physische Schäden repariert werden können (siehe Kapitel 13). Es gibt auch einen Prozeß der Genkonversion, der die Unveränderlichkeit von DNS-Sequenzen in den *im Einsatz befindlichen* Genen gewährleistet (siehe Kapitel 8). Unterliegt das System hingegen starken Belastungen, finden in den Genen und Genomen mutative und andere Veränderungen statt, durch die – wie bei der Entstehung sogenannter adaptiver Mutationen (siehe Kapitel 8) – die Belastung verringert werden kann. Aber solche Veränderungen in den Genen und Genomen können auch das System derart aus dem Gleichgewicht bringen, daß es vollständig versagt. Gesundheitsschädigende

»Der Körper ist, im Grunde genommen, *eine Sozialordnung von ungefähr 75 Trillionen Zellen*, organisiert in verschiedene funktionale Strukturen. Jede funktionale Struktur trägt ihren Anteil zur Aufrechterhaltung der homöostatischen Voraussetzungen bei … Oft ist hierbei von der *inneren Umwelt* die Rede.«

mutative Veränderungen können daher auch ein Symptom für das Versagen der organischen Stabilität sein und nicht deren Ursache. Bei der Entwicklung von Krebs wird dies immer offensichtlicher, wie wir später sehen werden.

Die Bedeutung des Gesamtsystems für den Fortbestand der Stabilität seiner Teile erweist sich unmittelbar an der ungeheuren Variabilität von isolierten Zellen in Kultur verglichen mit ihrer Konstanz und Stabilität im Organismus. Diese Art von »somaklonaler« Variation ist bei Pflanzenzellen in Kultur allgegenwärtig (siehe Kapitel 9). Eine entsprechende Variation gibt es bei kultivierten Tierzellen. Der Zellbiologe Harry Rubin hat beinahe zwanzig Jahre damit zugebracht, die nicht endenden Variationen von Säugerzellen zu dokumentieren, die bei aufeinanderfolgenden Kulturen – ungeachtet ihrer angeblichen genetischen Einförmigkeit – in Erscheinung treten. Seiner Vorstellung zufolge ist eine »fortschreitende Zustandsselektion« für die physiologische Stabilität verantwortlich, die Zellen *in vivo*, im lebendigen Organismus, im Unterschied zu ihrer Variabilität in Zellkulturen haben. »Dieses Konzept beruht auf der Annahme, daß es durch physiologische Zwänge zu einer Selektion unter den stets in Fluktuation begriffenen physiologischen Zuständen in den Zellen kommen kann und daß wiederholte Zustandsselektionen die Erblichkeit dieser Zustände zur Folge haben. Im Zentrum dieser Überlegungen steht die lebendige Zelle und ihre Nachbarn, die die unmittelbare Umwelt für die Selektion darstellen, und letzten Endes der gesamte Organismus.«[5] Hinsichtlich der Selektion durch die physiologische Umwelt unterscheidet sich Rubins Erklärung nicht sonderlich von meiner Annahme einer kommunikativen Wechselbeziehung, bei der im Idealfall »jeder Teil ebensosehr Kontrolle ausübt, wie er sensitiv und reaktiv ist«.[6] Jede Zelle im Körper leistet ihren Beitrag zum physiologischen *Milieu* jeder anderen Zelle.

Diesen Stand der Dinge faßt am besten der Physiologe Guyton zusammen: »... Der Körper ist, im Grunde genommen, *eine Sozialordnung von ungefähr 75 Trillionen* Zellen,* organisiert in verschiedene funktionale Strukturen. Jede funktionale Struktur trägt ihren Anteil zur Aufrechterhaltung der homöostatischen Voraussetzungen bei. ... Oft ist hierbei von der *inneren Umwelt* die Rede. Solange in der inneren Umwelt normale Voraussetzungen gewahrt bleiben, leben und funktionieren die Körperzellen richtig weiter. So profitiert jede Zelle von der Homöostasie, und umgekehrt steuert jede Zelle ihren Anteil zur Aufrechterhaltung der

* ein Trillion = eine Million Billionen ($=10^{18}$)

Homöostasie bei. Dieses Wechselspiel sorgt für eine fortlaufende Automatisierung des Körpers, bis eines oder mehrere funktionale Systeme die Fähigkeit einbüßen, ihren Funktionsanteil beizusteuern. Wenn dies eintritt, leiden alle Zellen des Körpers. Extreme Dysfunktion führt zum Tod, eine leichte Dysfunktion zu Krankheit.«[7]

Es ist lehrreich zu untersuchen, wie sich Krebs nicht als Ergebnis von zufälligen mutativen Veränderungen, sondern als Fehlfunktion in der physiologischen Ökologie der Zellen entwickeln kann.

Die epigenetische Entstehung von Krebs

Immer mehr Belege sprechen dafür, daß es sich bei Krebs nicht, wie allgemein angenommen, um eine primär durch Anhäufung von zufälligen somatischen Mutationen hervorgerufene Krankheit handelt – mag auch sein Werdegang zu einem unwiderruflich kanzerösen Zustand gesundheitsschädigende somatische Mutationen beinhalten. Die alternative Erklärungsmöglichkeit besteht in der *epigenetischen* Entstehung von Krebserkrankungen. In diesem Kontext bezieht sich der Begriff epigenetisch auf physiologische/entwicklungsbezogene Faktoren – zumindest dieses eine Mal losgelöst von der »Genetik«, von allem also, was zu Veränderungen in der Basensequenz von Genen und Genomen führt.

Die genetische Krebstheorie wurde erstmals 1981 bekannt, als unabhängig voneinander in drei Publikationen berichtet wurde, aus einer Langzeitkultur von menschlichem Blasenkrebs gewonnene DNS könne eine Zellinie von Mäusen, NIH 3T3, umwandeln. Das ausschlaggebende Segment der menschlichen DNS ähnelte einem Gen im Harvey-Rattensarkom-Virus und wurde als das *ras*-Gen bezeichnet. Dies war das erste von zahlreichen, seither entdeckten Onkogenen (siehe Kapitel 13). Es stellte sich heraus, daß NIH 3T3-Zellen für eine Umwandlung durch die *ras*-Genfamilie außergewöhnlich empfänglich sind. Darüber hinaus durchläuft diese Zellinie leicht »spontane« Umwandlungen, sobald sie mäßigen physiologischen Belastungen ausgesetzt ist. »Keins dieser Resultate beweist, daß die Veränderungen in der Tumorzellen-DNS tatsächlich die Tumoren verursacht haben; sie zeigen einfach, daß genetische Veränderungen in vielen, wenn nicht gar in allen Tumoren weit stärker verbreitet sind als in normalem Gewebe.«[8]

Handfeste Gegenbeweise gegen die genetische Entstehung von Krebs ergaben sich aus zwei Studien: Die eine setzte Röntgenstrahlen ein, um die Umwandlung in bösartige Zellen zu bewirken, die andere verwendete das Karzinogen Methyl-Chloranthren.[9] In beiden Studien stellte man bei den meisten, wenn nicht bei allen exponierten Zellen die eine oder andere Veränderung fest, so daß auch in den nächsten Zellgenerationen die Wahrscheinlichkeit einer Umwandlung höher war als bei unbehandelten Zellen. Mit anderen Worten war für die *gesamte* Population der exponierten Zellen die Wahrscheinlichkeit einer Umwandlung erhöht, und diese erhöhte Wahrscheinlichkeit wurde auf die nachfolgenden Zellgenerationen vererbt. Wenn man also die exponierte Population in verschiedene Subpopulationen unterteilt, zeigt jede davon im wesentlichen die gleiche Umwandlungshäufigkeit. Wenn man sie darüber hinaus weiter unterteilt und vermehrt, treten die umgewandelten Zellen in sämtlichen Subpopulationen mit gleicher Häufigkeit auf. Derart gehäufte Umwandlungen sind auch für Umwandlungen durch Stoffwechselbelastungen charakteristisch, und sie beruhen nicht auf dementsprechend stark gehäuften Mutationen. Noch aufschlußreicher ist die Beobachtung, daß Klone von Zellen, die durch Röntgenstrahlung

> Wir müssen ernstlich in Betracht ziehen, daß Mutationen in menschlichen Populationen – im somatischen Bereich wie in der Keimbahn – das Ergebnis von physiologischer Unausgeglichenheit und ökologischer Belastung sind; genau so, wie dies für andere Organismen schon eindeutig nachgewiesen wurde.

oder durch Stoffwechselbelastungen umgewandelt worden sind, wieder normal werden, wenn sie optimale Wachstumsbedingungen erhalten.[10] Diese Resultate erinnern an die hohen Rückbildungsraten in den Frühstadien bösartiger Tumore.

Ein sowjetisches Wissenschaftlerteam hat spontane Umwandlungen von Zellen untersucht, die sie jahrelang aus zahlreichen Inzuchtlinien von Mäusen und Ratten kultiviert haben. Die Zellen riefen bei den Mäusen und Ratten, von denen man die Zellinien gewonnen hatte, Sarkome hervor. Durch Kultivierung von Zellen aus den Tumoren erhielt man Kolonien, die entweder vollständig, teilweise oder überhaupt nicht umgewandelt waren. Bei sechs aufeinanderfolgenden Klonierungen der umgewandelten Kolonien entstanden immer wieder alle drei Arten von Kolonien. Die nicht umgewandelten Zellen, die ihre Fähigkeit eingebüßt hatten, bei den Tieren Tumore entstehen zu lassen, traten stark gehäuft auf. Über diese Resultate schreibt Rubin: »Es stellt sich die Frage, … ob der allen Tumoren zugrundeliegende Prozeß einen im wesentlichen epigenetischen Charakter hat. Ich weiß von keinem Experiment, das diese Möglichkeit ausschließt.«[11] Das legt die Folgerung nahe, daß Mutationen nicht die primäre Ursache der Umwandlung sind. Sie können vielmehr nach der alles entscheidenden Umwandlung des zellulären Zustands in Reaktion auf die physiologische Belastung entstanden sein. Wie schon gesagt, kann dann allerdings das Fortschreiten zu dem unwiderruflich kanzerösen Zustand mit somatischen Mutationen verbunden sein.

Mutationen aufgrund von physiologischen Belastungen

Ich glaube, wir müssen ernsthaft die Möglichkeit in Betracht ziehen, daß Mutationen in menschlichen Populationen – im somatischen Bereich wie in der Keimbahn – das Ergebnis von physiologischer Unausgeglichenheit und ökologischer Belastung sind; genau so, wie dies für andere Organismen schon eindeutig nachgewiesen wurde. Säugerzellen in Kultur, Bakterien und Hefezellen, ebenso Pflanzen und Insekten zeigen alle miteinander unter Stoffwechselbelastungen oder Belastungen aufgrund von zytotoxischen Medikamenten und Chemikalien erhöhte Mutationsraten (siehe Kapitel 8). Dies hat weitreichende Konsequenzen für die Frage, worauf wir eine Intervention bei Gesunden und Kranken konzentrieren sollten: Dies kann nicht die Beseitigung schlechter Gene oder die Ersetzung von schlechten durch gute Gene im Rahmen einer Gentherapie sein; ebensowenig die Entwicklung von immer exotischeren Medikamenten, die auf immer spezifischere Ziele zugeschnitten sind. Es gibt bereits zu viele Medikamente auf dem Markt, die eine Vielzahl von iatrogenen (durch die verordneten Medikamente hervorgerufenen) Erkrankungen mit sich bringen – ein ernstes volksgesundheitliches Problem.[12] Neueren Schätzungen zufolge[13] landen infolge von

> Solange unsere Regierungen nichts unternehmen, um die radioaktiven und toxischen Emissionen aus der Industrie einzuschränken, solange sie nichts unternehmen, um die zunehmende Privatisierung des Gesundheitswesens zu revidieren, kann man auch durch noch so große Anstrengungen in der ganzheitlichen Medizin nicht mit der fortschreitenden Verschlechterung der Volksgesundheit fertig werden.

Erkrankungen, die durch Medikamente oder durch ärztliche Behandlung verursacht werden, allein in Großbritannien Jahr für Jahr etwa 1,17 Millionen Menschen im Krankenhaus; in den USA hingegen erleiden etwa eine Million Menschen *in* den Kliniken Gesundheitsschäden, und bis zu 180 000 kommen dort durch iatrogene Erkrankungen zu Tode.

Solange die physiologische Verfassung der Menschen durch Luftverschmutzung, Giftmüll, Pestizidrückstände und infektiöse Bakterien im Wasser und in Nahrungsmitteln, durch Unterernährung aufgrund von Armut, durch Mißbrauch beziehungsweise Abhängigkeit von Alkohol, Nikotin und anderen Drogen und durch Streßbelastungen aufgrund des auseinanderbrechenden Sozialgefüges in Mitleidenschaft gezogen ist, werden hohe Mutationsraten auftreten, die zu einer weiteren Verschlechterung der Gesundheit führen. Es ist an der Zeit zu einer Neuorientierung unserer Bemühungen und unserer Ressourcen, damit wir die wirklichen Probleme angehen können, mit denen unsere Gesellschaften konfrontiert sind, statt immer exotischere und gefährlichere Möglichkeiten zur Ausbeutung der Kranken, der Elenden und der Gutgläubigen zu erfinden.

Gesundheit und Krankheit sind unauflöslich mit dem sozialen, ökologischen und physiologischen Gleichgewicht verknüpft. Dafür kann es keine reduktionistischen Lösungen geben. Viele aufgeklärte Ärzte und gewöhnliche Menschen aus der Bevölkerung praktizieren bereits eine ganze Palette holistischer Heilmethoden auf Grundlage einer Behandlung des gesamten Menschen in seinem oder ihrem kulturellen *Milieu* und einer Stimulation der Selbstheilungskräfte des Organismus. Das Krebshilfezentrum in Bristol war eine der ersten britischen Einrichtungen in der Gesundheitsversorgung, die zur Behandlung und zur Vorbeugung von Krebs auf einen ganzheitlichen Ansatz zurückgriff. Und es kann eine bis in die achtziger Jahre zurückreichende Erfolgsgeschichte vorweisen – ungeachtet der in jüngerer Zeit seitens des reduktionistischen Establishments unternommenen Versuche, seine Arbeit zu diskreditieren.[14] Doch solange unsere Regierungen nichts dafür tun, die radioaktiven und toxischen Emissionen aus der Industrie einzuschränken, solange sie nichts dafür tun, die zunehmende Privatisierung des Gesundheitswesens zu revidieren, kann man auch durch noch so große Anstrengungen in der ganzheitlichen Medizin nicht mit der fortschreitenden Verschlechterung der Volksgesundheit fertig werden.

Die Ökologie der inaktiven Mikroben

Zwischen der Ökologie der Umweltmikroben und der Physiologie der Körperzellen besteht eine deutlich ausgeprägte Entsprechung. Die Ökologie der sogenannten inaktiven Mikroben ist ein relativ neues Forschungsgebiet. Doch sie fördert bereits jetzt wichtige Einsichten in jene Faktoren zutage, die bewirken, daß Mikroben sich unkontrolliert vermehren und virulent werden.

Die interessanteste Form, in der inaktive Mikroben auftreten, sind Biofilme: dünne Schichten aus extrazellulärer, von den Mikroben abgesonderter Matrix, die entweder eine einzelne Mikroben-Spezies oder eine Vielzahl solcher Spezies beherbergt. Biofilme sind in der Umwelt zu finden, wo sie die Oberfläche von Festkörpern überziehen – zum Beispiel Felsen und Steine; Geröll auf dem Grund von Flüssen, Seen und Teichen; und die Oberflächen von Wasserpflanzen. Sie können auch die Oberfläche unserer Därme und unseres Kreislaufsystems überziehen. Bis vor kurzem hielt man Biofilme noch für homogene Schichten, in denen inaktive Bakterien gefangen seien. Als sie schließlich mit zerstörungsfreien Mikroskopie-Techniken untersucht wurden, entdeckten die Forscher zu ihrer Überraschung, daß Biofilme strukturierte Gemeinschaften sind, in denen einzelne Spezies oder multiple Spezies zusammenleben. Entlang von Wasserschächten, durch die Konvektionsströme fließen, sind die Zellanhäufungen so angeordnet, daß Nährstoffe und Stoffwechselprodukte zirkulieren können.[15] In Biofilmen mit multiplen Spezies sind Mikro-Kolonien mit gemischten Spezies zu finden, in denen Zellen von metabolisch kooperativen Spezies so nebeneinander angeordnet sind, daß ihnen der Austausch von Substraten und Endprodukten zugute kommen kann. Der Ausdruck »inaktiv« ist nicht zutreffend, da chemische Untersuchungen darauf hindeuten, daß die meisten Zellen stoffwechselaktiv sind. Die Zellen in einem Biofilm erfreuen sich eigentlich einer Art multizellulären Lebens, dessen Versorgung über ein

> Das Aufkommen neuer virulenter Pathogene steht in hohem Maß mit der Zerstörung des Ökosystems durch die immer weiter um sich greifende Industrialisierung in Zusammenhang. Die Strategie, die man in den letzten 50 Jahren eingeschlagen hat, um die Infektionskrankheiten unter Kontrolle zu bringen, ging womöglich in eine vollkommen falsche Richtung.

Kreislaufsystem erfolgt. Sie sind stoffwechselaktiv, ohne sich fortzupflanzen – genau wie die meisten Zellen unseres Körpers.

Weitere Studien haben enthüllt, daß dieselben Bakterien in Biofilmen oder auf frei lebendem Plankton* existieren können. Allerdings stehen die beiden Zustände mit der Expression von jeweils anderen Genen, aber auch mit unterschiedlichen Morphologien in Zusammenhang. Die Physiologie der Biofilm-Bakterien unterscheidet sich beträchtlich von der ihrer auf dem Plankton lebenden Pendants. Sie leben in zahlreichen Mikro-Nischen innerhalb von Gemeinschaften multipler Spezies. Diese Gemeinschaften bilden stabile Kolonien, die in der Umwelt, wo sie bemerkenswert resistent gegen Antibiotika sind, unbegrenzt fortbestehen. Jedoch verhindern sie auch wirkungsvoll sekundäre Besiedlungen durch eindringende Bakterien. Von besonderer Bedeutung ist dies für die normalen Bakterienbestände, die als Biofilme in unseren Därmen leben. Untersuchungen haben gezeigt, daß Biofilm-Spezies eine Besiedlung durch eindringende Pathogene wirkungsvoll verhindern.[16]

Beobachtungen an vielen verschiedenen natürlichen Ökosystemen haben für die meisten aquatischen Lebensräume folgendes ergeben: Die große Mehrzahl der Bakterien existiert dort innerhalb von Biofilmen in einem nicht fortpflanzungs-, aber stoffwechselaktiven Stadium, in dem es unablässig zum Austausch von genetischen Materialien kommt. Diese Biofilme spielen wahrscheinlich beim Recycling von Nährstoffen für höhere Organismen eine große Rolle und tragen zum Erhalt der Gesamtstabilität des Ökosystems bei. Daher ist wahrscheinlich auch für die Mikrobengemeinschaften der sogenannte inaktive Zustand der ökologisch ausgeglichene Zustand, so daß der fortpflanzungsaktive Zustand lediglich in Zeiten der Belastung eintritt. Diese Belastungen können etwa im Einfluß von neuen Schadstoffen oder gegen Mikroben wirksamen Substanzen, von Nährstoffen wie Phosphaten und Nitraten oder von anderen schwerwiegenden ökologischen Störungen bestehen.

Das Aufkommen neuer virulenter Pathogene steht in hohem Maß mit der Zerstörung des Ökosystems durch die immer weiter um sich greifende Industrialisierung in Zusammenhang. Bakterien und Viren verlieren ihre natürlichen Wirte und werden in menschlichen Populationen virulent, deren physiologische Verfassung ohnehin bereits durch Armut und Unterernährung in Mitleidenschaft gezogen wurde. Die ökologische Belastung, durch die es zur Ausbreitung von Pathogenen

* Der Ausdruck »frei lebend« bezeichnet in diesem Kontext einen weder parasitär noch symbiotisch, noch festsitzend (wie z.B. Schwämme) lebenden Organismus.

kommt, steht in Analogie zu der physiologischen Belastung, die zu unkontrollierter Vermehrung von kanzerösen Zellen im menschlichen Körper führt.

Trifft dies zu, so ging die Strategie, die man in den letzten 50 Jahren eingeschlagen hat, um die Infektionskrankheiten unter Kontrolle zu bringen, womöglich in eine vollkommen falsche Richtung. Zu dieser Schlußfolgerung ist in der Tat die Arbeitsgruppe »Neue und wiederauflebende Krankheiten« an der Harvard University gelangt (siehe Kapitel 3). Ein weiteres Mal hat die reduktionistische Wissenschaft die Realitätsprüfung nicht bestanden.

Vor allem die »Kampf gegen die Natur«-Mentalität hat die gegenwärtige Gesundheitskrise bei den Infektionserkrankungen und der Antibiotikaresistenz heraufbeschworen. Aus der Art und Weise, wie die Mikroben im Kampf gegen uns die Oberhand behalten, können wir etwas Bedeutsames lernen. Sie lehren uns, daß es falsch ist, die Welt im Sinn von voneinander verschiedenen und getrennten Teilen zu begreifen und lineare Ketten von Ursache und Wirkung wahrzunehmen. Die Natur ist durch Fluidität, durch Dynamik und durch ein Geflecht von Wechselbeziehungen gekennzeichnet. Bei den Mikroben ist es nicht so, daß jede einzelne gegen den Rest der Welt antritt. Sie verhalten sich im Gegenteil grenzenlos kooperativ und teilen miteinander selbst ihre wertvollsten Überlebenshilfen gegen die Attacken der egoistischen und kurzsichtigen Menschen.

Ich werde das Gefühl nicht los, es sei ohnehin nicht Sache der Mikroben, sich im Kampf gegen den Menschen zu engagieren. Virulenz und Antibiotikaresistenz zeugen von ökologischer Belastung – für sie wie für uns. Zum Beispiel gibt es Belege dafür, daß Bakterien, die Antibiotika produzieren, auch das Enzym zur Deaktivierung des Antibiotikums produzieren und daß die Substanz, die wir als Antibiotikum bezeichnen, eigentlich ihr Sexualhormon ist, das die Paarungsbereitschaft des Bakteriums signalisiert (siehe Kapitel 10). Demnach haben wir sie durch unseren zügellosen Antibiotikaeinsatz zu durch und durch promiskuitiven, völlig sexversessenen kleinen Teufelchen gemacht. In ihrer Mitte haben wir eine schauerliche Truppe vagabundierender Mikrobenstämme hervorgebracht, und das tun wir auch weiterhin. Ich stelle mir vor, daß auch sie es lieber sähen, wenn die Dinge anders lägen und sie in einer ausgewogenen ökologischen Gemeinschaft friedlich mit uns zusammenleben könnten, so wie sie es einst vor langer, langer Zeit getan haben. Es ist höchste Zeit, daß wir diese »Kampf gegen die Natur«-Mentalität hinter uns zurücklassen und ernsthaft zu lernen beginnen, wie wir auf lange Sicht verträglich und gesund mit der Natur zusammenleben können.

> Bei den Mikroben ist es nicht so, daß jede einzelne gegen den Rest der Welt antritt. Sie verhalten sich im Gegenteil grenzenlos kooperativ und teilen miteinander selbst ihre wertvollsten Überlebenshilfen gegen die Attacken der egoistischen und kurzsichtigen Menschen. Es ist höchste Zeit, daß wir diese »Kampf gegen die Natur«-Mentalität hinter uns zurücklassen und ernsthaft zu lernen beginnen, wie wir auf lange Sicht verträglich und gesund mit der Natur zusammenleben können.

Eine Theorie des Organismus und das nachhaltige System

Indem die neue Genetik über das alte reduktionistische Paradigma hinausgeht, bestätigt sie das ökologische Wissen der traditionell lebenden alteingesessenen Völker auf der ganzen Erde, die eine nachhaltige, langfristig umweltverträgliche Landwirtschaft betrieben haben. Denn nach ihrem Verständnis ist die biologische Natur aller Organismen oder Spezies unauflöslich mit deren jeweiliger Umwelt verknüpft und hängt letzten Endes vom gesamten, aus sämtlichen anderen Organismen bestehenden Ökosystem ab. Es ist offenkundig, daß die Intensivlandwirtschaft in ihrer neuen, gentechnischen Form ebensowenig nachhaltig ist wie in ihrer alten Form und obendrein noch neue Gefahren mit sich bringt, die dieser Technologie innewohnen (siehe Kapitel 9). Die Alternative liegt weder im Verzicht auf die Naturwissenschaft, wofür einige desillusionierte Umweltaktivisten der nördlichen Hemisphäre einzutreten scheinen, noch in der kompletten Rückkehr zu »traditionellen« Methoden. Es ist wichtig, darauf hinzuweisen, daß auch die sogenannten traditionellen Methoden sich erst im Lauf der Zeit mit zunehmenden Kenntnissen entwickelt haben und daß es sich schlicht und einfach um eurozentrische Überheblichkeit handelt, wenn man die Existenz von Wissenschaft außerhalb des nordeuropäischen Kulturkreises in Abrede zu stellen versucht.

Ich habe zu Beginn klargestellt, daß die westliche Naturwissenschaft ebenfalls *nicht* mit dem monolithischen Reduktionismus gleichzusetzen ist – auch wenn das vorherrschende wissenschaftliche Establishment ermutigt wurde, der Bevölkerung diesen Eindruck zu vermitteln. Es liegt in der Natur sämtlicher Naturwissenschaften, zu zweifeln, nachzuforschen und sich im Licht neuer Erkenntnisse weiterzuentwickeln, *um eine verläßliche Kenntnis der Natur zu gewinnen, die es uns besonders gut ermöglicht, auf lange Sicht verträglich mit ihr zusammenzuleben.* Auf dieser Grundlage möchte ich eine Theorie des Organismus im Rahmen der zeitgenössischen westlichen Wissenschaft skizzieren und anschließend zeigen, inwieweit sie einen Beitrag zu unserem Verständnis nachhaltiger Systeme leisten kann.

Die thermodynamischen Grenzen des Wachstums

Der Begriff »nachhaltiges System« beinhaltet die Vorstellung, daß es für Wachstums und Konsum Grenzen gibt. Goldsmith[17] sowie Rifkin und Howard[18] zählten zu den ersten, die auf diese Grenzen aufmerksam gemacht haben; insbesondere auf die physikalischen Grenzen, die durch den zweiten Hauptsatz der Thermodynamik vorgegeben werden. Dieser besagt, daß es in natürlichen Prozessen niemals eine hundertprozentige Effizienz geben kann – mit anderen Worten bekommt man nichts geschenkt. Um zu leben, müssen Menschen Energie und Stoffe gewinnen und sie umwandeln. Aus nützlicher Energie wird bei diesem Prozeß ungewollt und unweigerlich eine ungeordnete, nicht nutzbare Form von Energie, *Entropie*. Aus Stoffen hingegen werden Abfallprodukte. Es gibt also physikalische Grenzen dafür, wie schnell diese Prozesse des Gewinnens und Umwandelns von Energie und von Stoffen ablaufen können, ohne daß in dem System Entropie und giftige Abfälle überhandnehmen.

Die physikalischen Grenzen werden jedoch von den vorherrschenden neoklassischen Wirtschaftstheorien[19] einfach ignoriert. Sie alle beginnen mit nicht-physikalischen Parametern – Präferenzen, Technologien und der Verteilung der Einkünfte. Diese nicht-physikalischen Parameter nimmt man als gegeben, während die physikalischen Variablen – die Menge der produzierten Güter und die erforderlichen Ressourcen – so angesetzt werden, daß sie auf ein Gleichgewicht hinauslaufen oder, häufiger noch, auf eine konstante Wachstumsrate. Nachhaltige Entwicklung behandelt demgegenüber die physikalischen Parameter als Gegebenheiten und begrenzt die Größe des unter diesen Gegebenheiten tragbaren ökonomischen Systems. Dies ist die Grundlage des ökologischen Begriffs »Belastbarkeit«, der die Größe des ökonomischen

Systems und gewisse optimale Umwandlungsraten von Energien und Ressourcen widerspiegelt, die mit einer Versorgung der Menschen in dem System vereinbar sind.

Wie aber wird die Belastbarkeit zu den Umwandlungsraten von Energie und Ressourcen in Beziehung gesetzt? Und wie zu der Art und Weise, in der die Ressourcen und die Energie genutzt werden, also zur Produktionsform?[20] Wie wird sie auf die Komplexität des Systems bezogen, etwa in Hinblick auf die Vielfalt der Produktion, die Arbeitsteilung und so weiter? Welche Faktoren entscheiden über die Belastbarkeit eines Systems? Solche Fragen sind unter dem Gesichtspunkt der Nachhaltigkeit von zentraler Bedeutung. Und sie werden meines Erachtens nicht hinreichend beantwortet, wenn man einfach nur das »Gesetz der Entropie« anführt.[21] Ich werde zeigen, daß die physikalischen Grenzen keineswegs statisch und vorgegeben sind, sondern von der Art und Weise abhängen, wie das System organisiert ist. Und somit bietet sich hier eine Grundlage für wirkungsvolle Interventionen und Entscheidungen durch den Menschen.

Das nachhaltige System – eine Art Organismus

Unser Ausgangspunkt besteht darin, ein nachhaltiges System als eine Art Organismus zu betrachten. Man kann sehen, daß ein gesunder Organismus ein ideales nachhaltiges Systems ist – ein nicht weiter reduzierbares Ganzes, das sich durch die Mobilisierung von, aus der Umwelt gewonnenen, Stoffen und Energien entwickelt, fortbesteht und sich fortpflanzt oder erneuert. Gerade aufgrund seiner anti-entropischen Tendenzen ist der Organismus ein nachhaltiges System. Die Effizienz, mit der er Energien und Ressourcen nutzt, ist mustergültig. Jedenfalls kommt ihm in dieser Hinsicht nicht eine einzige Maschine gleich, die wir mit unseren fortschrittlichsten Technologien produzieren können. Durch ein besseres Verständnis für die Thermodynamik dieses lebendigen Systems können wir also lernen, wie die entropische Dissipation und der Energieverlust in anderen nachhaltigen Systemen unter Kontrolle zu bekommen sind und sich reduzieren lassen.[22]

> Lebendige Systeme haben eine dynamische Struktur zur Maximierung der Energiespeicherung und zur Minimierung der Energiedissipation.

Die Ergebnisse meiner in den vergangenen zehn Jahren durchgeführten Untersuchungen legen den Gedanken nahe, daß die anti-entropischen Tendenzen des Organismus auf seiner Fähigkeit beruhen, erhaltene Energie zu *speichern,* um diese Energie innerhalb des Systems so wirkungsvoll zirkulieren zu lassen, daß sie ihre Arbeit verrichten kann, bevor es zur Dissipation kommt. Die *komplexe* Struktur des Systems entscheidet darüber, wie lange die Energie in ihm verbleiben kann, wie wirkungsvoll sie ihre Arbeit leistet und wieviel Energie daher tatsächlich im System gespeichert wird. Es stellt sich heraus, daß lebendige Systeme eine dynamische Struktur zur *Maximierung* der Energiespeicherung und zur *Minimierung* der Energiedissipation haben. Worin besteht diese dynamische Struktur?

Erstens besteht sie in *zyklisch* organisierten Aktivitäten. Zyklen beinhalten fortlaufende Wiederholungen und sind, wie zuvor in diesem Kapitel erwähnt, für die dynamische Stabilität des Systems verantwortlich. Zweitens sind die Aktivitätszyklen wie russische Puppen ineinandergebettet oder verschachtelt, und sie umspannen ein enormes raumzeitliches Spektrum von ganz schnell (Nanosekunden*) bis ganz langsam (Wochen oder Monate) und vom ganz lokalen oder regionalen Bereich bis zu zunehmender Globalität. Mit anderen Worten verfügt das System über große raumzeitliche Differenzierung. Drittens sind all seine Aktivitäten auf *symmetrische, einander entsprechende* Art und Weise *aneinandergekoppelt.* Dies ist die subtilste Beziehung, die es zu verstehen gilt. Sie bringt *zugleich* lokale beziehungsweise regionale Autonomie *und auch* den globalen Zusammenhang mit sich. Aktivitäten, die Energie liefern, sind mit Aktivitäten, die Energie erfordern, unmittelbar verknüpft und können leicht ihre Plätze tauschen. Mit anderen Worten findet ein kooperatives Geben und Nehmen statt: Wo an bestimmten Teilen Mangel herrscht, können jene herangezogen werden, die im Überfluß vorhanden sind; und das gleiche kann mit vertauschten Rollen stattfinden. Die Energie wird also immer dort hingeleitet, wo sie gerade besonders dringend benötigt wird. Das Nettoresultat ist ein dynamisches Gleichgewicht. Und das bedeutet, daß das Gesamtsystem erhalten bleibt.

Diesen Sachverhalt zeigt die Abbildung 14.1. Der Kreis entspricht hier dem gesamten Lebenszyklus des Systems, und die Linie repräsentiert den Zufluß von Energie zur Aufrechterhaltung des Lebenszyklus. Der Lebenszyklus besteht aus einer Vielzahl von untergeordneten, in ihn eingebetteten Aktivitätszyklen, die ihm – vor allem in bezug auf die En-

* eine Nanosekunde = eine Milliardstel Sekunde

tropie-Produktion – das Erreichen eines Nettogleichgewichts ermöglichen. Dies gibt die Gleichung $\sum \Delta S = 0$ wider. Das unweigerlich auftretende Mindestmaß an dissipativer Energie wird hingegen nach außen abgeführt, was die Gleichung $\sum \Delta S > 0$ wiedergibt. Auf diese Weise macht sich der Organismus von den *unmittelbaren* Beschränkungen durch den zweiten Hauptsatz der Thermodynamik frei, um zu einem autonomen, bis zu einem gewissen Grad von der Umwelt unabhängigen System zu werden. Er ist so organisiert, daß aus der dissipativ fließenden Energie eine ganze Palette von gekoppelten, zyklischen, nicht-dissipativen Prozessen gespeist wird. Infolgedessen kann das System seine Organisation aufrechterhalten, und innerhalb des Systems ist für alle Lebensaktivitäten stets Energie verfügbar.

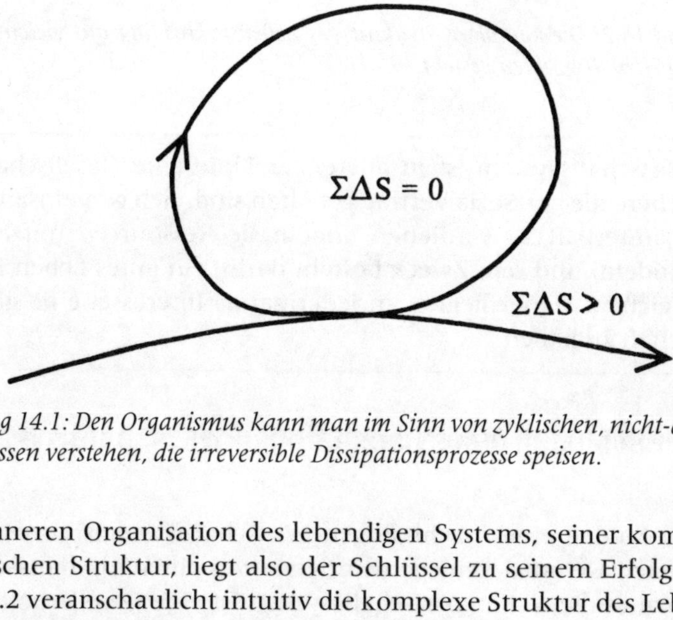

Abbildung 14.1: Den Organismus kann man im Sinn von zyklischen, nicht-dissipativen Prozessen verstehen, die irreversible Dissipationsprozesse speisen.

In der inneren Organisation des lebendigen Systems, seiner komplexen dynamischen Struktur, liegt also der Schlüssel zu seinem Erfolg. Abbildung 14.2 veranschaulicht intuitiv die komplexe Struktur des Lebenszyklus mit seinen ineinandergeschachtelten Subzyklen von unterschiedlichem Umfang, die dynamisch aneinandergekoppelt sind. Wie Sie sich vorstellen können, wird die Energie im System um so länger effektiv gespeichert und ist die entropische Dissipation um so geringer, je mehr Subzyklen vorhanden und je besser sie gekoppelt sind.

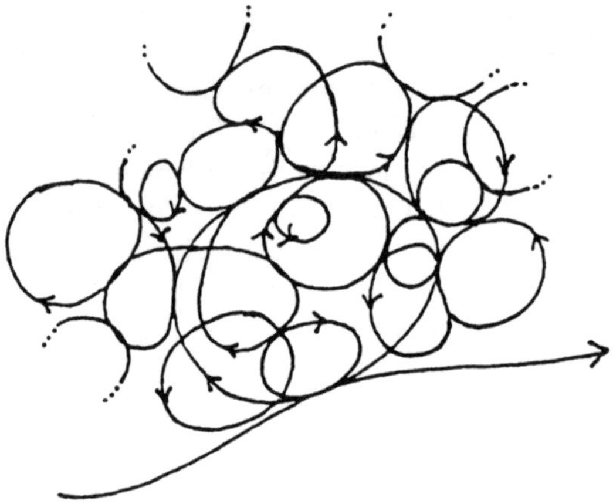

Abbildung 14.2: Die komplexe Struktur des Lebenszyklus, der aus vielen aneinandergekoppelten Subzyklen besteht.

Ein Wirtschaftssystem ist in allererster Linie eine Gesellschaft von Menschen, die per Sozialvertrag gehalten sind, sich gemeinsam ihren Lebensunterhalt zu verdienen, indem sie Ressourcen nutzen und umwandeln, und sein Zweck besteht darin, ein gutes Leben für alle zu erreichen. Daher liegt es in jedermanns Interesse, eine gesunde Wirtschaft zu haben.

Ein Modell eines nachhaltigen Wirtschaftssystems

Wer das Modell eines nachhaltigen Wirtschaftssystems entwirft, muß sich zunächst einmal vergegenwärtigen, was ein Wirtschaftssystem ist und wozu es dient. Ein Wirtschaftssystem ist eine Gesellschaft, die um eine Produktionsform organisiert ist. In den verschiedenen Kulturen der Welt gibt es viele mögliche Produktionsformen, und diese unterscheiden sich voneinander in Hinblick auf die Verteilung der Ressourcen und der Einkünfte, den Fairneßgrad und die stärkere oder schwächere Betonung von Kooperation oder Konkurrenz.[23] Unglückseligerweise basieren die im Westen vorherrschenden Wirtschaftstheorien einzig und allein auf der kapitalistischen Produktionsform mit ihrer ausschließlichen Betonung des Konkurrenzstrebens, und dabei kann man leicht den Zweck eines Wirtschaftssystems aus den Augen verlieren. Ein Wirtschaftssystem ist in allererster Linie eine Gesellschaft von Menschen, die per Sozialvertrag gehalten sind, sich gemeinsam ihren Lebensunterhalt zu verdienen, indem sie Ressourcen nutzen und umwandeln, und sein Zweck besteht darin, ein gutes Leben für alle zu erreichen. Daher liegt es in jedermanns Interesse, eine gesunde Wirtschaft zu haben.

Die Wirtschaft ist, um es zunächst einmal bei einer groben Definition zu belassen, ein offenes System, durch das Ressourcen, die man ihrer »Quelle« – der ökologischen Umwelt – entnommen hat, einer »Kloake« zufließen – wobei sich sogleich die Vorstellung von einer städtischen Kläranlage oder Müllkippe einstellt. Zwischen »Quelle« und »Kloake« werden verschiedene Waren und Dienstleistungen ausgetauscht, gehandelt; und im Verlauf des Herstellungsprozesses kommen »Werte« hinzu, künstlerische oder kunsthandwerkliche Verrichtungen etwa, deren energetischer oder sonstiger Gegenwert erst näher bestimmt und geklärt werden muß; ferner solche Lebensqualitäten wie Freude, Gesundheit, Zufriedenheit und Wohlergehen, gar nicht zu reden von sauberer Luft, nahrhaftem Essen, einem behaglichen Obdach gegen die Unbill der Witterung und einer sauberen Umwelt.

Das Wirtschaftssystem kann man sich wie einen Organismus vorstellen: im Sinn eines zyklischen, nicht-dissipativen Austauschs oder einer Umwandlung von Energien und Ressourcen, gekoppelt mit den dissipativ aus dem System fließenden Energien und Ressourcen – ihrem Schwund aufgrund von Tod, Wertverlust und anderen zu Entropie führenden, unumkehrbaren Prozessen. Da die Energie und die Ressourcen letzten Endes aus der ökologischen Umwelt kommen, macht es Sinn, das ökonomische System vollständig in seinen ökologischen Rahmen einzubetten (Abbildung 14.3). Dies steht ganz in Einklang mit Hermann Dalys Vorschlag, »die Wirtschaft als ein Subsystem des Ökosystems aufzufassen« und zu erkennen, daß »sie zwar nicht außerhalb von materiellen Gesetzmäßigkeiten steht, jedoch ebensowenig auf eine vollständige Erklärung durch diese reduziert werden kann«.[24]

> Um nachhaltig zu sein, muß auch die globale Ökonomie eine verwickelte Struktur haben, die viele regionale Wirtschaftssysteme umfaßt.

Abbildung 14.3 macht deutlich, daß die ökologische Umwelt hier ebenfalls als ein sich selbst erhaltendes organisches System aus zyklischen, nicht-dissipativen Prozessen begriffen wird, die an den dissipativen, in eine einzige Richtung verlaufenden Energie- und Materialfluß gekoppelt sind. Inwieweit ist dies gerechtfertigt? Lovelocks Gaia-Hypothese[25] zufolge ist die gesamte Erde ein sich selbst organisierendes, sich selbst regulierendes System, das unter Zufuhr von Energie weit vom thermodynamischen Gleichgewichtszustand entfernt aufrechterhalten wird. In dieser Hinsicht gleicht sie tatsächlich einem Organismus. Das am deutlichsten sichtbare Zeichen für das Selbstregulierungsvermögen der Erde ist die Beständigkeit ihrer Atmosphäre, einer in hohem Maß ungleichgewichtigen Gasmischung. Demgegenüber sind die Atmosphären von Mars und Venus gleichgewichtige Gemische aus verbrauchten, erschöpften Gasen, die davon zeugen, daß die Planeten unbelebt sind.

Nehmen wir einmal an, bei dem in Abbildung 14.3 dargestellten Wirtschaftssystem handele es sich um die globale Ökonomie – deren Etablierung ja das Ziel der gegenwärtigen Verhandlungen der Welthandelsorganisation ist. Um nachhaltig zu sein, muß auch die globale Ökonomie eine komplexe Struktur haben, die viele regionale Wirtschaftssysteme umfaßt. Im Idealfall sollte die komplexe Struktur der globalen Ökonomie so aussehen wie die vielen ineinandergeschachtelten Subzyklen, die den Lebenszyklus eines Organismus ausmachen (Abbildung 14.2). Jede Regionalwirtschaft wiederum, Großbritannien oder Malaysia zum Beispiel, hätte ihre eigene komplexe Struktur von aneinandergekoppelten Zyklen, die derjenigen der globalen Ökonomie *genau entspricht* (wieder wie Abbildung 14.2). (Dies ist eine Eigenschaft von *Fraktalen* – von raumzeitlichen, eine Eigendynamik entwickelnden Mustern zwischen der einen, den zwei oder drei gewöhnlichen Dimensionen, mit denen wir vertraut sind –, die viele Lebensmuster und -prozesse charakterisieren.) Es liegt auf der Hand, daß regionale Ökonomien durch Warenimporte und -exporte, durch die Menschen und das Kapital an die globale

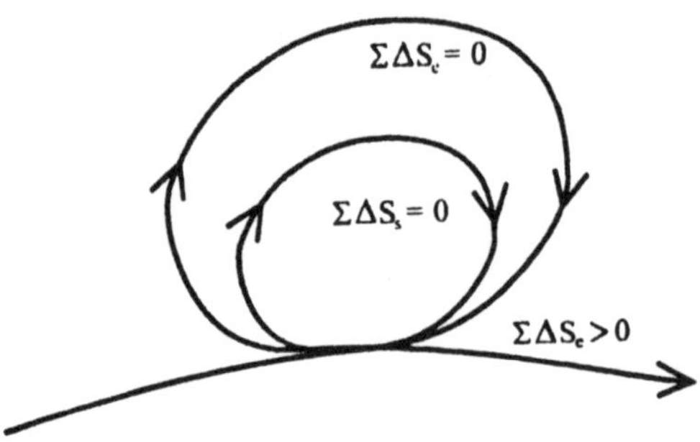

Abbildung 14.3: Die gekoppelten Abläufe der ökonomischen und ökologischen Zyklen in einem nachhaltigen Wirtschaftssystem.

Ökonomie gekoppelt sind. Soll das globale Gesamtsystem nachhaltig sein, muß zwischen Regionalität und Globalität ein zufriedenstellendes Gleichgewicht bestehen – genau die gleiche Art von wechselseitigen, symmetrisch gekoppelten Beziehungen, die man bei Organismen findet.

Charakteristische Kennzeichen eines nachhaltigen Systems

Maximierung der nicht-dissipativen zyklischen Abläufe
Zunahme des Energiespeichervermögens
(Belastbarkeit, Biomasse)
Zunehmend effizientere Energienutzung
(wirkungsvolle Kopplung beim Energietransfer)
Zunahme der dynamischen Geschlossenheit (Zyklen)
Zunahme der raumzeitlichen Differenzierung
(Energieverweildauer, Vielgestaltigkeit)
Ein zunehmend ausgeglichenerer Ressourcen- und
Energiefluß (symmetrische Abläufe)
Zunahme der wechselseitigen Kopplung von Prozessen
(freie Energieerhaltung)
Minimierte Dissipation
(minimale Entropie-Produktion)

Im Kontext des planetarischen Ökosystems wird nun allgemein anerkannt, daß die Auswirkungen der menschlichen Aktivitäten bisher alles andere als heilsam waren. Dies gab den Anstoß zur Gründung einer »Geophysiologischen Gesellschaft« für das Studium der planetaren Gesundheit.[26] In der Tat kann man die Ansicht vertreten, die sich verschlechternde Gesundheit der Menschen sei eine unmittelbare Konsequenz aus der sich verschlechternden Gesundheit unseres Planeten. Für beides kann uns das vorliegende Modell des Organismus erste Kriterien für eine Gesundheitsdiagnostik bieten.

Ein gesunder Organismus maximiert die nicht-dissipativen zyklischen Prozesse, und er minimiert die dissipativen. Dies gibt uns eine Reihe von Kriterien an die Hand, wie wir ein gesundes, nachhaltiges System erkennen können.

Die oben aufgeführten charakteristischen Kennzeichen nachhaltiger Systeme stehen miteinander in Verbindung. Hat man also ein Kennzeichen ermittelt, so liegen die anderen höchstwahrscheinlich ebenfalls vor. Eine gewisse Bestätigung erhalten diese Kriterien durch ihre Ähnlichkeit mit denjenigen, die Eric Schneider und James Kay[27] für vollentwickelte, gefestigte Ökosysteme ausfindig gemacht haben. Die beiden Autoren haben unter Verwendung etwas anderer Begriffe zu einem deutlich verbesserten Verständnis der Thermodynamik von Ökosystemen beigetragen. Sie verglichen die Daten für den Energiefluß im Kohlenstoffhaushalt der Natur, die sie in zwei neben einem großen Stromkraftwerk am Crystal River in Florida gelegenen aquatischen Sumpflandschaften gesammelt hatten. Die eine dieser Landschaften, das »belastete Ökosystem«, war dem aus dem Atomkraftwerk ausströmenden heißen Kühlwasser ausgesetzt, das die Temperatur um sechs Grad ansteigen ließ; in der anderen Landschaft, dem »Kontroll-Ökosystem«, gab es keine entsprechende Exposition, und sie unterlag ansonsten ähnlichen Umweltbedingungen. Die Forscher stellten fest, daß das belastete System im Vergleich zum Kontrollsystem 20 Prozent weniger Energie aufnahm, die aufgenommene Energie um 20 Prozent schlechter nutzte, 50 Prozent weniger Zyklen und 34 Prozent weniger Biomasse hatte. Diese Resultate lassen darauf schließen, daß das Kontrollsystem die

> Man kann jedoch Geld keineswegs mit Energie gleichsetzen. In den ökonomischen Abläufen unserer praktischen Alltagserfahrungen sind vielleicht eher Zuneigung, Vertrauen und Wohlwollen – die man ursprünglich einmal mit einem Geschenk zum Ausdruck gebracht hat – eine passende Entsprechung für Energie. Das heißt, Geld ist nicht immer gleich Geld, und die großen wirtschaftlichen Schwierigkeiten heutzutage kommen dadurch zustande, daß man so tut, als sei dies doch der Fall. Der Geldfluß kann sich auf den Austausch von reellen Gegenwerten oder auf blanke Verschwendung, auf Dissipation, beziehen. Im ersten Fall kommt er eher einem Energiefluß gleich, im zweiten Fall handelt es sich um reine Entropie.

Energie effektiver aufnimmt, speichert und nutzt, über eine größere Aufnahmefähigkeit für Biomasse verfügt und ein höheres Maß an dynamischer Geschlossenheit aufweist (Zyklen), was ja auch mit den aufgelisteten Kennzeichen eines nachhaltigen Systems übereinstimmt.

Schneider und Kay gaben auch den Hinweis auf einige interessante Messungen, die Luvall und Holbo[28] zur Bestimmung der Energiebilanzen von terrestrischen Landschaften mit einem Infrarot-Multispektralscanner der NASA durchgeführt haben. Ihre Daten zeigten eine um so *kältere* Oberflächentemperatur, je mehr das Ökosystem entwickelt ist.

Gemäß der Interpretation von Schneider und Kay haben vollentwickelte Ökosysteme einen effektiveren »Energieabbau«. In einer anderen, mit dem hier präsentierten Modell übereinstimmenden Auslegung haben vollentwickelte Ökosysteme ein größeres »Energiespeichervermögen« (was ein wohldefinierter thermodynamischer Begriff ist). Dieses größere Energiespeichervermögen steht mit dem höheren Maß seiner raumzeitlichen Differenzierung beziehungsweise seiner komplexen Struktur, mit seiner größeren dynamischen Geschlossenheit (Zyklen) und mit seiner wirkungsvolleren Kopplung der zyklischen Abläufe in Zusammenhang, so daß das System weniger Entropie, weniger Wärme, nach außen abführt. Mit anderen Worten wird in einem vollentwickelten Ökosystem der dissipative Zweig minimiert, während der nicht-dissipative Zyklus maximiert wird.

Dieses Modell kann ein Licht auf zahlreiche Aspekte eines ökonomischen Systems werfen, die andernorts ziemlich detailliert beschrieben werden.[29] Hier möchte ich mich auf bestimmte entscheidende Merkmale konzentrieren.

Geld, Energie und Entropie

Zu dem Stichwort »Ökonomie« fällt einem als erstes immer Geld ein. Freilich dreht sich ja in der Welt der Ökonomen alles ums liebe Geld. Daher setzt man allzu leicht den Geldkreislauf in den ökonomischen Abläufen unserer praktischen Alltagserfahrung mit der Energie in einem lebendigen System gleich. In den Lehrbüchern der Biochemie ist es Mode geworden, ATP (Adenosintriphosphat), den universalen Vermittler bei Energieumwandlungsprozessen, als »energetische Währung« anzusehen. Geld kann man jedoch keineswegs mit Energie gleichsetzen. In den ökonomischen Abläufen unserer praktischen Alltagserfahrung sind vielleicht eher Zuneigung, Vertrauen und Wohlwollen – die man ursprünglich einmal mit einem Geschenk zum Ausdruck gebracht hat – eine passende Entsprechung für Energie. Später haben die Menschen dann mit Gütern oder Dienstleistungen gehandelt, und dabei brauchte man ebenfalls Vertrauen und Wohlwollen, um jeweils die entsprechenden energetischen Gegenwerte zu erhalten. Wirklich problematisch wurde es aber mit der Einführung des Geldes, das zu dem realen Wert von Dingen und Dienstleistungen in einer bloß willkürlichen Beziehung steht.

Dementsprechend ist Geld keineswegs immer gleich Geld, und die großen wirtschaftlichen Schwierigkeiten kommen heutzutage dadurch zustande, daß man so tut, als sei dies doch der Fall. Der Geldfluß kann sich auf den Austausch von reellen Gegenwerten oder auf blanke Verschwendung, auf Dissipation, beziehen. Im ersten Fall kommt er eher einem Energiefluß gleich, im zweiten Fall handelt es sich um reinste Entropie.

Die Transaktionen auf dem Finanz- oder Geldmarkt dienen einzig und allein dazu, »Vermögenswerte« aus der realen Produktion abzuziehen und sie getrennt von ihr anzuhäufen. Dadurch wird Geld produziert, das von der Wertschöpfung völlig abgekoppelt ist. Infolgedessen gibt es, wie David Korten hervorhebt, »eine zunehmende Finanz- oder Kaufkraft auf seiten derer, die das neugeschaffene Geld unter Kontrolle haben, während im Vergleich dazu bei den anderen, für die Wertschöpfung verantwortlichen Mitgliedern der Gesellschaft die reale und relative Entlohnung im Rückgang begriffen ist«.[30] Schätzungen zufolge sind für jeden US-Dollar, der in den Produktivbereichen der Weltwirtschaft zirkuliert, 20 bis 50 Dollar in der Finanzwelt im Umlauf. Bezogen auf unseren Modellentwurf entspricht dieses Geld bloßer, durch nichts ausgeglichener, restloser Entropie, der bloßen Dissipation.

Die andere Hauptquelle für unausgeglichene, restlose Entropie ist in den ungleichen Wettbewerbsbedingungen des Welthandels zu finden, die die Mächte des Nordens den Entwicklungsländern des Südens konsequent auferlegen. Dies geschah in der Kolonialzeit, und es geschieht in der nachkolonialen Zeit: Gegen viel zu geringes Entgelt holt man sich Rohstoffe aus dem Süden, und gleichzeitig verkauft man an die betreffenden Ländern industriell hergestellte Waren zu überhöhten Preisen. Da jedoch letzten Endes das ökonomische System vom Zufluß der Ressourcen aus der natürlichen Umwelt mit ihrer »natürlichen ökologischen Ökonomie« abhängt, können die entropischen Kosten entweder dem ökonomischen System oder aber dem Ökosystem auferlegt werden. Wenn also die Kosten für den Verbrauch an wertvollen, nicht erneuerbaren ökologischen Ressourcen nicht angemessen in Rechnung gestellt werden oder wenn erneuerbare Ressourcen schneller erschöpft werden, als sie sich regenerieren können, hat nicht so sehr das ökonomische System die entropischen Belastungen zu tragen, sondern die ökologische Umwelt. Aufgrund der unvermeidlichen Kopplung des ökonomischen Systems an das Ökosystem, auf dessen Energie- und Materialzufuhr das ökonomische System ja angewiesen ist (siehe Abbildung 14.3), wirkt sich die entropische Belastung des Ökosystems durch verminderte Energie- und Materialzufuhr allerdings wieder auf das ökonomische System aus. Dieses wird folglich ärmer. Die Armut ist unserem Modell zufolge absolut, da es für die Nutzung und Umwandlung der Ressourcen nur einen endlichen Optimalwert gibt. Armut bedroht den Fortbestand des Gesamtsystems. Sie repräsentiert ein unausgewogenes, ungekoppeltes, hochgradig dissipatives System (siehe weiter unten).

Einen Beleg dafür, daß Geld entweder energetisch oder aber entropisch sein kann, liefert die bekanntermaßen unzuverlässige Einschätzung des realen Volksvermögens anhand des Bruttosozialprodukts – der Gesamtaufwendungen für Waren und Dienstleistungen in den unterschiedlichen Bereichen der Wirtschaft.

Korten[31] macht darauf aufmerksam, daß man durch die jeweils umweltbelastenderen Möglichkeiten zur Deckung eines gegebenen Bedarfs besonders zur Erhöhung des Bruttosozialprodukts beiträgt. Zum Beispiel trägt das Autofahren mehr dazu bei als das Fahrradfahren, das Einschalten einer Klimaanlage trägt weitaus mehr dazu bei als das Öffnen eines Fensters, die Verwendung von vorgefertigten Nahrungsmitteln mehr als der Verzehr von naturbelassener Nahrung in wiederverwendbaren Behältern und so weiter. Wenn man das amerikanische Bruttosozialprodukt neu aufschlüsselt, indem man ausschließlich den Zuwachs bei denjenigen Ausgaben berücksichtigt, die sich auf ein erhöhtes Wohlbefinden beziehen, und demgegenüber die Erschöpfung der Ressourcen bei Mensch und Umwelt in Rechnung stellt, so zeigt der Index für den wirtschaftlichen Wohlstand bei Daly und Cobb,[32] daß der individuelle Wohlstand 1969 seinen Spitzenwert erreicht und sich dann eingependelt hat, bis er Anfang bis Mitte der achtziger Jahre seinen Niedergang erlebte. Dessenungeachtet sind von 1969 bis 1986 das Bruttosozialprodukt pro Kopf um 35 Prozent und der Verbrauch an fossilen Kraftstoffen um rund 17 Prozent gestiegen. »Statt Wohlstand hervorzubringen, richtet unser Geldsystem unseren wahren Wohlstand zugrunde: Unser Gemeinwesen, unsere Ökosysteme und unsere produktive Infrastruktur.«[33]

Eine andere vielsagende Gegenüberstellung von energetischem Ertrag und entropischen Kosten bietet der Vergleich zwischen 25 verschiedenen Reisanbausystemen[34] (siehe Tafel 1, S. 336). Acht dieser Anbausysteme sind in bezug auf die geringe Zufuhr an fossilen Kraftstoffen (2-4 Prozent) und auf den hohen Arbeitsaufwand (35-78 Prozent) *vorindustriell*. Zehn sind mit mäßiger bis hoher Zufuhr an fossilen Kraftstoffen (23-93 Prozent) und geringem bis mäßigem Arbeitsaufwand (4-46 Prozent) *halbindustriell*. Und sieben sind mit 95 Prozent Zufuhr an fossilen Kraftstoffen und einem äußerst niedrigen Arbeitsaufwand von 0,04 bis

0,2 Prozent *vollindustriell*. Der energetische Gesamtertrag pro Hektar, den man in der Energiemaßeinheit GigaJoule (GJ; 1 GJ = 238891,543 Kilokalorien) berechnet, fällt in den vorindustriellen Systemen in eine Niederertrags- und in eine Hochertragsuntergruppe. Der Ertrag der Niederertragsuntergruppe liegt bei einem Zwanzigstel bis zu einem Fünftel des vollindustriellen Ertrags. Doch *der Ertrag der Hochertragsuntergruppe beträgt das Zwei- bis Dreifache der vollindustriellen Systeme*. Der Ertrag der halbindustriellen Systeme ist mit einem Durchschnittswert von 51,75 GJ homogener, während der noch gleichmäßigere Ertrag der vollindustriellen Systeme einen Durchschnitt von 65,99 GJ erreicht. Untersucht man jedoch die Relation zwischen dem energetischen Gesamtertrag und der Gesamtenergiezufuhr, so kommen die präindustriellen Systeme in der Niederertragsgruppe auf Quoten zwischen 6,9 und 11,5. Dagegen reichen die Quoten der produktivsten Systeme von 15,3 bis hinauf zu 29,2. Die halbindustriellen Systeme ergeben Relationen von 2,1 bis 9,7. Dagegen ist die Relation bei den vollindustriellen Systemen kaum besser als 1.

> »Statt Wohlstand hervorzubringen, richtet unser Geldsystem unseren wahren Wohlstand zugrunde: Unser Gemeinwesen, unsere Ökosysteme und unsere produktive Infrastruktur.«

Diese Zahlen veranschaulichen das Gesetz der rückläufigen Erträge erstaunlich gut. Es gibt ein relativ gleichmäßiges Ertragsniveau pro Hektar ungefähr bei 60-80 GJ, unabhängig von der Gesamtzufuhr. Lediglich die drei vorindustriellen Hochertragssysteme aus dem chinesischen Yunnan liegen deutlich darüber. Eine verstärkte Energiezufuhr ergibt einen Rückgang der Effizienz – dem Verhältnis zwischen Energiezufuhr und Energieertrag –, der besonders deutlich wird, wenn die Energiezufuhr sich dem höchstmöglichen Energieertrag annähert. Dieser Rückgang an Effizienz spiegelt die zunehmenden entropischen Kosten bei hohen Dissipationsraten wider, wenn das Maß der Energiezufuhr die Fähigkeit des Systems übersteigt, die zugeführte Energie effektiv zu speichern.

Der außerordentlich hohe Ertrag des chinesischen Anbausystems gibt auch einen Hinweis darauf, daß das Energiespeichervermögen eines Systems, seine Belastbarkeit, steigen *kann*. Das hängt ganz besonders vom Ausmaß der raumzeitlichen Differenzierung und der dynamischen Geschlossenheit ab, die das System in sich birgt. Eine Mischbepflanzung nach dem Rotationsprinzip würde zum Beispiel die raumzeitliche Differenzierung erhöhen, während die in China traditionell praktizierte Nutzung von Exkrementen aus Haus und Hof die dynamische Geschlossenheit vergrößern würde.

Die Ansiedlung von gut gedeihenden Mikrobengemeinschaften im Erdreich trägt ebenfalls zu erhöhter raumzeitlicher Differenzierung im Sinn der Energiespeicherung wie auch zu größerer dynamischer Geschlossenheit durch eine erleichterte Nährstoffverwertung bei (siehe weiter unten). Im Gegensatz dazu machen Monokulturen die raumzeitliche Differenzierung und die dynamische Geschlossenheit zunichte, und zwar in der größeren ökologischen Gemeinschaft ebenso wie in der Mikrobenökologie des Bodens. Dies führt dann ungeachtet einer hochgradigen Energiezufuhr zu verringertem Energiespeichervermögen.

Dynamische Geschlossenheit, raumzeitliche Differenzierung und kooperativer Austausch

Wie bereits kurz angesprochen wurde, hat ein nachhaltiges System zwei Zweige: den irreversiblen, dissipativen Zweig und den nicht-dissipativen Zweig, der dynamische Geschlossenheit, d. h. Zyklen, raumzeitliche Differenzierung und kooperativen Austausch erfordert. Wie Vandana Shiva deutlich macht,[35] waren die traditionell wirtschaftenden alteingesessenen Bauern sich darüber bei ihrem »Landwirtschaftssystem mit Hilfe von intern zugeführter Energie« sehr wohl im klaren. Dieses Landwirtschaftssystem, bei dem die Energiezufuhr von innen erfolgt, beruht auf einer wechselseitigen, symbiotischen Beziehung zwischen den einzelnen Organismen in einer landwirtschaftlichen Gemeinschaft und zwischen den Bauern und ihren »Erzeugnissen«. Indem die Menschen Landwirtschaft betreiben, Tiere und Pflanzen hegen und vermehren, liefern die Tiere und Pflanzen der menschlichen Gemeinschaft Nahrung.[36] Durch wohlerwogene Wiederverwertung der Nährstoffe und eine breitgefächerte Nutzung der Ressourcen wird der Abfall minimiert. Im Gegensatz dazu sind die sogenannten Hochertragssorten, die man im Rahmen der Grünen Revolution eingeführt hat, so beschaffen, daß sie soziale Beziehungen zerstören, Nährstoffzyklen durchbrechen, Recycling überflüssig machen und somit auf erhöhte Energiezufuhr von außen angewiesen sind. Aus diesen Gründen sind die voll industrialisierten Intensivlandwirtschaftsmethoden energetisch so ineffizient und letztlich nicht nachhaltig.

Im globalen Zusammenhang betrachtet, bedrohen die derzeitigen Pläne der Welthandelsorganisation (WTO) und des *Multilateral Agreements on Investment** (MAI), sämtliche Handels-, Finanzierungs- und Investitionsbeschränkungen zu beseitigen, nicht nur den Fortbestand der regionalen, nationalen Ökonomien, sondern das Überleben des globalen Gesamtsystems.[37] Ein Hauptgrund dafür ist die Zerstörung der Ebenen von dynamisch geschlossenen Zyklen und raumzeitlicher Differenzierung, die – in das System eingebettet – Energie speichern, wechselseitig kooperative Funktionsabläufe ermöglichen und dadurch einen Beitrag zum Erhalt des Gesamtsystems leisten. Ohne wirkungsvolle Beschränkungen, die jene wechselseitige Kooperation ermöglichen, auf die eine regionale Autonomie angewiesen ist, werden die aggressiven multinationalen Monopole die Gewinnung von billigen natürlichen Ressourcen weiter beschleunigen, während sie die Preise für Waren weiter in die Höhe treiben. Beides wird die entropischen Kosten erhöhen, einmal in bezug auf die Umwelt, zum anderen in bezug auf das System selbst – was zweifellos dem Ende des globalen Systems gleichkäme.

Durch das Fehlen von Beschränkungen für die Financiers und Investoren werden Länder auch für Spekulationen auf den internationalen Finanzmärkten anfällig – mit entsprechend verheerenden Konsequenzen. Die Finanzkrise, die über Asien hereinbrach, nachdem die erste englische Auflage dieses Buches in Druck gegangen war, wurde durch solche Spekulationen heraufbeschworen. Bekannte WTO- und MAI-Kritiker wie zum Beispiel Martin Khor und Edward Goldsmith hatten die Asienkrise längst vorausgesagt.

In aufgeklärten Wirtschaftskreisen lernt man bereits von der Natur, welche Bedeutung Nachhaltigkeit hat. Mit Rücksicht auf die dynamisch geschlossenen Zyklen, die eine derart entscheidende Rolle für den Lebensprozeß spielen, sollte es so etwas wie »Abfall« wirklich nicht geben. Die wichtigsten Spezies im grandiosen Zyklus des planetaren Ökosystems sind die Aas- und Unratfresser, die von Abfällen, Kadavern und allen möglichen Überbleibseln leben und dadurch Nährstoffe für Grünpflanzen freisetzen, die aus dem Sonnenlicht Energie beziehen und sie an die Tiere und an andere Pflanzen in der Nahrungskette weitergeben. »Was dem einen Organismus entweicht – durch Ausscheidung, Ausatmung oder wie auch immer –, das nutzt ein anderer.«[38] Indem man diesem Prinzip bis zu seinem logischen Schluß folgt, sollen Abfallprodukte

* siehe Fußnote S. 30

jetzt durch industrielle Prozesse in wertvolle Energiequellen verwandelt werden.

Zum Beispiel züchtet eine neue Brauerei im südwestafrikanischen Namibia auf dem Getreide, aus dem man Bier gewonnen hat, zunächst Champignons und anschließend Regenwürmer. Die Regenwürmer verfüttert man an Hühner. Mit dem alkalischen Abwasser der Brauerei – 80 Prozent des zuvor entnommenen Grundwassers – kultiviert man *Spirulina*, eine an Proteinen reiche, eßbare Alge, und leitet es dann weiter in Teiche, in denen man eine Fischzucht aufgebaut hat. Aus dem Hühnerkot wird schließlich in einem Aufschlußgerät zur Aufspaltung organischer Substanzen Methangas hergestellt,* das man als Brennstoff einsetzt. »Dieses integrierte Biosystem produziert siebenmal mehr Nahrung, Brennstoff und Dünger, als dies bei einem herkömmlichen Verfahren möglich wäre, und viermal so viele Arbeitsplätze.«[39] Dies ist nichts anderes als die Minimierung von Dissipation durch erhöhte dynamische Geschlossenheit und raumzeitliche Differenzierung. So kann bei der gegebenen Entnahme von Ressourcen die Belastbarkeit des Systems gesteigert werden.

Schlußfolgerung

Klar ist: Wir brauchen einen systematischen Richtungswechsel in sämtlichen Lebensbereichen, bevor aus dem Wunschtraum, mit Hilfe der Gentechnik alle Probleme der heutigen Welt lösen zu können, ein Alptraum geworden ist. In diesem Schlußkapitel habe ich Ihnen einige Anhaltspunkte gegeben, von welcher Art die Veränderungen sind, die wir brauchen und die bereits stattfinden. Zu unserem Glück existiert ein stattliches Wissen, das über die reduktionistische Wissenschaft hinausreicht und zu einem tieferen Verständnis des organischen Ganzen vordringt. Manches von diesem Wissen gelangt bereits im Gesundheitsbereich, in der Landwirtschaft und bei industriellen Prozessen zur Anwendung. Die Tage der reduktionistischen Wissenschaft sind vorüber. Wir sollten nicht länger jene schlechte Wissenschaft akzeptieren, die dazu gedient hat, die Erde und ihre Bewohner auszubeuten, zu unterdrücken, zu verwirren und zu ruinieren. Lassen wir die Gentechnik hinter uns, und entscheiden wir uns für eine freudvolle Zukunft, die noch lange Bestand haben kann.

* plus Kohlendioxid und diverse Mineralien

Tafel 1. Bilanz der Energiekosten und Erträge von Reisanbausystemen

Standort	Energie-zufuhr (GJ)	fossiler Kraftstoff (%)	Arbeit (%)	Energie-ertrag (GJ)	Zufuhr/Ertrag
vorindustriell					
1. Dayak, Sarawak (1951)	0,30	2	44	2,4	8,0
2. Dayak, Sarawak (1951)	0,63	2	51	5,7	9,0
3. Kilombero, Tansania (1967)	0,42	2	39	3,8	9,0
4. Kilombero, Tansania (1967)	1,44	3	35	9,9	6,9
5. Iban, Sarawak (1951)	0,27	3	36	3,1	11,5
6. Luts'un, Yunnan (1938)	8,04	3	70	166,9	20,8
7. Yits'un Yunnan (1938)	10,66	2	78	163,3	15,3
8. Yits'un Yunnan (1938)	5,12	4	53	149,3	29,2
halbindustriell					
9. Mandya, Karnataka (1955)	3,33	23	46	23,8	7,1
10. Mandya, Karnataka (1955)	16,73	74	16	80,0	4,8
11. Philippinen (1972)	12,37	86	5	39,9	3,2
12. Philippinen (1972)	16,01	89	4	51,8	3,2
13. Japan (1963)	30,04	90	5	73,3	2,4
14. Hongkong (1971)	31,27	83	12	64,8	2,1
15. Philippinen (1965)	3,61	93	13	25,0	6,9
16. Philippinen (1979)	5,48	33	16	52,9	9,7
17. Philippinen (1979)	6,90	80	11	52,9	7,7
18. Philippinen (1979)	8,72	86	7	52,9	6,1
vollindustriell					
19. Surinam (1972)	45,9	95	0,2	53,7	1,2
20. USA (1974)	70,2	95	0,02	52,9	0,8
21. Sacramento (1977)	45,9	95	0,04	80,5	1,8
22. Grand Prairie (1977)	52,5	95	0,04	58,6	1,1
23. S. W. Louisiana (1977)	48,0	95	0,04	50,8	1,1
24. Mississippi-Delta (1977)	53,8	95	0,05	55,4	1,0
25. Texan. Golfküste (1977)	55,1	95	0,04	74,7	1,4

Anhang

Ein Moratorium für die Gentechnik und ein Nein zu den Patenten auf das Leben

Während des *State of the World Forum* des Jahres 1997 (vom 4. bis zum 9. November in San Francisco) nahmen Brian Goodwin, Fritjof Capra, Ervin Laszlo und ich an der Gesprächsrunde zum Thema »Neue Visionen in den biologischen Wissenschaften« teil. Ein Beitrag, den wir zu den neuen Visionen beigesteuert haben, bestand in der Erklärung, die Sie auf der übernächsten Seite nachlesen können. Mit dieser Erklärung lehnen wir die Patente auf das Leben ab und verlangen, daß bis zur Durchführung einer umfassenden öffentlichen Untersuchung ein Moratorium für die kommerzielle Freisetzung von gentechnisch veränderten Organismen verhängt wird. Wir wollen 100.000 Unterschriften sammeln, in erster Linie zur Vorlage bei:

1. dem *State of the World Forum*,
2. der UN-Versammlung zur biologischen Artenvielfalt,
3. unserer/unseren Regierung/en und
4. der Weltgesundheitsorganisation (WHO) mit der Bitte um eine Untersuchung des Zusammenhangs zwischen Gentechnik und dem neuerlichen Wiederaufkommen von Infektionskrankheiten.

Bitte unterzeichnen Sie diese Erklärung, und sammeln Sie weitere Unterschriften, indem sie die betreffende Seite vervielfältigen und an folgende Adresse schicken:

Mae-Wan Ho, Biology Department, Open University, Walton Hall, Milton Keynes MK7 6AA, Großbritannien.

Oder schicken sie ein e-mail an:

M.-W. Ho <m.w.ho@open.ac.uk>,

in dem sie zum Ausdruck bringen, daß Sie die Erklärung zum Leben und zur Evolution unterzeichnen wollen.

Zu den Unterzeichnenden gehören:

Miguel A. Altieri, University of California, Berkeley, USA;
Siti Aminah, Komphaslindo, Djakarta, Indonesien;
Frappé Benoit, Parti de la Loi Naturelle, Montlignon, Frankreich;
Phil Bereano, Council for Responsible Genetics, USA;
Beth Burrow, The Edmonds Institute, USA;
Fritjof Capra, Institute for Ecoliteracy, Kalifornien, USA;

Wytze de Lange, Dutch Coalition Against Patents on Life, Niederlande;
Chee Yoke Ling, Nijar Gurdial, & Martin Khor, Third World Network, Malaysia;
Ronnie Cummins, Pure Foods Campaign, USA;
Kristin Dawkins und Yvette Flynn, Institute for Agriculture and Trade Policy, USA;
Kristin Ebbert, Mothers & Others for a Livable Planet /THE GREEN GUIDE, New York, USA;
Tewolde Egziabher und Sue Edwards, Institute of Sustainable Agriculture, Äthiopien;
Peter Fenwick und David Lorimer, Scientific and Medical Network, Großbritannien;
Khalsa Garcia, Aseed Europe, Niederlande;
Brian Goodwin, Schumacher College, Großbritannien;
Benedikt Haerlin, Greenpeace International, Deutschland;
Mae-Wan Ho, Biology Department, Open University, Großbritannien;
Patrick Holden, The Soil Association, Großbritannien;
Liz Hoskins und Helena Paul, Gaia Foundation, Großbritannien;
Vyvyan Howard, University of Liverpool, Großbritannien;
Florianne Koechlin, World Wildlife Fund (WWF), Schweiz;
Ervin Laszlo, Club of Budapest, Ungarn;
Dan Leskien, Friends of the Earth, Deutschland;
Farhad Mazhar, UBINIG, Bangladesch;
Tore Midtvedt, Laboratory of Medical Microbial Ecology Cell & Molecular Biology, Schweden;
Nicanor Perlas, Centre for Alternative Development Initiatives, Philippinen;
Jose A. Pascual, FoE, Spanien;
Bob Phelps, Australian GeneEthics Network, Fitzroy, Australien;
Darrell Posey, Oxford Centre for the Environment, Ethics & Society, Oxford University, Großbritannien;
Peter Saunders, King's College, London, Großbritannien;
Marilyn Schlitz, Institute of Noetic Sciences, Kalifornien, USA;
Hernadez Sergio, Play Fair Europe, Deutschland;
Vandana Shiva, Research Foundation for Science and Ecology, Neu Delhi, Indien;
Nandas Bahhadur Siung, Global Research Carel for Ethnobiology, Nepal;
Jaan Suurkula, International Network of Physicians against Genetically Engineered Food, Schweden;
Beatrix Tappeser, Freiburger Ökoinstitut e.V., Freiburg, Deutschland;
Victoria Tauli-Corpuz, Indigenous Peoples' Centre for Policy Research and Education, Philippinen;
Brian Tokar, Institute of Social Ecology, Vermont, USA;
Terje Traavik, Institute of Medical Microbiology, Tromso, Norwegen;
Etienne Vernet, Ecoropa Frankreich;
Peter R. Wills, University of Auckland, Neuseeland;
Vida Ogorelec Wagner, Slovenian Foundation for Sustainable Development;
Christine von Weizsäcker, Ecoropa, Deutschland.

Die Erklärung des *State of the World Forum* zum Leben und zur Evolution

Das Leben ist ein eng verflochtenes Netz von Beziehungen, das sich eigenständig entwickelt, indem es Myriaden unterschiedlichster Elemente zu einem integralen Ganzen miteinander verflechtet. Aufgrund der Komplexität und wechselseitigen Abhängigkeit aller Lebensformen läßt sich der Evolutionsprozeß zwar nicht beherrschen, allerdings kann man ihn beeinflussen. Der Evolutionsprozeß beinhaltet eine nicht vorhersagbare schöpferische Entwicklung und erfordert eine behutsame Mitwirkung aller Beteiligten. Dies betrifft vor allem den jüngsten Neuankömmling, den Menschen.

Mit dem Leben darf man nicht wie mit einer Ware umgehen, die jemand sich ganz oder teilweise aneignen kann. Das gilt auch für diejenigen, die das Leben zum Vorteil und zum Profit des Menschen manipulieren, neue Lebensformen entwickeln wollen. Auf Organismen oder ihre Bestandteile darf es keine Patente geben. Wir müssen auch erkennen, welche möglichen Gefahren für die Gesundheit und die biologische Artenvielfalt der Gentechnik innewohnen und vor welche ethischen Probleme sie uns – die wir eine Verantwortung für das Leben haben – stellt. Wir beantragen ein Moratorium für die kommerzielle Freisetzung gentechnisch veränderter Produkte und eine umfassende öffentliche Untersuchung zur Klärung der Frage, wie sicher und legitim der Einsatz der Gentechnik ist. Diese Untersuchung sollte sich an das Prinzip der Vorsorge als Kriterium für eine behutsame Teilhabe an den Lebensprozessen halten. Jede Spezies sollte in ihrer Eigenart respektiert und aufgrund ihrer Einzigartigkeit geschätzt werden. Denn diese Eigenschaften bilden die Grundlage für das ganze verwickelte Netzwerk des Lebens.

Wir erkennen die Gültigkeit der unterschiedlichen Arten von Erkenntnis an, die in den verschiedenen Kulturen entwickelt wurden, und die Gleichwertigkeit des in diesen Traditionen gewonnenen Wissens. Sie liefern einen ganz wesentlichen Beitrag zum Kreis jener alternativen Technologien, die sich zu einer nachhaltigen Nutzung der natürlichen Ressourcen einsetzen lassen und es uns ermöglichen, die Artenvielfalt zu erhalten und das kostbare Geschenk des Lebens in all seiner Schönheit und schöpferischen Kraft an unsere Kinder und Kindeskinder, an das kommende Jahrhundert und die Zeiten danach weiterzugeben.

Name ______________________________

Titel ______________________________

Mitglied bei ______________________________

Adresse ______________________________

____

Unterschrift ______________________________

Über das Internet (http://www.i-sis.dircon.co.uk) veröffentlicht das *Institute of Science in Society* (ISIS) die nachfolgende Erklärung (hier in deutscher Übersetzung) und bittet Sie um Ihre Unterstützung:

Eine Erklärung von Wissenschaftlern aus aller Welt: Aufruf zu einem Moratorium für genmanipulierte Pflanzen und zum Verbot von Patenten auf das Leben

Wir, die unterzeichnenden Wissenschaftler, verlangen von unseren Regierungen:

1. **Verhängen Sie unverzüglich ein mindestens fünfjähriges Moratorium für die weitere Freisetzung von transgenen Pflanzen, Nahrungsmitteln und Tierfutterprodukten.**
2. **Verbieten Sie Patente auf lebende Organismen, Zellinien und Gene.**
3. **Unterstützen Sie eine umfassende, unabhängige, das gesamte Spektrum der wissenschaftlichen Ergebnisse, ferner die sozioökonomischen und ethischen Konsequenzen berücksichtigende Untersuchung über die Zukunft der Landwirtschaft und eine gesicherte Nahrungsmittelversorgung für alle.**

Zu den Unterzeichnenden gehören:

Prof. Phil Bereano, Ingenieurwesen, University of Washington, USA
Prof. Joe Cummins, Genetiker, University of Western Ontario, Kanada
Prof. Brian Goodwin, Biologe, Schumacher College, Großbritannien
Prof. Martha R. Herbert, pädiatrische Neurologie, Massachusetts, USA
Dr. Mae-Wan Ho, Genetikerin und Biophysikerin, Open University, Großbritannien
Dr. Vyvyan Howard, Toxikopathologin, Liverpool University, Großbritannien
Prof. Arpad Pusztai, biochemische Immunologie, Großbritannien
Prof. Peter Saunders, Biomathematiker, King's College, London, Großbritannien
Prof. Terje Traavik, Virologe, Universität von Tromso, Norwegen
Dr. Christine von Weizsäcker, Ecoropa, Deutschland
Dr. Vandana Shiva, Forschungseinrichtung für Wissenschaft und Ökologie, Indien
Dr. Tewolde Egziabher, Agronom, Ministerium für Umwelt, Äthiopien
Prof. Martha L. Crouch, Biologin, Indiana University, USA
Patrick Holden, Direktor der Soil Association, Bristol, Großbritannien

1. Die fortgesetzte Freisetzung und kommerzielle Nutzung transgener Pflanzen, Nahrungsmittel und Tierfutterprodukte bereitet uns größte Sorgen. Denn immer mehr wissenschaftliche Erkenntnisse zeigen, daß diese Erzeugnisse eine Gefahr für die biologische Artenvielfalt, die Nahrungssicherheit und die Gesundheit von Mensch und Tier darstellen. Und weder für die Notwendigkeit, noch für den Nutzen einer von der Gentechnik bestimmten Landwirtschaft gibt es Beweise.

1.1 Neue wissenschaftliche Beweise haben uns davon überzeugt, daß unbedingt sofort ein Moratorium für derartige Freisetzungen verhängt werden muß:

1.1.1 Herbizidresistente Transgene haben sich bei transgener Rapsölsaat wie auch bei transgenen Zuckerrüben[1] durch Fremdbestäubung auf wilde Artverwandte ausgebreitet und zahlreiche widerstandsfähige Superunkraut-Arten hervorgebracht. Eine Studie zeigt, daß ein Entweichen von Transgenen bis zu dreißigmal wahrscheinlicher ist als ein Entweichen der pflanzeneigenen Gene[2].

1.1.2 *Bt*-Toxine, die mit gentechnischen Mitteln in eine breite Palette von bereits in die Umwelt freigesetzten transgenen Pflanzen integriert worden sind, können sich im Erdboden anreichern; und sie haben verheerende Auswirkungen auf jene Insekten, die die Blüten bestäuben, und auf andere nützliche Insekten[3].

1.1.3 Neue Enthüllungen aufgrund der Ergebnisse von Tierfütterungsversuchen lassen ernstliche Zweifel an der Sicherheit transgener Nahrungsmittel wach werden. Gentechnisch mit Schneeglöckchen-Lektin ausgestattete Kartoffeln, die man an Ratten verfüttert hat, verursachten eine hochsignifikante Gewichtsabnahme zahlreicher Organe, eine Beeinträchtigung der immunologischen Reaktionen und Symptome, die auf eine Virusinfektion schließen ließen.[4]

1.1.4 In den Niederlanden durchgeführte Forschungen zeigen, daß antibiotikaresistente Markierungsgene aus gentechnisch veränderten Bakterien in einem künstlichen Darm durch horizontalen Gentransfer mit der stattlichen Häufigkeit von 10^{-7} auf natürlich vorkommende Bakterien übertragen werden können.[5]

1.1.5 Forscher in den USA haben ein hohes Vorkommen horizontaler Gentransfers von einem genetischen Hefeparasiten auf das mitochondriale Genom höherer Pflanzen festgestellt[6] – ein Umstand, der im Hinblick auf eine unkontrollierte horizontale Verbreitung von Transgenen und Markierungsgenen aus transgenen Pflanzen, die in die Umwelt freigesetzt wurden, zu ernstlicher Besorgnis Anlaß gibt.

2. Durch die Patentierung von lebenden Organismen, Zellinien und Genen unter den *Trade Related Intellectual Property Rights* (TRIPS) *Agreements** werden an den intellektuellen und genetischen Ressourcen der Dritten Welt verübte Akte der »Bio-Piraterie«[7] und gleichzeitig die zunehmenden Unternehmensmonopole auf die Nahrungsproduktion und -verteilung legitimiert. Die Kleinbauern auf der ganzen Welt werden zu Randfiguren degradiert, was langfristig die Nahrungssicherheit für alle in Gefahr bringt.[8]

3. Die Regierungen der Industrienationen, die für Patente auf Organismen, Zellinien und Gene – auch die des Menschen – stimmen, laufen Gefahr, durch die Verträge in der Welthandelsorganisation (WTO) und den *Multilateral Agreements on Investment* (MAI)* den Unternehmen die unumschränkte Möglichkeit zur Ausbeutung ihrer Bürger und ihrer natürlichen Ressourcen zu geben. Umweltstandards, Nah-

* siehe Kapitel 1, Fußnote S. 30

rungssicherheitsstandards und sogar fundamentale Menschenrechte fallen so den unternehmerischen Imperativen der Finanzwelt zum Opfer.[9]

4. In den Gutachterausschüssen der Regierungen gibt es zu wenige unabhängige, nicht der Industrie verpflichtete Wissenschaftler. Infolgedessen wurde eine nicht erprobte, unzureichend erforschte Technologie überstürzt auf den Markt gebracht. Die vorliegenden wissenschaftlichen Beweise für ihre Gefahren sind hingegen heruntergespielt, ignoriert oder sogar unterdrückt[10] und ihre Risiken nur in wenigen unabhängigen Forschungsprojekten untersucht worden.

5. Hinter dieser Technologie steht eine antiquierte deterministische Wissenschaft. Sie nimmt an, Organismen seien einfach durch beständige, unveränderliche Gene determiniert und diese könne man willkürlich unseren Zwecken entsprechend manipulieren. Tatsächlich haben jedoch die wissenschaftlichen Resultate der letzten zwanzig Jahre jede Annahme des genetischen Determinismus widerlegt[11]. Die neue Genetik zwingt uns zu einer ökologischen, ganzheitlichen Sicht, besonders in bezug auf die Gene. Die Gene sind nicht durch Beständigkeit und Unveränderlichkeit, sondern durch Fluidität und Dynamik gekennzeichnet; sie reagieren auf die Physiologie des Organismus und auf die äußere Umwelt; *und sie erfordern eine stabile, ausgewogene Ökologie, um ihre Stabilität aufrechterhalten zu können.*

Quellen

1 Brookes, M. (1988). Running wild, *New Scientist*, 31. Oktober; Snow, A & Jorgensen, R. (1988). Costs of transgenic glufosinate resistance introgressed from *Brassica napus* into weedy *Brassica rapa*. Abstract. Ecological Society of America, Baltimore, 6. August 1988.

2 Bergelson, J., Purrington, C. B. & Wichmann, G. (1988). Promiscuity in transgenic plants. *Nature* 395, S. 25.

3 Crecchio, C. & Stotzky, G. (1988). Insecticidal activity and biodegradation of the toxin from *Bacillus thuringiensis* subsp. kurstaki bound to humic acids from soil. *Soil Biology and Biochemistry* 30, S. 463-470; und die dort aufgeführten Quellenangaben.

4 Leake, C. & Fraser, L. (1999). Scientist in Frankenstein food alert is prooved right. *UK Mail on Sunday*, 31. Januar; Goodwin, B. C. (1999). Report on SOAEFD Flexible Fund Project RO818, 23. Januar 1999.

5 MacKenzie, D. (1999). Gut reaction. *New Scientist*, 30. Januar, S. 4.

6 Cho, Y., Qiu, Y.-L., Kuhlman, P. & Palmer, J. D. (1998). Explosive invasion of plant mitochondria by a

group I intron. *Proc. Natl. Acad. Sci.* USA 95, S. 14244-14249.

7 Siehe Shiva, V. (1988). *Biopiracy – The Plunder of Nature and Knowledge,* Green Books, London; ferner: Latin American Declaration on Transgenic Organisms, Quito, 22. Januar 1999.

8 The Corner House (1988). *Food? Health? Hope? Genetic Engineering and World Hunger,* Briefing 10.

9 Siehe Mander, J. & Goldsmith, E. (Hrsg.) (1996). *The Case Against the Global Economy and For a Turn Toward the Local,* Sierra Club Books, San Francisco.

10 Siehe Anmerkung 4.

11 Siehe Ho, M.-W. (1999). *Das Geschäft mit den Genen. Genetic Engineering – Traum oder Alptraum?* Diederichs, München.

Anmerkungen

1. Die unheilige Allianz

1 Ein öffentliches Streitgespräch im Oxforder Zentrum für Umwelt, Ethik und Gesellschaft der Oxford-Universität am 20. Feb. 1997.

2 »Scientists scorn sci-fi fears over sheep clone« (»Wissenschaftler weisen Science-fiction-mäßige Befürchtungen angesichts von Schafsklon von sich«), *The Guardian*, Montag, der 24. Februar 1997, S. 7. Der wissenschaftliche Projektleiter, lan Wilmut, wurde mit folgender Aussage zitiert: »Dies wird uns in die Lage versetzen, genetische Erkrankungen zu studieren, für die es keine Heilung gibt, und den Mechanismen, die dabei eine Rolle spielen, auf die Spur zu kommen. Der nächste Schritt besteht darin, die Zellen im Labor in Zellkulturen zu verwenden und dann als nächstes Ziel genetische Veränderungen in dieser Kultur anzuvisieren.« Im selben Artikel hieß es, Lewis Wolpert, Entwicklungsbiologe am Londoner University-College, habe geäußert: »Das ist eine ganz schön riskante Technik mit vielen Unregelmäßigkeiten.« Einen Bericht darüber samt Interview gab es auch am 24. Februar 1997 in den 8-Uhr-Nachrichten der BBC, Radio 4.

3 Associated Press, 1998.

4 Beispielsweise Spallone, 1992.

5 George, 1988, S. 5.

6 Mein Kollege Peter Saunders und ich haben in den siebziger Jahren damit begonnen, einen neuen Ansatz für die Neodarwinsche Evolutionstheorie zu erarbeiten. Eine recht große Auswahl von Aufsätzen verschiedener Autoren zu diesem Thema findet man in: Ho und Saunders, 1984; Pollard, 1984; Ho und Fox, 1988.

7 Lewis Wolpert, derzeitiger Leiter des Ausschusses für ein besseres naturwissenschaftliches Verständnis in der britischen Öffentlichkeit, macht sich mit aller Macht für dieses fundamentalistische Wissenschaftsverständnis stark. Siehe Wolpert, 1996.

8 Siehe Hubbard und Wald, 1993.

9 Martin Khor hat mich während seines Kurses über Globalisierung und Nationalökonomie, vom 3.-10. Februar 1997 am Schumacher-College, darauf hingewiesen.

10 Siehe Korten, 1997.

11 Korten, 1997, S. 2.

12 Siehe Perlas, 1994; außerdem WTO: Neuer Rückschlag für den Süden, *Third World Resurgence*, Ausgabe 77/78, 1997, mit zahlreichen Artikeln über die im Dezember 1996 in Singapur abgehaltene WTO-Konferenz.

13 Brown u. a., 1993.

14 Udo und Grubb, 1990.

15 »Superbug spectre haunts Japan« (»In Japan geht das Schreckgespenst eines Superbazillus um«), Michael Day, *New Scientist*, 3. Mai 1997, S. 5; »Rise of superbugs linked to antibiotics in animal feed« (»Entstehung von Superbazillen mit Antibiotika im Tierfutter in Verbindung gebracht«), R. Dobson, *Independent on Sunday*, 3. Mai 1998.

16 Siehe Bik u. a., 1995; Prager u. a., 1995; Reidl und Mekalanos, 1995.

17 Whatmore u. a., 1994; Kapur u. a.,

1995; Schnitzler u. a., 1995; Upton u. a., 1996.

18 Professor Hugh Pennington im Februar 1997 in den Nachrichten der BBC, Radio 4. Er hat mir dies in einem persönlichen Gespräch am 2. Juli 1997 bestätigt.

19 Barinaga, 1996.

20 Nach einem Bericht von Davies, 1994.

21 Tschäpe, 1994.

22 Siehe Weltgesundheitsreport, 1996; außerdem Garrett, 1995, Kapitel 13, mit einer ausgezeichneten Darstellung zur Geschichte der Antibiotikaresistenz bei Pathogenen.

23 Siehe Ho und Tappeser, 1997.

24 Siehe Davies, 1994.

25 WHO, Faktenblatt Nr. 139, Januar 1997.

26 Hoffman u. a., 1994; Schluter u. a., 1995.

27 Siehe Ho, 1996a.

28 Jager und Tappeser, 1996; sie sind dort ausführlich auf die Literatur zum Überleben von freigesetzten Bakterien und DNS unter unterschiedlichen Umweltbedingungen eingegangen.

29 Siehe Lorenz und Wackernagel, 1994.

30 Siehe Schubbert u. a., 1994 & 1997; außerdem *New Scientist,* 4. Januar 1997, S. 24, mit einem kurzen Bericht über die neueren Ergebnisse der Gruppe, die auf dem internationalen Zellbiologie-Kongreß im Dezember 1996 in San Francisco vorgestellt wurden.

31 Wahl u. a., 1984; siehe auch diesbezügliche Vermerke bei Kendrew, 1995, insbesondere »langsame Transformation bei Retroviren« und »transgene Technologien«.

32 »Killer virus piles on the misery in Zaire« (»Killer-Virus macht die Misere in Zaire noch schlimmer«), Debora MacKenzie, *New Scientist,* 19. April 1997, S. 12.

33 »Virus gets personal« (»Das Virus wird jetzt von Person zu Person übertragen«), *New Scientist,* 26. April 1997, S. 13.

34 »Poultry virus infection in Antarctic penguins« (»Geflügel-Virusinfektion bei antarktischen Pinguinen«), Heather Gardner, Knowles Kerry and Martin Riddle, *Nature* 387 (15. Mai 1997), S. 245.

35 Siehe Pain, 1997.

36 Auf die Gefahren des horizontalen Gentransfers und die damit in Zusammenhang stehenden Beobachtungen habe ich erstmals bei einer im April 1996 vom nationalen britischen Frauenrat organisierten Tagung zum Thema »Nahrungsmittel« aufmerksam gemacht; und dann gleich noch einmal in einem Referat mit allen Quellenangaben bei einem Workshop zum Thema »Verbesserung der Kompetenz von Entwicklungsländern in Fragen der biologischen Sicherheit« (für eine Kurzfassung des Referats siehe das Buch von Virgin und Frederick [Hrsg.], 1996), den das Stockholmer Umweltinstitut im Mai 1996 organisiert hat. Dort habe ich klargestellt, wie dringlich der Erwerb dieser Kompetenz für *entwickelte* Länder ist. Anschließend habe ich das gesamte Referat mit detaillierten Quellenangaben dem britischen Ministerium für Landwirtschaft, Fischerei und Ernährung zugesandt; außerdem eine Auflistung der Gefahren und der im Hinblick auf Risikoeinschätzungen vorhandenen Informationslücken, gegen die man meiner Ansicht nach durch entsprechende Überwachungsmaßnahmen bei Freisetzungen in Feldversuchen und durch gezielt angelegte Forschungsprojekte unverzüglich etwas unternehmen müßte. Die Fachleute aus

dem Ministerium erwiderten mir, ein Vergleich der Gensequenzen von Organismen in den vorhandenen Datenbeständen ergebe wenige oder gar keine Belege für horizontalen Gentransfer. Einige der von mir aufgezeigten Probleme taten sie als »höchst unwahrscheinlich« ab. Ansonsten, so erklärten sie, trügen sie durch die finanzielle Unterstützung laufender Forschungsprojekte zur Schließung vieler bestehender Informationslücken bei. Die Antwort deutet darauf hin, daß die Risikoeinschätzungen in der Tat vielfach ohne die erforderlichen Grundkenntnisse vorgenommen werden. In meinem Antwortschreiben habe ich die Auslegung ihrer Experten in den meisten Punkten in Frage gestellt, worauf ich bis heute keine weitere Antwort erhielt. Außerdem habe ich die entsprechenden Unterlagen auch Vertretern des Umweltministeriums ausgehändigt. Von ihrer Seite erfolgte keinerlei Reaktion.

37 Zitiert in »The spectre of a human clone« (»Das Gespenst eines menschlichen Klons«), *The Independent,* Mittwoch, 26. Februar 1997, S. l.

2. Gentechnik heute

1 Die Erklärung von Asilomar wurde zum Abschluß einer Tagung im kalifornischen Asilomar veröffentlicht und machte auf die möglichen Risiken der rekombinanten DNS-Technologie aufmerksam. Daraufhin erließ das *US National Institute of Health* die ersten Richtlinien für diese Technologie. Die Stadt Cambridge, Massachusetts, stellte die rekombinante DNS-Forschung zur Diskussion und erließ bis zum Vorliegen der Ergebnisse einer Bürgerbefragung ein Moratorium. Dort traten 1977 auch die ersten Gesetzesvorschriften für die rekombinante DNS-Forschung in Kraft.

2 Siehe Ho, 1993; 1995a,b; 1997a.

3 Regal, 1994.

4 Snow, 1962, S. 138.

5 Hubbard und Wald, 1993.

6 »When the price is wrong« (»Wenn der Preis zu hoch ist«), *The Guardian,* Donnerstag, 27. Februar 1997, S. 2.

7 Aus der Antwort der Regierung vom März 1996 auf den im Januar 1996 veröffentlichten zweiten Jahresbericht der »Regierungskommission für Fragen einer nachhaltigen Entwicklung«, S. 16. Beachten Sie bitte, daß es sich hier um eine Entgegnung der Regierung an ihre eigene Kommission handelt. Anlaß war ein Jahresbericht, der u. a. nahelegte, bei der Kommerzialisierung der Gentechnik weitaus behutsamer vorzugehen, als es die Regierung tat.

8 Die *Human Genome Initiative* wurde 1988 vom *US National Institute of Health* unter Führung von James Watson ins Leben gerufen, der 1953 gemeinsam mit Francis Crick für seine Entdeckung der DNS-Doppelhelix den Nobelpreis erhalten hatte.

9 John Moores Milz wurde ihm im Rahmen einer Leukämiebehandlung entfernt. Ohne sein Wissen entwickelten die Ärzte der *University of California* in Los Angeles daraus eine permanente Zellinie und patentierten sie. Und die beiden Unternehmen Sandoz and Genetics Institute erwarben Lizenzen. Siehe Burrows, 1996.

10 Shiva, 1994.

11 Siehe Nijar und Chee, 1994.

12 Egziabher, 1994.

13 Cropper, 1994.

14 »Biotech firm ›embarrassed‹ by leaked plant deal« (»Biotechnik-Firma wegen durchgesickerter Pflanzentransaktion ›in Verlegenheit‹«), Rob

Edwards, *New Scientist,* 29. Juni 1996, S. 7.

15 Siehe McNally und Wheale, 1996.

16 *Nature,* 384, S. 672, 1997.

17 »Patents versus transplants« (»Patente kontra Transplantionen«), von 16 britischen Wissenschaftlern stellvertretend für den Knochenmarks-Transplantationsdienst unterzeichnete Leserzuschrift. *Nature* 382, S. 108, 1996.

18 Siehe »Letter to Madeleine Albright« (»Brief an Madeleine Albright«), ein von Kristin Dawkins initiiertes und von zahllosen regierungsunabhängigen Organisationen und Einzelpersonen aus der ganzen Welt unterzeichnetes Protestschreiben. Es besagt, daß die USA kein Recht haben, ihre wirtschaftliche Macht in die Waagschale zu werfen, um Gesetzgebungsprozesse in anderen Ländern zu beeinflussen.

19 Siehe zum Beispiel Aldridge, 1996, geschrieben von einem gentechnisch ausgebildeten Wissenschaftsautor.

20 Meister und Mayer, 1994.

21 Palca, 1986; ebenso McNally, 1995.

22 Siehe Belonga, u. a., 1990, und Mayeno und Gleich, 1994.

23 Nordlee u. a., 1996.

24 Inose und Murata, 1995.

25 Skogsmyr, 1994.

26 Mikkelsen u. a., 1996.

27 Holmes und Ingham, 1994.

28 Bericht des Expertengremiums UNEP-Kairo, Mai 1995.

29 *Biosafety, Scientific Findings and Elements of a Protocol, Report of the Independent Group of Scientific and Legal Experts on Biosafety,* Third World Network, 1996.

30 Das »Netzwerk Dritte Welt« hat während der gesamten neunziger Jahre als Informationsquelle für die UN-Delegierten eine bedeutsame Rolle gespielt. Es hat überzeugende Referenten bereitgestellt, Seminare durchgeführt und Informationsblätter zur Verteilung bei UN-Tagungen vorbereitet. Ganz allgemein sind Organisationen, die im Dienst öffentlicher Interessen arbeiten (regierungsunabhängige Organisationen), für den demokratischen Prozeß innerhalb der UN unerläßlich. Denn die Delegierten aus aller Herren Länder, Nord wie Süd, sind normalerweise schlecht informiert und verfügen über geringe Sachkenntnis. Das macht es kleinen Interessengruppen sehr leicht, den Verlauf der Tagungen zu bestimmen. Das »Netzwerk Dritte Welt« ist eine der einflußund kenntnisreichsten, im öffentlichen Interesse arbeitenden Organisationen bei den Vereinten Nationen. Zu seiner Arbeit zählt auch die Veröffentlichung einer Zeitschrift, *The Third World Resurgence,* die sich weltweit 100 000mal verkauft.

31 Siehe Chee, 1996.

32 Brief an Präsident Clinton von 40 Verbänden, darunter Biotechnologie-Unternehmen, Nahrungsmittelproduzenten und Bauern, datiert auf den 18. Juni 1997. Die Nachrichtenagentur Reuter hat am 19. Juni darüber berichtet. Dank an Phil Bereano von der »Union of Concerned Scientists« (etwa: Vereinigung besorgter Wissenschaftler) in den USA und an Jaan Suurkula aus Schweden, daß sie mich darauf aufmerksam gemacht haben.

33 Siehe Burrows, 1995.

34 Mellon und Rissler, 1995.

35 Miller, 1995.

36 Persönliches Gespräch mit Beth Burrows vom Edmonds-Institut, USA.

37 Mein eigener Brief an das Umweltministerium vom 14. Februar 1997.

38 Jaan Suurkulas Homepage <http://home1.se/~w-18472/indexeng.htm>

enthält viele informative Artikel, die zum Thema Nahrungsmittelsicherheit auf dem neuesten Stand sind.
39 Dieser Ausdruck entstammt einem Aufsatz von Hubbard, 1995.
40 Siehe Hubbard und Wald, 1993.
41 *GenEthics News,* Ausgabe 3, S. 6-7, 1994.
42 Das hat der marxistische Harvard-Genetiker Richard Lewontin bereits 1985 prognostiziert (siehe Lewontin, 1985).
43 »Too far, too fast?« (»Zu weit, zu schnell?«), Tom Wakefield, *The Guardian,* Mittwoch, 5. März 1997, S. 4.
44 Shiva, 1993.
45 Shiva, 1994.
46 Perlas, 1994; 1995.
47 Reganold u. a., 1990.
48 Siehe Cavalieri, 1994.
49 Shiva, 1993.

3. Die Wissenschaft, die man nicht an der Wirklichkeit messen darf

1 Wahl u. a., 1984; siehe auch diesbezügliche Vermerke bei Kendrew, 1995.
2 Lin u. a., 1994.
3 Hamilton und Carey, 1994.
4 »Bearish on biotech« (»Baisse bei der Biotechnik«), Daniel Kadlec, *Time,* 10. März 1997, S. 52. Über das Fiasko der britischen Biotechnik berichtete auch *The Times* in einer kleinen Reihe von Artikeln, und zwar am 20. April, am 23. April und am 26. Mai 1998. Für eine neuere Einschätzung der »Seifenblase Biotechnologie« siehe Ho, Meyer und Cummins, 1998.
5 Zitiert in *GeneWatch* 9, November 1994, S. 5.
6 Zitiert in *GeneWatch* 9, November 1994, S. 5.
7 Darwin, 1859.
8 Siehe Strohman, 1994; eine exzellente Kritik an den linearen reduktionistischen Vorstellungen von Gesundheit und Krankheit.
9 Mulvihill, 1995.
10 Eine Reihe von Autoren sind ausführlich darauf eingegangen, die ersten bereits vor über zehn Jahren; siehe Steele, 1979; Dover und Flavell, 1982; Pollard, 1984; Ho, 1987; Rennie, 1993; Jabonka und Lamb, 1995. Siehe auch Kapitel 8.
11 Siehe Dover und Flavell, 1982.
12 Rennie, 1993.
13 Foster, 1992.
14 Rothenfluh und Steele, 1993.
15 Cullis, 1988.
16 Pollard, 1988.
17 Siehe Foster, 1992; Symonds, 1994.
18 Informationsblatt »Pure Foods Campaign« (»Kampagne für saubere Nahrung«).
19 »Bt cotton fiascos in the USA and Australia« (»Fiasko bei Bt-Baumwolle in den USA und Australien«), Informationsblatt Nr. 2 der Arbeitsgruppe Biotechnologie, BSWG, Montreal, Kanada, Mai 1997.
20 Siehe *Manitoba Co-Operator,* 24. April 1997; außerdem *The Ram's Horn,* Nr. 147, April 1997.
21 »The Harvard Working Group on New and Resurgent Diseases« (»Harvard Arbeitsgruppe neue und wiederauflebende Krankheiten«) 1995: »New and resurgent diseases. The failure of attempted eradication« (»Neue und wiederauflebende Krankheiten. Der gescheiterte Versuch, sie auszurotten«). *The Ecologist* 25, 21-26. Siehe auch die Ausgabe *The Ecologist,* Vol. 28, Nr. 2, März/April 1998. Dort werden die Zusammenhänge zwischen Krebs und radioaktiven beziehungsweise toxischen Abfällen in der Umwelt hervorragend dargestellt.

22 Siehe *The Ecologist*, Vol. 28, Nr. 2, März/April 1998.
23 Informationsblatt der Naturgesetzpartei; siehe auch Brennan u. a., 1991.
24 Erfüllt wird dieses Ideal in einem kohärenten System. Zum Thema Biophysik der Kohärenz siehe Ho, 1993; 1995a,b; 1997a.
25 Siehe Ho, 1988a.
26 Ho, 1993.
27 »What's wrong with neo-Darwinism?« (»Was stimmt nicht mit dem Neodarwinismus?«), Brian Goodwin, THES, 19. Mai 1995, S. 18.
28 Siehe Ho, 1993 und 1996b; Sie finden dort einen stringenten Nachweis dafür, daß im Sinn der zeitgenössischen westlichen Wissenschaft ein teilhabendes Wissen das einzige rationale Wissen ist.

4. Die Ursprünge des genetischen Determinismus

1 Barzun, 1958, Buchumschlag (Rückseite).
2 Lamarck, 1809.
3 Darwin, 1859.
4 Siehe Ho, 1995a für weitere Einzelheiten über die muskuläre Energetik.
5 Siehe Ho und Saunders, 1979; Ho, 1984a für einen *konsequent* epigenetischen Ansatz, wie hier skizziert. Zwar legen auch andere Ansätze (wie etwa Goodwin, 1984; 1994; Strohman, 1993; 1997) großen Nachdruck auf Entwicklung, doch akzeptieren sie nicht, daß die rückgekoppelte Wechselbeziehung zwischen dem Organismus und seiner Umwelt für die Entwicklung und Evolution des Organismus entscheidend ist.
6 Siehe Young, 1985.
7 Phil Regal, im persönlichen Gespräch.
8 Siehe Oldroyd, 1980; eine ausgezeichnete Darstellung des sozialen Kontextes, aus dem der Darwinismus und seine Folgeerscheinungen hervorgegangen sind.
9 Barzun, 1958, S. 92.

5. Die Geburt der Gene

1 Ein Mann erhält in Wirklichkeit mehr Gene von seiner Mutter. Die Gene befinden sich auf den Chromosomen, die paarweise auftreten – wie die Gene, die sie tragen. Menschen verfügen über 23 Chromosomenpaare, beide Chromosomen eines Paares gleichen einander, haben die gleiche Größe (und unterscheiden sich in der Größe von anderen Chromosomenpaaren). Anders verhält es sich bei den Chromosomen, die das Geschlecht bestimmen. Frauen haben da zwei gleich geartete Chromosomen, XX; und beide sind groß. Männer hingegen haben ein ungleiches Paar, XY; und das Y-Chromosom ist viel kleiner. Das Y-Chromosom erben sie von ihrem Vater und das X-Chromosom von ihrer Mutter.
2 Die Rolle der Gene bei der Entwicklung besteht vorwiegend darin, die Enzyme für den Stoffwechsel und das Material für den Organismus zu liefern. Eine weitere Rolle könnte darin bestehen, hervorgebrachte Muster durch dynamische physikalisch-chemische Prozesse zu stabilisieren. Eine Reihe von Autoren vertritt diese Auffassung: Siehe Ho und Saunders, 1979; Webster und Goodwin, 1982; 1996; Ho, 1984b; Saunders, 1984; Goodwin, 1984.
3 Zahlreiche Bücher der letzten Jahre zeugen von dem Versuch, dieses Gleichgewicht wiederherzustellen.

Siehe Ho, 1993; Goodwin, 1994; Laszlo, 1994; 1996; Saunders, 1997.
4 Saunders, 1998.
5 Olby, 1966.
6 Battacharyya u. a., 1990.
7 Siehe Olby, 1966.
8 Siehe Ho, 1993.

6. Der Neodarwinismus-Triumph oder Travestie?

1 Für einen Überblick über das Thema Evolution aus neuerer Sicht siehe Ho, 1997b.
2 Ein wichtiges Element bei neueren Alternativansätzen zur Frage der Evolution ist die Hervorhebung der Dynamik von Evolutionsprozessen, die nicht-zufällige Formen hervorbringen – dergestalt, daß man daraus eine rational fundierte Taxonomie der Formen herleiten könnte; siehe Ho und Saunders, 1979; 1984; 1993; 1994; Goodwin, 1984; 1994; Webster und Goodwin, 1982; 1996; Saunders, 1984; 1997; Saunders und Ho, 1995; Ho, 1984b; 1988b; 1990; 1992.
3 Siehe zum Beispiel Turing, 1952; ebenso Saunders, 1984; 1998; Webster und Goodwin, 1997, und die dort zu findenden Quellenangaben.
4 Die Geschichte der Populationsgenetik schildert Provine, 1971.
5 Für eine sachverständige und tiefgreifende Kritik an den Erblichkeitseinschätzungen siehe Lewontin, 1982. Ungeachtet einiger Abweichungen im Detail stimmt die hier gegebene Darstellung mit dieser Kritik überein. Richard Lewontin hat in verschiedenen Publikationen ausführlich zur IQ-Diskussion und den damit zusammenhängenden Themen Stellung genommen.

7. Das zentrale Dogma des genetischen Determinismus

1 Morgan, 1916, S. 187-190.
2 Weitere Einzelheiten über die seinerzeit in der Genetik durchgeführten Experimente – angefangen bei jenen, mit denen man ermittelt hat, daß es sich beim genetischen Material um DNS handelt, bis hin zum Knacken des genetischen Codes – findet man in Ho, 1976.
3 Schrödinger, 1944.
4 Dawkins, 1976.
5 Wilson, 1975.
6 Siehe Kropotkin, 1914; außerdem Ho, 1996c für eine ausführlichere Diskussion der hier aufgeworfenen Frage.

8. Die Fluidität und Wandlungsfähigkeit des Genoms

1 Diese Darstellung basiert zum großen Teil auf Ho und Goodwin, 1987; Ho, 1987a,b; siehe auch Jones und Taylor, 1995.
2 Siehe Ho, 1987b.
3 Siehe Landmann, 1991; Jablonka und Lamb, 1995; außerdem Ho, 1988b.
4 Blanc u. a., 1996; Maier u. a., 1996.
5 Lau u. a., 1996; O'Connell u. a., 1997.
6 Blanc u. a., 1996.
7 O'Connell u. a.,1997.
8 Lau u. a., 1997.
9 Siehe Ho, 1993; 1997c; ebenso Laszlo 1994; 1996.
10 Die folgende Darstellung basiert auf Ho, 1987b.
11 Dover und Flavell, 1982, Buchumschlag (Rückseite).
12 Gierl, 1990.
13 Temin, 1980.
14 Baltimore, 1985.
15 Siehe Flavell, 1982.
16 Temin und Engels, 1984.

17 Siehe Rennie, 1993.
18 Gierl, 1990.
19 McClintock, 1984.
20 Temin und Engels, 1984.
21 Bostock und Tyler-Smith, 1982; Gudkov und Kopnin, 1985.
22 Siehe Cullis, 1983; 1988; ebenso Ho, 1987a,b.
23 Siehe Dover, 1982; ebenso Ho, 1987b.
24 Siehe Jablonka und Lamb, 1995; ebenso Ho, 1996d.
25 Ho u. a., 1983.
26 Temin, 1980.
27 Soares u. a., 1985.
28 Hattori u. a., 1986.
29 Rothenfluh und Steele, 1993; Rothenfluh u. a., 1995.
30 Campbell u. a., 1973; siehe auch Ho, 1987a.
31 Hall und Hartl, 1974.
32 Cairns u. a., 1988.
33 Riede, 1996.
34 Siehe Foster, 1992; Longerich u. a., 1995.
35 Siehe Shapiro, 1997.

9. Gefahren und Verheißungen gentechnisch veränderter Nahrungsmittel

1 Siehe *Food for Our Future, Food and Biotechnology,* Food and Drink Federation, London, 1995.
2 »And still the children go hungry« (»Und weiterhin leiden die Kinder Hunger«), Geoffrey Lean, *Independent on Sunday,* 10. November 1996, S. 12.
3 Hardy, 1994.
4 Siehe »Food-population: Experts want to break wheat's yield barrier« (»Experten wollen die Ertragsgrenze beim Weizen durchbrechen«), A. Aslan, *Inter Press Service,* 18. Oktober 1996.
5 Pretty, 1995; 1998.
6 Lester Brown vom *World Watch Institute,* zitiert bei Goldsmith und Hildyard, 1991.
7 Goldsmith, 1992.
8 Hildyard, N. (1991). Ein offener Brief an Edouard Saouma, Generaldirektor der Nahrungs- und Landwirtschaftsorganisation der Vereinten Nationen. *The Ecologist* 21, 43-46.
9 Siehe *Food for Our Future, Food and Biotechnology,* Food and Drink Federation, London, 1995; Kendall u. a. 1997; Brown, 1998.
10 Siehe Goldsmith und Hildyard, 1984-1992, für eine sachkundige Darstellung der verheerenden Auswirkungen großer Staudammprojekte auf die Dritte Welt; ebenso Pottinger, 1998.
11 Cainglet, 1998.
12 Watkins, 1996.
13 »Seed action in Germany« (»Saatgutprozeß in Deutschland«), E. Beringer, *Landmark,* Juli/August, S. 13.
14 Hildyard, 1996, S.282.
15 Siehe DeAngelis, 1992; Pimm, 1991.
16 Moffat, 1996.
17 Raven, 1994.
18 Altieri, 1991.
19 »Throwing out the baby with the bathwater« (»Das Kind mit dem Badewasser ausschütten«), C. Emerson, *On the Ground,* September, S. 2.
20 Shiva, 1993.
21 Siehe Goldsmith, 1992; Shiva, 1993.
22 Meister und Mayer, 1994.
23 Mikkelsen u. a., 1996; siehe auch Ho und Tappeser, 1997.
24 Cox, 1995.
25 Perlas, 1994.
26 Altieri, 1991.
27 Shiva, 1993, Einleitung; siehe auch Anmerkung 2.
28 Pretty, 1995.
29 *Alternative Agriculture, Report of the National Academy of Sciences,* Washington DC, 1989.
30 Vazquez Vega, 1998.

31 Kothari, 1994.
32 »Seed action in Brazil« (»Saatgutprozeß in Brasilien«), *Landmark,* Juli/August 1996, S. 10.
33 Siehe Presseveröffentlichung der *Delta and Pine Land Company,* Dienstag, 3. März 1998; Biotechnologie-Aktivisten leisten Widerstand gegen die »Terminator-Technologie«. Neue Patente verhindern, daß die Bauern Saatgut zurückhalten. RAFI-Neuigkeiten vom 13. März 1998.
34 Siehe Kendall u. a., 1998.
35 Siehe *Food for Our Future, Food and Biotechnology,* Food and Drink Federation, London, 1995, S. 5.
36 Nordlee u. a., 1996.
37 Frank und Keller, 1995.
38 Lemke and Taylor, 1994.
39 Inose and Murata, 1995.
40 Gemeinsame Expertenkonferenz der UN-*Food and Agricultural Organization* und der Weltgesundheitsorganisation zum Thema Biotechnologie und Nahrungssicherheit, Rom 1996.
41 Siehe Ho and Steinbrecher 1998 hinsichtlich einer detaillierten Kritik am gemeinsamen FAO/WHO-Nahrungssicherheitsbericht.
42 Rechtsstreit stellt FDA-Politik gegenüber gentechnisch veränderten Nahrungsmitteln in Frage, Presseveröffentlichung vom 27. Mai 1998, International Center for Technology Assessment, USA.
43 Siehe Jorgensen und Anderson, 1994; Mikkelen u. a., 1996.
44 Siehe Eber u. a., 1994; Darmency, 1994.
45 Eber u. a., 1994.
46 Rissler und Mellon, 1993.
47 Siehe Holmes und Ingham, 1995.
48 »Cotton used in medicine poses threat: genetically-altered cotton may not be safe« (»Gefahr droht durch in der Medizin verwendete Baumwolle: genetisch veränderte Baumwolle möglicherweise nicht sicher«) *Bangkok Post,* 17. November 1997.
49 Hilbeck, A., Baumgartner, M., Fried, P. M. und Bigler, F. (1997). Auswirkungen des Verzehrs von transgenem *Bacillus thuringiensis*-Getreide bei Beutetieren auf die Mortalität und die Entwicklungszeit noch unentwickelter Chrysoperla carnea (Neuroptera: Chrysopidae). *Environmental Entomology* (im Druck).
50 Siehe Cooking, 1989.
51 Nach einem Bericht von Perlas, 1995.
52 Wahl u. a., 1984.
53 Siehe Doerfler, 1992; ebenso Kapitel 10 in diesem Buch.
54 »UK's on-off affair with Ciba-Geigy's Supermaize« (»Großbritanniens Ja-Nein-Affäre mit Ciba-Geigys Supermais«), *The Splice of Life,* Vol. 3, Ausgabe 1, S. 5-6, 1996.
55 Siehe Lommel und Xiong, 1991 und Vaden und Melcher, 1990; Wintermantel und Schoelz, 1996.
56 Cummins, 1994.
57 Zitiert in: »Can DNA in food find its way into cells?« (»Kann DNS in der Nahrung ihren Weg in die Zellen finden?«), Philip Cohen, *New Scientist,* 4 January 1997, S. 14. Siehe auch Schubert u. a., 1997.
58 Courvain u. a., 1995, S. 1207.

10. Die unsterbliche Mikrobe und die promiskuitiven Gene

1 WHO-Report 1996, Weltgesundheitsorganisation, Genf.
2 Siehe Ho, 1998; Ho u. a., 1998, für einen detaillierten Bericht über den möglichen Anteil der Gentechnik an dem neuerlichen Wiederaufkommen von Infektionskrankheiten; ferner »Rise of superbugs linked to antibiotics in animal feed« (»Entste-

hung von Superbazillen mit Antibiotika im Tierfutter in Verbindung gebracht«), R. Dobson, *Independent on Sunday*, 3. Mai 1998.
3 Siehe Lovelock, 1979; 1996; und die darin genannten Quellen.
4 Siehe Davies, 1994.
5 Udo und Grubb, 1990.
6 Garrett, 1995; im 13. Kapitel ihrer ausgezeichneten Monographie gibt sie einen geschichtlichen Überblick über die Entstehung der Antibiotikaresistenz.
7 Riley u. a., 1983.
8 WHO-Presseveröffentlichung 41, 21. Mai 1997.
9 Siehe Knight, 1993.
10 Siehe Mackey und Gibson, 1998.
11 Siehe Garrett, 1995, S. 430.
12 Volk u. a., 1995; außerdem Hugh Pennington, BBC-Rundfunksendung »Radio 4 Today«, Februar 1997; im persönlichen Gespräch bestätigt.
13 Brown u. a., 1993.
14 Siehe Anmerkung 2.
15 Die hier gegebene Darstellung ist vor allem eine Zusammenfassung aus Davies, 1994; Nikaido, 1994; und Spratt, 1994; siehe Volk u. a.,1995, S. 253-284, für eine Darstellung der Klassifizierung von Antibiotika und ihrer Wirkungsmechanismen; siehe auch Miller und Sulavik, 1996.
16 Siehe Levy und Novick, 1986, S. 79.
17 Siehe Levy und Novick, 1986.
18 Trieu-Cuot u. a., 1985.
19 Siehe Sougakoff u. a.,1987; Manavathu u. a., 1988; Kell u. a., 1993; Amabilecuevas und Chicurel, 1993; Coffey u. a., 1995; Bootsma u. a., 1996; einen Überblick über den horizontalen Gentransfer geben Yin und Stotzky, 1997.
20 Siehe Ho u. a.,1998; Traavik 1995; 1998.
21 Siehe Gebhard und Smalla, 1998.
22 Stachel u. a., 1986.
23 Goussard u. a., 1996.
24 Siehe Einträge bei Kendrew, 1995.
25 Lorenz und Wackernagel, 1994; Yin und Stotzky, 1997.
26 Yin und Stotzky, 1997.
27 Bergh u. a., 1989; Miller,1998.
28 Ippen-Ihler und Skurray, 1993.
29 Siehe Clewell, 1993; Yin und Stotzky, 1997.
30 Franke und Clewell, 1981; Clewell und Flanagan, 1993.
31 Stokes und Hall, 1989; 1992; Collins u. a., 1993.
32 Roberts, 1989; Roberts und Hillier, 1990; Speer, Shoemaker und Salyers, 1992.
33 Pang u. a., 1994.
34 Pang u. a., 1994, S. 1411.
35 Spratt, 1988.
36 Kehoe u. a., 1996.
37 Upton u. a.,1996.
38 Prager u. a., 1995; Reidl und Mekalanos, 1995; Bik u. a., 1995.
39 Reddy u. a.,1995.
40 Barinaga, 1996.
41 Siehe Hacker u. a.,1998; ebenso Ho u. a., 1998.
42 Siehe Doolittle, 1998; Cole u. a., 1998.
43 Hughes und Datta, 1983.
44 WHO-Faktenblatt Nr. 139, Januar 1997.
45 Smith, H. R. (1997). Vero cytotoxinproduzierendes Escherichia coli 0157: Anlaß zur Besorgnis. SGM Quarterly, Mai, 54-55.
46 Siehe Elegant, 1997.
47 Siehe Neu, 1992.
48 »US-Gesellschaft für Infektionskrankheiten warnt vor Ausbreitung resistenter Krankheitserreger / Bessere Hygiene.« J. Zepelin berichtet in der Frankfurter Rundschau über die Jahrestagung der Infectious Diseases Society of America (IDSA), 12. Oktober 1997.
49 Cornaglia u. a., 1996.
50 Siehe Davies, 1994; Mazodier und Davies, 1991; Torres u. a., 1991.

51 Sandaa und Enger, 1994.
52 Mahy, 1997.
53 Siehe Moens u. a., 1996.
54 Pang u. a., 1994.
55 Doerfler 1991; 1992.
56 Siehe Old und Primrose, 1994.
57 Siehe Ho und Steinbrecher, 1997.
58 Frischer u. a., 1994; Lebaron u. a., 1994; Sandaa und Enger, 1994.
59 Ripp u. a., 1994.
60 Neilson u. a., 1994.
61 Goodman u. a., 1994.
62 Merzrioui und Echab, 1995.
63 Doucet-Populaire, 1992; Guillot und Boucaud, 1992.
64 Siehe Anderson, 1975; Freter 1986.
65 Roberts 1989.
66 Mazodier und Davies, 1991, S. 148.
67 Khavari, 1997; Sandberg u. a., 1994. Diese Darstellung basiert auf einem von Joe Cummins, Terje Traavik und mir verfaßten Brief. Wir haben ihn an *Nature* und an *The New Scientist* geschickt, und beide Zeitschriften haben es abgelehnt, ihn zu veröffentlichen. Ich danke meinen Mitautoren für die Erlaubnis, hier auf die Informationen zurückzugreifen.
68 »Naked DNA raises cancer fears for researchers« (»Nackte DNS beschwört Krebsgefahr für Forscher herauf«), Brown, P., *New Scientist,* 6. Oktober, 17 (1990).
69 Siehe Traavik, 1995; 1998.
70 Einen ausführlichen Überblick geben Jager und Tappeser, 1995.
71 Tschäpe, 1994.
72 Schrag und Perrot, 1996.
73 Tschäpe, 1994.
74 Costerton u. a., 1994; Lewis und Gattie, 1991.
75 Cogthan, 1997.
76 Dem Umweltbericht der Firma Novo Nordisk von 1996 zufolge (den mir der Leiter des Umweltressorts liebenswürdigerweise zugesandt hat) legen die dänischen Behörden für eine Freisetzung – ohne vorherige Deaktivierung – genetisch modifizierter Mikroorganismen im Sinn von Kolonien bildenden Einheiten (was ungefähr das gleiche ist wie lebende Bakterien) folgende Grenzwerte fest: 10 000/ml im Abwasser; 10 000/ml in der Luft; 10 000/g im Feststoffabfall. Auch recycelt Novo Nordisk genetisch modifizierte Mikroorganismen nach vorheriger Deaktivierung und verkauft sie unter der Handelsbezeichnung »Novo-Gro« als Pflanzendünger.
77 Im Juni 1997 habe ich bei der *UK Health and Safety Executive* (HSE) angerufen, um Informationen über die Sicherheitsvorschriften für das kommerzielle Arbeiten in geschlossenen Systemen zu erhalten. Mein Gesprächspartner am anderen Ende der Leitung teilte mir mit, man habe lediglich einen kleinen Handzettel, den man mir zusenden werde. Falls ich jedoch detailliertere Informationen benötige, solle ich eine andere Nummer anrufen, um mit den Gesundheitsinspektoren zu sprechen. Unter der angegebenen Nummer habe ich dann während der nächsten zwei Wochen angerufen. Doch weder ging jemand ans Telefon, noch gab es einen Anrufbeantworter, auf dem ich eine Nachricht hätte hinterlassen können. Als nach einer Woche auch der Handzettel noch nicht eingetroffen war, rief ich erneut bei der HSE an. Ein anderer Mitarbeiter versicherte mir, normalerweise brauche es zehn Tage, bis man den Handzettel erhalte. Falls ich ihn jedoch umgehend benötige, müsse ich £10 entrichten oder für eine Zustellung in den nächsten zwei Tagen £5. Ich protestierte und wies ich darauf hin, eine öffentliche Einrichtung müsse, zumal bei Informationen von solch entscheidender Bedeutung für die Volksgesundheit,

viel zügiger arbeiten und die Informationen unentgeltlich zur Verfügung stellen. Er erwiderte, das Amt erhalte Tag für Tag Hunderte von Anfragen; zu viele, um damit klarzukommen; außerdem sei die Bereitstellung der Handzettel ohnehin privatisiert, und wenn ich meine Beschwerde loswerden wolle, müsse ich dies an anderer Stelle tun, denn er sei nicht der dafür verantwortliche Mann.

Als ich schließlich das Informationsblatt erhielt, stellte ich fest, daß die HSE auf Empfehlung des *Advisory Committee on Genetic Modification* (Gutachterausschuß zu Fragen der genetischen Modifikation) ein von ebendieser Kommission entworfenes Dokument in Umlauf gebracht hatte, das es den kommerziellen und sonstigen Anwendern in geschlossenen Systemen gestatten würde, bestimmte Kategorien von genetisch modifizierten Mikroorganismen als Flüssigabfälle noch lebend in die Umwelt freizusetzen; wobei sie die Freisetzungen lediglich melden müßten und noch nicht einmal das Überleben und die weitere Evolution der genetisch modifizierten Mikroorganismen zu überwachen bräuchten. Ich habe mich schriftlich gegen diesen Entwurf gewandt, die Gefahren genau dargelegt und eine vollständige Neubewertung der gegenwärtigen Vorschriften für geschlossene Systeme gefordert. Kopien des Briefs habe ich an verschiedene Parlamentsmitglieder verschickt, die dann ihrerseits Anfragen an das Ministerium für Umwelt und Verkehr richteten. Die Antwort auf diese Anfragen bestätigte die offizielle Linie, gegen die ich abermals Einspruch geltend gemacht habe, indem ich auf Stotskys Anmerkungen zu dieser Frage in einer an mich gerichteten e-mail Bezug nahm.

Anschließend räumte die *UK Health and Safety Executive* ein, ich hätte einige wichtige Fragen aufgeworfen, und 1998 gab sie einen »unabhängigen« kritischen Bericht über die wissenschaftliche Literatur in Auftrag. Eine tatsächlich zielgerichtete experimentelle Forschung wird allerdings nicht ihre Unterstützung finden.

11. »Dolly« und die transgenen Tiere von der Gen-Farm

1 Andrew Marr, *The Independent,* Mittwoch, 26. Februar 1997, S. 17.

2 *The Guardian,* Mittwoch, 26. Februar 1997, S. 6.

3 Andrew Marr, *The Independent,* Mittwoch, 26. Februar 1997, S. 17.

4 »Scientists scorn sci-fi fears over sheep clone« (»Wissenschaftler weisen Science-fiction-mäßige Befürchtungen angesichts von Schafsklon von sich«), *The Guardian,* Montag, den 24. Februar 1997, S. 7. Einen Bericht darüber samt Interview gab es auch am 24. Februar 1997 in den 8-Uhr-Nachrichten der BBC, Radio 4.

5 Berichtet in *The Guardian,* Mittwoch, 26. Februar 1997, S. 6.

6 »Roslin patents come under the spotlight« (»Roslin-Patente geraten ins Rampenlicht«), *Nature,* 15. Mai 1997, S. 217.

7 »Headless frog opens way for human organ factory« (»Kopfloser Frosch macht den Weg frei für menschliche Organfabrik«), S. Conner und D. Cadbury, *The Sunday Times,* 19. Oktober 1997.

8 Zitiert in *The Guardian,* Donnerstag, 27. Februar 1996, S. 5 der Beilage.

9 Zitiert in *The Guardian,* Mittwoch, 26. Februar 1997, S. 6.

10 Berichtet in *The Guardian,* Samstag, 1. März 1997, S. 7.
11 Zitiert in *The Guardian,* Mittwoch, 26. Februar 1997, S. 6.
12 Siehe Spallone, 1992, Kapitel 8, für eine ausgezeichnete Kritik an der reproduktiven Biotechnologie aus einer feministischen Perspektive.
13 Andrew Marr, *The Independent,* Mittwoch, 26. Februar 1997, S. 17.
14 Zitiert in: »Fearful symmetry« (»Symmetrie des Schreckens«), *The Guardian,* Samstag, 1. März 1997, S. 1.
15 Zitiert in: »Fearful symmetry« (»Symmetrie des Schreckens«), *The Guardian,* Samstag, 1. März 1997, S. 1.
16 Andrew Marr, *The Independent,* Mittwoch, 26. Februar 1997, S. 17.
17 Wilmut u. a., 1997.
18 Siehe Gurdon, 1974.
19 Gurdon, 1974, S. 24.
20 King und Briggs, 1955.
21 Wilmut u. a., 1997, S. 810.
22 Moore, 1955.
23 Siehe Doerfler u. a., 1997.
24 »And the cow jumped over the moon« (»Und die Kuh sprang über den Mond«), *GenEthics News,* Ausgabe 3, S. 6-7, 1994.
25 »Alarm as cloned sheep develop abnormalities« (»Alarm, geklonte Schafe entwickeln sich abnorm«), *The Independent,* Montag, 19. Januar, S. 1.
26 »The onco-mouse that did not roar« (»Die Onkomaus, die nicht brüllen konnte«), Charles Arthus, *New Scientist,* 26. Juni 1993, S. 4.
27 Siehe Lee u. a., 1992; und Jacks u. a., 1992, für Auswirkungen des »Retinoblastom-Gens«; und Davies, 1992, für die Auswirkungen des »Lesch-Nyhan-Syndrom-Gens« und des »Gaucher-Krankheit-Gens« bei transgenen Mäusen. Siehe auch Wirz, 1997, für eine neuere Kritik an der Gen-zentrierten Biologie.
28 Kimbrell, 1993.
29 »Phoney Life on animal farm« (»Leben aus der Retorte auf der Tier-Farm«), Denny Penman, *The Guardian* (Gesellschaftsteil), 5. März 1997, S. 4.
30 Wright u. a., 1991.
31 Zitiert in: »Phoney life on animal farm« (»Leben aus der Retorte auf der Tier-Farm«) »Human artifical chromosome constructed« (»Künstliches menschliches Chromosom entwickelt«), *Nature Biotechnology,* 15 Mai 1997, S. 400.
32 »Human artificial chromosome constructed« (»Künstliches menschliches Chromosom entwickelt«) *Nature Biotechnology,* 15. Mai 1997, S. 400.
33 Colman, 1996, S. 6418.
34 Colman, 1996, S. 6418.

12. Die schöne neue Welt der Humangenetik

1 Siehe »German physicians warn to genetics risks« (»Deutsche Ärzte warnen vor genetischen Risiken«), Alison Abbott, *Nature* (Nachrichten) 384, S. 5, 1997.
2 Siehe »China legalizes eugenics« (»China legalisiert Eugenik«), *Gen Ethics News,* Ausgabe 4, S. 1, 1995.
3 Siehe »New guidelines for postal genetic testing« (»Neue Richtlinien für Gentests per Postversand«), *Gen Ethics News,* Ausgabe 15, S. 3-5, 1996.
4 Wissenschafts- und Technologieausschuß des Unterhauses, dritter Bericht: Humangenetik – Die Wissenschaft und ihre Konsequenzen, Band 5. Bericht und Verfahrensprotokolle, S. xciii, HMSO, London, Juli 1995.

5 In dem zuvor in Anmerkung 4 erwähnten Report zu Humangenetik rangieren die genetische Wissenschaft und die Industrie an sechster Stelle unter den erörterten Themen, die Menschenrechte hingegen erst an siebter Stelle.
6 Siehe Spallone, 1992, Kapitel 7.
7 Humangenetik-Report (Anmerkung 4) S. xxiii.
8 »Survey finds high levels of genetic discrimination« (»Umfrage ergibt ein hohes Maß an genetischer Diskriminierung«), *GenEthics News*, Ausgabe 15, S. 5, 1996.
9 Siehe die ausgezeichnete Kritik am genetischen Determinismus von Hubbard und Wald, 1993.
10 »Controversy over genes and crime conference« (»Kontroverse bei einer Tagung über Gene und Verbrechen«), *GenEthics News*, Ausgabe 5, S.3, 1995.
11 Für eine detaillierte Darstellung der polymorphen Genmarkierungen und der Jagd nach Genen siehe Jones und Taylor, 1995.
12 Siehe Strohman, 1994.
13 Karem u. a., 1989.
14 Siehe Abbott, 1996; Alper, 1996.
15 Mulvihill, 1995; van Heyningen, 1994.
16 Jones und Taylor, 1995. S. 126.
17 Brown und Kleiner, 1994.
18 Seitz u. a., 1997.
19 Ji u. a., 1997.
20 Bowcock, 1993.
21 Lenoir u. a., 1996.
22 Denoteer u. a., 1996.
23 »An update on the ›Breast Cancer-gene‹« (»Eine Aktualisierung zum ›Brustkrebs-Gen‹«), Hubbard, R. und McGoodwin, W. *GeneWatch* 10, S. 10, 1996.
24 Abbott, 1996, S. 390.
25 Siehe Summers, 1996.
26 Siehe Hubbard und Wald, 1993.
27 »Doctors test live embryos for cancer genes« (»Ärzte testen lebende Embryos auf Krebs-Gene«). S. Conner, *Independent on Sunday*, 28. Juni 1998.
28 Siehe Augarten u. a., 1994.
29 Siehe Anmerkung 23.
30 Offit u. a., 1996.
31 Siehe Friedman u. a., 1997.
32 Strohman, 1994.
33 Siehe Humangenetik-Report, 1995, S. xci.
34 Siehe Ho, 1987c.
35 Rose, 1995, S. 380.
36 Siehe Lorenz, 1977.
37 Brunner u. a., 1993.
38 Rose, 1995, S. 380.
39 Siehe Rowe, 1987, zitiert bei Spallone, 1992.
40 Spallone, 1992, S. 190.
41 Shihabuddin u. a., 1996.
42 Lundstrom und Trupin, 1996.
43 Horrobin u. a., 1996.
44 Marshall, 1984.
45 Siehe Oliver Gillie, *The Sunday Times* (London), 24. Oktober 1976.
46 Fernando, 1990, S. 24.
47 »Campaigners vow to halt search for ›intelligence genes‹« (»Aktivisten fordern: Die Suche nach ›Intelligenz-Genen‹ einstellen!«), *GenEthics News*, Ausgabe 10, S. 1, 1996.
48 Binet, 1913, S. 41-42; zitiert in Rose u. a., 1984, Kapitel 6; dieses bietet eine ausgezeichnete Darstellung der Cyril Burt-Affäre.
49 Rose u. a., 1984, S. 102.
50 Rose u. a., 1984, S. 102.
51 Oliver Gillie, *The Sunday Times* (London), 24. Oktober 1976; zitiert in Rose u. a., 1984, S. 104.
52 Buchkritik von »Cyril Burt: Psychologe« von J. S. Hearnshaw, *British Journal of Psychology* 71, S. 174-175, 1980.
53 Rose u. a., 1984, S. 106.

13. Das veränderliche Gen und das menschliche Dasein

1 Bains, 1987, S. 15.
2 Bains, 1987, S. 26-27.
3 Wolpert, 1996, S. 9.
4 Siehe Einträge bei Kendrew, 1995.
5 Jeff Pollard, zitiert bei Rennie, 1993.
6 Siehe Einträge bei Kendrew, 1995.
7 Siehe Cleaver und Kraemer, 1989, S. 2949-2971.
8 Siehe Einträge bei Kendrew, 1995.
9 Siehe Jeffreys u. a., 1985. Aufgrund der technischen Schwierigkeiten, die mit der Erstellung des genetischen Fingerabdrucks verbunden sind, und auch in Hinblick auf die Größe der menschlichen Populationen, denen die betreffenden Personen entstammen, gibt es beträchtliche Kontroversen hinsichtlich seiner Eignung als gerichtsmedizinischer Beweis. Durch Aufspaltung der Proben können zusätzliche Bandenmuster entstehen; ebenso kann eine unzureichende Enzymfunktion zur Folge haben, daß Bandenmuster fehlen. Menschen aus kleinen Populationen haben viel mehr Gene miteinander gemeinsam als diejenigen aus großen Populationen, und ihr genetischer Fingerabdruck kann sehr ähnlich aussehen. Für eine ausführliche Diskussion der damit verbunden Probleme siehe Thompson und Ford, 1990.
10 Weatherall, 1993.
11 Sommer, 1995.
12 Temin, 1985.
13 Siehe Warren und Crampton, 1994.
14 »Doctor, ther's a fly in my genome« (»Doktor, in meinem Genom ist eine Fliege«), Philip Cohen, *New Scientist* 9, März 1996, S. 16.
15 Spielman, 1994.
16 Siehe Warren und Crampton, 1994.
17 Jones und Taylor, 1996, S. 197-213, für eine Darstellung sämtlicher Aspekte von Krebs.
18 Elnatan u. a., 1996.
19 Cairns, 1978.
20 Jones u. a., 1994.
21 Thompson u. a., 1991, Kapitel 16.
22 Leong u. a., 1995.
23 Siehe die ausgezeichnete Ausgabe *Cancer: Are the experts lying? (Krebs: Sagen die Experten die Unwahrheit?), The Ecologist,* 28, März/April 1998, für eine Reihe von Artikeln über Krebs und Umweltkarzinogene.
24 Siehe Goldsmith, 1998.
25 Siehe zahlreiche Artikel in *Cancer: Are the experts lying? (Krebs: Sagen die Experten die Unwahrheit?),* 28, März/April 1998; ferner: *Keine Zeit zu vergeuden, keine Zeit zum Verbrennen, Earthwatch,* Informationsblatt über städtische Müllverbrennungsanlagen, Christine Brewer, Earthwatch, Friends of the Earth Ireland, 1995; *Ban the Burn (Verbot für die Verbrennung),* Greenpeace Ireland, 1993.
26 Mit diesem Thema befassen sich zahlreiche Aufsätze in Ho u. a., 1994.
27 »There's a whole lot of nothing going on« (»Viel Lärm um nichts«), John Hodgson, *Bio/Technology* 13, 1995, S. 714.
28 Coghlan, 1995, S.14.
29 Coghlan, 1995, S.14.
30 »Gene shuttle virus could damage the brain« (»Gen-Shuttle-Virus könnte dem Gehirn Schaden zufügen«), Andy Coghlan, *New Scientist,* 11. Mai, S. 6, 1996.
31 Siehe Temin, 1980.
32 Roy-Burman, 1996.
33 Golovkina u. a., 1994.
34 Bieth und Darlix, 1993.
35 DiFronzo und Holland, 1993.
36 Gu u. a., 1995.
37 »Cancer at Pasteur« (»Krebs bei Pasteur«), *New Scientist,* 18. Juni, S. 29, 1987.

38 »Naked DNA raises cancer fears for researchers« (»Nackte DNS macht Forschern angst vor Krebs«). *New Scientist*, Oktober, S. 17, 1990.
39 Chen u. a., 1983.
40 »Alarm greets contraceptive virus« (»Besorgnis angesichts des empfängnisverhütenden Virus«), lan Anderson, *New Scientist*, 26 April, S. 4, 1997.
41 Boulanger u. a., 1996, S. 247; siehe auch McNally, 1995.
42 Siehe Pain, 1997.
43 Dangler u. a., 1994.
44 Siehe »Naked DNA points way to vaccines« (»Nackte DNS weist den Weg zu Impfstoffen«), J. Cohen, *Science* 259, S. 1691-2, 1993.
45 Siehe Traavik, 1995; 1998; ferner Ho u. a., 1998.
46 Siehe McKinney u. a., 1998.
47 Gustafson u. a., 1987; siehe Spleen, 1992, Kapitel 6, für eine ausgezeichnete Darstellung des zweifelhaften Werts von Impfungen.
48 Harridan, 1988; ebenso »Face the facts« (»Den Fakten ins Gesicht sehen«), Rundfunksendung auf BBC Radio 4, 19. June, 1997; McTaggart, 1996.
49 Siehe das ausgezeichnete Buch von McTaggart, 1996.
50 McTaggart, 1996, S. 156.
51 »High-tech herbal medicine: Plant-based vaccines« (»High-Tech Pflanzenmedizin: Impfstoffe auf pflanzlicher Grundlage«), Charles J. Arntzen, *Nature Biotechnology* 15, S. 221-222, 1997; siehe auch, Dalsgaard u. a., 1997.
52 Siehe Kimbrell, 1993.
53 Zitiert in: »Alternative ways of meeting demand« (»Alternative Möglichkeiten der Bedarfsdeckung«), *Nature* 391, 325, 1998.
54 Zitiert bei Balasubramaniam, 1996.
55 Siehe *The Ecologist*, 28, März/April 1998.
56 Berichtet in: »Pork that could give us the chop« (»Das Schwein, das uns abmurksen könnte«), David King, *The Times Higher Education Supplement*, September 13, S. 17, 1996.
57 »Human xenotransplants banned in UK« (»Xenotransplantation am Menschen in Großbritannien verboten«), Barbara Nasto, *Nature Biotechnology* 15, S. 214, 1997.
58 Greenstein und Sachs, 1997.
59 Weiss, 1998.
60 Siehe Strohman, 1993.
61 Siehe Khor, 1996; Balasubramaniam, 1996.
62 Siehe *Report on International Public Hearing on Crimes Against Women Related to Population Policies (Report zur internationalen öffentlichen Anhörung über Verbrechen gegen Frauen in Zusammenhang mit Bevölkerungspolitik).*
63 Siehe *Military Objectives of Cholera Research & Violation of Biomedical Ethics in the Research on Human Subjects. Women & Children of Bangladesh as Experimental Animals. (Militärische Ziele der Cholera-Forschung & Verletzung der biomedizinischen Ethik in der Forschung am Menschen. Frauen und Kinder in Bangladesch als menschliche Versuchstiere).*

14. Das neue Zeitalter des Organismus

1 Soros, 1997, S. 1
2 Soros, 1997, S. 1.
3 Strohman, 1997.
4 Siehe Ho, 1993; 1995a,b; 1996b; 1997a.
5 Siehe Rubin, 1992, S. 2.
6 Ho, 1996b, S. 263.
7 Guyton, 1980, S. 7.
8 Rubin, 1992, S. 1.
9 Kennedy u. a., 1980; Mondal und Heidelberger, 1970.

10 Brouty-Boyoé u. a., 1979; Rubin u. a., 1990.
11 Rubin, 1992, S. 1.
12 Siehe Leape u. a., 1991. Iatrogene Erkrankungen können sogar erblich sein: Neuere Untersuchungen an Ratten und Kaninchen haben gezeigt, daß durch Contergan hervorgerufene Mißbildungen an die nächste Generation weitervererbt werden können. Siehe »Thalidomide curse ›may go on down generations‹« (»Der Fluch des Contergan ›kann noch über Generationen reichen‹«), Phillip Knightley, *Independent on Sunday*, 20. April, S. 3, 1997.
13 Siehe McTaggart, 1996.
14 Siehe die vom Krebshilfezentrum herausgegebene Literatur, Grove House, Cornwallis Grove, Clifton, Bristol BS8 4PG.
15 Costerton u. a., 1995.
16 Freter, 1986.
17 Edward Goldsmith hat 1970 mit der Zeitschrift *The Ecologist* begonnen. Das bekannte Manifest »A blueprint for Survival« (»Ein Entwurf für das Überleben«) erschien als Sonderausgabe von *The Ecologist* im Jahr 1971.
18 Rifkin und Howard, 1980.
19 Daly, 1996.
20 Martin Khor, Seminar über Globalisierung und Ökonomie, Schumacher College, Februar 1997.
21 Rifkin und Howard, 1980.
22 Diese Theorie des Organismus wurde über eine Reihe von Jahren entwickelt; siehe Ho, 1993; 1994; 1995a,b; 1996b,e; 1997a. Bei der Darstellung hier handelt es sich notgedrungen um eine kurze Zusammenfassung.
23 Martin Khor, Seminar über Globalisierung und Ökonomie, Schumacher College, Februar 1997.
24 Daly, 1996.
25 Lovelock, 1979; siehe auch Saunders, 1994.
26 »Geophysiological Society: Mission Statement« (»Geophysiologische Gesellschaft: Erklärung in besonderer Mission«), Lee Kump, 1996.
27 Schneider und Kay, 1994.
28 Luvall und Holbo, 1991.
29 Ho, 1997d.
30 Daly, 1996.
31 Korten, 1995.
32 Daly und Cobb, 1989.
33 Korten, 1997, S. 14.
34 Siehe Shiva, 1993.
35 Shiva, 1993.
36 Grimaldo Rengifo Vasquez' (1997) Beschreibung der bäuerlichen Gemeinschaften in Peru macht die wechselseitige, symmetrische Beziehung zwischen Mensch und Natur sehr schön anschaulich. Diese Gemeinschaften praktizieren eine nachhaltige Landwirtschaft, die sich so nahtlos in das Ökosystem einfügt, daß zwischen Natur und Kultur nicht zu trennen ist. Die Landarbeiter sammeln an verschiedenen Orten Saatgut und betrachten die Pflanzen, die sie anbauen, als Teil ihrer Familie. In einem der ältesten Rituale, mit dem die neue Ernte gefeiert wird, spricht die Kartoffel des Vorjahres zur neuen Kartoffel: Da ich diese Menschen erzeuge, gebe ich jetzt [diese Kraft] an dich weiter. »Der Sinn des Lebens«, sagt Grimaldo, »besteht nicht nur darin zu erzeugen, sondern auch, sich selbst erzeugen zu lassen.«
37 Siehe zahlreiche ausgezeichnete Kapitel mit Argumenten gegen sämtliche Aspekte der globalen Ökonomie bei Mander und Goldsmith, 1996.
38 Mshigeni und Pauli, 1997, S. 41.
39 Mshigeni und Pauli, 1997, S. 42.

Quellen

Abbott, A. (1996): Complexity limits the powers of prediction. *Nature* 379, 390.

Allison, R. (1995): RNA plant virus recombination. *Proceedings of USDA-APHIS/IAIBS Workshop on Transgenic Virusresistant Plants and New Plant Viruses,* 20-21. April, Beltsville, Maryland.

Allison, R. (1997). Update on virus recombination in transgenic crops. <22923mgr @msv.edn>

Alper, J. (1996): Genetic complexity in single gene diseases. *British Medical J.* 312, 196-197.

Altieri, M.A: (1991). Traditional farming in Latin America. *The Ecologist* 21, 93-96.

Amabilecuevas, C.F. & Chicurel, M. E. (1993): Horizontal gene transfer. *American Scientist* 81, 332-341.

Anderson, E. S. (1975): Viability of, and transfer of a plasmid from E. coli K12 in the human intestine. *Nature* 255, 502.

Atlas, M., Bennett, A. M., Colwell, R., Van Elsas, J., Kjelleberg, S., Pedersen, J. & Wacker-Nagel, S. (1992): Persistence and survival of genetically-modified micro-oganisms released into the environment. In: *The Release of Genetically Modified* Microorganisms (D. E. S. Stewart-Tull & M. Sussman, Hrsg.), 117, Plenum, New York.

Avery, O. T., MacLeod, C. M. & McCarty, M. (1944): Studies on the chemical nature of the substance inducing transformation in pneumococcal types. *J. of Experimental Medicine* 79, 137-159.

Bains, W. (1987): *Genetic Engineering for Almost Everybody,* Penguin, London.

Balasubramaniam, K. (1996): SAPs and the privatisation of health care: A recipe for disaster. *Third World Resurgence.* 68, 13-16.

Baltimore, D. (1985): Retroviruses and retrotransposons: the role of reverse transcription in shaping the eukaryotic genome. *Cell,* 481-482.

Barinaga, M. (1996): A shared strategy for virulence. *Science* 272, 1261-1263.

Barzun, J. (1958): *Darwin, Marx and Wagner,* Doubleday Anchor, New York.

Bauer, L. S. (1995): Resistance – a threat to the insecticidal crystal proteins of *Bacillus-thuringiensis. Florida Entomologist* 78, 414-443.

Belonga, E. A., Hedberg, C. W., Gleich, G. J., White, K. E., Mayeno, A. R., Loegering, D. A., Dunnette, S. L., Pirie, P. L., Mac-Donald, K. L. &. Osterhalm, M. T. (1990): An investigation of the cause of the eosinophilia-myalgia syndrome associated with tryptophan use. *The New England J. of Medicine.* 323, 347-365.

Bergh, O., Borsheim, K. Y., Bratbak, G. & Heldal, M. (1989): High abundance of viruses found in aquatic environments. *Nature* 340, 467-468.

Bhattacharyya, M. K., Smith, A. M., Ellis, Th. H. N., Hedley, C. & Martin, C. (1990): The wrinkled-seed character of pea described by Mendel is caused by a transposon-like insertion in a gene encoding starch-braching enzyme. *Cell* 80, 115-122.

Bieth, E. & Darlix, J.-L. (1993): Characterisation of a molecular clone of a highly infectious avian leukosis virus. *C. R. Academie Science, Paris, Sciences de la vie* 316, 754-762.

Bik, E. M., Bunschoten, A. E., Gouw, R. D. & Mooi, P. R. (1995): Genesis of novel epidemic *vibrio-cholerae*-0139 strain – evidence for horizontal transfer of genes involved in polysaccharide synthesis. *Embo J.* 14, 209-216.

Binet, A. (1913): *Les Idées modernes sur les enfants*. Flammarion, Paris.

Blanc, V., Jordana, X., Litvak, S. & Araya, A. (1996): Control of gene expression by base deamination: The case of RNA editing in wheat mitochondria. 78, 511- 517.

Bootsma, J. H., Vandijk, H. Verhoef, J., Fleer, A. & Mooi, F. R. (1996): Molecular characterization of the bro b-lactamase of *moraxella* (Branhamella) catarrhalis. *Antimicrobial Agents and Chemotherapy* 40, 966-972.

Bostock C. J. & Tyler-Smith, C. (1982): Changes to genomic DNA in methotrexate-resistant cells. In *Genome Evolution* (G. A. Dover & R. B. Flavell, Hrsg.), 69-94. Academic Press, London.

Boulanger, D., Crouch, A., Brochier, B., Bennett, M., Clement, J., Gaskell, R. M., Baxby, D. & Pastoret, P. P. (1996): Serological survey for orthopoxvirus infection of wild mammals in areas where a recombinant rabies virus is used to vaccinate foxes. *Veterinary Record* 138, 247-249.

Bowcock, A. M. (1993): Molecular-cloning of *BRCA1* – a gene for early-onset familial breast and ovarian cancer. *Breast Cancer Research and Treatment* 28, 121-135.

Brennan, T. A., Leape, L. L., & Laird, N. M. (1991): Incidence of adverse events and negligence in hospitalized patients – results of the Harvard Medical Practice Study. *New England J. of Medicine* 324, 370-376.

Brouty-Boye, D., Gresser, I. & Baldwin, C. (1979): Reversion of the transformed phenotype to the parental phenotype by subcutivation of X-ray-transformed C3H/10T1/1 cells at low cell density. *International J. of Cancer* 24, 253-260.

Brown, D. F. J., Farrington, M. & Warren, R. E. (1993): Imipene-resistant *Escherichia coli*. *Lancet* 342, 177.

Brown, L. R. (1998): Struggling to raise cropland productivity. In *State of the World 1998* (L. R. Brown, C. Flavin & H. French, Hrsg.) 79-95. Worldwatch Institute Report, Earthscan Publications, London.

Brown, P. & Kleiner, K. (1994): Patent row splits breast cancer researchers. *New Scientist*, 24. September, 4.

Burrows, B. (1995): Scientists charge US agency with acting irresponsibly. *Third World Resurgence* 63, 2-3.

Burrows, B. (1996): Second thoughts about US Patent #4,438,032. *Bulletin of Medical Ethics* 124, 11-14.

Cainglet, J. (1998): The politics of GE agriculture – a Filipino perspective. In *Global Genes*, Farmer's World Publications.

Cairns, J. (1978): *Cancer. Science and Society*. Freeman, San Francisco.

Cairns, J., Overbaugh, J. & Miller, S. (1988): The origin of mutants. *Nature* 335, 142-145.

Campbell, J. H., Lengyel J. A., & Langridge, J. (1973): Evolution of a second gene for b-galactosidase in *E. coli*. *Proc. of the Nat. Acad. of Sci. (USA)* 70, 1841-1845.

Chee, Y. L. (1996): Concerted moves to undermine a strong biosafety agreement. *Third World Resurgence* 74, 8-10.

Chen, I. S. Y., Mclaughlin, J., Gasson, J. C., Clark, S. C. & Golde, D. W. (1983): Molecular characterization of genome of a novel human T-cell leukaemia virus. *Nature* 305, 502-505.

Cleaver, J. E. & Kraemer, K. H. (1989): The *Metabolic Basis of Inherited Diseases*. McGraw-Hill, New York.

Clewell, D. B. & Flannagan, S. E. (1993): The conjugative transposons of gram-positive bacteria. In: *Bacterial Conjugation* (D. B. Clewell, Hrsg.), 369-393. Plenum Press, New York.

Clewell, D. B., Hrsg. (1993): *Bacterial Conjugation*. Plenum Press, New York.

Coffey, T. J., Dowson, C. G., Daniels, M. Spratt, B. G. (1995): Genetics and molecular-biology of b-lactam-resistant *pneumococci*. *Microbial Drug Resistance-Mechanisms Epidemiology and Disease* 1, 29-34.

Coghlan, A. (1995): Gene dream fades away. *New Scientist*, 25. November, 14-15.

Coghlan, A. (1996): Gene shuttle virus could damage the brain. *New Scientist*, 11. Mai, 6.

Coghlan, A. (1997): Jet setters send festering faeces around the world. *New Scientist*, 17. Mai, 7.

Cohen, J. (1996): New role for HIV: a vehicle for moving genes into cells. *Science* 272, 195.

Cohen, P. (1996): Doctor, there's a fly in my genome. *New Scientist*, March 9, 6.

Cole, S. T., *et al* (1998): Deciphering the biology of Mycobacterium tuberculosis from the complete genome sequence. *Nature* 393, 537-544.

Collis, C. M., Grammaticopoulous, G., Briton, J., Stokes, H. W. & Hall, R. M. (1993): Site-specific insertion of gene cassettes into integrons. *Molecular Microbiology* 9, 41-52.

Colman, A. (1996): Production of proteins in the milk of transgenic livestock – problems, solutions and successes. *Am. J. Clin. Nutrition* 63, 639-645.

Commandeur, P. & Komen, J. (1992): Biopesticides: Options for biological pest control increase. *Biotech Develop. Monitor* 13 (Dez.), 6-7.

Cooking, E. C. (1989). Plant cell and tissue culture. In *A Revolution in Biotechnology* (J. L Marx, Hrsg.). 119-129. Cambridge Univ. Press, Cambridge & New York.

Cornaglia, G., Ligozzi, M., Mazzariol, A., Valentini, M., Orefici, G., & Fontana, R. (1996): Rapid increase of resistance to erythromycin & clindamycin in *Streptococcus pyogenes* in Italy, 1993-1995. *Emerging Infectious Diseases* 2 (4) <http://www.cdc.gov/ncidod/EID/eid.htm>

Costerton, J. W., Lewandowski, Z., DeBeer, D., Caldwell, D., Korber, D. & James, G. (1994): Biofilms, the customized microniche. *J. Bacteriol.* 176, 2137-2142.

Courvain, P., Courvain, S. & Grillot, C. (1995): Gene transfer from bacteria to mammalian cells. *Comptes Rendus de L'Academie Des Sciences Serie Ill – Science de La Vie*, 318, 1207-1212.

Creamer, R. & Falk, B. W. (1990): Direct detection of transcapsidated barley yellow dwarf luteoviruses in doubly infected plants. *J. Gen. Virol.* 71, 211-217.

Cropper, A. (1994): A novel approach. *Our Planet* 6, (back cover).

Cox, C. (1995): Glyphosate, Part 2: Human exposure and ecological effects. *J. of Pesticide Reform*. Vol. 15, No. 4.

Cullis, C. A. (1983): Environmentally induced DNA changes in plants. *CRC Critical Reviews* in: *Plant Science* 1, 117-131.

Cullis, C. A. (1988): Control of variation in higher plants. In *Evolutionary Processes and Metaphors* (M.-W. Ho & S. W. Fox, Hrsg.). Wiley, London.

Cummins, J. (1994): The use of cauliflower mosaic virus. 35S promoter (CaMV) in Calgene's Flav Savr tomato creates hazard. Available from the author at <jcummins@julian.uwo.ca>

Cummins, J. (1997): Insecticide viruses for insect control. Available from the author at <jcummins@julian.uwo.ca>

Cummins, J. (1998): Some new genetic toys <e-mail jcummins@julian.-uwo.ca>

Dalsgaard, K., Uttenthal, A., Jones, T. D., Xu, F., Merryweather, A., Hamilton,

W. D. O., Langeveld, J. P. M., Boshuizen, R. X., Kamstrup, S., Lomonossoff, G. P., Porta, C., Vela, C., Casal, J. I., Eloen, R. H. & Rodgers, P. B. (1997): Plant-derived vaccine protects target animals against a viral disease. *Nature Biotechnology* 15, 248-252.

Daly, H. E. (1996): *Beyond Growth, The Economics of Sustainable Development.* Beacon, Boston. – Deutschsprachige Ausgabe: Daly, Herman: *Wirtschaft jenseits von Wachstum – Die Volkswirtschaftslehre nachhaltiger Entwicklung.* Salzburg 1999.

Daly, H. E. & Cobb, J. B., Jr. (1989): *For the Common Good: Redirecting the Economy toward Community, the Environment and a Sustainable Future*. Beacon, Boston.

Damency (1994): The impact of hybrids between genetically modified crop plants and their related species: introgression and weediness. *Molecular Ecology* 3, 37-40.

Dangler, C. A., Deaver, R. E. & Koloziej, D. M. (1994): Measurement of Aujeszkys-Disease virus recombination in-vitro under conditions of low multiplicity of infection. *Acta Veterinaria Hungarica* 42, 205-208.

Darwin, C. (1859): *The Origin of Species.* Murray, London. – Deutschsprachige Ausgabe: Darwin, Charles: *Die Entstehung der Arten durch natürliche Zuchtwahl.* Stuttgart 1963.

Dawkins, R. (1976): *The Selfish Gene.* Oxford Univ. Press, Oxford. – Deutschsprachige Ausgabe: Dawkins, Richard: *Das egoistische Gen.* Berlin 1978.

Davies, J. (1994): Inactivation of antibiotics and the dissemination of resistance genes. *Science* 264, 375-382.

DeAngelis, D.L. (1992): *Dynamics of Nutrient Cycling and Food Webs.* Chapman and Hall, London.

Denotter, W., Merchant, T. E., Beijerinck, D. & Koten, J. W. (1996): Breast-cancer induction due to mammographic screening in hereditarily affected women. *Anticancer Research* 16, 3173-3508.

DiFronzo, N. L. & Holland, C. A. (1993); A direct demonstration of recombination between an injected virus and endogenous viral sequences, resulting in the generation of mink cell focus-inducing viruses in AKR mice. *J. of Virology* 67, 3763-3770, 1993.

Doerfler, W. (1991): Patterns of DNA Methylation – evolutionary vestiges of foreign DNA inactivation as a host defence mechanism. *Biol. Chem. Hoppe-Seyler* 372, 557-564.

Doerfler, W. (1992): DNA methylation: eukaryotic defence against the transcription of foreign genes? *Microbial Pathogenesis* 12, 1-8.

Doerfler, W., Schubbert, R., Heller, H., Kämmer, C., Hilger-Eversheim, D., Knoblauch, M. & Remus, R. (1997): Integration of foreign DNA and its consequences in mammalian systems. *Tibtech* 15, 297-301.

Doolittle, R. F. (1998): Microbial genomes opened up. *Nature* 392, 339-42.

Doucet-Populaire, F. (1992): Conjugal transfer of genetic information in gnotobiotic mice, In *Microbial Releases* (M. J. Gauthier, Hrsg.). Springer Verlag, Berlin.

Dover, G. A. & Flavell, R. B. Hrsg. (1982): Genome Evolution. Academic Press, London.

Eber, G., Chevre, A. M. Baranger, A., Vallee, P., Tanfuy, X. & Renard, M. (1994): Spontaneous hybridisation between a male-sterile oilseed rape and two weeds. *Theor. App. Gene.* 88, 362-368.

Egziabher, T. B. C. (1994): Where is the GOOD WILL? *Our Planet* 6, 17-19.

Elegant, S. (1997): Poor man's plague. *Far Eastern Economic Review, 17.* April, 42-45.

Elnatan, J., Goh, H. S. & Smith, D. R.

(1996): C-KI-RAS activation and the biological behaviour of proximal and distal colonic adenocarcinomas. *European J. of Cancer* 32A, 491-497.

Estruch, J. J., Carozzi, N. B., Desai, N., Duck, N. B., Warren, G. W. & Doziel, M. G. (1997): Transgenic plants: An emerging approach to pest control. *Nature Biotechnology* 15, 137-141.

Fernando, S. (1990): The same difference. *New Internationalist,* issue on Madness, 24-25. Juli.

Finnegan H. & McElroy (1994): Transgene inactivation, plants fight back! *Bio/Technology* 12, 883-888.

Flavell, R. B. (1982): Sequence amplification, deletion and rearrangement: major sources of variation during species divergence. In *Genome Evolution* (G. A. Dover & R. B. Flavell, Hrsg.), 301-323. Academic Press, London.

Foster, P. L. (1992): Directed mutation: between unicorns and goats. *J. of Bacteriology* 174, 1711-1716.

Frank, S. & Keller, B. (1995): Produktsicherheit von krankheitsresistenten Nutzpflanzen: Toxikologie, allergenes Potential, Sekundäreffekte und Markergene. Eidgenössische Forschungsanstalt für landwirtschaftlichen Pflanzenbau, Zürich.

Franke, A. E. & Clewell, D. B. (1981): Evidence for a chromosome-borne resistance transposon (Tn *916)* in *streptococcus faecalis* that is capable of ›conjugal‹ transfer in the absence of a conjugative plasmid. *J. of Bacteriology* 145, 494-502.

Freter, R. (1986). The need for mathematical models in understanding colonisation; and plasmid transfers in the mammalian intestine. In *Bacterial Conjugation* (D. B. Clewell, Hrsg.), 81-93. Plenum Press, New York.

Friedman, L. S., Gayther, A., Kurosaki, T., Gordon, D., Noble, B., Casey, G., Ponder, B. A. J. & Anton Culver, H. (1997): Mutation analysis of BRCAI and BRCA2 in a male cancer population. *American J. of Human Genetics* 60, 313-319.

Frischer, M. E., Stewart, G. J. & Paul, J. H. (1994): Plasmid transfer to indigenous marine bacterial-populations. *FEMS Microbiol. Ecol.* 15, 127-135.

Garrett, L. (1995): *The Coming Plague Newly Emerging Disease in a World Out of Balance*. Penguin Books, New York.

Gebhard, F. & Smalla, K. (1998): Transformation of *Acinetobacter* sp. strain BD413 by transgenic sugar beet DNA. *Appl. Environ. Microbiol.* 64, 1550-1554.

George, S. (1988): *A Fate Worse Than Debt.* Penguin, Harmondsworth.

Gierl, A. (1990): How maize transposable elements escape negative selection. *Trends in Genetics* 6, 155-158.

Goldsmith, E. (1992): Development: fictions and facts. *Ecoscript* 35, Foundation for Ecodevelopment, Amsterdam.

Goldsmith, E. & Hildyard, N. (1991): World agriculture: Toward 2000, FAO's plan to feed the world. *The Ecologist* 21, 81-92.

Goldsmith, E. & Hildyard, N. (1984-1992): *The Social and Environmental Effects of Large Dams*. Bd. 1-3. Wadebridge Ecological Center, Wadebridge.

Goldsmith, Z. (1998): Cancer: A disease of industrialization. *The Ecologist,* 28, 93-99.

Golovkina, T. V., Jaffe, A. B. & Ross, S. R. (1994): Co-expression of exogenous and endogenous mouse mammary tumour virus RNA in vivo results in viral recombination and broadens the virus host range. *Jour. of Virology* 68, 5019-5026.

Goodman, A. E., Marshall, K. C. & Hermansson, M. (1994): Gene transfer among bacteria under conditions of nutrient depletion in simulated and natural aquatic environments. *FEMS Microbiology Ecology* 15, 55-60.

Goodwin, B. C. (1984): A relational or field theory of reproduction and its evolutionary implications. In: *Beyond neo-Darwinism: Introduction to the New Evolutionary Paradigm* (M.-W. Ho & P. T. Saunders, Hrsg.), 219-241. Academic Press, London.

Goodwin, B. C. (1994): *How the Leopard Changed Its Spots: The Evolution of* Complexity. Weidenfeld & Nicolson, London.

Goussard, S., Grillot-Courvahn, C. & Courvalin, P. (1996): Direct gene transfer from bacteria to mammalian cells by kamikazation. *96th General Meeting of the American Society of Microbiology* H- 84, 497.

Green, A. E. & Allison, R. F. (1994): Recombination between viral RNA and transgenic plant transcripts. *Science* 263, 1423.

Greenstein, J. L. & Sachs, D. H. (1997): The use of tolerance for transplantation across xenogenic barriers. *Nature Biotechnology* 15, 235-237.

Gu, Z., Gao, Q., Fast, E. A. & Wainberg, M. A. (1995): Possible involvement of cell fusion and viral recombination in generation of human immunodeficiency virus variants that display dual resistance to AZT and 3TC. *J. of General Virology* 76, 2601-2605.

Gudkov, A. & Kopnin, B. (1985): Gene amplification in multidrug-resistant cells: molecular and karyotypic events. *BioEssays* 3, 68-71.

Guillot, J. F. & Boucaud, J. L. (1992): *In vivo* transfer of a conjugative plasmid between isogenic *Escherichia coli* strains in the gut of chickens in the presence and absence of selective pressure. In: *Microbial Releases* (M. J. Gauthier, Hrsg.), 167-174. Springer Verlag, Berlin.

Gustafson, T. L., Lievens, A. W., Brunell, P. A., Moellenberg, R. G., Buttery, C. M. G. & Sehulster, L. M. (1987): Measles outbreak in a fully immunized secondary-school population. *The New England J. of Medicine* 316, 771-774.

Gurdon, J. B. (1974): *The Control of Gene Expression in Animal Development.* Oxford Univ. Press, Oxford.

Guyton, A. C. *Physiology,* W. B. Saunders, Philadelphia.

Hall, B. G. & Hartl, D. L. (1974): Regulation of newly evolved enzymes I. Selection of a noel lactase regulated by lactose in *Escherichia coli. Genetics* 76, 391-400.

Hama, H., Suzuld, K. & Tanaka, H. (1992): Inheritance and stability of resistance to *Bacillus thuringiensis* formulations in diamondback moth, *Plutella xylostella* (Linnaeus) (Lepidoptera: Yponomeutidae). *Appl. Entomol. Zool.* 27, 355-362.

Hamilton, J.O'C. & Carey, J. (1994): Biotech. An industry crowded with players faces an ugly reckoning. *Business Week,* September 26, 66-72.

Harding, K. (1996): The potential for horizontal gene transfer within the environment. *Agro-Food-Industry Hi-Tech,* July/August, 31-35.

Hardy, R. W. F. (1994): Current and next Generation agricultural biotechnology products and processes considered from a public good perspective. *NABC Report 6 »Agricultural Biotechnology and the Public Good«* (J. F. MacDonald, Hrsg.), 43-50.

Harriman, E. (1988): The good old British jab. *New Statesman & Society,* 12. September, 10-12.

Heaton, M. P. & Handwerger, S. (1995): Conjugative mobilization of a vancomycin resistance plasmid by a putative enterococcus-faecium sex-pheromone response plasmid. *Microbial Drug Resistance-Mechanisms Epidemiology and Disease* 1, 177-183.

Heitman, D. & Lopes-Pila, J. M. (1993): Frequency and conditions of spontaneous plasmid transfer from *E. coli* to cultured mammalian cells. *BiosSystems* 29, 37-48.

Hermansson, M. & Linberg, C. (1994): Gene transfer in the marine environment. *FEMS Microbiology Ecology* 15, 47-54.

Hildyard, N. (1991): An open letter to Edouard Saouma, Director-General, the Food and Agriculture Organization of the United Nations. *The Ecologist* 21, 43-46.

Hildyard, N. (1996): Too many for what? The social generation of food »scarcity« and »overpopulation«. *The Ecologist* 26, 282-289.

Ho, M.-W. (1976): *Molecular Genetics, S299 Genetics A Second Level Open Univ. Course.* Open Univ. Press, Milton Keynes.

Ho, M.-W. (1984a): Environment and heredity in development and evolution. In *Beyond neo-Darwinism: Introduction to the New Evolutionary Paradigm,* (M.-W. Ho & P. T. Saunders, Hrsg.), S. 267- 289, Academic Press, London.

Ho, M.-W. (1984b): Where does biological form come from? *Rivista di Biologia* 77, 147-179.

Ho, M.-W. (1987a): Evolution by process, not by consequence: implications of the new molecular genetics for development and evolution. *Int. J. Comp. Psychol.* 1, 3-27.

Ho, M.-W. (1987b): *Regulation of Gene Expression in Eukaryotes, S298 Genetics.* Open Univ. Press, Milton Keynes.

Ho, M.-W. (1987c): Genes *in Populations, S298 Genetics.* Open Univ. Press, Milton Keynes.

Ho, M.-W. (1988a): Evolution by process, not by consequence In *Evolutionary Processes and Metaphors* (M.-W. Ho & S. W. Fox, Hrsg.), 117-144. Wiley, London.

Ho, M.-W. (1988b): How rational can rational morphology be? *Rivista di Biologia* 81, 11-55.

Ho, M.-W. (1988c): Genetic fitness and natural selection: myth or metaphor. In *Evolution of Social Behavior and Integrative Levels* (G. Greenberg & E. Tobach, Hrsg.), 85-111. Lawrence Erlbaum, New Jersey.

Ho, M.-W. (1990): An exercise in rational taxonomy. *J. of Theoretical Biology* 147, 43-57.

Ho, M.-W. (1992): Development, rational taxonomy and systematics. *Rivista di Biologia* 85, 193-211.

Ho, M.-W. (1993): *The Rainbow and The Worm, The Physics of Organisms.* World Scientific, Singapore.

Ho, M.W. (1994): What is Schrödinger's negentropy? *Modern Trends in BioThermoKinetics* 3, 50-61.

Ho, M.-W. ed. (1995a): *Bioenergetics, S327 Living Process.* Open Univ. Press, Milton Keynes.

Ho, M.-W. (1995b): Bioenergetics and the coherence of organisms. *Neural Network World* 5, 733-750.

Ho, M.-W. (1996a): Are current transgenic technologies safe? Capacity building in biosafety urgently needed for developed countries. In *Biosafety Capacity Building: Evaluation Criteria Development (*I. Virgin & R. J. Frederick, Hrsg.), 75-80. Stockholm Environment Inst., Stockholm.

Ho, M.-W. (1996b): The biology of free will. *J. Of Consciousness studies* 3, 231-244.

Ho, M.-W. (1996c). Natural being and coherent society. S 286-307, in *Gaia in Action, Science of the Living* Earth (ed. P. Bunyard). Floris Books, Edinburgh.

Ho, M.-W. (1996d). Why Lamarck won't go away. *Ann. Human Genetics* 60, 81-84.

Ho, M.-W. (1996e). Bioenergetics and biocommunication. In: *Computation in Cellular and Molecular Biological Systems* (R. Cuthbertson, M. Holcombe & R. Paton eds.) S.251-262. World Scientific, Singapore.

Ho, M.-W. (1997a): Towards a theory of the organism. *Integrative Physiology and Behavioural Research* (in press).

Ho, M.-W. (1997b). Evolution. In *Handbook of Comparative Psychology* (G. Greenberg & M. Haraway Hrsg.). Garland Publishing, New York.

Ho, M.-W. (1997c) DNA and the new organicism. In: *The Future of DNA* (J. Wirz & E. Lammerts van Bueren eds.) S. 71-93, Kluwer Academic, Dordrecht.

Ho, M.-W. (1997d): On the nature of sustainable economic systems. *World Futures* (in press).

Ho, M.-W. &. Fox, S. W. Hrsg. (1988). *Evolutionary Processes and Metaphors.* Wiley, London.

Ho, M.-W. & Goodwin, B. C. (1987): The *Process of Heredity, Genetics S298.* Open Univ. Press, Milton Keynes.

Ho, M.-W., Popp. F. A. & Warnke, U., Hrsg. (1994). *Bioelectrodynamics and Biocommunication.* World Scientific, Singapore.

Ho, M.-W. & Saunders, P. T. (1979): Beyond neo-Darwinism: an epigenetic approach to evolution. *J. of Theoretical Biology* 78, 573-591.

Ho, M.-W. & Saunders, P. T., Hrsg. (1984): *Beyond neo-Darwinism: Introduction to the New Evolutionary Paradigm.* Academic Press, London.

Ho, M.-W. & Saunders, P. T. (1993): Rational taxonomy and the natural system – with particular reference to segmentation. *Acta Biotheoretica* 41, 298-304.

Ho, M.-W. &. Saunders, P. T. (1994): Rational taxonomy and the natural system-segmentation and phyllotaxis. In: *Models in Phylogeny Reconstruction* (R. W. Scotland, D. J. Siebert & D. M. Williams, Hrsg.), 113-124. Oxford Science, Oxford.

Ho, M.-W. & Tappeser, B. (1997): Potential contributions of horizontal gene transfer to the transboundary movement of living modified organisms resulting from modern biotechnology. *Proceedings of Workshop on Transboundary Movement of Living Modified Organisms resulting from Modern biotechnology: Issues and Opportunities for Policy-makers* (K.J. Mulongoy, Hrsg.), 171-193. International Academy of the Environment, Geneva.

Ho, M.-W., Tucker, C., Keeley, D. & Saunders, P. T. (1983): Effects of successive generations of ether treatment on penetrance and expression of the bithorax phenocopy in *Drosophila melanogaster. J. of Experimental Zoology* 225, 357-368.

Ho, M.-W. (1998): Dangerous liason – deadly gamble. NABC Conference Proceedings.

Ho, M.-W. & Steinbrecher (1997): Fatal *Flaws in Food Safety Assessment. A critique of the joint FAO/WHO Biotechnology and Food Safety Report.* Third World Network, Penang.

Ho, M.-W., Traavik, T., Olsvik, R., Midtvedt, T., Tappeser, B., Howard, V., von Weizsäcker, C. & McGavin, G. (1998): *Gene Technology and Gene Ecology of infectious Diseases,* Third World Network, Malaysia. Also, *Microbial Ecology in Health and Disease* 10, 33-59.

Höfle, M.G. (1994): Auswirkungen der Freisetzung bakterieller Monokulturen auf die natürliche Mikroflora aquatischer Ökosysteme. 795-820. In: *Biologische Sicherheit/Forschung Biotechnologie BMFT,* Bd. 3, 1003.

Hoffman, T., Golz, C. & Schieder, O. (1994): Foreign DNA sequences are received by a wild-type strain of Aspergillus niger after co-culture with transgenic higher plants. *Current Genetics* 27, 70-76.

Holmes, T. M. & Ingham, E. R. (1995): The effects of genetically engineered microorganisms on soil foodwebs. In: *Supplement to Bulletin of Ecological Society of America 75/2, Abstracts of the 79th*

Annual ESA Meeting: Science and Public Policy. Knoxville, Tennessee, 2-77, August 1994.

Horrobin, D. F., Glen, A. I. M. & Hudson, C. J. (1995): Possible relevance of phospholipid abnormalities and genetic interactions in psychiatric-disorders – the relationship between dyslexia and schizophrenia. *Medical Hypotheses* 45, 605-613.

Hubbard, R. (1995): Genomania and health. *American Scientist* 83, 8-10.

Hubbard, R, & Wald, E. (1993): *Exploding the Gene Myth*. Beacon Press, Boston.

Hughes, V. M. & Datta, N. (1983): Conjugative plasmids in bacteria of the ›pre-antibiotic‹ era. *Nature* 302, 725-726.

Hyrien, O. & Buttin, G. (1986): Gene amplification in pesticide-resistant insects. *Trends in Genetics* 2, 275-276.

Inose, T. & Murata, K. (1995): Enhanced accumulation of toxic compounds in yeast cells having high glycolytic activity: a case study an the safety of genetically engineered yeast. *International J. of Food Science and Technology* 30, 141-146.

Ippen-Ihler, K. & Skurray, R. A. (1993): Genetic organization of transfer-related determinants on the sex factor F and related plasmids. In: *Bacterial Conjugation* (D. B. Clewell, ed.), 23-52. Plenum Press, New York.

Jablonka, E. & Lamb, M. (1995): *Epigenetic Inheritance and Evolution. The Lamarckian Dimension*. Oxford Univ. Press, Oxford.

Jacks, T., Fazeli, A., Schmitt, E. M., Bronson, R. T., Goodell, M. A. & Weinberg, R. A. (1992): Effects of on Rb mutation in the mouse. *Nature* 359, 295-299.

Jager, M. J. & Tappeser, B. (1995): Risk Assessment and Scientific Knowledge. Current data relating to the survival of GMOs and the persistence of their nucleic acids: Is a new debate on safeguards in genetic engineering required? – Considerations from an ecological point of view. Preprint circulated and presented at the TWN-Workshop on Biosafety, 10. April, New York.

Jeffreys, A. J., Wilson V. & Thein, S. L. (1985): Hypervariable ›minisatellite‹ regions in human DNA. *Nature* 314, 67- 73.

Ji, H. J., Liu, Y. L. E., Wang, M. S., Liu, J. W. Yjao, G. W., Joseph, B. D., Rosen, C. & Shi, Y. E. (1997): Identification of a breast cancer-specific gene, BCSG1, by direct differential cDNA sequencing. *Cancer Research* 57, 759-764.

Johnston, A. W. B. (1989): Biological nitrogen fixation. In *A Revolution in Biotechnology* (J. L. Marx, Hrsg.), 103-118. Cambridge Univ. Press, Cambridge.

Jones, S. & Taylor, K. Hrsg. (1995): *Processes of Heredity, S327 Living Processes Book 4*. Open Univ., Milton Keynes.

Jones, S., Martin, R. & Pilbeam, D. Hrsg. (1994): *The Cambridge Encyclopedia of Human Evolution*. Cambridge Univ. Press, Cambridge.

Jorgensen, R. B. & Andersen, B. (1994): Spontaneous hybridization between oilseed rape (*Brassica napus*) and weedy *B. campestris* (Brassicaceae): a risk of growing genetically modified oilseed rape. *Amer. Jour. Botany* 12, 1620-1626.

Kado, C. I. (1993). Agrobacterium-mediated transfer and stable incorporation of foreign genes in plants. In *Bacterial Conjugation* (D. B. Clewell, Hrsg.). 243-254. Plenum Press, New York.

Kapur, V., Kanjilal, S., Hamrick, M. R., Li, L. L., Whittam, T. A., Sawyer, S. A. & Musser, J. M. (1995): Molecular population genetic-analysis of the streptokinase gene of *Streptococcus-pyogenes* – mosaic alleles generated by recombination. *Molecular Microbiology* 16, 509-519.

Kehoe, M. A., Kapur, V., Whatmore, A., & Musser, J. M. (1996): Horizontal gene transfer among group A streptococci: implications for pathogenesis and epidemiology. *Trends in Microbiology* 4, 436-443.

Kell, C. M., Hordens, J. Z., Daniels, M., Coffey, T. J., Bates, J., Paul, J., Gilks, C. & Spratt, B. G. (1993): Molecular epidemiology of penicillin-resistant *pneumococci* isolated in Nairobi, Kenya. *Infection and Immunity* 61, 4382-4391.

Kendall, H. W., Beachy, R., Eisener, T., Gould, F., Herdt, R., Ragen, P. H., Schell, J. S. & Swaminathan, M. S. (1997): *Bioengineering of Crops Report of the World Bank Panel on Transgenic Crops.* The World Bank, Washington, DC.

Kendrew, J., Hrsg. (1995). *The Encyclopedia of Molecular Biology.* Blackwell Science, Oxford.

Kennedy, A. R., Fox, M., Murphy, G. & Little, J. B. (1980): Relationship between X- ray exposure and malignant transformation in C3H 10T1/2 cells. *Procs of Nat. Acad. of Sciences USA* 77, 7262-7266.

Kerem, B., Rommens, J. M., Buchanan, J. A., Markiewica, D., Cox, T. K., Chakravarte, A., Buchwald, M. & Tsui, L.-C. (1989): Identification of the cystic fibrosis gene; genetic analysis. *Science* 245, 1073-1080.

Khavari, P. A. (1997): Cutaneous gene therapy. *Advances in Clinal Research* 15, 27-35.

Khor, M. (1996): Experts attack shift in global health strategy. *Third World Resurgence* 68, 7-9.

Kimbrell, A. (1993): *The Human Body Shop.* The Engineering and Marketing of Life, The Third World Network, Penang.

King, J. L. & Briggs, R. (1955): Changes in the nuclei of differentiating gastrula cells, as demonstrated by nuclear transplantation. *Proc. of Nat. Acad of Sciences, USA* 41, 321-325.

Knight, P. (1993): Hemorrhagic *E. coli:* The danger increases. *ASM News* 59, 247-250.

Kothari, A. (1994): The need for a protocol on farmers' rights and indigenous peoples. *Our Planet* 6, 39-40.

Korten, D. C. (1995): *When Corporations Rule the World.* Kumarian Press, West Hartford, Conn.

Korten, D. C. (1997): Civil societies versus the global economy: a struggle for life. Presentation to the 22nd World Conference of the Society for International Development, Which Globalization? Opening Spaces for Civic Engagement, Plenary 1 on »Globalization and the Transformation of Political Debates«. (Auf der Konferenz verteiltes Manuskript)

Krause, R. M. Hrsg. (1998): *Emerging Infections.* Academic Press, San Diego.

Kropotkin, P. (1914): *Mutual Aid: A Factor of Evolution.* Extending Horizon Books, Boston, Mass. – Deutschsprachige Ausgabe: Kropotkin, Petr: *Gegenseitige Hilfe in der Tier- und Menschenwelt.* Frankfurt/M. 1976.

Lamarck, J. B. (1809): *Philosophie Zoologique*, Paris. – Deutschsprachige Ausgabe: Lamarck, Jean-Baptiste: *Zoologische Philosophie.* 2. unveränd. Abdr., Leipzig 1903.

Lau, P. P., Zhu, H. J., Nakamuta, M. & Chan, L. (1997): Cloning of an Apobec-1- binding protein that also interacts with apolipoprotein B mRNA and evidence for its involvement in RNA editing. *The J. of Biological Chemistry* 272, 1452-1455.

Laszlo, E. (1995): *The Interconnected Universe.* World Scientific, Singapore.

Laszlo, E. (1996): *The Whispering Pond.* Element, Rockport, Mass.

Leape, L. L., Brennan, T. A., Lair, N., Lawthers, A. G., Localio, A. R., Barnes, B. A., Hebert, L., Newhouse, J. P., Weiler, P. C. & Hiatt, H. (1991): The nature of adverse events in hospitalized patients. Results of the Harvard medical practice study II. *The New England J. of Medicine* 324, 377-384.

Lebaron, Ph., Batailler, N. & Baleux, B. (1994): Mobilization of a recombinant nonconjugative plasmid at the interface between wastewater and the marine coastal environment. *FEMS Microbiology Ecology* 15, 61-70.

Lee, E. Y. H. P., Chang, C. Y., Hu, N., Wang, Y. C. J., Lai, C. C., Herrup, K. & Lee, W. H. (1992): Mice deficient for Rb are nonviable and show defects in neurogenesis and haematopoiesis. *Nature* 359, 288-294.

Lee, H. S., Kim, S. W., Lee, K. W., Ericksson, T. & Liu, J. R. (1995): Agrobacterium-mediated transformation of ginseng (*Panax-ginseng*) and mitotic stability of the inserted beta-glucuronidase gene in regenerants from isolated protoplasts. *Plant Cell Reports* 14, 545-549.

Lemke, P. A. & Taylor, S. L. (1994): Allergic reactions and food intolerances. In *Nutritional Toxicology* (F.N. Kotsonis, M. Mackay & J. J. Hjelle, eds.), 117-137. Raven Press, New York.

Lenoir, G., Narod, S., Olopade, O., Plummer, S., Ponder, B., Serova, O., Simar, J., Stratton, M. & Warren, B. (1996): Mutations and polymorphism in the familial early-onset breast-cancer (BRCA1) gene. *Human Mutation* 8, 8-18.

Leong, A. S. Y., Robbins, P., & Spagnolo, D. V. (1995): Tumor genes and their proteins in cytologic and surgical specimens – relevance and detection systems. *Diagnostic Cytopathology* 13, 411-422.

Levidow, L, Carr, S., von Schomberg, R. & Wield, D. (1996): Bounding the risk assessment of a herbicide-tolerant crop. In: *Coping with Deliberate Release: The Limits of Risk Assessment* (A. van Doommelen, ed.), S.81-102. International Centre for Human and Public Affairs, Tilburg,

Levy, S. B. (1984): Playing antibiotic pool: Tie to tally the score. *New England J. of Medicme* 311, 663-664.

Levy, S. B. & Novick, R. P., Hrsg. (1986): *Antibiotic Resistance Genes: Ecology, Transfer, and Expression,* 24 Banbury Report. Cold Spring Harbour Lab., New York.

Lewis, D. L. & Gattie, D. K. (1991): The ecology of quiescent microbes. *ASM News* 57, 27-32.

Lewontin, R. C. (1982): *Human Diversity.* Scientific American Books, Freeman, New York. – Deutschsprachige Ausgabe: Lewontin, Richard: *Menschen: genetische, kulturelle und soziale Gemeinsamkeiten.* Heidelberg 1986.

Lewontin, R. C. (1985): Whatever happened to eugenics? *GeneWatch,* Jan-Apr., 8-10.

Lin, S., Gaiano, N., Culp, P., Burns, J. C., Friedmann, T., Yee, J.-K. & Hopkins, N. (1994): Integration and germ-line transmission of a pseudotyped retroviral vector in zebrafish. *Science* 265, 666-669.

Lommel, S. A. & Xiong, Z. (1991): Recombination of a functional red clover necrotic mosaic virus by recombination rescue of the cell-to-cell movement gene expressed in a transgenic plant. *J. Cell Biochem.* 15A, 151.

Longerich, S., Galloway, A. M., Harris, R. S., Wong, C. & Rosenberg, S. M. (1995): Adaptive mutation sequences reproduced by mismatch repair deficiency. *Procs. of Nat. Acad. of Sci. USA* 92, 12017-12020.

Lorenz, M. G. & Wackernagel, W. (1994): Bacterial gene transfer by natural genetic transformation in the environment. *Microbiological Reviews* 58, 563-602.

Lovelock, J. (1979): *A New Look at Gaia.* Oxford Univ. Press, Oxford.

Lovelock, J. (1996): The Gaia hypothesis. In Gaia in Action, *Science of the Living* Earth (P. Bunyard, Hrsg.), 15-33. Floris Books, Edinburgh.

Lundstrom, K. & Turpin, M. P. (1996): Proposed schizophrenia-related gene polymorphism – expresssion of the mutant human dopamine D-3 receptor with the semliki-forest-virus system. *Biochemical and Biophysical Research Communications* 225, 1068-1072.

Luvall, J. C. & Holbo, H. R. (1991): Thermal remote sensing methods in landscape ecology. In *Quantitative Methods in Landscape Ecology,* (M. Turner & R. H. Gardner, Hrsg.) Kapitel 6. Springer, New York.

Mackey, B. M. & Gibson, C. R. (1988): *Escherichia coli* 0157: From Farm to Fork & Beyond, SGM Qu'tly, May 55-57.

Mahy, B. W. J. (1997): Emerging virus infections. *Viral International* 48(2), 1-2.

Maier, R. M., Zeltz, P., Kossel, H., Bonnard, G., Gualberto, J.M. & Grienenberger, J. M. (1996): RNA editing in plant mitochondria and chloroplasts. *Plant Molecular Biology* 32, 343-365.

Manavathu, E. K., Hiratsuka, K. & Taylor, D. E. (1988): Nucleotide sequence analysis and expression of a tetracycline resistance gene from *Campylobacter jejuni. Gene* 62, 17-26.

Mander, J. & Goldsmith, E., Hrsg. (1996): *The Case Against the Global Economy and For a Turn Toward the Local.* Sierra Club Books, San Francisco.

Marshall, R. J. (1984): The genetics of schizophrenia revisited. *Bulletin of the British Psychological Society* 37, 177-181.

Mayeno, A. N. & Gleich, G. J. (1994): Eosinophilia-myalgia syndrome and tryptophan production: a cautionary tale. *Tibtech* 12, 346-352.

Mazodier, P. & Davies, J. (1991): Gene transfer between distantly related bacteria. *Annual Rev. of Genetics* 25, 147-171.

McClintock, B. (1984): The significance of responses of the genome to challenge. *Science* 226, 792-801.

McKinney, J. D., Jacobs, W. R., Jr. & Bloom, B. R. (1998): Persisting problems in tuberculosis. In: *Emerging Infections* (R. M. Krause, Hrsg.) Academic Press, San Diego.

McTaggart, L. (1996): *What Doctors Don't Tell You. The truth about the dangers of modern medicine.* Thorsons, London. – Deutschsprachige Ausgabe: McTaggart, Lynn: *Was Ärzte Ihnen nicht erzählen.* 3. Aufl., Kernen 1998.

McNally, R. (1995): Genetic madness. The European rabies eradication programme. *The Ecologist* 24, 207-212.

MeNally, R. & Wheale, P. (1996): Biopatenting and biodiversity. Comparative advantages in the new global order. *The Ecologist* 26, 5, 222-228.

Meister, I. & Mayer, S. (1994): *Genetically engineered plants: releases and impacts on less developed countries.* A Greenpeace inventory, Greenpeace International.

Mellon, M. & Rissler, J. (1995): Transgenic Crops: USDA data on small-scale tests contribute little to commercial risk assessment. *Bio/Technology* 13, 96.

Mezrioui, N. & Echab, K. (1995): Drug resistance in Salmonella strains isolated from domestic wastewater before and after treatment in stabilization ponds in an arid region (Marrakech, Morocco). *World J. of Microbiol. & Biotech.* 11, 287-290.

Mihill, C. (1996): Killer diseases making a comeback, says WHO. *Guardian* 10. Mai, S.3.

Mikkelsen, T. R., Andersen, B. & Jorgensen, R. B. (1996): The risk of crop transgene spread. *Nature* 380, 31.

Miller, H. (1995): »Don't need, don't

look«, Brief an den Herausgeber. *Bio/Technology* 13, 201.

Miller, R.V. (1998): Bacterial gene swapping in nature. *Scientific American*, Jan., 67-71.

Military Objectives of Cholera Research & Violation of Biomedical Ethics in the Research on Human Subjects. Women & Children of Bangladesh as Experimental Animals. UBINIG series on IGDDR, B. no.1, Narigrantha Prabartana, Dhaka, Bangladesh, 1996.

Moens, L., Vanfleteren, J., Vandepeer, Y., Peeters, K., Kapp, O., Czeluzniak, J., Goodman, M., Blaxter, M. & Vinogradov, S. (1996): Globins in nonvertebrate species – dispersal by horizontal gene transfer and evolution of the structure-function relationships. *Molecular Biology and Evolution* 13, 324-333.

Moffat, A. S. (1996): Biodiversity is a boon to ecosystems, not species. *Science* 271, 1497.

Mondal, S., & Heidelberger, C. (1970): In vitro malignant transformation by methylcholanthrene of the progeny of single cells derived from C3H mouse prostate. *Procs. Nat. Acad. of Sci. USA* 65, 219-229.

Moore, J. A. (1955): Abnormal combinations of nuclear and cytoplasmic systems in frogs and toads. *Advances in Genetics* 7, 139-182.

Morgan, T. H. (1916): *A Critique of the Theory of Evolution*. Princeton Univ. Press, Princeton, S. 187-190.

Morse, S. S. Hrsg. (1993): Emerging *Viruses*. Oxford Univ. Press, New York.

Mshigeni, K. & Pauli, G. (1997): Brewing and future. *Yes! A J. of Positive Futures*, Spring, 41-43.

Mulvihill, J. J. (1995): Craniofacial syndromes: no such thing as a single gene disease. *Nature Genetics* 9, 101-103.

Neilson, J. W., Josephson, K. L., Pepper, I. L., Arnold, R. B., Digiovanni, G. D. & Sinclair, N. A. (1994): Frequency of horizontal gene-transfer of a large catabolic plasmid (PJP4) in soil. *App. Environ. Microbiol.* 60, 4053-4058.

Neu, H. C. (1992): The crisis in antibiotic resistance. *Science* 237, 1064-1072.

Nijar, G. S. & Chee, Y. L. (1994): Intellectual property rights: the threat to farmers and biodiversity. *Third World Resurgence* 39, 8-10,

Nikaido, H. (1994): Prevention of drug access to bacterial targets: permeability barriers and active efflux. *Science* 264, 382-388.

Nordlee, J. A., Taylor, S. L., Townsend, J. A., Thomas, L. A. & Bush, R. K. (1996): Identification of a brazil-nut allergen in transgenic soybeans. *The New England J. of Medicine*, March 14, 688-728.

Offit, K., Gilewski, T. McGuire, P., Schluger, A., Hampel, H., Brown, K., Swensen, J., Neuhausen, S., Skolnick, M., Norton, L. & Goldgar, D. (1996): Germline BRCA1 185delAG mutations in Jewish women with breastcancer. *Lancet*, 347, 1643-1645.

Olby, R. C. (1966): *Origins of Mendelism*. Constable, London.

Old, R. W. & Primrose, S. B. (1994): *Principles of Gene Manipulation* (5. Aufl.), Blackwell Science, Oxford.

Oldroy, D. R. (1980): *Darwinian Impacts*, Open Univ. Press, Milton Keynes.

Osbourn, J. K., Sarkar, S. & Wilson, M. A. (1990): Complementation of coat protein-defective TMV mutants in transgenic tobacco plants expressing TMV coat protein. *Virology* 179, 921-925.

Pain, S. (1997): The plague dogs. *New Scientist*, 19. April, 32-37, 1997.

Palca, J. (1986): Living outside regulation. *Nature* 324, 202.

Pang, Y., Brown, B. A., Steingrube, V. A., Wallance R. J., jr., & Roberts, M. C. (1994): Tetracycline resistance determinants in *Mycobacterium* and *Streptomyces* Species. *Antimicrobial*

Agents and Chemotherapy. 38, 1408-1412.

Parr, D. (1977): *Genetic Engineering: Too Good to go Wrong?* Greenpeace, London.

Paulkaitis, P. & Roossinck, M. J. (1996): Spontaneous change of a benign satellite RNA of cucumber mosaic virus to a pathogenic variant. *Nature Biotechnology* 14, 1264-1268.

Perlas, N. (1994): *Overcoming Illusions About Biotechnology.* Zed Books, London, and Third World Network, Penang.

Perlas, N. (1995): Dangerous trends in agricultural biotechnology. *Third World Resurgence* 38, 15-16.

Pimm, S. L. (1991). *Balance of Nature – Ecological Issues in the Conservation of Species & Communities.* Univ. of Chicago Press, Chicago.

Pollard, J. W., Hrsg. (1984): *Evolution Theory – Paths into the Future.* Wiley, London.

Pollard, J. W. (1984): Is Weismann's barrier absolute? In: *Beyond neo-Darwinism: Introduction to the New Evolutionary Paradigm* (M.-W. Ho & P. T. Saunders, Hrsg.), 291-315. Academic Press, London.

Pollard, J. W. (1988): The fluid genome and evolution. In *Evolutionary Processes and Metaphors* (M.-W. Ho & S. W. Fox), 63-84. Wiley, London.

Prager, R., Beer, W., Voigt, W., Claus, H., Seltmann, G., Stephan, R., Bockemuhl, J. & Tschäpe, H. (1995): Genomic and biochemical relatedness between *vibrio-cholerae. Microbiol. virol. parasitol. inf. Dis.* 283, 14-28.

Pretty, J. (1995): *Regenerating Agriculture: Policies and Practice for Sustainability and Self-Reliance.* Earth Scan, London.

Pretty, J. (1998) Feeding the World? *Splice* 4, 4-6.

Provine, W. B. (1971), *The Origins of Theoretical Population Genetics.* Univ. of Chicago Press, Chicago.

Raven, P. (1994): Why it matters. *Our Planet* 6, 5-8.

Reddy, S. P., Rasmussen, W. G. & Baseman, J. B. (1995): Molecular-cloning and characterization of an adherence-related operon of mycoplasma-genitalium. *J. Bacteriol.* 177, 5943-5951.

Redenbaugh, K., Hiatt, W., Martmeau, B., Lindemann, J. & Emlay, D. (1994): aminoglycoside 3'-phosphotransferase-II (alph(3') II) – review of its safety and use in the production of genetically-engineered plants. *Food Biotechnology* 8, 137-165.

Regal, P. J. (1994): Scientific principles for ecologically based risk assessment of transgenic organisms. *Molecular Ecology* 3, 5-13.

Reidl, J. & Mekalanos, J. J. (1995): Characterization of *Vibrio-cholerae* bacteriophage-KI39 and use of a novel mini-transposon to identify a phage-encoded virulence factor. *Molecular Microbiol.* 18, 685-701.

Rennie, J. (1993): DNA's new twists. *Scientific American*, March, 88-96.

Report on International Public Hearing on Crimes Against Women Related to Population Policies, Cairo, Egypt, September 1994, organized by UBINIG and AWHRC.

Reynolds, M. P., van Beem, J., van Ginkel, M. & Holsington, D. (1996): Breaking the yield barriers to wheat: A brief summary of the outcomes of an international consultation. CIMMYT.

Riede, I. (1996): 3 mutant-genes cooperatively induce brain-tumor formation in Drosophila malignant brain-tumor. *Cancer Genetics & Cytogenetics* 90, 135-141.

Rifkin, J. & Howard, T. (1980): Entropy: *A New World View.* Viking Press, New York.

Riley, L. W., Remis, R. S., Helgerson, S. D., et al., (1983): Hemorrhagic colitis associated with a rare Escherichia coli

Serotype. *New England J. of Medicine* 308, 681-685.

Ripp, S., Ogunseitan, O. A. & Miller, R. V. (1994): Transduction of a fresh-water microbial community by a new *Pseudomonas-aeruginosa* generalized transducing phage, *UTI. Mol. Ecol.* 3, 121-126.

Rissler, J. & Mellon, M. (1993): Perils Amidst the *Promise – Ecological Risks of Transgenic Crops in a Global Market.* Union of Concerned Scientists, USA.

Roberts, M. C. (1989): Gene transfer in the urogenital and respiratory tract. In: *Gene Transfer in the Environment* (S. Levy & R. V. Miller, Hrsg.), 347-375. McGraw-Hill, New York.

Roberts, M. C. & Hillier, S. L. (1990): Genetic basis of tetracycline resistance in urogenital bacteria. *Antimicrobial Agents and Chemotherapy* 34, 261-264.

Rothenfluh, H. S. & Steele, E. J. (1993): Origin and maintenance of germ-line V genes. *Immunology and Cell Biology* 71, 227-232.

Rowe, D. (1987): *Beyond Fear.* Fontana, London.

Roy-Burman, P. (1996): Endogenous enn elements: partners in generation of pathogenic feline leukemia viruses. *Virus Genes* 11, 157-161.

Rubin, A. L., Arnstein, P. & Rubin, H. (1990): Physiological induction and reversal of focus formation and tumorigenicity in NIH-3T3 cells. *Proc. of Nat. Acad. of Sciences USA* 87, 482-486.

Rubin, H. (1992): Cancer development: the rise of epigenetics. *European J. of Cancer* 28, 1-2.

Sandberg, J. W., Lau, C., Jacomino, M., Finegold, M. & Henning, S. J. (1994): Improving access to intestinal stem cells as a route toward intestinal gene transfer. *Human Gene Therapy* 5, 323-329.

Salyers, A. A. & Shoemaker, J. B. (1994): Broadhost range gene transfer: plasmids and conjugative transposons. *FEMS Microbiology Ecology* 15, 15-22.

Sandaa, R. A. & Enger, O. (1994): Transfer in marine sediments of the naturally occurring plasmid pRAS1 encoding multiple antibiotic resistance. *Applied and Environmental Microbiology* 60, 4243-4238.

Sandmeier, H. (1994): Acquisition and rearrangement of sequence motifs in the evolution of bacteriophage tail fibers. *Mol. Microbiol.* 12, 343-350.

Saunders, P. T. (1984). Development and evolution. In *Beyond neo-Darwinism: Introduction to the New Evolutionary Paradigm* (M.-W. Ho & P. T. Saunders, Hrsg.), 243-263. Academic Press, London.

Saunders, P. T. (1994): Evolution without natural selection: Further implications of the Daisyworld parable, *J. Theor. Biol.* 166, 365-373.

Saunders, P. T. (1997): *Evolving the Probable,* (to appear)

Saunders, P. T. & Ho, M.-W. (1995): Reliable segmentation by successive bifurction. *Bulletin of Mathematical Biology* 57, 539-556.

Saunders, J. R. & Saunders, V. A. (1993): Genotypic and phenotypic methods for the detection of specific released microorganisms, 27-59. In: *Monitoring Genetically Manipulated Microorganisms in the Environment* (C. Edwards, Hrsg.). Wiley, New York.

Schäfer, A., Kalinowski, J. & Pühler, A. (1994): Increased fertility of *Corynebacterium glutamicum* recipients in intergeneric matings with *Escherichia coli* after stress exposure. *Applied and Environmental Microbiology* 60, 756-759.

Schluter, K., Futterer, J. & Potrykus, I. (1995): Horizontal gene-transfer from a transgenic potatoe line to a bacterial pathogen (*Erwinia-chrysanthem*) occurs, if at all, at an extremely low-frequency. *Bio/Techology* 13, 1094-1098.

Schneider, E. D. & Kay, J. J. (1994): Life as a manifestation of the Second Law of Thermodynamics. *Mathl. Comp. Modeling* 19, 25-48.

Schnitzler, N., Podbielski, A., Baumgarten, G., Mignon, M. & Kaufhold, A. (1995): M-protein or M-like protein gene polymorphisms in human group-G *Streptococci*. *J. Clin. Microbiol.* 33, 356-363.

Schoelz, J. E. & Wintermantel, W. M. (1993): Expansion of viral host range through complementation and recombination in transgenic plants. *Plant Cell* 5, 1669-1679.

Schrag, S. J. & Perrot, V. (1996): Reducing antibiotic resistance. *Nature* 381, 120-121.

Schrödinger, E. (1944): *What is Life?* Cambridge Univ. Press, Cambridge. – Deutsche Ausgabe: Schrödinger, Erwin. Was ist Leben? 2. Aufl., München 1987.

Schubbert, R., Lettmann, C. & Doerfler, W. (1994): Ingested foreign (phage M13) DNA survives transiently in the gastro-intestinal tract and enters the bloodstream of mice. *Mol. Gen. Genet.* 242, 495-504.

Schubbert, R., Renz, D., Schmitz, B., Doerrfler, W., (1977): Foreign (M13) DNA ingested by mice reaches peripheral leukocytes, spleen and liver via the intestinal wall mucosa and can be covalently linked to mouse DNA. *Proc. Natl. Acad. Sci. USA* 94, 961-966.

Seitz, S., Rohde, K., Bender, E., Nothnagel, A., Kolble, K., Shlag, P. M. & Scherneck, S. (1997): Strong indication for a breast cancer susceptibility gene on chromosome 8, S. 12-22: Linkage analysis in German breast cancer families. *Oncogene* 14, 741-743.

Shihabuddin, L., Silverman, J. M., Buchsbaum, M. S., Seiver, L. J., Luu, C., Germans, M. K., Metzger, M., Mohs, R. C. Smith, C. J. Spiegelcohen, J. & Davis, K. L. (1996): Ventricular enlargement associated with linkage marker for schizophrenia-related disorders in one pedigree. *Molecular Psychiatry* 1, 215-222.

Shiva, V. (1993): *Monoculture of the Mind*, Third World Network, Penang.

Shiva, V. (1994): Why we should say ›No‹ to GATT-TRIPS, *Third World Resurgence* 39, 3-5.

Shiva, V, Jafri, A. H., Bedi, G. & Holla-Bhar, R. (1997): *The Enclosure and Recovery of the Commons*. Research Foundation for Science, Technology and Ecology, New Delhi.

Skogsmyr, I. (1994): Gene dispersal from transgenic potatoes to conspecifics: a field trial. *Theor. Appl. Gene.* 88, 770-774.

Smirnov, V. V., Rudendo, A. V., Samgorodskaya, N. V., Sorokulova, I. B., Reznik, S. R. & Sergeichuk, T. M. (1994): Susceptibility to antimicrobials drugs of Baccili used as basis for some probiotics. *Antibiot-Khimiorec* 39, 23-28.

Sommer, S.S. (1995): Recent human germ-line mutation: inferences from patients with hemophilia B. *Trends in Genetics* 11, 141-147.

Soros, G. (1997): Capital Crimes. *The Guardian*, 1. Januar.

Sougakoff, N., Papadopoulou, B., Nonnan, P. & Courvahn, P. (1987): Nucleotide sequence and distribution of gene tet0 encoding tetracycline resistance in Campylobacter *coli*. *FEMS Microbiological Letters* 44, 153-159.

Spallone, P. (1993): *Generation Games, Genetic Engineering and the Future for our Lives*. The Women's Press, London.

Speer, B. S., Shoemaker, N. B., & Salyers, A. A. (1992): Bacterial resistance to tetracycline: mechanisms, transfer and clinical significance. *Reviews in Microbiology* 5, 387-399.

Spielman, A. (1994): Why entomological antimalaria research should not focus on transgenic mosquitoes. *Parasitology Today* 10, 374-376.

Spratt, B. G. (1988): Hybrid penicillin-binding proteins in penicillin-resistant strains of Neisseria gonorrhoeae. *Nature* 332, 173-176.

Spratt, B. G. (1994): Resistance to antibiotics mediated by target alterations. *Science* 264, 388.

Stachel, S. C., Timmerman, B. & Zambryski, P. (1986): Generation of single-stranded T-DNA molecules during the initial stages of T-DNA transfer from Agrobacterium tumefaciens to plant cells. *Nature* 322, 706-712.

Steele, E. J. (1979): *Somatic Selection and Adaptive Evolution*, Toronto.

Steinbrecher, R. (1997): From green to gene revolution. The environmental risks of genetically engineered crops. *The Ecologist* 26, 273-281.

Stephenson, J. R. & Warnes, A. (1996): Release of genetically-modified microorganisms into the environment. *J. Chem. Tech. Biotech.* 65, 5-16.

Stokes, H. W. & Hall, R. M. (1989): A novel family of potentially mobile DNA elements encoding site-specific gene-integration functions: integrons. *Molecular Microbiology* 3, 1669-1683.

Stokes, H. W. & Hall, R. M. (1992): The integron in plasmid R46 includes two copies of the *oxa2* gene cassette. *Plasmid* 28, 225-234.

Strohman, R. (1994). Epigenesis: The missing beat in biotechnology? *Biol Technology* 12, 156-164.

Strohman, R. (1997): The coming Khunian revolution in biology. *Nature Biotechnology* 15, 194-200.

Summers, K. M. (1996): Relationship between genotype and phenotype in monogenic diseases: relevance to polygenic diseases. *Human Mutation* 7, 283-298.

Symonds, N. (1994): Directed mutation: a current perspective. *J. Theor. Biol.* 169, 317-322.

Temin, H. M. (1980): Origin of retroviruses from cellular moveable genetic elements. *Cell* 21, 599-600.

Temin, H. M. (1985): Reverse transcription in the eukaryotic genome: retroviruses, Pararetroviruses, Retrotransposons, and Retrotranscripts. *Molecular Biology and Evolution* 2, 455-468.

Temin, H. M. & Engels, W. (1984): Movable genetic elements and evolution. In *Evolutionary Theory: Paths Into the Future* (J. W. Pollard, Hrsg.). Wiley, London.

Thompson, W. C. & Ford, S. (1990): Is DNA fingerprinting ready for the courts? *New Scientist*, 31. März, 38-43.

Thompson, M. W., McInnes, R. R. & Willard, H. F. (1991): *Genetics in Medicine*, 5 Aufl., W. B. Saunders, London.

Torres, O. G., Kortnan, R. Z., Zahler, S. A. Dunny, G. M. (1991): The conjugative transposon Tn925: enhancement of conjugal transfer by tetracycline in *Enterococcus faecalis* and mobilization of chromosomal genes in *Bacillus subtilis* and *E. faecalis. Molecular and General Genetics* 225, 395-400.

Traavik, T. (1995): *Too Early May Be Too Late. Ecological Risks Associated with the Use of Naked DNA as a Biological Tool for Research, Production and Therapy* (Norwegian). Report for the Directorate for Nature Research Tungasletta 2, 7005 Trondheim. English translation, 1998.

Tschäpe, H. (1994): The spread of plasmids as a function of bacterial adaptability. FEMS *Microbiology Ecology* 15, 23-32.)

Trieu-Cuot, P., Gerbaud, G., Lambert, T., & Courvalm, P. (1985): *In vivo* transfer of genetic information between Gram-positive and Gram-negative bacteria. *EMBO J.* 4, 3583-3587.

Turing, A. M. (1952): The chemical basis

of morphogenesis. *Philosophical Transactions of the Royal Society, London,* B. 237, 37-72.

Udo, E. E. & Grubb, W.B. (1990): Transfer of resistance determinants from a multiresistant *Staphylococcus aureus* isolate. *J. of Medical Microbiology* 35, 72-79.

Upton, M., Carter, P. E., Organe, G. & Pennington, T. H. (1996): Genetic heterogeneity of M-type-3 G group-A *Streptococci* causing severe infections in Tayside, Scotland. *J. Clin. Microbiol.* 34, 196-198.

Vaden V. S. & Melcher, U. (1990): Recombination sites in cauliflower mosaic virus DNAs: implications for mechanisms of recombination. *Virology* 177, 717-26.

van Heyningen, V. (1994): One gene – four syndromes. *Nature* 367, 319-320.

Vasquez, G. R. (1997). Presentation in Workshop on »Protecting people's rights to productive resources«, 22nd World Conference, SID, Mai, 1997.

Vazquez Vega, I. H. (1998): Situacion de la agricultura biologica en cuba, manuscript and personal communication. Vida Sana Award Ceremony, 9. Juni, Barcelona.

Virgin, I. & Federick, R. J., Hrsg. (1996): *Biosafety Capacity Building: Evaluation Criteria Development.* Stockholm Environment Institute, Stockholm.

Volk, W. A., Gerbhardt, B. M., Hammarskjold, M. L. & Kadner, R. J. (1995): *Essentials of Medical Microbiology,* 5th ed., Lippincott-Raven, Philadelphia.

Wahl, G. M., de Saint Vincent, B. R. & DeRose, M. L. (1984): Effect of chromosomal position on amplification of transfected genes in animal cells. *Nature* 307, 516-520.

Warren, A. M. & Crampton, J. M. (1994): Mariner: Its prospects as a DNA vector for the genetic manipulation of medically important insects. *Parasitology Today* 10, 58-63.

Watkins, K. (1996): Free trade and farm fallacies. *The Ecologist* 26, 244-255.

Weatherall, D. (1993): *The New Genetics and Clinical Practice.* Oxford Univ. Press, Oxford.

Webster G. & Goodwin, B. C. (1982): On the origin of species: a structuralist approach. *J. of Social and Biological Structures* 5, 15-47.

Webster, G. & Goodwin, B. C. (1996): Form and Transformation. Cambridge Univ. Press, Cambridge.

Weiss, R. (1998): Transgenic pigs and virus adaptation. *Nature* 391, 327-328.

Whatmore, A. M. Kapur, V., Musser, J. M. Kehoe, M. A. (1995): Molecular population genetic-analysis of the enn subdivision of group-A-Streptococcal emm-like genes – horizontal gene-transfer and restricted variation among enn genes. *Mol. Microbiol.* 15, 1039-1048.

Whatmore, A. M. & Kehoe, M. A. (1994): Horizontal gene-transfer in the evolution of group-A-Streptococcal emm-like genes – gene mosaics and variation in vir regulons. *Mol. Microbiol.* 11, 363-374.

Wilmut, I., Schnieke, A. E., McWhir, J., Kind, A. J. & Campbell, K. H. S. (1997): Viable offspring derived from fetal and adult mammalian cells. *Nature* 385, 810-813.

Wilson, E. O. (1975): *Sociobiology.* Belknap Press, Cambridge, Mass.

Winn, R. N., Vanbeneden, R. J. & Burkhart, J. G. (1995): Transfer, methylation and spontaneous mutation frequency of fX174am3cs70 sequences in medaka (*Oryzia-latipies*) and mummichog (*Fundulus-heteroclitus*) – implications for gene-transfer and environmental mutagenesis in aquatic species. *J. of Marine Environmental Research* 40, 247-265.

Wintermantel, W. M. & Schoelz, J. E. (1996): Isolation of recombinant viruses between cauliflower mosaic virus and a vital gene in transgenic plants under conditions of moderate selection pressure. *Virology* 223, 156-164.

Wirz, J. (1997): DNA at the edge of contextual biology. In: *The Future of DNA* (J. Wirz & E. Lammerts van Bueren, Hrsg.), 94-103, Kluwer Academic, Dordrecht.

Wolfe, J. (1995): Cystic fibrosis. In: *Processes of Heredity, 327, Living Processes Book 4* (S. Jones & K. Taylor, Hrsg.). Open Univ., Milton Keynes.

Wolpert, L. (1996). In praise of science. In *Science Today: Problem or Crisis?* (R. Levinson & J. Thomas, Hrsg.) 9-21. Routledge, London.

Wright, H., Carver, A., & Cottom, D. (1991): High-level expression of active human alpha-l-antitrypsin in the milk of transgenic sheep. *Biotechnology* 9, 830-834.

Yin, X. & Stotzky, G. (1997): Gene transfer among bacteria in natural environment. *Applied Microbiology* (Vorabexemplar).

Young, R. M. (1985): *Darwin's Metaphor.* Cambridge Univ. Press, Cambridge.

Glossar

adaptive Mutation oder **gerichtete Mutation**: Dieses Phänomen verschafft Bakterien und Hefezellen im Ruhezustand (einem Stadium ohne Wachstum) eine Möglichkeit, lediglich die geeignetsten Mutationen hervorzubringen (oder selektiv aufrechtzuerhalten), durch die sie neue Nährböden für ihr Wachstum nutzen können.

Allel: Eine bestimmte Variante eines Gens mit einer oder mehreren mutativen Veränderungen. Allele sind also Mutanten eines Gens.

Allergen: Eine Substanz, auf die der Organismus überempfindlich reagiert (mit allergischen Reaktionen oder anaphylaktischem Schock). Der Erstkontakt mit einem Allergen führt zu einer allergischen Sensibilisierung (Antikörperproduktion). Bei erneutem Kontakt treten allergische Symptome auf.

Aminosäure: Eine organische Säure mit einer oder mehreren Aminogruppen ($-NH_2$). Es existieren zwanzig Arten von Aminosäuren (»Aminosäurebausteine der Proteine«). In einer bestimmten Reihenfolge angeordnet, ergeben sie lineare Proteinmoleküle, von denen jedes Hunderte Aminosäuren enthält.

Amplifikation: Siehe unter **Genamplifikation**.

Antimetabolit: Eine den Zellstoffwechsel schädigende chemische Verbindung, die (meist aufgrund ihrer chemischen Ähnlichkeit) an die Stelle eines **Metaboliten** treten kann, ohne dessen Aufgabe im Stoffwechselprozeß zu erfüllen.

Apoptose: Eine spezielle Form des »programmierten Zelltodes«, die in der Entwicklung und Erhaltung vielzelliger Organismen eine wichtige Rolle spielt – im Rahmen eines physiologischen Vorgangs werden einzelne Zellen planmäßig eliminiert.

ATP (Adenosintriphosphat): Eine in sämtlichen Organismen vorhandene chemische Substanz. Sie dient als Zwischenprodukt für die Energieumwandlung, d. h. als Energiespeicher und Energielieferant.

Autosom: Jedes **Chromosom** mit Ausnahme der Geschlechtschromosomen. Im diploiden Chromosomensatz liegen Autosomen als homologe Chromosomen vor. Beim Menschen gibt es 22 Autosomenpaare.

Bakteriophage: Ein Virus, das Bakterien infiziert; auch **Phage** genannt.

Bakulovirus: Ein Virus, das normalerweise Insekten infiziert.

Base: Eine organische Base, die in Verbindung mit einem Zucker und einer Phosphatgruppe ein Nukleotid ergibt. Tausende bis zu Millionen von Nukleotiden – oder mehr –, die durch den Zucker des einen Nukleotids mit dem Phosphat des nächsten verbunden sind, ergeben lange, lineare, als **DNS** oder **RNS** bezeichnete Moleküle. DNS besteht aus vier verschiedenen Basen: Adenin, Thymin, Guanin und Cytosin. Bei RNS tritt Uracil an die Stelle von Thymin.

Belastbarkeit: die Menge von Organismen (ihre Anzahl oder Gesamtbiomasse), die in einem ökologischen System ernährt werden kann.

Biofilm: Eine Schicht aus **extrazellulärer Matrix**, die Mikroorganismen in einem stoffwechselaktiven, jedoch nicht fortpflanzungsaktiven Ruhezustand enthält.

chloroplastisch: Den Chloroplasten betreffend; der Chloroplast ist eine kugelige, das Chlorophyll enthaltende Struktur in der pflanzlichen Zelle.

Chromosom: Eine strukturelle Einheit genetischen Materials, bestehend aus einem langen DNS-Molekül, dem sich bei **Eukaryonten**, anders als bei **Prokaryonten**, bestimmte Proteine hinzugesellen.

Codon: Ein **Triplett**, die Abfolge dreier Basen (auf dem codierenden DNS-Einzelstrang bzw. auf der **Messenger-RNS**), die ein Protein spezifizieren.

Deaktivierung des Gens: Ein einzelner Prozeß bzw. verschiedene Prozesse, durch die bestimmte Gene im Genom durch chemische Veränderungen und andere Mittel an ihrer Expression gehindert werden.

Dissipation: Mit diesem Ausdruck bezeichnet man die »Entwertung« von Energie – die bei irreversiblen energetischen Prozessen unweigerlich auftretende, nicht oder nur teilweise rückgängig zu machende Umwandlung einer beliebigen Energieform in (meist nicht nutzbare) thermische Energie (→ **Entropie**).

DNS: Desoxyribonukleinsäure, das aus einer langen Kette sogenannter Nukleotide bestehende genetische Material. Jedes Nukleotid ist eine Verbindung aus einer **Base** mit einem Zucker und einer Phosphatgruppe.

DNase oder **DNAse** (Abkürzung für Desoxyribonuklease): Ein **Enzym**, das Desoxyribonukleinsäure aufspaltet.

DNS-Methylierung: Ein Prozeß, bei dem der Cytosin- oder Adenosin-Base in der Zelle eine Methylgruppe, $-CH_3$, hinzugefügt wird. Dies hat zur Folge, daß die Gene »verstummen«, d. h., nicht zur Expression gelangen.

DNS-Polymerase: Ein **Enzym** für den Aufbau von **DNS**.

dominantes Allel: Ein Allel, das schon dann zum Ausdruck kommt, wenn es bei einem Einzelorganismus lediglich in einer einzigen Kopie vorhanden ist – d. h. unter heterozygoten Voraussetzungen.

Endotoxin: Ein Bakteriengift, das erst durch Zerfall der Bakterien frei wird.

Entropie: Sie ist ein Maß für den Ordnungszustand thermodynamischer Systeme bzw. für die Irreversibilität der in ihnen ablaufenden dissipativen Prozesse (→ **Dissipation**). In einem geschlossenen System bedingen irreversible Prozesse zunehmende Entropie, während sie für reversible Prozesse konstant bleibt. Mit zunehmender Entropie verbundene Prozesse laufen von selbst ab, können aber nur durch anderweitigen Energieaufwand rückgängig gemacht werden.

Enzym: Ein von lebenden Organismen produziertes Protein, das als Katalysator für eine bestimmte biochemische (Stoffwechsel-)Reaktion dient.

Epistasis: Wechselseitige Beeinflussung von Genen.

Eukaryonten: Die größte Gruppe von Lebewesen; sie umfaßt alle vielzelligen, »höheren« Organismen und einige einzellige Organismen – alle Lebewesen, deren **Chromosomen** in einem echten, von einer Membran begrenzten **Zellkern** enthalten sind. Die Eukaryonten werden von den **Prokaryonten** unterschieden.

Exon: Eine codierende Region in einem **unterbrochenen Gen** (siehe auch unter **Intron**).

Expression: Siehe unter **Genexpression**.

Fraktale: Für lebendige Systeme kennzeichnende Prozesse oder Muster zwischen den üblichen 1, 2 oder 3 Dimensionen – zum Beispiel die Verzweigungsmuster der Blutgefäße (etwa in den Lungen), die wiederholten Muster von Farnblättern und so weiter.

Gene: In den **Chromosomen** lokalisierte Vererbungseinheit; normalerweise ein DNS-Abschnitt mit genau festgelegter Funktion; beispielsweise kann er für ein Protein codieren oder die **Transkription** anderer Proteine in Gang setzen.

Genamplifikation: Durch diesen Prozeß erhält das Genom Genkopien oder Kopien einer DNS-Sequenz in einer erheblich vergrößerten Anzahl.

genetische Markierung: Jedes DNS-Segment, das sich identifizieren läßt bzw. dessen chromosomale Position bekannt ist, so daß es als Bezugspunkt für die Kartierung bzw. Lokalisierung anderer Gene dienen kann; jedes Gen mit klar umrissenem Erscheinungsbild, anhand dessen man feststellen kann, ob auf demselben DNS-Abschnitt andere Gene in die Zelle transferiert worden sind oder nicht.

genetischer Code: Aus der spezifischen Abfolge der vier Basen, der Basensequenz, in den Nukleinsäuren (DNS und komplementäre RNS) ergibt sich die entsprechende Abfolge der Aminosäuren in den Proteinen.

genetischer Determinismus: Nach der Lehre des Determinismus sind sämtliche Handlungen, Entscheidungen und Geschehnisse die unausweichliche Konsequenz von zuvor vorliegenden hinreichenden Ursachen. Dem genetischen Determinismus zufolge ist der Organismus die unweigerliche Konsequenz seiner genetischen Ausstattung – der Gesamtheit seiner Gene.

Genexpression: In der Molekulargenetik bezeichnet man damit die letztlich zustandekommende Synthese des **Polypeptids**, das von dem betreffenden Gen codiert wird.

Gen-Farming oder **Gene-Pharming**: Der Einsatz transgener Tiere als »Bioreaktoren« zur Herstellung von pharmazeutisch nutzbaren Proteinen.

Genklonierung: Gentechnisches Verfahren, mit dem man viele Kopien eines Gens herstellen, sie isolieren und das Gen bestimmen kann: Die DNS wird einem Spenderorganismus entnommen, in einen **Vektor** übertragen, in eine Wirtszelle – häufig ein Bakterium – eingeschleust und mit dieser Zelle vermehrt.

Genkonversion: Der Prozeß, durch den eine Sequenz eines bestimmten Gens an die Stelle einer anderen Sequenz im Genom tritt.

Genom: Das gesamte genetische Material einer Zelle oder eines Organismus.

Genotyp: Die Gesamtheit der Gene, die ein bestimmter Organismus in sich trägt, mit all ihren Varianten.

Gentechnik: Die Manipulation von genetischem Material im Labor. Diese beinhaltet das Isolieren, Kopieren und Vervielfältigen von Genen, die Rekombination von Genen oder DNS aus unterschiedlichen Spezies und den Gentransfer von einer Spezies auf eine andere unter Umgehung der Fortpflanzungsprozesse.

Gentherapie: Eine Behandlung von Erkrankungen durch Ersetzung eines schadhaften Gens. Man unterscheidet zwei grundverschiedene Ansatzmöglichkeiten: die *Keimbahntherapie*, bei der eine normale Genkopie in die Keimzellen (Ei oder Sperma) oder den Embryo eingeschleust wird; ferner die *somatische Gentherapie*, bei der das zugeführte normale Gen in die Zellen des ausgewachsenen Organismus integriert werden soll. Zu den verschiedenen Methoden der somatischen Gentherapie siehe Kapitel 13.

gerichtete Mutation: Siehe unter **adaptive Mutation**.

heterozygot: Der Zustand, bei dem in einem bestimmten Gen eines Organismus zwei verschiedene **Allele** vertreten sind.

Heterozygoten: Einzelorganismen, die in Hinblick auf ein bestimmtes Gen **heterozygot** sind.

Homöostasie: Ein Gleichgewichtszustand physiologischer Funktionen.

homozygot: Der Zustand, bei dem in einem bestimmten Gen eines Organismus zwei identische **Allele** vertreten sind.

Homozygoten: Einzelorganismen, die in Hinblick auf ein bestimmtes Gen **homozygot** sind.

horizontaler Gentransfer: Die Genübertragung von einem Organismus auf einen anderen – aus derselben oder einer anderen Spezies; normalerweise nicht mittels Kreuzung.

iatrogene Erkrankungen: Durch Medikamentenverschreibung oder ärztliche Behandlung hervorgerufene Erkrankungen.

Immunoglobuline: Antikörper, die Antigene erkennen und binden und den körpereigenen Abwehrmechanismus aktivieren.

Integron: Eine spezielle Art von mobilen genetischen Elementen. Durch sie kann man an besonderen Stellen Antibiotikaresistenz-Gene einfügen, die jeweils mit einem **Promotor** für die **Genexpression** ausgestattet sind. Integrons können von einem bakteriellen **Chromosom** in ein **Plasmid** springen – und umgekehrt; und sie sind in besonderem Maß am Zustandekommen von multipler Resistenz gegen Antibiotika und andere Medikamente beteiligt.

Intron: Die nicht-codierende, zwischen den **Exons** zu findende Region eines Gens.

Liposomen: Für den Gentransfer verwendbare kleine Fettkügelchen (Lipidvesikel), chemisch den Phospholipiden zugehörig.

Karzinogen: Ein Krebs verursachender Faktor, vor allem chemische Substanzen oder ionisierende Strahlen.

Klon: Eine identische Kopie von einem Einzelorganismus oder einem **Gen**, oder die Gesamtheit aller von einem Organismus oder einem Gen angefertigter identischer Kopien. Die genetische Ausstattung eines Klons stimmt mit derjenigen des Originals überein (→ **Genklonierung**).

Konjugation: Bei diesem Paarungsprozeß zwischen Bakterien kann im unmittelbaren Kontakt zwischen Spenderzelle und Empfängerzelle ein Gentransfer stattfinden.

Konversion: Siehe unter **Genkonversion**.

Kopplung von Prozessen: Eine Verknüpfung von Prozessen in solcher Weise, daß alles, was auf den einen Prozeß einwirkt, auch den anderen Prozeß betrifft. Bei einer symmetrischen Kopplung ist die Auswirkung von Prozeß A auf Prozeß B genau die gleiche wie die von B auf A.

Meiose: Die Gesamtheit jener Vorgänge, die den diploiden Chromosomensatz der somatischen Zellen zum haploiden Satz der reifen Keimzellen reduzieren.

Messenger-RNS: Das RNS-Zwischenprodukt bei der Proteinsynthese enthält eine »Abschrift« der Gensequenz, die für die spezifische Aminosäurensequenz codiert.

Mitochondrien: Von einer Membran umhüllte zelluläre **Organellen**, in denen aus der Nahrung gewonnene organische Substrate oxidiert werden, damit Energie für Lebensaktivitäten aller Art vorhanden ist. Da die Mitochondrien über ihre eigene DNS-Ausstattung und einen eigenständigen Reproduktionsprozeß verfügen, erhält bei der Zellteilung jede Tochterzelle die Hälfte der Mitochondrien.

Mobiles genetisches Element, auch als **Transposon** oder als **transposables genetisches Element** bezeichnet: Eine DNS-Sequenz, die sich im Genom einer Zelle von einer Stelle zur anderen bewegen kann.

Morphogenese: Ein von inneren oder äußeren Faktoren gesteuerter Prozeß, durch den die sichtbare Gestalt eines Organismus zustande kommt.

Multiple Familien: Gene, die in zahlreichen Kopien im Genom vertreten sind – in einigen Kopien, in vielen Tausenden oder in Hunderttausenden von Kopien.

Mutagen: Eine chemische Substanz oder eine physische Kraft (z. B. ionisierende Strahlung), die durch Beschädigung oder chemische Veränderung der DNS genetische Mutationen hervorruft.

Nuklease: Ein Enzym, das die Phosphodiesterbindung von DNS oder RNS spaltet.

nukleär: Den **Zellkern** betreffend.

Ökosystem: Die Gesamtheit aller Pflanzen- und Tierspezies, die eine aufeinander bezogene und voneinander abhängige Lebensgemeinschaft bilden.

Onkogene: Gene, die mit Krebs in Zusammenhang gebracht werden.

Organellen: Strukturen im **Zytoplasma** einer Zelle, die ähnlich wie die Organe mehrzelliger Lebewesen verschiedene Aufgaben erfüllen.

Pathogen: Krankheitserreger.

Pathogenitäts-Insel: Eine ausgedehnte chromosomale Region in pathogenen Bakterien, die für **Virulenz**-Gene codiert. Die Bakterien haben sie durch horizontalen Gentransfer von nicht-verwandten Spezies erhalten.

Phage: Ein bakterielles Virus; auch **Bakteriophage** genannt.

Phänotyp: Das äußere Erscheinungsbild eines Organismus, die Eigenschaften, die er aufgrund seines **Genotyps** und aufgrund von Umwelteinflüssen zum Ausdruck bringt.

Pharming: Siehe unter **Gen-Farming**.

Plasmid: Ein Stück parasitären genetischen Materials (extrachromosomaler DNS), das sich unter Nutzung der zellulären Ressourcen replizieren kann.

Polymerase-Kettenreaktion (**PCR**): Methode zur Herstellung einer Vielzahl von Kopien eines DNS-Abschnitts ohne Klonierung.

Polypeptid oder **Protein**: Eine lange Kette aus verschiedenen Aminosäuren, die durch spezielle chemische Bindungen (Peptidbindungen) miteinander verknüpft sind.

Polygene: Eine größere Zahl von Genen, die nach einer genetischen Hypothese in der Weise für ein Merkmal ausschlaggebend sein sollen, daß jedes Gen eine kleine, additive Auswirkung auf das Merkmal hat.

Prokaryonten: Unter dieser Bezeichnung werden die Bakterien und Blaualgen aufgrund ihres einfachen Zellaufbaus ohne echten **Zellkern** zusammengefaßt und sämtlichen anderen Organismen, den **Eukaryonten**, gegenübergestellt.

Promotor: Ein DNS- oder RNS-Abschnitt, der einem für die **Genexpression** erforderlichen Gen vorausgeht; Erkennungs- und Regulationsstelle für den Beginn der **Transkription**.

Proto-Onkogene: Zelluläre Gene, die infolge von Mutation oder übermäßiger **Expression** zu **Onkogenen** werden.

Provirus: Ein Virus, das sein Genom oder eine komplementäre Kopie seines Genoms in das Wirtszellen-Genom eingegliedert hat.

Reduktionismus: Die reduktionistische Doktrin besagt, komplexe Systeme seien von ihren einfachsten Bestandteilen her vollständig zu begreifen. Zum Beispiel sei ein Organismus aufgrund seiner Gene oder eine Gesellschaft in Hinblick auf ihre einzelnen Mitglieder vollständig zu begreifen – und so weiter.

Regulations-Gen: Ein Gen, das andere Gene gewissermaßen ein- und ausschaltet.

Rekombination: Die Bildung neuer **Allel**-Kombinationen oder neuer Gene. Rekombinationen finden dann statt, wenn zwei DNS-Stücke sich miteinander verbinden oder Bestandteile austauschen.

Replikation: Die Bildung einer exakten Gen- oder Chromosomenkopie durch Selbstverdoppelung genetischen Materials.

Replikationsursprung: Ein Abschnitt des Genoms, von dem aus die **Replikation** der DNS beginnt.

Restriktion: Der Prozeß des Zerschneidens von DNS mittels **Restriktionsenzymen**.

Restriktionsenzyme: Enzyme natürlichen (bakteriellen) Ursprungs, mit deren Hilfe sich die DNS an genau definierten Schnittstellen zerlegen läßt. Von den insgesamt mehreren Hunderten Restriktionsenzymen, die in den letzten dreißig Jahren entdeckt worden sind, erkennt nämlich jedes einzelne »seine« Schnittstellensequenz. Dadurch erhält man kurze Basensequenzen in bestimmter Länge und mit bekannten Endsequenzen.

Retrotransposon: Ein **mobiles genetisches Element**, das für seine Mobilität und Duplikation auf **reverse Transkription** angewiesen ist.

Retrovirus: Ein DNS-Virus, das für seine Replikation auf **reverse Transkription** angewiesen ist. Zu den Retroviren zählen zahlreiche Krebsviren und das AIDS-Virus.

reverse Transkription: Die Umkehrung der Transkription. In diesem Prozeß, der durch das Enzym reverse Transkriptase in Gang kommt, wird von der komplementären DNS (cDNS) einer RNS-Sequenz eine Kopie erstellt.

rezessives Allel: Ein Allel, das erst dann zum Ausdruck kommt, wenn es im betreffenden Organismus mit zwei Kopien vertreten ist, d. h., wenn der Organismus in Hinblick auf ein bestimmtes Gen **homozygot** ist.

Ribonuklease: Ein **Enzym**, das RNS aufspaltet.

Ribosom: Eine **Organelle**, die für die Proteinsynthese der Zelle notwendig ist.

ribosomale RNS: Ein struktureller und funktionaler Bestandteil der **Ribosomen**.

RNS: Die Ribonukleinsäure gleicht der **DNS** – bis auf den Zucker im Nukleotid, bei dem es sich um Ribose anstelle von Desoxyribose handelt, und die Base Uracil anstelle von Thymin; RNS ist das genetische Material für RNS-Viren.

RNS-Edierung: Die Umwandlung einer Basensequenz des RNS-Transkripts – entweder durch Hinzufügung von Basen zum RNS-Molekül oder durch die chemische Transformation einer Base in eine andere. Dies bedingt eine tiefgreifende Veränderung der in den Genen enthaltenen genetischen Information.

RNS-Polymerase: Ein Enzym, das RNS synthetisieren kann.

Sarkom: Bösartige Bindegewebsgeschwulst.

Sequenzhomologie: Die bei unterschiedlichen Spezies vorzufindende Ähnlichkeit der DNS-Sequenz, die auf die Abstammung von einem gemeinsamen Vorfahren hindeutet.

Shuttle-Vektor: Ein künstlich hergestellter Vektor, der einen Transfer zwischen zwei oft weit voneinander entfernten Spezies zustande bringen und sich in beiden Spezies replizieren kann.

Soma: Die Gesamtheit der Körperzellen in Gegenüberstellung zu den Keimzellen.

somatische Zellen: Sämtliche Körperzellen bis auf die Keimzellen.

somaklonale Variation: Genetische Variationen, die bei Pflanzenzellen in Zellkultur aufgrund erhöhter genetischer Instabilität auftreten.

Spleißen: Die Modifikation genetischen Materials durch das Zerschneiden der DNS und anschließende Zusammenfügen der Segmente (vergleichbar dem Schneiden und Zusammenkleben eines Tonband- oder Filmstreifens). Danach treffen andere DNS-Stücke zusammen; oder bestimmte Stücke, meist nicht-codierende Sequenzen, wurden entfernt.

Stoffwechsel: Die Gesamtheit der Prozesse, die im lebenden Organismus ablaufen und zu Wachstum, Entwicklung und Energietransformationen aller Art führen.

Substrat: Eine Substanz, die an einer durch ein **Enzym** herbeigeführten chemischen Reaktion beteiligt ist.

Thermodynamik: Der Zweig der Physik, der sich mit der Umwandlung von Energie – meist in thermische Energie befaßt (siehe auch unter **Dissipation** und **Entropie**).

Transkription: Der Prozeß zur Erstellung einer Komplementärsequenz zu der im Genom vorhandenen Gensequenz. Diese Sequenz kommt entweder direkt zum Einsatz wie im Fall der ribosomalen RNS (rRNS) und der Transfer-RNS (tRNS), oder sie wird durch weitere Prozesse zur **Messenger-RNS** (mRNS) und produziert durch anschließende **Translation** das für sie spezifische Protein. Herbeigeführt wird die Transkription, die bei **Eukaryonten** im Zellkern stattfindet, durch ein Enzym, und zwar durch eine auf die DNS angewiesene RNS-Polymerase.

Transkriptionsfaktoren: Proteine in **Eukaryonten**, die entweder durch die Bindung an regulative Sequenzen des Gens oder durch Wechselwirkungen untereinander und mit der RNS-Polymerase die Transkription anderer Gene steuern.

Transduktion: In der Genetik ein Gentransfer durch Viren von einem Organismus auf einen anderen.

Transfer-RNS: RNS-Moleküle, die spezifische Aminosäuren auf die Messenger-RNS übertragen, so daß die codierten Polypeptide synthetisiert werden können.

Transformation: In der Genetik die Aufnahme von DNS des einen Organismus durch einen anderen Organismus derselben oder anderer Spezies.

transgener Organismus: Ein mit gentechnischen Mitteln hervorgebrachter Organismus, in dessen Genom eines oder mehrere Fremdgene integriert wurden.

Translation: Derjenige Schritt in der Proteinsynthese, bei dem, von der Messenger-RNS gesteuert, ein Polypeptid einer bestimmten Aminosäurensequenz durch »Übersetzung« des genetischen Codes synthetisiert wird.

Transposition: Positionswechsel der **mobilen genetischen Elemente**.

Transposon: Siehe unter **mobile genetische Elemente**.

Triplett: Siehe unter **Codon**.

Unterbrochene Gene: Gene, deren Codierungssequenz in gewissen Abständen durch lange Abschnitte mit nicht-codierenden Sequenzen unterbrochen ist. Die codierenden Regionen werden als **Exons**, die nicht-codierenden Regionen als **Introns** bezeichnet. Inzwischen weiß man, daß dieser Aufbau für die meisten eukaryontischen Gene charakteristisch ist. Die Introns unterscheiden sich in Anzahl und Größe beträchtlich voneinander, und sie sind häufig viel länger als die codierenden Sequenzen. Nach der **Transkription**, vor der Protein-**Translation**, werden die Intron-Regionen aus dem RNS-Transkript entfernt, herausgespleißt.

Vektor: Ein Träger zur Übertragung von Genen oder Krankheiten. Beispielsweise ist der Moskito ein Vektor für Malaria. **Viren**, **Plasmide** und **Transposons** sind Vektoren für Gene. Aphide sind Vektoren zur Übertragung viraler Krankheitserreger von einer Pflanze auf eine andere.

Virus: Ein parasitäres genetisches Element, das von einem Proteinmantel umhüllt ist. Es kann Zellen zur Replikation nutzen und infektiöse Partikel bilden, oder es kann in einem Latenzzustand in der Zelle ruhen. Sein genetisches Material kann in das Genom der Zelle integriert werden und ein **Provirus** bilden.

Virulenz: Die Fähigkeit (von Pathogenen), Organismen zu infizieren und Krankheiten zu verursachen.

Zellkern: Eine Struktur in der eukaryontischen Zelle. Der Zellkern wird von einer Membran begrenzt und enthält das genetische Material in Form von DNS, die sich in **Chromosomen** gliedert.

Zytoplasma: Der von der Zellmembran umgebene Teil der Zelle ohne den Zellkern.

Register

Danksagungen

Dieses Buch verdankt seine Existenz so vielen meiner Freunde, daß ich auf Nachsicht hoffe, falls ich nicht sämtliche Namen aufführe. Edward Goldsmith und Peter Bunyard brachten mich mit dem Konzept von Gaia und der globalen Ökologie in Berührung und stellten mir ihr umfangreiches Wissen zur Verfügung. Martin Khor, Vandana Shiva, Chee Yoke Ling, Tewolde Egziabher und Gurdial Nijar vom »Netzwerk Dritte Welt« haben mir sehr vieles über die Weltpolitik beigebracht; und ihr begeistertes, selbstloses Engagement für die Verteidigung von Freiheit, Fairneß, Demokratie, Gerechtigkeit und aller anderen Dinge, die in besonderer Weise unsere Menschlichkeit ausmachen, hat mich sehr inspiriert. Ich habe an zahlreichen Seminaren und Workshops mit Beatrix Tappeser, Christine von Weizsäcker, Elaine Ingham und Beth Burrows teilgenommen, denen auch ein beträchtlicher Teil des in diesem Buch veröffentlichten Materials entnommen ist. Sue Mayer, Isobel Meister, David King, Ricarda Steinbrecher, Liz Hoskens, Helena Paul, Kristin Dawkins, Doug Parr, Philip Bereano, Jaan Suurkula und Jan Storms haben mich über ihre Kampagnen informiert und mir außerdem über das Internet wertvolles Material zugeschickt.

Den vielen öffentlichen Interessenorganisationen aus aller Welt zollt dieses Buch ebenso Tribut wie den offiziellen UN-Delegierten vieler Länder. Vor allem möchte ich Kalemani Joe Mulongoy erwähnen: Als Mitglied des Sekretariats für die Konvention zur biologischen Artenvielfalt versuchte er im Rahmen seiner Verantwortlichkeit für Biotechnologie und biologische Sicherheit zu gewährleisten, daß die Öffentlichkeit am demokratischen Prozeß teilhaben kann. Denn zu seiner Zeit als Direktor des Programms für Biotechnologie und biologische Sicherheit bei der Internationalen Umweltakademie in Genf bestand er darauf, daß die politischen Entscheidungsträger sich sämtliche Standpunkte zur Biotechnologie-Debatte anhörten. Besonders möchte ich seine persönliche Integrität hervorheben und die Tatsache, daß er viele Opfer auf sich nehmen mußte bei seinem Engagement für Transparenz und Gerechtigkeit.

Großer Dank gebührt Vandana Shiva, Brian Goodwin, Peter Schei, Richard Strohman, Harry Rubin, Jaan Suurkula, Joe Cummins, Edward Goldsmith, David Korten, Eric Schneider, Helena Paul, Christine von Weizsäcker, Giles Maynard, Alick Bartholomew, Busca Mileusnic, Steven Rose und ganz besonders Charles Jencks, der die frühen Fassungen des Buchmanuskripts gelesen und Anmerkungen dazu gemacht hat.

Ich möchte betonen, daß dieses Buch *keinen* persönlichen Angriff auf Gentechniker oder Molekulargenetiker darstellt. Was die letztgenannte Gruppe anbelangt, so möchte ich Sue Povey und Dallas Swallow danken. Mit ihnen habe ich mich in den frühen achtziger Jahren an die Molekulargenetik herangewagt, und ihnen verdanke ich das meiste von dem, was ich zu Fragen der biologischen Sicherheit in der Gentechnik weiß. Jeff Pollard und Ted Steele haben mir viel über die Fluidität des Genoms beigebracht und halten mich über ihre Arbeit auch weiterhin auf dem laufenden. Dank gebührt ferner Peter Lund, David Heaf und anderen von der

Ifgene-Gruppe, mit denen ich zahlreiche Diskussionen über Genetik und Ethik hatte.

Julian Haffegee hat mir nicht nur bei den Vorbereitungen zu diesem Buch geholfen, sondern auch in der Zeit, als ich vollauf mit dem Schreiben beschäftigt war, die Forschungsarbeiten in unserem Labor fortgeführt. Meine Sekretärin Christine Randall hat mir geholfen, meine Arbeit zu organisieren und mir auf hunderterlei Weise zusätzliche Zeit zu verschaffen. Nicht zuletzt kam es mir enorm zugute, viele der im Buch dargelegten Gedanken mit Peter Saunders und Brian Goodwin diskutieren zu können, von denen sich jeder mit anderen Aspekten der neuen Wissenschaft von der Komplexität des Organischen befaßt. Ohne ihre fortwährende Unterstützung und Aufmunterung wäre das Buch wohl niemals fertig geworden.

Zu guter Letzt lege ich Wert auf den Hinweis, daß keine der genannten Personen für die Mängel meiner Darstellung oder die hier zum Ausdruck gebrachten Auffassungen verantwortlich zu machen ist.

M.-W. Ho

Seit Erscheinen der ersten Auflage habe ich überall auf der Welt viele neue Freunde hinzugewonnen. Dazu zählen Terje Traavik, Virologe an der Universität im norwegischen Tromso, und Vyvyan Howard von der Universität Liverpool. Beide haben gemeinsam mit mir eine wichtige Arbeit über den Anteil der Gentechnik am neuerdings zu verzeichnenden Wiederaufkommen von Infektionskrankheiten veröffentlicht. Von Terje habe ich viel über die Gefährlichkeit der nackten DNS gelernt. Es hat großen Spaß gemacht, mit ihm eine Art »Biotechnologie-Show für jedermann« abzuziehen (wir haben schon überlegt, ob wir uns nicht die »Splice Girls« nennen sollten). Vyvyan hat mich dazu gebracht, über die Auswirkungen von Umweltgiften auf den horizontalen Gentransfer nachzudenken und setzt sich selbst nachdrücklich für einen behutsamen Umgang mit der Gentechnik ein.

Joe Cummins, emeritierter Professor für Genetik an der Universität von West-Ontario, leistet mit seiner unermüdlichen persönlichen Kampagne zur Warnung vor den Gefahren der Gentechnik der menschlichen Gemeinschaft unschätzbare Dienste. Außerdem durchstöbert er den kaum zu durchdringenden Wust an wissenschaftlicher Literatur auf neueste Entwicklungen hin und leitet seine Erkenntnisse in leicht verdaulicher Form an uns weiter.

Schließlich möchte ich Alick und Mari Bartholomew, Tina Currie, Kevin Redpath und Barbara Pinto für ihren enormen Einsatz für den Erfolg des Buches danken, vor allem für ihren Enthusiasmus und ihren guten Willen. Auch bedanke ich mich bei allen, die brieflich oder per e-mail persönlich zum Buch Stellung genommen haben beziehungsweise ihm in Zeitschriften eine Buchkritik gewidmet haben. Besonderen Dank schulde ich Moyra Bremner, die mich streitbar und wortgewandt gegen einen unfairen Kritiker verteidigt hat und mir eine Fülle guter Ratschläge gab, wie ich das Buch verbessern könnte. Alles Lob und alle Kritik habe ich bei der Vorbereitung dieser zweiten Auflage gleichermaßen beherzigt.

30. August 1998 *M.-W. Ho*